설교를 위한 고린도후서 연구

참사도 참복음

김철홍

한국성서학연구소
KOREA INSTITUTE OF BIBLICAL STUDIES

참 사도 참 복음—설교를 위한 고린도후서 연구 / 김철홍 지음
Authentic Apostle and Genuine Gospel

Publishing House Korea Institute of Biblical Studies
Seoul, Korea

ISBN 978-89-86015-92-8 93230

이 도서의 국립중앙도서관 출판예정도서목록(CIP)은 서지정보유통지원시스템 홈페이지(http://seoji.nl.go.kr)와 국가자료공동목록시스템(http://www.nl.go.kr/kolisnet)에서 이용하실 수 있습니다(CIP제어번호: CIP2016010080).

목 차

머리말

이 책은 정확히 말하면 고린도후서 주석은 아니다. 몇 해 전 한국성서학연구소에서 고린도후서에 대한 강연을 할 때 준비한 약 150여 페이지의 강연 원고가 있었다. 당시 연구소에서 그 원고를 출판할 것을 제안했으나 내용상 부족한 것이 너무 많아 손을 좀 더 보아서 출판하기 위해 미루어 두었었다. 나는 2007년도에 풀러 신학교에서 박사학위를 마치면서 한 가지 결심을 한 것이 있다. 그것은 앞으로 10년간 계속해서 바울신학을 더 공부하는 것이었고, 그 10년간에는 책을 쓰지 않는 것이었다. 2016년 5월이면 만 9년이 된다. 지금 이 책을 출판하는 것은 나 자신과의 약속을 깨는 것이기에 개인적으로 마음에 조금 아쉬움이 남는다. 원고를 새로 고쳐 쓰기 위해 짧은 시간동안 집중하였으나 아직 내 마음에도 흡족하지는 않다. 하지만 현재 국내에 한국어로 된 고린도후서 본문 연구가 많지 않으므로 목회자들과 신학생들의 성경공부를 돕기 위해 일단 출판하기로 했다. 앞으로 기회를 보아 현재의 내용보다 한 단계 더 업그레이드된 증보판을 낼 것을 결심하는 것으로 아쉬움을 스스로 달랜다.

이 책은 내가 박사학위 논문을 작성할 때 발견한 것 즉, 바울과 거짓사도들 사이의 논쟁이 구약성경의 거짓선지자 논쟁과 상당히 유사하다는 점에 근거하여 그 관점에서 고린도후서 전체 내용을 살펴본 연구 노트다. 구약성경의 거짓선지자 논쟁의 패턴이 고린도후서 전체에 어떻게 반영되었는지를 보는 것은 고린도후서 내용이해의 열쇠라고 나는 믿는다. 왜냐하면 고린도후서의 가장 중요한 주제는 바로 그 거짓사도 논쟁이기 때문이다. 내가 제안하는 관점에서 읽으면 고린도후서 전체가 매우 통일성(unity)이 있는 한 개의 편지로 읽을 수 있을 뿐만 아니라, 고린도후서 10-13장의 내용 중 설명이 어려웠던 본문들도 대부분 쉽게 설명이 된다. 바라기는 고린도후서를 읽고 연구하는 사람들이 나의 이 접근을 통해 바울이 원래 의미한 바를 더 쉽게 이해할 수 있게 되기를 바란다.

부족한 글을 기꺼이 출판해준 한국성서학연구소에 감사하며, 짧은 시일 동안 이 책을 편집해준 모든 분들에게 감사한다. 더불어 나의 원고를 여러 번 읽고 다듬어준 정한나 전도사에게도 빚을 졌다. 그녀의 도움이 없었다면 짧은 시간 동안에 원고를 다시 손볼 수 없었을 것이다. 아무쪼록 국내 바울신학의 발전에 이 책이 작은 보탬이 되기 바란다.

2016년 3월 31일
벚꽃이 피기 시작한 아차산 중턱에서
김철홍

고린도후서 서론

고린도후서의 구조

바울과 고린도교회와의 관계

고린도후서에 나타나는 바울의 적대자

고린도후서의 통일성

참고할 주석들

고린도후서 서론

I. 고린도후서의 구조

고린도후서의 구조를 간단히 요약하면 아래와 같다.

1. 편지의 서두 (1:1-11)
2. 고린도교회와 바울 사이에 최근에 일어난 일들에 관한 언급 (1:12-2:13) [이 내용은 7:5-16에서 계속 이어진다]
3. 자신의 사역에 대한 바울의 변호와 주장 (2:14-7:4)
   가. 새 언약의 사역과 옛 언약의 사역의 대조 (2:14-3:18)
   나. 바울이 당하는 고난과 영광 (4:1-5:10)
   다. 화해의 복음을 전하는 바울의 사역 (5:11-6:2)
   라. 바울의 사역의 진정성 (6:3-7:4)
4. 고린도교회와 바울 사이의 최근의 관계와 디도의 역할을 통한 화해 (7:5-16)
5. 예루살렘교회를 위한 헌금에 관한 가르침 (8:1-9:15)
6. 거짓사도와의 논쟁과 바울의 사역에 대한 변호 (10:1-13:14)

II. 바울과 고린도교회와의 관계

바울과 고린도교회 사이의 관계를 연대순으로 살펴보면 아래와 같다.

1. 50/51년경에 바울이 고린도에 도착한다. 사도행전 18장 1-3절의 기록에 따르면 바울은 고린도에 도착한 직후 로마에서 온 브리스길라와 아굴라(Priscilla, Aquila)와 부부를 만나 그들과 함께 천막 제조업에 종사하면서 교회를 개척했다. 52년 경 유대인들이 소동을 일으켜 당시 고린도 총독(proconsul)인 갈리오(Gallio)에게 그를 고발하였다. 갈리오는 유대인들의 고발이 유대교와 관련된 종교적인 사안으로 보고 그들의 고발을 받아들이지 않았다. 아마도 바울은 방면되었을 것이고 사도행전 18장 17절에서 사람들이 회당장 소스데네를 때린 것으로 보아 그가 바울을 고발하는데 앞장섰던 것으로 보인다.

2. 바울은 52년경에 고린도를 떠나고 그가 떠난 뒤에 다른 선교사들이 고린도에 도착한다.

3. 52-56년 사이의 어느 시점에 바울은 고린도전서 5장 9절에서 그가 언급하는 편지를 보낸다. 이 편지는 현재 남아 있지 않으며 그 내용에는 음행하는 자들에 대해 경고가 포함되어 있었다.

4. 56년경 바울이 에베소에 머무는 동안에 글로에의 집 사람들을 통해 고린도교회의 소식을 듣게 된다(고전 1:11; 11:18).

5. 거의 동시에(혹은 약간 뒤에) 바울은 고린도교회로부터 편지를 받는다(고전 7:1). 이 편지는 아마도 바울이 먼저 보낸 편지에

대한 고린도교회의 답장으로 보인다.

6. 바울이 에베소에서 고린도전서를 써서 보낸다.

7. 바울이 고린도전서를 보낸 뒤 56/57년 초에 디모데가 고린도에 도착한다(행 19:21-22; 고전 4:17-19; 16:10-11). 디모데는 고린도교회의 상황이 예상보다 심각하다는 것을 알게 된다. 디모데가 곧 에베소로 가서 바울에게 고린도교회의 상황을 구체적으로 알린다.

8. 디모데의 보고를 들은 바울이 긴급 상황이므로 원래의 여행계획을 취소한다. 원래의 여행계획은 마게도냐를 거쳐서 고린도에 가서 그곳에서 겨울을 난 뒤 고린도교회가 모금한 헌금을 갖고 예루살렘으로 가는 것이었다(고전 16:5-7). 바울은 이 계획을 취소하고 에베소에서 배를 타고 곧 바로 고린도로 간다. 이것이 소위 말하는 '고통스러운 방문'(painful visit)이다. 고통스러운 방문의 구체적인 내용은 고린도후서 1장 23절-2장 4절에 나온다. 이 방문이 바울의 두 번째 고린도 방문이다. 바울이 고린도에 다시 나타났을 때, 고린도교회는 그에 대해서 매우 강한 반대와 거부를 나타냈고(고후 2:5; 7:12; 12:21) 이에 따라 바울은 매우 짧은 기간 동안 고린도에 머물 수밖에 없었다. 그는 잠시 이 상황을 식히기 위해 마게도냐로 갔다가 다시 고린도로 돌아오지 않고 곧 바로 에베소로 돌아갔다.

9. 바울은 다시 고린도를 방문하는 대신 그의 고통스러운 경험에 대해 언급하는 편지를 에베소에서 써서 디도를 시켜 고린도로 보낸다. 고린도후서 2장 4절에서 "많은 눈물로 너희에게 썼노니"라는 구절에 근거하여 이 편지를 "눈물의 편지"라고 부른다. 현재 고린도후서의 일부가 눈물의 편지라는 주장도 있으나 이 눈물의 편

지는 현재 남아 있지 않다고 보인다.

10. 바울은 눈물의 편지를 디도에게 주어 고린도로 보낸다. 바울은 디도와 드로아에서 만나기로 약속을 한다. 디도는 배를 타고 곧 바로 고린도로 가고 바울은 에베소에서 육로로 드로아로 가서 디도가 오기를 기다린다. 드로아에 도착했을 때 전도를 위해 좋은 기회가 생겼지만 디도가 오지 않으므로 바울은 그 마음이 편하지 못하게 되며 결국 드로아를 떠나 마게도냐로 건너가서 디도가 오고 있는 길을 거꾸로 되짚어 내려간다(고후 2:12-13). 바울은 아마도 57년 가을 경에 마게도냐에서 디도를 만난 것으로 보인다. 디도는 고린도교회의 문제가 해결되었다는 좋은 소식을 전해준다(고후 7:6-16). 눈물의 편지를 받은 고린도교회가 바울에게로 돌아온 것이다.

11. 고린도교회 문제가 잠잠해진 후에 바울이 마게도냐에서 써서 고린도로 보낸 편지가 바로 고린도후서다. 고린도후서도 디도가 고린도교회에 전달했다(고후 8:16-17).

12. 바울은 고린도후서 12장 14절("보라 내가 이제 세 번째 너희에게 가기를 준비하였으나")와 13장 1절("내가 이제 세 번째 너희에게 가리니")에서 말하고 있는 것처럼 세 번째로 고린도에 가서 57/58년 겨울을 그곳에서 보낸 것으로 보이며, 이 때 로마서를 쓴다.

III. 고린도후서에 나타나는 바울의 적대자

고린도후서에서 바울이 맞서 싸우는 그의 적대자들(opponents)은 누구인가? 우리는 2장 17절의 "수많은 사람들"이란 말에서 그들이 한 사람이 아닌 다수의 사람들로 구성된 집단임을 추측할 수 있다. 11장 18절의 "여러 사람"도 이 점을 뒷받침한다. 그들은 원래부터 고린도에 거주하던 사람들은 아니다. 그들은 다른 곳에서 고린도로 왔으며(11:4, "만일 누가 가서") 올 때 추천서를 소지하고 왔던 것으로 보인다(3:1, "어떤 사람처럼 추천서를"). 바울의 관점에서 보았을 때 그들은 바울의 선교지에 침입한 것이며(10:15-16), 그들의 주장을 고린도 성도들이 받아들임으로 문제가 발생했다(11:4, 20).

그들은 바울과 마찬가지로 아람어를 말하는 유대인 즉, 히브리인이었고, 이스라엘 족속이었고, 아브라함의 후손이었다(11:22). 동시에 그들은 "그리스도의 일꾼"이었다(11:23). 그러므로 그들은 유대기독교인들(Jewish Christians)이었다. 이들이 고린도에 와서 바울의 복음을 뒤집어엎고 가르치려고 한 것은 무엇이었을까? 3장에서 바울이 격렬한 어조로 율법과 성령, 옛 언약과 새 언약을 대조하면서 전자보다 후자를 높이는 것은 바로 그들의 메시지가 유대교의 율법을 중심으로 한 옛 언약의 가르침이었다는 것을 암시한다. 그들은 옛 언약의 일꾼들로서(3:6) 그리스도를 믿고 따르는 것에 더불어 여전히 모세의 율법을 지킬 것을 가르쳤다(3:6-7).

그리스도와 모세를 둘 다 중요시하는 이런 신학적 입장에 대해 바울은 격렬하게 비난한다. 바울은 적대자들이 "다른 예수," "다른 영," "다른 복음" 전한다고 비판한다(11:4). 복음이 포도주라면 그들은 그 포도주에 이질적인 것(물)을 타서 순수한 복음을 변질시킨 자들이다(2:17). 그들은 "하나님의 말씀을 혼잡하게" 한다(4:2). 그들은 모세가 이스라엘 자손들에게 장차 없어질 영광의 결국을 주목하지 못하게 하려고 수건을 그 얼굴에 쓴 것과 똑같은 짓을 한다(3:13). 다시 말해 새 언약의 영광 때문에 이미 옛 언약의 영광이 사라졌는데도 그들은 옛 언약에 여전히 영광이 대단한 것처럼 가장한다(3:10-11). 그들의 마음에는 수건이 덮여있고(3:15) "외모로 자랑하는 자들"에 불과하고(5:11), "그리스도도 육신을 따라" 아는 자들이다(5:16). 때문에 바울은 "거짓사도," "속이는 일꾼," "그리스도의 사도로 가장하는 자들"(11:13)이라고 부르고, 심지어 사탄과 그들을 연결시켜 그들을 "사탄의 일꾼"(11:15)이라고 부른다. 바울이 예루살렘의 사도들을 "지극히 크다는 사도들"(11:5, super-apostles)이라고 약간 비꼬듯이 부르는 것은 적대자들이 자신들과 바울을 비교하면서 자신들의 권위의 근거로 예루살렘의 사도들을 이용했기 때문으로 보인다.

그들은 바울을 "미쳤다"고 공격했고(5:13), "속이는 자"라고 공격했다(6:8). 즉 그들은 바울은 거짓사도라고 공격했다. 바울이 그들을 거짓 사도로 부르는 것을 고려할 때 이것은 사실 당연한 일이다. 바울이 그들을 거짓사도라고 부르면 비판했다면 그들 역시 바울을 거짓사도로 보고 강력하게 공격했을 것이다. 그들은 바울을 "속여서 금전적 이들을 탈취하는 자"라고 공격했다(7:2). "교활한 자가 되어 너희를 속임수로 취하였다"(12:16)는 공격은 전형적으로 금전문제로 바울을 공격한 것이다. 이것은 아마도 바울이 예루살렘의 가난한 성도들을 위해 모금활동을 한 것을 겨냥한 공격으로 보인다. 바울이 고린도후서 8-9장에서 매우 길게 자신의 모금활동을 설명하면서 "이것을 조심함은 우리가 맡은 이 거액의 연보에 대하여 아무도 우리를 비방하지 못하게 하려 함이니"(8:20)라고 말하는 것은 이 모금활동 때문에 그가 상당한 비방을 받을 수 있는 처지에 있었음을 보여준다. 고린도후서 8장 16-19, 22-24절에서 바울이 말하듯이 그의 동역자들을 고린도교회에 보내 그들로 하여금 돈 관리를 하게하고 자신은 돈 문제에 관여하지 않는다고 말하는 것은 이 사역으로 인해 그의 적대자들의 공격으로부터 자신을 방어하기 위한 것이다.

심지어 그 적대자들은 바울의 외모와 그의 헬라어 연설/설교 능력까지 비난했다(10:10). 더 나아가 그들은 바울이 "내 육체에 가시 곧 사탄의 사자"라고 부르는 것, 즉 그의 육체적 질병도 공격했다(12:7). 그들은 바울의 육체적 질병이 곧 그가 하나님이 보낸 사도가 아니라는 증거로 보고 그렇게 바울을 공격했을 것이다. 그들이 율법을 중요하게 생각했다면 신명기 28장 20-68절에 이르는 하나님의 율법을 지키지 않는 자에게 내리는 저주 목록을 사용하여 그를 공격했을 가능성이 많다. 그 저주의 내용을 간단히 요약하면 율법을 지키지 않는 자는 1) 그가 하는 모든 일에 열매가 없고, 2) 고칠 수 없는 고질병에 걸리고(신 28:27-28, "여호와께서 애굽의 종기와 치질과 괴혈병과 피부병으로 너를 치시리니 네가 치유 받지 못할 것이며 여호와께서 또 너를 미치는 것과 눈 머는 것과 정신병으로 치시리니"), 3) 하나님이 주신 땅을 잃어버리고 정처 없이 떠돌아다닌다. 그러므로 바울이 갖고 있던 질병은 바울이 율법을 지키지 않으므로 하나님의 저주를 받은 것으로 공격당할 소지가 많았다.

흔히 바울의 적대자들은 영적인 환상을 보는 사람들로서 바울에게는 이런 것들이 부족하다고 보고 그 점을 공격했다는 종래의 학자들의 주장은 재고될 필요가 있다. 고린도후서 본문 안에서 이러한 가설을 뒷받침할 수 있는 확실한 근거가 없기 때문이다. 흔히 고린도후서 12장 1-6절에서 바울이 셋째 하늘에 다녀온 신비한 체험을 말하는 이유를 설명할 때 바울의 적대자들이 자신들의 영적 환상체험을 자랑하므로 바울도 자신의 체험을 자랑하는 것이라고 설명하는 것은 소위 말하는 "거울 읽기(mirror reading)" 일 뿐이다. 바울이 A를 말하는 것은 그의 적대자들이 A를 말하기 때문이라고 읽는 것은 매우 단순한 추측에 불과하다.

바울이 자신의 신비한 체험을 언급하는 이유는 오히려 자신을 거짓사도로 공격하는 것에 대한 반박으로 볼 수 있는 가능성이 많다. 구약성경에서 예레미야 선지자는 거짓선지자와의 논쟁에서 자신이 "여호와의 회의"에 참석했음을 주장하는 것을 읽을 수 있다(렘 23:18, 22). 여기서 예레미야는 자신의 선지자적 소명이 천상의 여호와의 회의에 참석하는 경험에 근거하고 있고, 이런 경험이 없는 선지자들은 거짓선지자라고 주장한다(렘 23:16). 바울이 자신을 참 사도로 그의 적대자들을 거짓사도로 주장하고, 그의 적대자들은 정반대의 주장을 하는 이 논쟁이 구약성경의 거짓선지자 논쟁과 매우 유사하므로, 구약성경의 거짓선지자 논쟁의 관점에서 이런 구절들을 관찰할 필요성이 있다. 이에 대한 자세한 논의는 해당 본문을 다루면서 설명하도록 하겠다.

IV. 고린도후서의 통일성

고린도후서가 과연 처음부터 바울이 하나의 통일성 있는 편지로 작성한 것인지(unity of Second Corinthians)에 대해 학자들의 의견은 아직 통일되어 있지 않다. 원래 여러 개의 다른 편지로 기록된 편지들을 후대에 누군가가 편집하여 하나의 편지가 되었다고 주장하는 학자들이 있다. 대부분의 학자들은 고린도후서 10-13장과 8-9장의 내용은 앞의 1-7장의 내용과 비교했을 때 어조(tone)에 상당한 차이가 있다고 여긴다. 때문에 이 부분들이 각각 독립된 편지로 작성되었으며 후에 고린도후서로 통합되었다는 주장들을 중심으로 해서 보다 더 세밀하게 많은 수의 조각으로 나누어 보는 각종 가설들(partition theories)이 생겨나게 된다. 예를 들어 고린도전서 5장 9절에서 바울은 고린도전서를 기록하기 전에 그가 쓴 편지를 언급하는데 이 편지가 고린도후서 6장 14절-7장 1절에 포함되었다고 주장하거나, 고린도후서 2장 3, 4, 9절 등에서 언급된 눈물의 편지가 고린도후서 10-13장이라든가 하는 주장이 그런 것이다. 상당수의 학자들은 일단 1-9장과 10-13장이 내용상 상당히 차이가 있다고 보고 앞부분과 뒷부분이 각각 어느 정도 시간적 차이를 두고 기록되었다고 보기도 한다. 바울이 1-9장을 쓰고 난 뒤에 고린도교회에 관한 새로운 정보를 바울이 접하게 되어 그의 논조가 급격히 변하여 매우 논쟁적인 내용으로 바뀌었다고 보는 것이다. 또 8-9장은 예루살렘의 가난한 성도들을 위한 모금활동에 대해서 집중적으로 다루고 있으므로 8-9장은 어느 정도 독립된 자료라고 보는 경향이 있다. 그러나 무엇보다도 고린도후서를 하나의 편지를 보기 어렵다고 보는 이유는 1-9장과 10-13장에서 1) 바울의 어조(tone)가 다르고, 2) 논의의 초점(focus)이 다르기 때문이다. 즉 10-13장에서는 바울이 그의 적대자들에 대해 논쟁적인 어조로 편지를 쓰고 있고, 1-9장에서는 이런 것들이 발견되지 않는다는 것이다.

그러나 이러한 가설과 주장을 뒷받침할 수 있는 본문비평(textual criticism) 상의 증거, 혹은 사본학적 증거가 있는 것은 아니다. 더불어 1-7장의 내용 중에 10-13장의 내용과 비교할 때 같은 정도의 강력한 어조로 그의 적대자들을 비판하는 내용들이 있다. 예를 들어 2장 17절, 3장 1-18절, 4장 2절, 5장 12절 등에서 바울은 이미 강력한 어조로 그의 적대자들을 비판하고 있다. 1-7장에서 바울은 잠잠한 어조로 말하고 10-13에서는 강력한 어조로 말하고 있다는 주장이 오히려 문제가 있다. 이 외에도 고린도후서의 앞과 뒷부분은 긴밀하게 내적으로 연결되어 있다는 것을 보여주는 증거들은 사실 적지 않다(상세한 것은 본문을 분석할 때 언급한다). 고린도후서 전체를 하나의 통일된 편지로 보기 위해서는 전체를 관통하고 있는 중요한 주제가 무엇이며, 그 주제에 대해 어떻게 바울이 자신의 주장을 펴나가고 있는지를 설명해야 한다. 이 때 가장 중요한 것은 그의 적대자들의 바울에 대한 공격과 그에 대한 바울의 자기변호다. 바울에 대한 공격은 다양한 내용으로 나타난다. 바울의 대응도 마찬가지로 다양하게 나타난다.

그 다양한 내용들을 모두 포괄하는 주제는 "바울은 참 사도인가? 아니면 거짓사도인가?"의 문제다. 즉 바울과 그의 적대자들 사이에서 벌어지는 '거짓사도 논쟁'이 바로 고린도후서 전체를 관통하는 주제다. 고린도후서 전체를 이런 관점에서 관찰하면 1-13장 전체가 연결된 하나의 편지임이 쉽게 밝혀진다. 8-9장에서 헌금에 관해 설명하는 것도 이 거짓사도 논쟁과 긴밀히 연결되어 있다. 8-9장이 별도의 편지로 작성되었다고 보는 견해는 고린도후서를 통일하고 있는 거짓사도 논쟁의 관점에서 이 편지를 보지 않기 때문에 생겨나는 것이다. 최근에는 수사학적 구조(rhetorical structure)를 따져서 1-9장과 10-13장의 내용의 연결점을 보여주려는 노력이 많이 나타나고 있으며 이것들은 바울이 고린도후서를 하나의 편지로 전체를 같은 시기에 썼다는 것을 보여주려는 시도들이다. 물론 그런 노력도 좋은 시도이지만 굳이 수사학의 도움을 빌리지 않더라도 고린도후서의 통일성을 주장할 수 있는 본문상의 근거는 충분하다. 이점은 본문 연구에서 구체적으로 살펴보게 될 것이다.

VI. 고린도후서 연구에 참고가 되는 주석들

Barnett, Paul. *The Second Epistle to the Corinthians*. New International Commentary on the New Testament. Grand Rapids/Cambridge: Eerdmans, 1997.

Barrett, C. K. *A Commentary on the Second Epistle to the Corinthians*. Harper's New Testament Commentaries. New York: Harper & Row, 1974;

reprinted. Peabody: Hendrickson, 1987.

Betz, Hans Dieter. *2 Corinthians 8 and 9: A Commentary on Two Administrative Letters of the Apostle Paul*. Hermeneia; Philadelphia: Fortress Press, 1985.

Collins, Raymond F. *Second Corinthians*. Grand Rapids, Michigan: Baker Academic, 2013.

Furnish, V. P. *II Corinthians: Translated with Introductory Notes and Commentary*. Anchor Bible 32A; Garden City: Doubleday, 1984.

Garlington, Don. *2 Corinthians*. Place of publication not identified: Broadman & Holman Pub, 2016.

Guthrie, George H. *2 Corinthians*. Grand Rapids, Michigan: Baker Academic a division of Baker Publishing Group, 2015.

Harris, Murray J. *The Second Epistle to the Corinthians: A Commentary on the Greek Text*. New International Greek Testament Commentary. Grand Rapids: Eerdmans; Milton Keynes, UK: Paternoster Press, 2005.

Martin, R. P. *2 Corinthians*. Word Biblical Commentary 40; Waco: Word, 1986.

Seifrid, Mark A. *The Second Letter to the Corinthians*. Grand Rapids, Michigan: Eerdmans Publishing Company; Nottingham, England: Apollos, 2014.

Thrall, M. E. *A Critical and Exegetical Commentary on the Second Epistle to the Corinthians*. Vol 1: *Introduction and Commentary on II Corinthians I-Vil.* International Critical Commentary; Edinburgh: T. & T. Clark, 1994. Vol II. *Commentary on II Corinthians VIII-XIII*. Edinburgh: T. & T. Clark, 2000.

Trump, Keith. *Second Corinthians: A New Testament Commentary*. [S.l.]: Harrison House Inc, 2016.

고린도전후서 합본

Bruce, F. F. *I and 2 Corinthians*. New Century Bible; London: Oliphants,

1971; reprinted. New Century Bible Commentary. Grand Rapids: Eerdmans, 1980.

Keener, Craig S. *1 & 2 Corinthians*. Cambridge: Cambridge University Press, 2005.

Witherington, B. III. *Conflict and Community in Corinth: A Socio-Rhetorical Commentary on 1 and 2 Corinthians*. Grand Rapids: Eerdmans; Carlisle: Paternoster, 1995.

번역된 주석

어네스트 베스트/노승환 역. 『고린도후서』. 현대성서주석. 한국장로교출판사, 2005년.

랄프 마틴/김철 역. 『고린도후서』. WBC 성경주석 40. 도서출판 솔로몬, 2007년.

스캇 하프만/채천석 역. 『고린도후서』. NIV적용주석. 도서출판 솔로몬, 2013년.

콜린 G. 크루즈/왕인성 역. 『고린도후서』. 틴데일 신약주석 시리즈 8. CLC, 2013.

톰 라이트/이철민 역. 『모든 사람을 위한 고린도후서』. 톰 라이트 에브리원 주석. IVP, 2013.

고린도후서의 신학

Murphy-O'Connor, Jerome. *The Theology of the Second Letter to the Corinthians*. New Testament Theology; Cambridge; New York: Cambridge University Press, 1991.

본문 해설 I

바울의 목회 신학

(1:1-2:4)

바울의 목회신학

1:1-2:4

I. 위로받은 자가 위로할 수 있다(1:1-11)

1절_하나님의 뜻으로 말미암아 그리스도 예수의 사도 된 바울과 형제 디모데는 고린도에 있는 하나님의 교회와 또 온 아가야에 있는 모든 성도에게

누가는 사도행전 13장 9절에서 "바울이라고 하는 사울(Σαῦλος δέ, ὁ καὶ Παῦλος)이 성령이 충만하여 그를 주목하고"라고 말한다. 여기서 헬라어로 음역한 사울(Σαῦλος)은 바울의 히브리 이름인 사울(שָׁאוּל)의 헬라어 표기이고, 그의 헬라어 이름은 바울(Παῦλος)이다. 그의 라틴어 이름은 아마도 '파울루스'(*Paullus*)였을 것이다. 바울은 길리기아성(Province of Cilicia)의 성도(capital)인 다소(Tarsus)에서 태어났으므로(행 21:39) 당연히 헬라어 이름을 가진다. 동시에 그는 태어나면서부터 로마 시민권자로 태어났으므로(행 22:28) 로마식 라틴어 이름을 갖고 있었을 것이다. 그가 자신을 "이스라엘인이요 아브라함의 씨에서 난 자요 베냐민 지파라"(롬 11:1)고 말하고 있고, 자신을 "히브리인 중의 히브리인"(빌 3:5)으로 보고 있으므로

그는 단순히 유대인으로 태어났을 뿐만 아니라, 그의 부모가 아람어를 모국어로 하는 유대인일 가능성이 크므로 당연히 히브리어 이름을 갖고 있었다. 그가 히브리어, 헬라어, 라틴어 이름을 각각 갖고 있는 이유는 그가 속한 문화권이 다양했기 때문이다. 바울은 하나의 문화권에서 다른 문화권으로 넘어갈 때 해당 문화권의 이름을 각각 사용하였을 것이다.[1)]

바울은 자신을 "그리스도 예수의 사도"라고 부른다. 데살로니가전후서, 빌립보서, 빌레몬서를 제외한 바울서신의 서두에서 그는 자신을 사도로 소개하며, 대부분의 경우 바울이 편지의 서두에서 자신을 사도라고 명기하는 것은 그 편지의 수신자 교회에서 그의 사도권을 둘러싼 논쟁이 있었기 때문이다. 고린도후서의 경우도 역시 그렇다. 고린도후서 11장 4-5, 12-13절, 12장 11-12절은 당시 고린도교회 안에서 그가 과연 사도인지 아닌지에 대한 논란이 있었음을 보여준다. 고린도후서에서 사도란 호칭은 1장 1절을 제외하고 오직 다섯 번만 등장하고(8:23; 11:5, 13; 12:11-12) 대부분 바울 자신을 향해서 사용되지 않고 있다. 하지만 2장 14절-7장 4절과 10-13장의 내용은 바울의 사도로서의 권위를 방어하는 내용이다. 그러므로 고린도후서에서 그의 사도권은 논쟁의 주제가 되고 있다는 것은 분명하다.

바울서신에서 사도란 말은 크게 두 가지 의미로 사용된다. 하나는 일상적인 의미의 단어(nontechnical term)로 사용된 것이고, 다른 하나는 특정한 의미의 기술적 용어(technical term)로 사용된 것이

1) 바울의 로마시민권과 그의 로마식 이름에 관해서는 Frederick F. Bruce, *Paul: Apostle of the Heart Set Free* (Grand Rapids: Eerdmans, 1977), 37- 44를 참고하라. 당시에 로마 시민권을 등록하고 증서를 받기 위해서는 로마식 이름이 필요했을 것이며, 서로 발음이 비슷한 이름을 차용했을 것이다.

다. 전자의 예는 고린도후서 8장 23절과 빌립보서 2장 25절에 나타나는데 두 경우 모두 바울이 특정한 목적으로 보낸 '메신저'란 뜻으로 사용되고 있다. 고린도후서 8장 23절에서 "여러 교회의 사자"란 말에서 헬라어로 '아포스톨로스'(ἀπόστολος) 단어가 사용되고 있지만 여기에서는 '사도'로 번역하지 않는다. 바울은 마게도냐의 여러 교회들이 고린도교회로 보내는 '소식을 전하는 사람'을 지칭하기 위해 이 단어를 사용하고 있다. 빌립보서 2장 25절의 경우에 에바브로디도에게 같은 헬라어 단어가 사용되고 있으나 이 경우에도 '사도'로 번역하지 않는다. 왜냐하면 빌립보 교회가 바울에게 보낸 "소식을 전하는 사람"이란 뜻으로 사용되었기 때문이다. 두 경우 모두 다른 교회나 개인에게 소식을 전하기 위해 파송한 사람을 가리키며 이 경우 부활한 그리스도가 복음을 전하라고 파송한 "사도"와는 다른 개념이다. 이런 심부름을 하는 사람은 사도보다 제한된 권위를 갖고 있으며, 그 직무도 기간이 짧다.

그러나 이것보다 더 본질적인 차이는 사도는 사람이 파송한 것이 아니라 하나님 혹은 그리스도가 파송했다는 점이다. 사도란 말이 기술적 용어로 사용된 경우에는 사도는 "부활한 주 예수에 의해서" 보냄을 받은 자를 말하며 이런 사도들은 바울 당시 다수 존재하였다. 고린도전서 15장 7절 이하를 보면 야고보(예수님의 형제)는 열 두 제자에 속하지 않았지만 그는 사도로서 가장 존경받는 위치에 있었다. 이름이 알려져 있지 않은 예수님의 다른 형제들도 사도에 포함되어 있었고(고전 9:5), 바나바도 사도로 인정받는 사람이었다(고전 9:6; 행 14:4). 이런 경우 사도는 교회 안에서 단순히 소식을 전하는 사람보다 훨씬 더 큰 권위를 갖고 있었으며 임기도 그가 죽을 때까지 지속된다.[2)]

---

2) 위의 사도 개념과 관련된 더 자세한 논의는 Paul W. Barnett, "Apostle," in *Dictionary of Paul and His Letters*, edited by Gerald F. Hawthorne, Ralph

사도직의 기원에 대한 학자들의 논의 중에 이것이 유대교 '샬리아흐'(שָׁלִיחַ)에서 온 것이라는 주장이 종래에 있었다. 이 단어는 랍비유대교 문서에서 사용되는데, 결혼중개자로(*m. Qidd.* 2:1; *t. Qidd.* 4:2; *t. Yebam.* 4:4), 디아스포라 유대교에 보내진 예루살렘의 대표자로(*y. Hag.* 76d) 나타난다. *M. Ber.* 5:5에는 "어떤 사람이 보낸 사람은 그 파송자와 같다"("A man's agent is like to himself")라는 구절이 있다. 이것은 보냄을 받은 사람은 보낸 사람과 같은 법적 권위를 갖는다는 뜻이다. 예를 들어 70인역 헬라어 구약성경 열왕기상 14장 6절은 수동분사 '샬루아흐'(שָׁלוּחַ)를 '아포스톨로스'(ἀπόστολος)로 번역했다.[3] 이 모든 경우는 다 사도의 비기술적 용어 사용과 일치한다. 그러므로 이것에서 기술적 용어로서의 사도가 유래했다고 보기는 어렵다. 더구나 '샬리아흐'(שָׁלִיחַ)가 사용된 랍비문서들은 바울서신보다 기록 연대가 훨씬 더 뒤며(서기 2-3세기), 1세기 유대교 안에서 하나님에 의해 보냄을 받았다는 뜻으로 '샬리아흐'(שָׁלִיחַ)가 사용되었다는 것을 보여주는 자료는 없다. 그러므로 기독교의 사도가 유대교 전통에서 유래했다고 보는 것은 무리가 많다. 사도라는 직분은 예수 그리스도의 부활 사건 직후부터 정식으로 사용되었고 초대교회에서 유래 혹은 예수 그리스도로부터 유래한다고 보는 것이 적절할 것이다.

"그리스도 예수"(Χριστός Ἰησοῦς)에서 그리스도는 메시아의 헬라어 번역이므로 이름이 아니라 호칭이다. "예수는 그리스도다"는 뜻으로 '예수 그리스도'(Ἰησοῦς Χριστός) 또는 '그리스도 예수'(Χριστός Ἰησοῦς)로 사용되었지만 얼마 못가서 그리스도의 호칭으로서의

P. Martin, and Daniel G. Reid (Downers Grove, Ill.: InterVarsity Press, 1993), 45-51을 보라.

3) 유대교의 "샬리아흐(שָׁלִיחַ)" 용법에 대한 자세한 논의는 K. Rengstorf, "ἀποστέλλω, κτλ," *TDNT* 1:413 이하를 보라.

기능은 없어지고 마치 '예수 그리스도'(Ἰησοῦς Χριστός) 또는 '그리스도 예수'(Χριστός Ἰησοῦς)가 고유명사[人名]인 것처럼 사용되게 되었다.

바울은 자신이 자원해서 사도가 된 것도 아니고, 다른 사람이 그를 사도로 임명한 것도 아니고, 하나님의 뜻에 따라서 사도가 되었다고 말한다. "하나님의 뜻으로 말미암아"(διά θελήματος θεοῦ)는 하나님의 뜻과 계획을 따라 불가항력적으로 사도로 부름 받았음을 나타내며 이것은 다메섹 경험을 상기시키는 표현이다. 갈라디아서 1장 1절에서 그는 자신의 사도권이 "사람들에게서(ἀπ' ἀνθρώπων, from man) 난 것도 아니요 사람으로 말미암은(δι' ἀνθρώπου, through man) 것도 아니요"라고 말한다. 자신이 사도가 된 것은 사람에게 그 근원(ἀπό, source)이 있는 것도 아니고, 사람을 매개(δία, agent)로 해서 된 것도 아니라는 뜻이다. 이것은 곧 그가 복음도 사람에게서 받거나 배운 것이 아니라는 뜻이다. 갈라디아서 1장 12절에서 바울은 그의 복음이 "사람에게서 받은 것도 아니요"(οὐδέ … παρὰ ἀνθρώπου παρέλαβον)은 그 복음이 어떤 사람으로부터 전승으로 물려받은 것이 아님을 말한다. 이것은 1장 1절의 "사람으로 말미암은(δι' ἀνθρώπου, through man) 것도 아니요"에 해당한다. 또한 바울은 1장 12절에서 복음을 다른 사람에게 들어 "배운 것이 아니다"(οὔτε ἐδιδάχθην)고 주장한다. 이것은 1장 1절의 "사람들에게서(ἀπ' ἀνθρώπων, from man) 난 것도 아니요"에 해당한다.

디모데는 바울의 동역자로 바울이 평소 자신을 대신하여 자주 파견하던 사람이다(고전 4:17; 16:10; 빌 2:19-23; 살전 3:1-6). 빌립보서 2장 19-23절은 바울에게 많은 동역자들이 있었으나 그들 중 바울이 그를 가장 신임하였음을 보여준다. 사도행전 16장 1-3절에 따르면 그는 루스드라 출신으로 유대 기독교인 어머니와 이방인 아버지 밑에서 태어났다. 누가는 바울이 그에게 할례를 베풀었다고 말하는데(행 16:3), 평소에 할례를 반대하던 바울이 할례를 행하였으므로 이것은 매우 특이한 사건이다. 갈라디아서 2장 3절의 디도의 경우에는 할례를 강요받았으나 받지 않게 한 것과 대조를 이룬다. 그가 디모데에게 할례를 준 것은 그를 앞으로 유대인에게 복음을 전하는 동역자로 세우기 위해 그렇게 한 것으로 보인다(고전 9:19-20). 디도는 처음부터 이방인에게 복음을 전하는 동역자로 여겼던 것으로 보인다. 디모데는 바울과 2, 3차 선교여행을 함께 하고 예루살렘에도 함께 갔으며(행 20:4) 로마에도 같이 갔다.

고린도는 당시 로마 행정구역인 "아가야"(’Αχαΐα, Achaia) 지방(province)의 성도(省都)로서 "아가야"는 그리스 반도의 남반부다. 고린도후서는 단순히 고린도 도시 안에 있는 교회들을 향해서 보낸 편지라기보다는 고린도 성도들과 아가야 지방에 있는 모든 성도들을 향해 보낸 편지다. 왜냐하면 바울이 "고린도에 있는 하나님의 교회와 또 온 아가야에 있는 모든 성도에게"라고 분명하게 수신자를 지정하기 때문이다.

"성도"(οἱ ἅγιοι)란 말은 "따로 떼어 놓았다"는 뜻의 히브리 단어 '카도쉬'(קָדוֹשׁ)에서 유래한다고 본다.[4] 출애굽기 19장 5-6절, "세계가 다 내게 속하였나니 너희가 내 말을 잘 듣고 내 언약을 지키면 너희는 모든 민족 중에서 내 소유가 되겠고 너희가 내게 대하여 제사장 나라가 되며 **거룩한** 백성이 되리라"(레위기 11:44-45 참고)는 말씀에서 "거룩한"이란 형용사가 곧 '카도쉬'(קָדוֹשׁ)다. 성도는 1) 세상의 죄악으로 부터 하나님이 따로 떼어 놓은 사람들이고, 2) 하나님의 일을 하기 위해서 하나님이 따로 구분해 놓은 사람들이다. 성도는 하나님이 세상과 구분해서 따로 떼어 놓으신 "거룩한

4) Paul Barnett, *The Second Epistle to the Corinthians* (New International Commentary on the New Testament; Grand Rapids/Cambridge: Eerdmans, 1997), 61.

사람"이다.

2절 _ 하나님 우리 아버지와 주 예수 그리스도로부터 은혜와 평강이 있기를 원하노라

편지의 인사말로서 "은혜와 평강"으로 인사하는 것은 유대교 문서에 선례가 없다. 시리아어판 *Apocalypse of Baruch*(2 Bar. 78:2)에 "자비와 평강(mercy and peace)"로 인사한 경우가 있으나, 바울의 인사말과 여전히 차이가 있다. 이런 인사말은 아마도 바울이 만들어낸 것으로 보인다. 그는 먼저 헬라어의 전통적인 인사말인 '폴라 카이레인'(πολλά/πλεῖστα χαίρειν, warm greetings)을 변형시켜 '카리스'(χάρις, '은혜'라는 뜻)로 만들고 여기에 유대교의 전통적인 인사말 '샬롬'(שָׁלוֹם)의 헬라어 번역인 '에이레네'(εἰρήνη, '평강'이란 뜻)를 추가하여 이 인사말을 만든 것으로 보인다.[5] 은혜는 바울이 전하는 십자가복음을 한 단어로 축약한 것으로 볼 수 있고, 평화/평강은 은혜의 복음을 믿음으로써 그 결과로 얻게 되는 하나님과 인간 사이의 '화평'을 가리키는 것으로 이해될 수 있다.

3절 _ 찬송하리로다 그는 우리 주 예수 그리스도의 하나님이시요 자비의 아버지시요 모든 위로의 하나님이시며

회당 예배에서 하나님을 찬양할 때 찬양문에는 '버라카'(berakah)라는 단어가 가장 먼저 나온다(berakoth은 찬양). "버라카"는 헬라어 '율로게토스'(εὐλογητός)에 해당되는데, 이 단어가 "찬송하리로다"로 번역되었다.[6] 예배는 하나님을 찬양하는 것으로 시작된다. 갈라

5) Peter T. O'Brien, *Colossians, Philemon* (Word Biblical Commentary 44; Waco: Word, 1982), 135.

6) "버라카"(berakah)와 "율로게토스(εὐλογητός)"에 관한 더 자세한 논의는

디아교회들과 고린도교회들 모두 심각한 문제가 생겼지만 갈라디아서에서는 감사 찬양이 생략된 채 곧 바로 책망으로 들어가는 것과 달리 고린도후서에서 바울은 감사 찬양을 생략하지 않는다.

바울은 이 편지가 고린도교회의 예배시간에 읽혀지는 것을 염두에 두고 이 편지를 쓸 때에 하나님을 찬양하는 것으로 편지를 시작한다. "자비의 아버지시요"도 마찬가지로 찬양의 언어다. 자비와 위로는 하나님의 속성이다. 그리스도의 하나님은 자비(οἰκτιρμός)와 위로(παράκλησις)의 아버지다. 여기서 특별히 하나님을 자비와 연결시키는 것은 1장 8-9절에서 바울이 말하는 아시아에서 당한 환란의 경험과 연결시키려는 의도인 것 같다. 3절에서부터 시작해서 8절까지 바울은 "위로"(παράκλησις)라는 명사와 그 파생어를 10번 사용한다. 이렇게 위로라는 단어가 1장 3-7절에서 집중적으로 나타나는 이유는 무언가 이 단어를 통해 그가 전하고자 하는 중요한 메시지가 있기 때문이다. 우리가 곧 보게 될 그것은 '위로의 신학'으로 불릴 수 있는 바울의 목회신학이다.

바울은 여기서 하나님을 "우리 주 예수 그리스도의 하나님"으로 부름으로써 유대교의 찬양과 전혀 다른 내용의 찬양을 한다. 유대교 문서 혹은 구약성경의 찬양에서 창조주 하나님을 예수 그리스도의 하나님으로 부르는 경우는 당연히 없다. 기독교와 유대교를 구분하는 가장 근본적인 차이점은 바로 십자가에서 죽고 부활하신 예수를 '주'(Lord)로 부르고 그리스도를 신적인 존재로 인식하는 것이다. 초대교회가 그리스도를 주라고 부를 때 이것은 70인역 헬라어 구약성경에서 '퀴리오스'(kyrios)가 하나님을 위한 호칭으로 사용된 것을 기억할 필요가 있다. 유대교 전통을 이어받은 초대교회에서 십자가에서 죽은 예수를 주라고 부른 것은 예수를 하나님과 같

Andrew T. Lincoln, *Ephesians* (Word Biblical Commentary 42; Dallas: Word, 1990), 10-19를 보라.

은 분으로 이해한 것이다. 그리고 초대교회는 비교적 초기에 이미 그런 이해에 도달한 것으로 보인다.

고린도전서 16장 22절은 그 분명한 증거다. 고린도전서 16장 22절의 "우리 주여 오시옵소서"는 사실 아람어를 헬라어로 음역해 적어놓은 말인 '마라나타'(maranatha)로 되어 있다. 물론 이 아람어는 '마란아'(marana) '타'(tha)로 읽으면 "우리들의 주여 오시옵소서"라는 명령문(기도문)이 될 수도 있고 '마란'(maran) '아타'(atha)로 읽으면 "주님이 오셨다"는 평서문이 될 수도 있다. 그러나 요한계시록 22장 20절에서 "아멘 주 예수여 오시옵소서"라는 동일한 헬라어 표현이 나오고, 초기 기독교 문서인 디다케(*Didache*) 10장 6절에도 동일한 표현이 나오는 것을 참고할 때 평서문이 아니라 명령문 형의 기도문으로 보는 것이 더 설득력이 있다.[7] 물론 주 예수가 아직 재림하지 않으셨다는 사실도 이것을 기도문으로 보는 것을 지지한다.

그러나 어느 쪽으로 해석하건 상관없이 초대교회가 예수를 "주"로 불렀다는 점에는 변함이 없다. 초대교회에서 더구나 고린도교회처럼 이방인 기독교인들이 압도적으로 많은 교회 안에서 아람어를 헬라어로 번역하지 않고 그냥 그대로 아람어를 사용한 것은 이 '마라나타'라는 말이 교회 안에서 평소에 자주 사용하던 말이고, 굳이 바울이 뜻을 설명해줄 필요가 없을 만큼 성도들이 그 말뜻을 잘 알고 있었다는 것을 암시한다. 물론 이 말의 기원은 헬라어를 공용어로 사용하는 이방인 회중이 아니었고, 아람어를 공용어로 쓰는 유대 기독교인들 회중이었을 것이다. 그 회중들 중 이 말을 처음으로 사용하기 시작한 회중으로 가장 가능성이 높은 회중은

---

7) 자세한 것은 Gordon D. Fee, *The First Epistle to the Corinthians* (New International Commentary on the New Testament; Grand Rapids: Eerdmans, 1987), 838.

초기 예루살렘교회의 성도들이다. 만약 그렇다면 예수의 제자들과 십자가 사건을 직접 목격한 사람들이 여전히 많이 생존해 있던 예루살렘교회 초기에 이들은 이미 예수를 '주'라고 부르기 시작한 셈이다. 예수를 기도와 찬양의 대상으로 했다는 것은 이미 예수를 향해 초대교회가 예배를 시작했다는 뜻이다. 이것은 이미 매우 초기부터 창조주 하나님 외에 또 다른 한 분의 주가 계시며, 그럼에도 불구하고 이 두 분을 한 분으로 인식하므로 여전히 일신론을 벗어나지 않는 매우 독특한 신 인식(understanding of God)에 초대교회가 도달한 시점이 부활 사건 직후라는 것을 암시한다. 초대교회가 부활사건 초기에는 아직 예수 그리스도에 대한 이해가 불충분하여 예수를 하나님과 같은 분으로 인식하지 못하였고, 일세기 후반부에 이르러서야 비로소 이위일체론적 하나님 이해(二位一體論, binitarian understanding of God)에 도달했다고 볼 필요는 없다.[8]

4절_우리의 모든 환난 중에서 우리를 위로하사 우리로 하여금 하나님께 받는 위로로써 모든 환난 중에 있는 자들을 능히 위로하게 하시는 이시로다

신약성서에서 '파라클래시스'(παράκλησις)라는 단어는 1) 위로(consolation), 2) 격려(encouragement), 3) 권면(exhortation), 4) 호소(appeal) 등으로 번역된다. 고린도후서에서는 주로 "위로"라는 의미로 사용된다. 바울은 위로의 근원이 하나님이라고 말한다. 하나님은 위로자(ὁ παρακαλῶν)이시다. 여기에서 '파라칼론'(παρακαλῶν)은 현재분사이므로 하나님의 위로가 일회적이거나 일시적인 것이 아니라 지속적이고 계속적인 것임을 나타낸다고 볼 수 있다. 그리고 그 위로

8) 이위일체론적 하나님 이해에 관해서는 Larry W. Hurtado/박규태 역, 『주 예수 그리스도: 초기 기독교의 예수 신앙에 대한 역사적 탐구』 (서울: 새물결플러스, 2010), 86-121, 249-74를 보라.

는 "모든 종류의"(πᾶς) 환란 속에서 다 경험된다.

하나님은 먼저 어려움을 당한 성도를 위로하신다. 그런데 그 하나님의 위로에는 목적이 있다. 하나님이 환란 당하는 성도를 위로하시는 목적은 그 사람이 먼저 위로를 받고 그래서 그가 또 다른 "환란 가운데 있는 사람들"을 위로할 수 있게 하는 것이다. 그렇다면 그 성도들이 또 다른 환란 가운데 있는 사람들을 위로할 때 그들은 무엇으로 다른 사람들을 위로하는가? 바울은 바로 그들이 "하나님으로부터 위로받은 그 위로로"(διὰ τῆς παρακλήσεως ἧς παρακαλούμεθα αὐτοὶ ὑπὸ τοῦ θεοῦ.) 다른 사람들을 위로한다고 말한다.

여기에서 우리는 하나님과 그리스도의 사역자 사이에, 그리고 고난과 위로 사이에 불가분의 관계가 있음을 알 수 있다. 이 구절에 나타난 바울의 목회신학의 핵심은 1) 하나님의 위로를 경험한 사람이 다른 사람을 위로할 수 있다, 2) 그 사람은 하나님으로부터 받은 위로로 다른 사람을 위로한다는 것이다. 그래서 환란은 1) 우리가 하나님의 위로를 경험할 수 있는 기회가 되며, 2) 하나님께서 새로운 사역자를 훈련시켜 세우시는 기회가 된다.

실제로 우리 주변에서 가족 중 한 사람이 암으로 투병하다 그 사람이 세상을 떠나가는 것을 경험한 그 가족 중에서 병원의 암 환자들을 위해 일하는 사역자가 세워지는 것을 본다. 사랑하는 사람을 병으로 상실하는 고통스러운 경험을 통해 그 사람은 하나님의 위로를 반복적으로 깊이 경험하게 된다. 그래서 암으로 고생하는 환자와 그 가족의 상황을 누구보다도 더 깊이 잘 이해하고 그들을 복음 안에서 돕는 사역자로 변신할 수 있게 된다. 고난은 오히려 평소에 경험하지 못했던 하나님의 특별한 은혜를 경험할 수 있는 기회가 되며, 더 깊은 신앙의 경지로 들어가 장차 그리스도 안에서 주어진 하나님의 위로, 즉 복음을 전하는 사역자로까지 성장하는 기회가 된다. 골짜기가 깊으면 뫼도 높은 법이다. 영적인 생활에서도 이것은 똑같이 적용될 수 있는 원리다.

바울은 여기에서 자신의 어떤 하나의 특정한 경험에 대해 말하는 것이 아니다. 자신이 그 동안 목회적 상황 속에서 여러 번 반복적으로 경험한 그 경험을 일반화하여 하나의 원리로 정리한 것이다. 바울 자신도 이미 고난 가운데서 하나님의 위로를 수없이 반복적으로 경험했고, 그래서 그는 고난 가운데 있는 다른 사람을 위로할 수 있는 사람이 되었다. 이제 그는 자신이 그의 성도들에게 준 모든 위로가 자기 자신에게서 유래한 것이 아니라, 하나님으로부터 유래한 것이라 말한다. 여기에서 우리는 하나님의 위로가 하늘로부터 내려와 바울을 통해 다른 사람들에게로, 또 그들로부터 더 많은 사람에게로 퍼져나가는, 위로의 끝없는 반향(反響)을 볼 수 있다. 하나님의 복음은 이런 과정을 통해 이 세상 방방곡곡, 땅 끝까지 퍼져나간다.

5절_ 그리스도의 고난이 우리에게 넘친 것 같이 우리가 받는 위로도 그리스도로 말미암아 넘치는도다

여기에서 바울이 말하는 "그리스도의 고난"(τά παθήματα τοῦ Χριστοῦ)은 무엇을 가리키는 것일까? 그 고난이 바울과 동역자들에게 넘친다고 말하고 있으므로 그 고난은 그리스도가 인류를 구원하기 위해 십자가에서 당하신 고난을 가리키는 것은 아니다. 골로새서 1장 24절, "나는 이제 너희를 위하여 받는 괴로움을 기뻐하고 **그리스도의 남은 고난**(τά ὑστερήματα τῶν θλίψεων τοῦ Χριστοῦ)을 그의 몸된 교회를 위하여 내 육체에 채우노라"에 유사한 표현이 나타난다. 여기서도 "그리스도의 남은 고난"은 그리스도가 십자가에서 당하신 고난은 아니다. 아마도 골로새서 1장 24절에서 나타나는 "그리스도의 남은 고난"이라는 표현은 바울과 당시의 사역

자들이 "그리스도를 위해서, 혹은 대신해서 당하는 고난"이란 뜻으로 이해할 수 있을 것이다. 바울은 특별히 "고난"이 자신에게 주어진 사명의 한 구성요소라고 생각한다(고전 4:9-13; 고후 11:23-33; 12: 9, 10; 13:4 갈 6:17). 바울은 지금 종말의 때에 그가 고난을 더 많이 당하면 당할수록 다른 성도들이 받을 고난은 더 줄어드는 것으로 생각한 듯하다.[9] 여기에서 고난을 당하는 주체는 그리스도가 아니라 바울과 같은 사역자다. 그리스도를 위해 당하는 고난은 다른 종류의 일반적인 고난과는 그 고난의 목적의 관점에서 구분이 된다.

바울은 자신의 서신 여러 곳에서 '그리스도/나를 닮음'(Imitation of Christ/me)에 대해서 말한다(갈 4:12; 빌 2:5; 3:10, 17; 4:9; 고전 4:16; 살전 1:6-7; 2:14, cf. 고전 11:1; 살후 3:7, 9). 로마서에서는 이 주제가 전혀 등장하지 않는 이유는 아마 바울이 로마교회를 세우지 않았고, 아직 로마교회를 방문하여 성도들을 만난 적이 없기 때문일 것이다. 그리스도를 닮음이라는 주제는 성도들이 바울의 실제 사역 모습을 목격한 것 없이는 설명될 수 없는, 그런 종류의 가르침이기 때문이다. 바울은 그리스도를 전혀 본적도 없고 알지도 못하는 사람들에게 그리스도를 드러내는 매개체로 자기 자신을 사용한다. 심지어 그는 그리스도가 죽으신 것조차 닮으려고 한다(빌 3:10, "내가 그리스도와 그 부활의 권능과 그 고난에 참여함을 알고자 하여 그의 죽으심을 본받아"). 이것은 자기 자신의 모습과 그리스도의 모습을 일치시킴으로써 가능하게 된다. 때문에 그리스도를 닮으라는 명령과 자신을 닮으라는 명령은 두 개의 다른 명령이 아니라, 하나의 명령의 두 가지 다른 표현이다. 마치 그리스도가 모든 사람들에게 생명을 주기 위해 자신의 생명을 내어놓고 고

9) Peter T. O'Brien, *Colossians, Philemon* (Word Biblical Commentary 44; Waco: Word, 1982), 80.

난을 당한 것과 같이, 바울은 이제 모든 사람들에게 생명의 복음을 전하기 위해 고난을 당하고 심지어 자신의 생명을 내어놓는 것도 주저하지 않는다. 그런 의미에서 바울은 그리스도가 당한 고난과 같은 종류의 고난을 지금 경험하고 있다고 말할 수 있다. 그런 의미에서 바울은 그리스도를 닮은 사람이다. 그래서 바울은 지금 단순하게 고난이 자신에게 넘친다고 말하는 것이 아니라, "그리스도의 고난"이 자신에게 넘친다고 말할 수 있다.

그리스도의 고난이 넘치면 위로도 정비례해서 넘치게 된다. 더 어려운 고난이 주어지면 더 큰 어려움에 상응하는, 더 크고 많은 위로가 주어진다. 이것이 바울이 말하는 '고난의 신학'의 또 다른 원리다. 이것은 바울이 직접 경험한 바이기도 하고 또한 모든 기독교인들이 경험하는 것이기도 하다. 고난이 넘치는 곳에 위로가 넘치고, 고난이 넘치는 곳에 은혜도 넘친다.

6절_우리가 환난 당하는 것도 너희가 위로와 구원을 받게 하려는 것이요 우리가 위로를 받는 것도 너희가 위로를 받게 하려는 것이니 이 위로가 너희 속에 역사하여 우리가 받는 것 같은 고난을 너희도 견디게 하느니라

3-5절에서는 보편적인 고난과 위로에 대한 언급이 있었다면, 6절부터는 바울의 고난과 더불어 고린도교회의 성도들의 언급되기 시작한다. 여기서 '우리가 환란을 당하다'(θλιβόμεθα), '우리가 위로받다'(παρακαλούμεθα)라는 동사는 모두 현재시제며 따라서 환란과 위로가 반복적으로 일어났고 또 현재 진행 중임을 나타낸다. 둘 다 수동형이며 이것들은 '신적 수동형'(divine passive)로서 하나님이 그런 일이 일어나게 하시는 주체임을 나타낸다.[10]

바울이 복음을 전하기 때문에 당하는 고난은 청중들을 '위로하

10) Harris, *The Second Epistle*, 147.

고 구원하는' 것에 목적이 있다. 바울은 왜 성도들을 위로한다고 말하며, 자신의 서신에서 위로한다는 뜻의 '파라칼레오'(παρακαλέω) 동사를 이렇게 자주 사용할까? 아마도 이사야 40장 1-2절의 말씀, "너희의 하나님이 이르시되 너희는 위로하라 내 백성을 위로하라 너희는 예루살렘의 마음에 닿도록 말하며 그것에게 외치라 그 노역의 때가 끝났고 그 죄악이 사함을 받았느니라 그의 모든 죄로 말미암아 여호와의 손에서 벌을 배나 받았느니라 할지니라 하시니라" 때문인 것 같다. 이 구절에서 주의 종(the Servant of the Lord)은 하나님의 복음으로 그의 백성들을 위로하라고 명령받는다. 물론 이 주의 종은 이사야서 52장 13절-53장 12절에 이르면 고난을 당하고 속죄의 제물로 죽는 메시아로 나타난다. 물론 바울도 이 구절을 그렇게 이해하고 있었던 것으로 보인다(롬 4:25; 8:32; 사 53:12). 하지만 동시에 바울이 이사야서의 여러 구절들을 자신의 사도적 사역과 연결시키는 것을 놓고 볼 때(예, 롬 10:15; 사 52:7), 바울은 아마도 자신이 바로 하나님의 백성을 위로해야 할 사명을 갖고 있다고 보았던 것 같다. 그리스도의 사역을 이어받은 사도로서 바울은 이 구절을 자신에게 적용하여 "위로"하는 것이 바로 자신이 해야 할 일로 생각한 것 같다. 또한 '파라칼레오'(παρακαλέω) 동사는 '위로한다' 외에도 '호소한다'는 뜻도 있다. 바울은 자신의 편지에서 가르침을 줄 때에 특이할 정도로 '명령한다'는 동사를 자주 사용하지 않고 이 "호소한다"는 단어를 더 자주 사용하는 것도 이사야 40장 1절의 말씀을 자신에게 적용했기 때문인 것 같다.

바울은 자신이 고린도 성도들을 위로하는 그 위로가 고린도 성도들이 고난을 견디는 것 속에서 역사한다고 말한다. 또한 그들이 당하는 고난과 자신이 당하고 있는(πάσχομεν) 고난은 같은 것(the same kind of suffering, τῶν αὐτῶν παθημάτων)이라고 말한다. 이 말은 바울이 고린도를 떠난 뒤 고린도 성도들이 지금 그가 편지를 쓰고 있는 그 시점에 고난을 당하고 있음을 보여준다. 이미 고린도전서 10장 13절, “사람이 감당할 시험 밖에는 너희가 당한 것이 없나니 오직 하나님은 미쁘사 너희가 감당하지 못할 시험 당함을 허락하지 아니하시고 시험 당할 즈음에 또한 피할 길을 내사 너희로 능히 감당하게 하시느니라”는 앞으로 고린도 성도들이 우상에게 바친 제물을 먹지 않고 도시 안의 각종 우상숭배 제사에 참여하지 않을 경우에 발생하는 고난에 대해 예고하고 그것에 대해 두려워하지 말라고 권면하고 있다. 정확하게 어떤 형태의 고난인지는 모르지만 고린도후서를 쓰기 전의 시점에 이미 고린도교회는 고난을 경험하고 있다.

그렇다면 어떤 의미에서 고린도 성도들이 당하는 고난과 바울이 당하는 고난은 같은 것이라고 말할 수 있는 걸까? 아마도 고린도 성도들이 복음을 받아들이고, 그 복음을 전파하게 됨으로 당하는 고난으로 볼 수 있을 것이다. 바울은 여기에서 자신과 고린도 성도들이 같은 경험을 하고 있다고 말함으로서 그들과 자신을 같은 것으로 본다. 바울은 이제 8절에서부터 자신이 아시아에서 당한 고난을 언급하며 자신이 경험한 하나님의 위로를 언급한다(1:10, “그가 이같이 큰 사망에서 우리를 건지셨고”). 그리고 그는 그와 같은 위로를 지금도 경험하고 앞으로도 경험할 것임을 말한다(1:10, “또 건지실 것이며 이 후에도 건지시기를 그에게 바라노라”). 이 편지에서 바울은 자신이 받은 위로로 고린도 성도들을 위로한다. 이것은 그가 하나님으로부터 위로를 받은 것처럼 고린도 성도들이 고난을 잘 견디면 그 과정에서 그들도 하나님의 위로를 경험할 것임을 알려준다.

7절_ 너희를 위한 우리의 소망이 견고함은 너희가 고난에 참여하는 자가 된 것 같이 위로에도 그러할 줄을 앎이라

고린도 성도들은 이미 고난을 경험했고 지금 그것을 견디고 있으며(6절, ὑπομονή), 앞으로 하나님의 위로를 경험하게 될 것이다. 그러므로 바울은 그의 성도들이 복음을 위해 고난을 경험하는 것을 보면서 오히려 소망이 든든하다고 말한다. 이미 고린도 성도들은 바울의 고난에 참여하는 사람들(κοινωνοί)이 되었고, 또한 위로에도(οὕτως καί) 참여하는 사람들이 되었다는 것을 바울은 이미 알고 있기(εἰδότες) 때문이다. 고난을 당하지 않은 교회가 고난을 당한 교회를 위로하는 것은 쉽지 않다. 하지만 고린도교회는 이미 고난을 경험하고 있으므로 그 교회가 앞으로 고난을 당하는 다른 교회를 위로할 수 있는 교회가 될 것은 매우 분명하다.

바울은 이 성도들이 "우리 주 예수의 날에는 너희가 우리의 자랑"(고후 1:14)이 되길 소망하며, 그 소망은 단순한 희망사항이 아니다. 바울은 이것이 견고하다(7절, βεβαία)는 것을 확신하고 있다. 그러므로 바울은 "너희를 위한 우리의 소망이 견고하다"고 말한다. 바울은 이미 고린도전서 1장 8절에서 "주께서 너희를 우리 주 예수 그리스도의 날에 책망할 것이 없는 자로 끝까지 견고하게 하시리라"고 말했다. 바울은 여기에서 자신이 무엇을 소망하며, 그 소망이 얼마나 견고한 것인지를 우리에게 잘 보여주고 있다. 고린도전서에 나타난 수많은 교회 문제와 성도들의 영적 교만에도 불구하고, 바울은 이들이 흠잡을 것이 없는 성도의 모습으로 그리스도의 심판대 앞에 서게 될 것임을 확신한다. 바울은 성령의 능력을 확신하고 있고 성령이 성도들을 변화시킬 것을 확신한다. 마치 밀가루 반죽에 누룩이 들어가면 반죽이 부풀어 오르는 변화는 선택이 아니라 필연인 것처럼, 성령이 그들에게 들어갔으므로 고린도 성도들이 변화하는 것은 이미 결정된 것으로 여긴다. 단지 필요한 것은 시간이며, 그 시간 동안에 성령은 그들을 변화시켜 앞으로 다른 교회를 위로하는 성도들이 될 것이다. 그래서 바울의 소망은 단순한 소망이 아니라, 반드시 그렇게 될 것이라는 확신이다. 그런 의미에서 바울의 소망은 견고하다.

8절_ 형제들아 우리가 아시아에서 당한 환난을 너희가 모르기를 원하지 아니하노니 힘에 겹도록 심한 고난을 당하여 살 소망까지 끊어지고

바울은 그가 아시아에서 당한 환난은 "힘/능력의 범위를 넘어선"(ὑπὲρ δύναμιν) 환난이었고 "정도를 넘어선"(καθ' ὑπερβολὴν, beyond measure) 환난이었다고 말한다. 심지어 살아남을 소망조차도(καὶ τοῦ ζῆν) 버리게 만드는(ἐξαπορηθῆναι) 환난이었다고 말한다. 여기서 '엑싸포레오'(ἐξαπορέω)라는 동사는 통과(πόρος-, passage)의 가능성이 전혀(ἐξ-) 없다(α-)는 뜻을 갖고 있으며 당시 바울이 얼마나 상황을 비관적으로 보았는지를 잘 나타낸다. 여기에서 바울이 '지나치게'라는 뜻의 접두어 혹은 전치사인 '휘페르'(ὑπερ)를 두 번 사용하는 것도 역시 당시 상황이 매우 어려운 상황이었음을 보여준다.[11)]

도대체 바울이 아시아에서 당한 환란이 어떤 성격의 환란인지에 대해서 우리가 100퍼센트의 확신을 갖고 말하는 것은 불가능하다. 왜냐하면 8-10절에 나타나는 자료로 이 문제를 해결하기에는 너무나 정보가 부족하기 때문이다. 확실한 것은 그 경험의 장소는 "아시아" 즉 오늘 날 터키 반도의 서남쪽 일대의 어느 지점이었다는 것이다. 사도행전에 따르면 바울이 아시아에서 2년 동안 복음을 전할 때 그는 주로 에베소에서 머물렀던 것으로 보인다. 사도행전 19:10에 따르면 그 선교는 매우 효과적이었다(행 19:10, "두 해 동안 이같이 하니 아시아에 사는 자는 유대인이나 헬라인이나 다 주의 말씀을 듣더라"). 사도행전 19장 26절에서도, "이 바울이 에베

---

11) Harris, *The Second Epistle*, 154.

소뿐 아니라 거의 전 아시아를 통하여 수많은 사람을 권유하여 말하되 사람의 손으로 만든 것들은 신이 아니라 하니 이는 그대들도 보고 들은 것이라"고 말하는 것으로 놓고 볼 때, 바울이 혹은 그의 동역자들이 에베소뿐 아니라 아시아 일대의 여러 도시에서도 선교활동을 한 것으로 보인다. 그 당시 바울이 아시아에 머물 때 바울은 골로새에도 교회를 세웠다. 골로새에 직접 가서 복음을 전한 사람은 바울이 아니었다. 바울은 빌레몬과 같은 골로새 교인은 개인적으로 알고 있었지만(몬 19), 바울은 그곳의 대부분의 교인들과 안면이 서로 없었다(골 2:1, "내가 너희와 라오디게아에 있는 자들과 무릇 내 육신의 얼굴을 보지 못한 자들을 위하여 얼마나 힘쓰는지를 너희가 알기를 원하노니"). 골로새에 가서 교회를 개척한 사람은 에바브라였다(골 1:7-8, "이와 같이 우리와 함께 종 된 사랑하는 에바브라에게 너희가 배웠나니 그는 너희를 위한 그리스도의 신실한 일꾼이요 성령 안에서 너희 사랑을 우리에게 알린 자니라"). 아마도 바울은 그 지역에 복음을 전하기 위해 자신은 에베소에서 머물면서 자신의 동역자들을 인근 일대의 중소 도시에 파견한 것으로 보인다. 누가에 따르면 바울은 에베소에서 상당 기간 두란노서원에서도 날마다 복음을 전했다(행 19:9). 그렇다면 바울이 아시아 일대에 복음을 전했다는 사도행전의 증언은 단순히 바울이 직접 그 모든 도시들을 다 방문하여 복음을 전했다고 볼 것이 아니라, 바울은 주로 에베소에 머물면서 그의 동역자들을 그 일대에 파견하여 동시다발적으로 복음을 전한 것으로 보는 편이 더 합리적이다.

그렇다면 그가 아시아에서 환란을 당했다고 말할 때 그 환란의 구체적인 장소로 에베소도 물론 포함되며, 그곳에서 바울이 가장 많은 시간을 보냈으므로 에베소가 가장 가능성이 높은 장소다. 고린도전서 15장 32절에서 바울은 "내가 사람의 방법으로 에베소에서 맹수와 더불어 싸웠다면 내게 무슨 유익이 있으리요"라고 말한다. 여기에서 "맹수와 싸웠다"는 말이 상징적 비유인지 아니면 실제 맹수와 싸우는 처벌을 받았다는 것을 가리키는 것인지에 대해 논쟁이 있다. 상징적인 비유로 보는 입장은 "맹수처럼 사나운 어떤 인물"과 바울이 논쟁했다/대결했다는 뜻으로 해석한다.[12] 그러나 문제는 바울이 고린도전서 15장 32절에서 이 언급을 하는 문맥이다. 바울은 부활에 대해서 논증하면서 맹수와 싸운 것에 관해 말한다. 바울은 고린도전서 15장 30절에서 죽은 자의 부활이 없다면 "어찌하여 우리가 언제나 위험을 무릅쓰리요"라고 반문한다. 이처럼 바울이 죽음과 부활에 대해 심각한 논증을 하는 와중에 "맹수와 싸웠다"는 말을 하고 있으므로 이를 단순히 은유(metaphor)라고 보는 것은 그다지 설득력이 많지 않다. 오히려 실제 바울이 맹수와 싸우는 형벌을 받았을 가능성이 많다. 죄수들을 처벌/처형할 때 맹수와 싸우게 해서 관중들을 위한 구경거리로 만드는 것은 당시의 성행하던 오락이었다. 바울이 로마 시민권자였으므로 이런 처벌을 받지 않았으리라는 주장도 있으나, 당시 로마시민권자임에도 불구하고 죄질에 따라 이런 처벌을 받은 경우가 없지 않았다.

바울이 고린도후서 1장 8절에서 언급하는, 이 평상적 고난보다 훨씬 더 큰 강도의 고난을 고린도전서 15장 32절의 언급과 연결하여 해석하는 것은 과연 얼마나 개연성이 있을까? 그 다음 절인 9절과 10절을 보면 결코 그 개연성이 작지 않다는 것을 곧 알 수 있다.

---

12) 이 구절의 해석을 둘러싼 더 자세한 논의는 Anthony C. Thiselton, *The First Epistle to the Corinthians: A Commentary on the Greek Text* (New International Greek Testament Commentary; Grand Rapids: Eerdmans; Carlisle: Paternoster Press, 2000), 1251-52를 보라.

9절_우리는 우리 자신이 사형 선고를 받은 줄 알았으니 이는 우리로 자기를 의지하지 말고 오직 죽은 자를 다시 살리시는 하나님만 의지하게 하심이라

바울은 "사형 선고"(τό ἀπόκριμα τοῦ θανάτου)를 받았다(ἐσχήκαμεν)고 말한다. 여기에서 '선고'로 번역된 단어 '아포크리마'(ἀπόκριμα)는 세속 헬라어에서 법정 용어로 사용되다.[13] '에코'(ἔχω)의 완료형인 '에스케카멘'(ἐσχήκαμεν)은 바울이 실제로 사형 판결을 받은 것처럼 들리게 한다. 하지만 "우리 자신이"(αὐτοὶ ἐν ἑαυτοῖς)로 번역이 된 이 말은 '우리 스스로 우리 안에서는'이라는 뜻이므로 '바울과 동역자들이 스스로 생각하기에'라는 뜻이 포함된 것으로 본다. 바울이 지금 하고 있는 말이 정말로 사형선고를 받은 것인지 아니면 바울이 주관적으로 생각할 때 이번에 "죽을 지도 모른다"는 예상을 한 것인지는 분명하지 않다. 하지만 한 가지 분명한 것은 지금 바울이 사형선고를 정말로 받았건 안 받았건 상관없이 그가 아시아에서 심각한 생명의 위협 가운데 있었다는 점이다. 자신이 당한 위험 뒤에는 그가 자기 자신을 의지하지 않고 오직 "죽은 자를 다시 살리시는" 하나님만 의지하게 하려는 하나님의 깊은 뜻이 있었다고 바울은 말한다. "죽은 자를 다시 살리시는" 부활의 능력을 갖고 계시는 하나님을 언급할 때 바울이 이 죽음(θάνατος), 혹은 사형선고를 단순히 비유적인 의미로 혹은 주관적인 추측으로 말했을 것 같지는 않다. 오히려 실제로 사형선고를 받았을 가능성이 더 높다. "죽은 자를 다시 살리시는 하나님"을 의지한다는 것은 무엇을 말한 것일까? 그것은 바울이 죽음을 당하게 되더라도 그리스도를 죽음에서 다시 살리신 하나님을 믿는 믿음을 갖고 죽으면 하나님이 그를 다시 살리실 것임을 믿고 담대히 죽음을 맞이한다는 뜻으로

13) Harris, *Second Epistle*, 155.

보인다. 그렇다면 고린도전서 15장 32절에서 바울이 에베소에서 맹수와 더불어 싸운 경험을 말할 때 죽음의 위협과 부활을 연결시켜서 말한 것처럼 이곳에서도 죽음의 위협과 부활을 연결하여 말하고 있다.

고난에 대한 바울의 평소 언행을 놓고 생각해볼 때(예를 들어, 빌 4:13; 고후 4:8; 고전 10:13) 8절의 "살 소망까지 끊어지고"와 9절 "사형선고"와 같은 말을 바울이 하는 것은 매우 이례적이다. 10절에서는 "큰 사망"이라는 말도 한다. 바울이 이처럼 평소와 달리 아시아에서 당한 경험을 매우 이례적인 표현으로 묘사하는 까닭은 당시에 바울이 이번에는 꼼짝없이 죽게 되었다고 생각할 정도로 그가 에베소에서 당한 고난은 심각한 것이었기 때문이다. 인간의 능력의 한계를 넘어서는 절대적인 어려움에 직면했을 때, 자신의 힘으로는 도저히 어떻게 해보려야 해볼 수 없게 되었을 때, 죽는 것 이외에는 다른 방법이 남아 있지 않게 되었을 때, 인간은 하나님만을 전적으로 의지할 수밖에 없게 된다. 죽음 앞에 서게 되었을 때 인간은 하나님과 독대(獨對)하게 되며, 절대적으로 하나님만 의지하게 된다. 이것은 인간이 평소에는 쉽게 경험할 수 없는 것이다. 그런 점에서 큰 위기는 큰 은혜를 경험할 수 있는 기회가 된다.

10절_그가 이같이 큰 사망에서 우리를 건지셨고 또 건지실 것이며 이 후에도 건지시기를 그에게 바라노라

'텔리쿠토스'(τηλικοῦτος)라는 형용사는 사이즈를 가리키는 말로서, '크다'를 더욱 강조하는 '매우 크다'(so great)라는 뜻이다. 바울이 그냥 "사망"에서 우리를 건지셨다고 말하지 않고 "이렇게 큰 사망"에서 우리를 건지셨다고 말하는 것은 8-9절에서 그가 "아시

아에서 당한 환난"에 대해 묘사하는 내용과 일치한다. 그가 경험한 것은 평범한 경험이 아니었다. 그는 정말로 죽음 일보 직전까지 갔던 것이다. 10절은 관계대명사 '호스'(ὅς)로 9절과 연결되어 있다. 우리는 부활의 하나님만 믿게 되었는데, 그런데 "그 하나님께서"(ὅς) 우리를 이 큰 사망에서 구원하셨다(ἐρρύσατο). 여기서 전치사 '엑크'(ἐκ)는 바울이 그 죽음의 큰 위협에서 벗어나게 되었다는 것을 표현한다.

바울은 그 하나님이 앞으로도 자신을 그런 큰 죽음의 위협으로부터 구하실 거라고 말한다(ῥύσεται). 바울과 동역자들은 그 하나님에게(εἰς ὅν) 소망을 두었고(ἠλπίκαμεν) 그 소망의 내용은 '호티'(ὅτι) 이하의 명사절에 나타나 있다. 그 소망의 내용은 하나님이 여전히 앞으로도 그들을 구원하실 것이라는(ῥύσεται) 점이다. 하나님의 구원에 대한 소망은 재판에서 이겨서 하나님이 그를 풀려나게 할 것이라고 말하는, 빌립보서 1장 25절, "내가 살 것과 너희 믿음의 진보와 기쁨을 위하여 너희 무리와 함께 거할 이것을 확실히 아노니"에서 보인 그의 확신과 크게 다르지 않다.

바울이 고린도후서 편지의 서두에서 이렇게 자신이 큰 죽음의 위협에 처해 죽음 일보 직전까지 갔으나 하나님께서 나를 구원하셨다고 말하는 것은 고린도후서 4장 8-9절의 언급, "우리가 사방으로 욱여쌈을 당하여도 싸이지 아니하며 답답한 일을 당하여도 낙심하지 아니하며 박해를 받아도 버린 바 되지 아니하며 거꾸러뜨림을 당하여도 망하지 아니하고"와 일맥상통한다. 고린도후서 6장 9절에서도 바울은 "무명한 자 같으나 유명한 자요 **죽은 자 같으나 보라 우리가 살아 있고 징계를 받는 자 같으나 죽임을 당하지 아니하고**"라고 말한다. 이것들은 모두 자신이 죽음의 위협을 당해서 거의 죽음 일보직전까지 갔지만 결국 죽지 않고 지금까지 살아있다는 것을 말한다. 고린도후서 6장 8절, "영광과 욕됨으로 그러했으며 악한 이름과 아름다운 이름으로 그러했느니라 **우리는 속이는 자 같으나 참되고**"는 바울을 둘러싼 두 가지 상반된 평가를 보여준다. 특별히 여기에서 "속이는 자 같으나 참되고"는 1) 바울이 속이는 자(one who deceives), 즉 거짓사도라는 견해와 2) 바울은 참되다(one who is true), 즉 참 사도라는 견해가 대조되고 있다. 바울은 여기에서 자신이 죽을 것 같지만 죽지 않고 지금까지 살아있는 것을 근거로 해서 자신이 참 사도라는 것을 주장하는 셈이다. 고린도후서에는 이와 연관된 구절이 하나 더 있다. 바로 고린도후서 11장 32-33절이다. "다메섹에서 아레다 왕의 고관이 나를 잡으려고 다메섹 성을 지켰으나 나는 광주리를 타고 들창문으로 성벽을 내려가 그 손에서 벗어났노라"고 바울이 말하는 것도 사실 같은 맥락의 말로 들린다. 다메섹에서 바울은 죽음의 위기에 놓였지만 그 위기에서 탈출에 성공한다. 바울은 이것을 하나님의 구원으로 보는 듯하다.

구약성경의 여러 구절에 따르면 거짓선지자들에 대한 하나님의 태도는 한 마디로 죽음과 멸망이다(렘 28:15-16; 29:31-32; 에스겔 14:9; 13:9, 14; 22:28). 왜냐하면 그들의 악행이 하나님을 진노케 하기 때문이다(렘 32:32; 호 4:5-6; 미 3:6). 신명기 28장의 율법을 지키지 않는 자에게 내리는 하나님의 저주는 그 누구에게보다 먼저 거짓예언자에게 내리게 된다. 그러나 하나님은 참선지자들에게는 앞으로 당할 고난에 대비하기 위해서 먼저 그들의 마음을 강하게 하신다(렘 1:18;15:20; 겔 2:6; 3:8-9). 참선지자들에게 주신 하나님의 약속은 그들을 구해주시겠다는 것이다(출 3:12; 신 31:6; 수 1:5; 사 41:10-13; 43:5; 렘 1:8, 19; 15:20-21; 왕상 13:4). 예를 들어 예레미야 1:19에서 하나님은 참선지자 예레미야를 향해 "그들이 너를 치나 너를 이기지 못하리니 이는 내가 너와 함께 하여 너를 구원할 것임이니라 여호와의 말이니라"라고 약속하신다. 실제로 구약성경은 하나님의 참선지자를 죽음의 위협에서 구하시는 모습을 보여준다(렘 26:24; 38:1-6, 11-12; 단 3:19-27; 6:19-23). 이와 같이 거짓선지자와 참선지자 사이의 근본적인 차이점은 참선지자는 고난을 당하되 하나님께서 그들을 구원하신다는 것이다.

이런 배경에서 지금 위의 구절들을 읽으면 바울의 진의(眞意)가 곧 명확하게 드러난다. 바울은 자신이 죽음에서 불사조처럼 다시 살아난 경험들을 근거로 하여 자신이 거짓사도가 아니라 참 사도라는 것을 주장하고 있다. 흥미로운 점은 11장 32-33절에서 다메섹에서 탈출한 사건은 그가 사도로서 생명의 위협을 당한 경험 중 아마도 최초의 경험으로 보인다는 점이다. 그렇다면 1장 8-10절에서 바울이 말하는 아시아에서 당한 환란은 고린도후서는 기록하는 시점을 기준으로 한다면 그가 사도로서 생명의 위협을 당한 경험 중 가장 최근의 경험이라고 말할 수 있다. 이것을 연결하여 설명하면 바울은 자신이 사도의 직분을 시작한 아라비아 선교(갈 1:17)에서 시작하여 가장 최근의 에베소 선교에 이르기까지 하나님이 자신을 죽음의 위협에서 구원하신 경험을 전체적으로 언급하는 셈이다. 이런 관점에서 보지 않으면 다메섹에서 그가 탈출한 사건을 언급하는 고린도후서 11장 32-33절이 도대체 왜 그 대목에서 등장하는지, 즉 바울이 고난에 관해 11장에서 길게 말한 뒤에, 또 12장에서 셋째 하늘에 다녀온 경험을 말하기 직전에 등장하는지, 수수께끼처럼 보일 것이다. 이와 같이 바울이 고린도후서의 서두에서부터 자신을 구원하신 하나님을 언급하고 자신은 지금까지 죽을 듯, 죽을 듯 했지만 죽지 않고 하나님의 구원을 경험하여 살아있다고 주장하는 것은 10장부터 본격적으로 시작되는 거짓사도들(고후 11: 13)과의 논쟁과 깊은 관련이 있다.

바울은 고린도후서에서 거짓사도들과 논쟁을 한다. 여기서 주의할 것은 거짓사도들은 자신들을 결코 거짓사도로 생각하지 않는다는 점이다. 바울이 그들을 "거짓사도"라고 부를 때, 그들은 바울에게 최소한 그와 동일한 정도의 공격을 하였을 것이다. 그들은 바울을 거짓사도로 공격하고 바울은 그들을 거짓사도로 공격했을 것이다. 고린도후서 전체를 관통하는 일관된 주제는 바울이 자신을 참 사도로 주장하는 것이다. 바울과 거짓사도들 사이의 논쟁을 우리가 분석할 때 가장 중요한 분석의 틀은 구약성서에 나타난 참선지자와 거짓선지자 사이의 논쟁이다. 물론 사도와 선지자는 구분되는 개념임에 틀림이 없지만 둘 다 1) 하나님(사도의 경우는 그리스도도 포함해서)의 부르심을 받고, 2) 전해야 할 메시지를 하나님으로부터 받아 그것을 전한다는 점에서 매우 유사하다. 바울이 자신을 사도로 주장할 때 믿지 않는 유대인들의 눈에 그는 일종의 선지자로 보였을 것이다. 바울과 유대주의자(Judaizers) 사이의 논쟁은 이런 점에서 거짓선지자 논쟁과 매우 유사한 패턴을 보여준다.

바울이 고린도후서 1장 8-10절에서 하나님이 자신을 구원한 것을 말할 때 그는 이미 거짓사도들과 논쟁을 시작하고 있는 것으로 보아야 한다. 고린도후서 10-13장을 앞부분과 상관없는 별도의(separate) 편지로 본다든지, 혹은 앞부분과는 사뭇 다른 어조로 별도의 주장을 하는 편지로 보는 견해는 고린도후서 앞부분과 뒷부분이 이와 같이 긴밀하게 연결되어 있다는 사실을 보지 못하기 때문에 생겨난다. 고린도후서 10-13장의 내용은 1-9장의 내용과 내적으로 매우 긴밀하게 연결되어 있다. 그런 점에서 고린도후서는 매우 통일성(unity)이 강한 편지다. 고린도후서의 큰 맥락에서 볼 때 바울이 아시아에서 하나님의 구원을 경험한 바를 이야기하는 의도는 바로 이것이다. "하나님께서 나를 과거부터 최근에 이르기까지 수없이 반복하여 죽음의 위협에서 구하셨는데 이것은 바로 내가 참 사도임을 보여주는 표지(sign)다."

11절 _ 너희도 우리를 위하여 간구함으로 도우라 이는 우리가 많은 사람의 기도로 얻은 은사로 말미암아 많은 사람이 우리를 위하여 감사하게 하려 함이라

'돕는 일에 동참하다'(to join in helping)라는 뜻의 '쒸니푸르게오'(συνυπουργέω) 동사는 '함께'라는 뜻의 접두어 '쒼'(σύν)과 '돕다'라는 뜻의 '휘푸르게오'(ὑπουργέω) 동사의 합성어다. 바울은 고린도 성도들에게 기도로 우리를 도우라고 부탁한다. 실제로 '쒸뉘푸르군톤'(συνυπουργούντων)은 현재분사며 아마도 조건을 나타내는 것으로 보인다. "너희들이 기도로 나를 도우면 '히나'(ἵνα) 이하의 결과가 올 것이다"로 해석할 수 있다. '테 데에세이'(τῇ δεήσει)는 고린도 성도들에게 바울이 "기도로" 도우라고 말하고 있음을 명확히 보여준다. 로마서 15장 30절에서도 그는 "형제들아 … 너희 기도에 나와 힘을 같이하여 나를 위하여 하나님께 빌어"달라고 부탁한다. 바울은 "많은 사람들의 (기도를) 통해 주어진(διὰ πολλῶν)" "우리들을 위한 은사(τὸ εἰς ἡμᾶς χάρισμα)"가 "우리를 위해서(ὑπὲρ ἡμῶν)" "많은 사람들로 부터(ἐκ πολλῶν προσώπων)" 하나님께 감사드려지도록(ἵνα … εὐχαριστηθῇ) 고린도 성도들도 바울을 위해 기도하는 일에 동참하기를 원하고 있다. '프로소폰'(πρόσωπον)은 보통 "얼굴"의 뜻이지만 이 구절에서는 "사람"으로 해석한다.

"우리들을 위한 은사"에서 은사는 다름 아닌 바울에게 주어진 구원의 은총, 즉 죽음의 위협에서 하나님이 그를 구해주신 것을 가리킨다. 바울이 죽음의 위협에서 하나님의 구원을 받은 것은 많은 사람들이 그를 위해 평소에 기도했기 때문이다. 바울은 그 구원의 은총을 얼마 전 아시아에서 경험했고, 그를 위해 평소에 기도하는 사람들은 이제 그 소식을 듣고 하나님께 감사를 드린다. 바울은 고린도 성도들도 앞으로 그를 위해 기도해주고 또 그를 구

원하시는 하나님께 감사의 찬양을 드리기를 원한다. 그들이 이 일에 참여하여 더 많은 사람들이 그를 위해 기도하고 있기에 앞으로도 그가 경험할 하나님의 구원 때문에 그들이 하나님께 감사하길 그는 원한다.

II. 너는 나의 자랑, 나는 너의 자랑이다(1:12-2:4)

12절_우리가 세상에서 특별히 너희에 대하여 하나님의 거룩함과 진실함으로 행하되 육체의 지혜로 하지 아니하고 하나님의 은혜로 행함은 우리 양심이 증언하는 바니 이것이 우리의 자랑이라

여기에서부터 바울은 이미 자신을 향한 공격에 대항하여 자신을 변호(apology)하기 시작한다. 자신의 자랑(καύχησις)은 다름이 아니라 그의 "양심의 증언"(τὸ μαρτύριον τῆς συνειδήσεως)이다. 양심이란 단어 '쒸네이데시스'(συνείδησις)는 '쒼-오이다 에마우토'(σύν-οιδα ἐμαυτῷ) 즉, "나는 나 자신이 알고 있다"는 뜻을 함축하는 단어다.[14] 그의 양심은 '호티'(ὅτι)절 이하의 내용을 증언한다. 평소에 복음을 전하면서 살아갈 때 바울은 이 세상에서(ἐν τῷ κόσμῳ)는 물론이고, 특별히 고린도에 있을 때 고린도 성도들에게는 더욱 더(περισσοτέρως δὲ πρὸς ὑμᾶς) "하나님의 거룩함과 진실함으로"(ἐν ἁπλότητι καὶ εἰλικρινείᾳ τοῦ θεοῦ)으로 행했다.

여기서 바울이 사용하는 두 단어, '하플로테스'(ἁπλότης)와 '에일리크리네이아'(εἰλικρίνεια)는 바울이 자신을 방어하기 위해 사용하는 단어다. 앞의 단어 '하플로테스'(ἁπλότης)는 "거룩함"이라고 번역할 수 있지만 더 구체적으로는 두 개로 나누어져 있지 않은 '한

14) Harris, *Second Epistle*, 184.

마음의 상태'(single-mindedness)를 가리키는 말이다.[15] 이중적이지 않고 신실하게 오직 한 가지만 생각하고 바라보는 태도다. 특별히 바울이 이 단어를 "하나님의"라는 말로 수식할 때 나타내고자 하는 바는 "하나님 앞에서 오직 변함없는 한 가지 신실한 태도"로 자신은 살아왔다는 것이다. 바울은 이 단어를 고린도후서 11장 3절("뱀이 그 간계로 하와를 미혹한 것 같이 너희 마음이 그리스도를 향하는 **진실함(ἁπλότης)**과 깨끗함에서 떠나 부패할까 두려워하노라")에서도 사용한다. 바울은 여기서 사탄이 하와를 미혹하듯이 거짓사도들이 고린도 성도들을 미혹하고 있으며, 만일 그들을 따라가면 결국 성도들이 이 단어가 나타내는 바, 진실함(ἁπλότης)을 상실하게 될 것이라고 경고한다.

두 번째 단어 '에일리크리네이아'(εἰλικρίνεια)는 '태양의 열'(sun's heat)을 나타내는 '헤일레'(εἵλη)와 '심판하다'의 뜻을 갖고 있는 '크리노'(κρίνω)의 합성어로서, 태양의 뜨거움으로 심판을 받음에서 연상되어 '잡것이 섞이지 않은 순수한 상태'(unmixedness or purity)라는 뜻을 갖게 되었다.[16] 파생 형용사 '에일리크리네스'(εἰλικρινής)는 '불순물이 섞이지 않은 순도 100퍼센트의'(unmixed, without alloy) 혹은 '신실한'(sincere)이란 뜻을 갖고 있다. 이 단어도 마찬가지로 "하나님의"라는 말로 수식되어, "하나님 앞에서 결코 거짓이 섞이지 않고 순수한 상태, 순수함"을 바울은 강조하고자 했다. 바울이 2장 17절에서 "우리는 수많은 사람들처럼 하나님의 말씀을 혼잡하게 하지 아니하고 곧 순전함으로 하나님께 받은 것 같이 하나님 앞에서와 그리스도 안에서 말하노라"고 말할 때 그는 일군의 사람들이 하나님의 말씀을 변질시켰다고 고발하고 있으며 동시에 자신은 그렇게 하지 않았고 반대로 "순전함으로"(ἐξ εἰλικρινείας)

15) Harris, *Second Epistle*, 185.

16) Harris, *Second Epistle*, 185.

하나님의 말씀을 전했다고 자신을 변호할 때 이 단어를 사용한다. 여기에서 바울이 언급하는 "수많은 사람들"은 곧 11장 13절의 "거짓사도들"로 볼 수 있다. 바울이 거짓사도들을 강력하게 비판하는 것은 10-13장이라고 사람들은 생각하며 1-9장에서는 그런 내용이 나타나지 않는다고 생각한다. 하지만 1장 12절의 "거룩함과 진실함으로"(ἐν ἁπλότητι καὶ εἰλικρινείᾳ)에서 지금 나타나고 있듯이, 또 2장 17절의 "순전함으로"(ἐξ εἰλικρινείας)에서 더욱 명확하게 나타나듯이 바울은 이미 거짓사도들을 비판하면서 자신을 변호하고 있다. 거짓사도와의 논쟁은 1장 앞부분에서부터 이미 나타난다고 보는 것이 옳다.

바울은 평소에 이 세상 어디에서 무엇을 하건 이 두 가지, 거룩함과 진실함으로 행동했다. 결코 그는 이 세상의(육체의) 지혜로(ἐν σοφίᾳ σαρκικῇ) 행동하지 않았고 하나님의 은혜로(ἐν χάριτι θεοῦ) 행동했다. 여기서 지혜는 '꾀'로 해석할 수 있고 "육체의"라는 형용사 '사르키코스'(σαρκικός)는 '죄악된' 정도의 뜻이다. 바울신학에서 육체는 죄가 자리 잡고 있는 곳이며(롬 7:17-18, 23, 25), 육체의 꾀, 즉 육체의 욕망과 사탄의 뜻을 따라 행동하지 않았다. 이 말도 역시 바울이 당한 공격을 반영하면서 바울은 자신을 변호하고 있다. 이것은 그에 대해서 심각한 정도의 공격이 이미 있었음을 반영한다. 이 변호는 동시에 거짓사도를 향한 그의 비판이기도 하다. 거짓사도들이야말로 육체의 꾀, 사탄의 뜻을 따라 행동하는 사람들이다.

13절_오직 너희가 읽고 아는 것 외에 우리가 다른 것을 쓰지 아니하노니 너희가 완전히 알기를 내가 바라는 것은

바울은 성도들이 읽고 이해할 수 있는 내용 즉, 그들이 읽으면

곧 바로 이해할 수 있는 내용을 지금 쓰고 있다. 13절의 앞부분의 해석을 '우리는 너희가 읽고 이해할 수 있는 것 외에 다른 것은 편지로 쓰지 않는다'고 하면 더 쉽게 이해된다. 바울은 기록된 편지를 읽고 그 의미를 파악하기 위해 깊이 숙고할 필요가 없는 명약관화(明若觀火)한 내용을 쓰고 있다. 바울은 항상 이렇게 투명하다. 그의 성도들에게 숨기거나 감추는 것이 없다. 바울은 자신이 이미 보낸 고린도전서 혹은 '눈물의 편지'라고 불리는 편지(고후 2:4) 등 그 어떤 편지에서도 애매모호하거나 불분명한 이중적 의미를 가진 내용을 쓰지 않았다. 바울의 의사소통 스타일은 직선적이고(straight-forward), 명확하다(unambiguous). 그 뜻이 '예'(Yes)인지 아니면 '아니오'(No)인지 애매모호하게 말한 적이 없다(고후 1:17-20). 그것은 바울이 담대함(παρρησία)을 갖고 있기 때문이다.

고린도후서 3장 12절, "우리가 이같은 소망이 있으므로 담대히 말하노니"와 7장 4절, "나는 너희를 향하여 담대한 것도 많고 너희를 위하여 자랑하는 것도 많으니"에서 말하는 담대함이 바로 그것이다. 또 "담대하다"라는 표현이 고린도후서 5장 6절, "그러므로 우리가 항상 담대하여 몸으로 있을 때에는 주와 따로 있는 줄을 아노니," 5장 8절, "우리가 담대하여 원하는 바는 차라리 몸을 떠나 주와 함께 있는 그것이라," 10장 1절, "너희를 대면하면 유순하고 떠나 있으면 너희에 대하여 담대한 나 바울은," 에서도 나온다. 여기에서 사용된 단어는 '따레오'(θαρρέω)라는 동사며, 그 뜻은 '확신을 갖고 있다'(to be confident) 혹은 '용기를 갖고 있다'(to be courageous)이다. 또 다른 동사인 '톨마오'(τολμάω) 동사도 고린도후서 11장 21절, "누가 무슨 일에 담대하면 어리석은 말이나마 나도 담대하리라"(고후 10:12 참고)에서 사용되고 있다. 고린도후서 10장 2절, "또한 우리를 육신에 따라 행하는 자로 여기는 자들에 대하여 내가 담대히 대하는 것 같이 너희와 함께 있을 때에 나로 하여금 이 담대한 태도로 대하지 않게 하기를 구하노라"에서는 '따레오'(θαρρέω)라는 동사와 '톨마오'(τολμάω) 동사가 함께 사용되고 있다. 이와 같이 바울이 고린도후서 전체에서 자신의 담대함을 강조하는 이유는 자신이 전하는 복음을 말하려면 담대함이 필수적이기 때문이다. 유대교 회당에 들어가서 십자가 복음을 전하고 매를 맞는 것은(고후 11:24) '담대함'이 없다면 감히 할 수 없는 일이다. 그렇다면 거짓사도들은 어떤가? 그들은 말로는 자신들이 "그리스도의 사도"라고 주장하지만 그들은 "그리스도의 사도로 가장하는 자들"(고후 11:13)에 불과하다. 그리고 그들에게는 이러한 '담대함'이 없다. 그들은 바울이 전하는 복음을 말할 수 있는 '용기'조차도 없는 사람들이며, 그들의 메시지는 애매모호한 내용이다. 바울의 복음처럼 명확하지 않다. 바울은 이렇게 자신을 변호하면서 거짓사도들을 비판하고 있다.

바울은 아마도 여기에서부터 그의 여행계획이 원래의 계획에서 수정된 것에 대한 방어를 시작하고 있는 것 같다. 이제 곧 이어지는 고린도후서 1장 15-19절의 내용은 바울이 원래 고린도 성도들에게 말했던 여행계획대로 움직이지 않고 여행계획을 갑자기 변경하게 된 점에 대해 바울이 변호하는 내용이다. 바울은 자신이 말하는 모든 것은 명확하게 알고 있는 것들이며, 자신은 항상 일관되게 명확한 태도로 살아왔음을 주장한다.

13절의 뒷부분인 "너희가 완전히 알기를 내가 바라는 것은"에서 "완전히"는 문자적으로 번역하면 "마지막까지"(ἕως τέλους, until the end)라는 뜻이다. 비유적으로 보아 "완전히"로 번역한 것이다. 바울은 성도들이 복음을 처음 들은 그 때부터 마지막 즉, "우리 주 예수의 날"(고후 1:14)까지 성도들이 이것 한 가지를 알기를 원한다. 그 한 가지의 내용은 14절에 나온다. 즉 "너희가 우리의 자랑이 되고 우리가 너희의 자랑이 되는 그것"을 알기를 원한다. 이곳까지 바울이 복수 일인칭, "우리"의 관점에서 말했다. 하지만 이곳에서만큼은 단수 일인칭, '나'의 관점에서 "내가" 소망한다고 말한다(ἐλπίζω).

14절_너희가 우리를 부분적으로 알았으나 우리 주 예수의 날에는 너희가 우리의 자랑이 되고 우리가 너희의 자랑이 되는 그것이라

"너희가 부분적으로 알고 있듯이"는 고린도 성도들이 아직 "완전히" 알고 있지 못하다는 뜻이다. 바울은 아래와 같은 것을 그들이 "완전히" 알고 있기를 소망한다. 바울이 성도들이 알기를 소망하는 것은 곧 "우리 주 예수의 날에는 너희가 우리의 자랑이 되고 우리가 너희의 자랑이 되는" 것이다. "우리 주 예수의 날"은 종말의 날이며 심판의 날이다. 그 때에는 감추어져 있던 모든 것들이 다 드러나며, 모든 사람들의 속마음까지도 다 드러나게 된다(롬 2:15-16). 지금 바울과 고린도 성도들 사이에 가로막혀 있는 오해와 바울을 향한 거짓된 선전들이 심판의 날에는 더 이상 그들의 눈을 가리지 않을 것이다. 모든 거짓들이 다 폭로되고 모든 진실이 다 백일하에 드러나게 될 때에 바울은 고린도 성도들을 부끄러워하지 않고, 또 고린도 성도들은 바울을 부끄러워하지 않고, 서로가 서로를 자랑스럽게 여기게 되길 바울은 간절히 소망한다. 그렇게 되려면 지금 거짓사도들의 선전으로 인해 바울에 대해 여러 가지 잘못된 견해를 갖고 있는 고린도 성도들이 그 악의적 선전을 받아들이지 않아야 한다. 바울과 그들 사이에 오해가 있어서도 안된다. 그들이 바울을 그들의 진정한 사도로 받아들이고 바울과의 관계가 완전히 회복되어야 한다. 바울은 지금 이 메시지를 던지고 있다. 여기에서도 바울은 거짓사도들을 염두에 두고 이 말을 하고 있다. 거듭 강조하지만 거짓사도와의 논쟁은 이미 1장에서 시작했

다. 10장에서 시작하는 것이 아니다.

이 말씀은 오늘 날의 교회에도 의미심장한 말이다. 목회자와 성도들은 마지막 심판 때에 서로를 자랑스럽게 생각할 수 있는 목회자와 성도가 되어야 한다. 모든 진실이 드러날 그 때에 서로가 서로를 향해 부끄러워 할 일, 미안해 할 일이 없어야 한다. 서로가 깊이 신뢰하고 존경하고 사랑하는 관계가 되어야 한다. 바울은 바로 그것을 소망하고 있고, 이 땅의 모든 목회자들과 성도들도 바로 그것을 소망한다.

15절_내가 이 확신을 가지고 너희로 두 번 은혜를 얻게 하기 위하여 먼저 너희에게 이르렀다가

고린도후서 7장 6-16절을 통해 우리는 디도가 배달한 '눈물의 편지'를 고린도 성도들이 읽고 나서 그 편지에 호의적으로 반응했다는 것을 알 수 있다(고후 7:7-8, "그가 온 것뿐 아니요 오직 그가 너희에게서 받은 그 위로로 위로하고 **너희의 사모함과 애통함과 나를 위하여 열심 있는 것**을 우리에게 보고함으로 나를 더욱 기쁘게 하였느니라 그러므로 내가 편지로 너희를 근심하게 한 것을 후회하였으나 지금은 후회하지 아니함은 **그 편지가 너희로 잠시만 근심하게 한 줄**을 앎이라"). 그들은 자신들의 잘못을 깨닫고 바울에게로 돌아왔다. 그러나 성도들 가운데에 여전히 바울에 대한 비판이 남아 있었다. 그 중 하나가 바울이 여행계획을 바꾼 것이다. 고린도후서 1장 17절의 "이렇게 계획할 때에 어찌 경솔히(ἐλαφρίᾳ) 하였으리요"에서 "경솔"로 번역된 단어 '엘라프리아'(ἐλαφρία)는 '변덕'(fickleness)이란 뜻으로 바울의 여행계획 수정을 비판하는 가시가 돋친 말이다.

"내가 이 확신을 가지고" 고린도에 가길 원했다는 말에서 "이

확신"은 14절 마지막 부분에서 바울이 언급한 것 즉, 심판의 날에 서로가 서로에게 자랑이 되리라는 소망이다. 서로가 서로에게 자랑이 되는 그런 관계가 되길 간절히 소망하면서 바울은 고린도에 가려고 했다는 것이다. "먼저"(πρότερον)와 "원했다"(ἐβουλόμην)는 '원래는 …하기를 원했다'는 뜻이다. 즉 원래 가장 처음의 여행계획을 말하는 것이다. "원래는 너희에게 가려고 했는데" 그 목적은 "너희로 두 번 은혜를 얻게 하기 위하여"였다. 여기서 "두 번"(δευτέραν)은 "두 번째"(second)의 뜻이다. 그러나 여기서는 바울이 고린도를 앞으로 두 번 더 방문하려고 했다는 뜻을 나타내는 것으로 보인다. "은혜"(χάριν)는 바울의 방문으로 그들이 얻는 영적인 유익을 가리킨다. 즉, 바울은 원래 고린도 성도들에게 영적인 유익을 주려는 목적으로 고린도를 두 번 더 방문하려는 계획을 갖고 있었다. 언제 두 번 더 방문할 것인지 그 자세한 계획은 다음 절인 16절에 나온다.

16절_너희를 지나 마게도냐로 갔다가 다시 마게도냐에서 너희에게 가서 너희의 도움으로 유대로 가기를 계획하였으니

바울의 원래 여행계획은 바울이 당시 머물고 있었던 에베소－고린도－마게도냐－다시 고린도－유대의 순서로 이동하는 것이었다. 여기서 고린도－마게도냐－다시 고린도는 육로로 이동하는 것이었다. 두 번째로 고린도에 갔을 때는 그곳에서 겨울을 난 뒤 고린도 교회가 모금한 돈을 갖고 예루살렘으로 가려고 생각했었다. 그런데, 우리는 고린도전서 16장 5-7절에서 바울의 또 다른 여행계획에 대해 읽게 된다. 그것은 "내가 마게도냐를 지날 터이니 마게도냐를 지난 후에 너희에게 가서 혹 너희와 함께 머물며 겨울을 지낼 듯도 하니 이는 너희가 나를 내가 갈 곳으로 보내어 주게 하려

함이라 이제는 지나는 길에 너희 보기를 원하지 아니하노니 이는 만일 주께서 허락하시면 얼마 동안 너희와 함께 머물기를 바람이라"이다. 이 여행계획에 따르면 에베소－마게도냐－고린도－예루살렘 순서로 되어 있다. 즉, 고린도전서의 여행계획에는 고린도를 한 번만 방문하게 되어 있다. 그렇다면 바울은 이 여행계획을 버리고 고린도후서 1장 15-16절에 있는 계획으로 벌써 한 번 수정한 셈이다.

그렇다면 바울은 그 수정된 계획대로 여행했는가? 그렇지 않다. 바울은 이 여행계획대로 하지 않았다. 그 이유는 고린도교회에 심각한 문제가 생겼기 때문이다. 그래서 바울은 배를 타고 에베소에서 고린도로 갔고, 그 때에 일종의 '봉변'에 가까운 경험을 한 것으로 보인다. 실망한 바울은 마게도냐로 갔다가 다시 고린도로 돌아오지 않고 곧 바로 에베소로 돌아갔다. 실제로 바울이 움직인 것은 에베소－고린도－마게도냐－에베소 순으로 움직였다.[17] 그렇게 된 이유와 자세한 순서는 아래와 같다.

1) 바울이 고린도전서를 보낸 뒤, 56/57년 초에 디모데가 고린도에 온다(행 19:21-22; 고전 4:17-19; 16:10-11). 디모데가 고린도에 있을 때에 교회문제가 심각해져서 디모데로서는 감당할 수 없게 되었다. 디모데는 에베소로 돌아와 이 사실을 바울에게 알렸다.

2) 디모데의 소식을 들은 바울이 긴급 상황이므로 원래의 여행계획을 취소하고 에베소에서 뱃길로 직접 고린도로 갔다. 이것을 'painful visit'(고통스러운 방문)이라고 하며, 이것이 바울의 두 번째 고린도 방문이다.

3) 바울이 고린도에 다시 나타났을 때, 고린도교회는 그에 대해

---

17) Harris, *Second Epistle*, 194-95.

서 매우 강한 반대와 거부를 나타냈고(고후 2:5; 7:12; 12:21), 이에 따라 바울은 매우 짧은 기간 동안 고린도에 머물 수밖에 없었다. 그는 일단 진정을 회복하기 위해 마게도냐로 갔고, 다시 고린도로 돌아오지 않고, 곧 바로 에베소로 돌아갔다. 그가 다시 고린도로 돌아가지 않은 것은 첫째, "너희를 아끼려 함이라"이고(1:23), 둘째, "다시는 너희에게 근심 중에 나아가지 아니하기로 스스로 결심"(2:1) 하였기 때문이다.

4) 그 대신 바울은 편지를 에베소에서 써서 고린도로 보낸다("내가 마음에 큰 눌림과 걱정이 있어 많은 눈물로 너희에게 썼노니," 2:4). 이것을 '눈물의 편지'라고 부르며, 이 편지는 현재 남아 있지 않다. 그 편지는 성도들을 "마음 아프게 하려고 한 것이 아니라" 바울이 그들을 "얼마나 극진히 사랑하고 있는지를 …알려 주려고"(고후 2:4) 쓴 편지다. 디도가 눈물의 편지를 갖고 고린도로 간다.

5) 눈물의 편지를 보낸 바울은 에베소를 떠나, 디도를 만나기 위해 약속 장소인 드로아로 간다. 기다려도 디도가 돌아오지 않자 바울은 마게도냐로 가고 그곳에서 57년 가을 경에 그를 만난다(고후 2:12). 디도는 성도들이 눈물의 편지를 받고 바울의 가르침에 순종하여 고린도교회의 문제가 해결되었다는 좋은 소식을 바울에게 전해준다(고후 7:6-16).

6) 마게도냐에서 고린도교회 문제가 잠잠해진 후에 바울은 고린도후서를 써서 디도 편에 고린도에 보낸다.

17절_이렇게 계획할 때에 어찌 경솔히 하였으리요 혹 계획하기를 육체를 따라 계획하여 예 예 하면서 아니라 아니라 하는 일이 내게 있겠느냐

"이렇게 계획할 때에 어찌 경솔히 하였으리요?"란 질문 속에 들어 있는 '메티 아라'(μήτι ἄρα)는 강한 부정의 대답("절대로 아니

다!")을 기대할 때 질문에 포함하는 어구다. "경솔"로 번역된 단어 '엘라프리아'(ἐλαφρία)는 '변덕(fickleness), 가벼움, 안정감이 없음'등의 뜻을 갖고 있다.[18] 아마도 이 단어는 거짓사도들이 바울을 비판할 때 사용한 말인 것 같다. 동사 '크라오마이'(χράομαι)는 '사용하다'라는 뜻도 있지만 여기서는 '행동하다'의 뜻이다. 앞부분을 직역하면 '내가 이것을 원할 때 어찌 경솔하게 행동했겠느냐?'로 할 수 있다.

뒷부분의 첫 단어 '에'(ἤ)는 앞의 질문을 다시 다른 문장으로 바꾸어 한 번 더 말한다는 신호를 주는 역할을 하고 있다. '계획하는 것'(ἃ βουλεύομαι)을 '육체를 따라 계획하겠느냐?'(κατὰ σάρκα βουλεύομαι)로 번역할 수 있다. 목적을 나타내는 '히나'(ἵνα) 이하의 절에서 "내게/나에게"(παρ' ἐμοί)는 '내 경우에'(in my case)라는 뜻이다. 즉 '내가 인간적인 입장에서 예, 예라고 하고 내가 인간적인 입장에서 아니요, 아니요 라고 하기 위하여 육체를 따라 계획했겠느냐?'라는 말이다. 이 말은 바울이 여행계획을 세울 때에 육체의 뜻을 따라 세우지 않는다는 주장이다. 바울은 하나님의 뜻에 따라 여행 계획을 세운다는 의미다.

"예"(ναί)와 "아니요"(οὔ)가 두 번씩 반복되고 있는 것은 해석이 어려운 부분이다. 두 번씩 나오는 것은 강조를 위한 것으로 보인다. 바울이 말하는 바는 "예, 예" 해놓고 나중에 "아니요, 아니요" 한다는 것이다. 이렇게 반복해서 긍정해놓고 반복해서 부정한다면 그 사람을 신뢰할 수 없는 사람으로 묘사하는 효과가 있다. 우리말로 하면 "'예, 예, 합니다. 한다고요'라고 말한 뒤 '아닙니다. 안 할 겁니다'라고 말하려고 내가 여행계획을 그렇게 육체를 따라 계획했겠느냐?"로 번역할 수 있다. 이 구절은 마태복음 5장 37절,

18) Harris, *Second Epistle*, 196.

"오직 너희 말은 **옳다 옳다, 아니라 아니라** 하라 이에서 지나는 것은 악으로부터 나느니라"와 야고보서 5장 12절, "내 형제들아 무엇보다도 맹세하지 말지니 하늘로나 땅으로나 아무 다른 것으로도 맹세하지 말고 오직 너희가 **그렇다**고 생각하는 것은 **그렇다** 하고 **아니라**고 생각하는 것은 **아니라** 하여 정죄 받음을 면하라"의 내용에서도 "예"(ναί)와 "아니요"(οὔ)가 각각 두 번씩 나온다는 점은 매우 유사하다. 어쩌면 바울을 공격하는 사람들이 예수의 말씀을 사용하면서 공격했을 지도 모른다.[19] 단순히 오늘은 이 계획 내일은 저 계획으로 변덕스럽게 계획을 바꾼다는 것을 넘어서 주의 말씀대로 하지 않는 자로 공격했을 가능성도 있다.

물론 바울이 여행계획을 바꾼 것은 성도들의 유익을 생각하는 신중한 판단 때문이었다. 고린도교회의 일부 성도들이 생각하는 것처럼 그가 변덕스러워서 그렇게 한 것은 아니었다. 이 문제에 대한 바울의 자기변호가 다음절인 18절부터 시작해서 24절까지 계속 이어진다.

18절_하나님은 미쁘시니라 우리가 너희에게 한 말은 예 하고 아니라 함이 없노라

헬라어 본문에서 '호 프로스 휘마스'(ὁ πρὸς ὑμᾶς)는 바로 앞의 '호 로고스 헤몬'(ὁ λόγος ἡμῶν)을 수식하므로 이 부분은 '우리가 너희들을 향해 한 말'로 번역할 수 있다. '나이 카이 우'(ναί καὶ οὔ, 예와 아니요)는 이중성(duplicity)을 나타낸다. 구약성경에서는 거짓선지자들의 특징으로 이중성이 지적되고 있다(예, 렘 23:13-14; 미 3:11). 고린도교회의 일부 성도들 혹은 거짓사도들은 바울이 여

19) David Wenham, "2 Corinthians 1:17, 18: Echo of a Dominical Logion," *NovT* 28(1986), 271-72; Harris, *Second Epistle*, 198에서 재인용.

행계획을 수정한 것을 구실로 하여 그가 변덕쟁이, 육체를 좇는 자, 예 예 해놓고 나중에 아니요 아니요 하는 사람이라고, 이중적인 태도를 갖고 있는 사도, 즉 거짓사도라고 비난했다. 그 비난과 공격은 단순히 바울이라는 한 개인을 향한 것일 뿐만 아니라 심지어 그가 전한 복음에 대한 공격이기도 했다. 바울이 거짓사도라면 그가 전하는 복음은 당연히 거짓된 복음이다. 그래서 바울은 자신을 변호하는 것은 물론 복음도 변호해야만했다. 바울은 18-19절에서 자신의 변호를 복음에 대한 변호로 확장하고 있다.

바울은 먼저 하나님은 언약을 지키시는(πιστός, faithful, covenant-keeping) 분이라고 말한다. 자신을 변호하면서 하나님을 언급하는 것은 하나님을 증인으로 세우는 의미가 있다. 앞으로 그가 말하는 것의 진실성을 하나님께서 보장한다는 뜻이다. 이와 같이 바울이 하나님을 자신을 위한 증인으로 언급하는 것은 그만큼 그를 향한 공격이 강력하고, 그 상대방이 쉽지 않은 사람들이라는 것을 반영한다. 잘못되면 교회가 통째로 잘못된 가르침으로 넘어가버릴 중대한 위험이 있기에 바울은 이 문제에 하나님을 개입시킨다.

바울은 하나님이 신실하신 것처럼 자신이 전한 복음도 신실하다고 주장한다. 복음은 언제나 한 번 '예'라고 했으면 초지일관 끝까지 '예'라고 말하는 것이다. A를 말해 놓고 나중에 시침 뚝 떼고 B라고 말하는 게 아니다. 예를 들어, '구원은 오로지 하나님의 은혜로 구원을 받는 것입니다'라고 말했다가 '사실은 인간의 행위로 구원받는 겁니다'라고 말한다면 그것은 '예'라고 해놓고 '아니요'라고 말하는 것이 된다. 바울은 절대로 그런 식으로 말하지 않았다고 말한다. 바울이 고린도에 가서 선포한 복음은 하나님께서 신실하신 분이신 것처럼 변함없는 확실한 내용의 메시지였다. 바울의 변호는 19절로 이어진다.

19절_우리 곧 나와 실루아노와 디모데로 말미암아 너희 가운데 전파된 하나님의 아들 예수 그리스도는 예 하고 아니라 함이 되지 아니하셨으니 그에게는 예만 되었느니라

바울은 고린도에 복음을 전할 때 "우리 곧 나와 실루아노와 디모데"를 통하여(δία) 전파되었다고 말한다. 이렇게 세 명의 이름이 열거된 이유는 아마도 신명기 19장 15절에 나오듯이 두 명, 혹은 세 명 이상의 증인의 증언이 있어야 사실로 받아들여지는 유대교의 전통 때문인 것 같다. 실제로 고린도후서 13장 1절("내가 이제 세 번째 너희에게 가리니 두세 증인의 입으로 말마다 확정하리라")에서 바울은 신명기 19장 15절을 인용하고 있다.

데살로니가전후서(살전 1:1; 살후. 1:1), 고린도후서 1장 19절, 베드로전서 5장 12절에서 나오는 실루아노(라틴식 이름)는 사도행전 15장 22절-18장 5절의 실라(Σιλᾶς, 헬라식 표기)와 같은 인물로 보인다.[20] 실루아노(Silvanus)는 그의 라틴어 이름(그 중 supernomen[21])으로 보이며, 실라라는 이름은 히브리어 이름을 헬라어로 옮긴 것이다. 그의 히브리어 이름은 사울(שָׁאוּל)이었다.[22] 바울과 실라는 둘 다 베냐민 지파 출신이었다. 그는 예루살렘교회의 "지도자들"(ἡγουμένους) 중 한 사람으로서(행 15:22), 예루살렘 공의회가 이방인 성도들에 대해 내린 결정을 안디옥, 시리아, 길리기아 등에 있는 이방인 성도들에게 알리기 위해 파견한 두 사람 중의 한 사람이다. 사도행전 15장 36-41절에 따르면 바울과 바나바가 2차 여행

20) John Gillman, "Silas," in *Anchor Bible Dictionary*, ed. David Noel Freedman, vol. 6 (New York: Doubleday, 1992), 22. Joseph A. Fitzmyer, *The Acts of the Apostles: A New Translation with Introduction and Commentary* (AB. 31; New York: Doubleday, 1998), 564.

21) 로마시대에 사람들이 사용하던 이름들 중의 하나다.

22) Fitzmyer, *The Acts of the Apostles*, 564; Gillman, "Silas," 22.

전에 헤어질 때에 바나바는 마가를 선택하고 바울은 실라를 동역자로 선택한다. 그는 디모데와는 달리 바울과 동등한 관계에 있는 동역자(senior co-worker)였다. 실라는 바울과 함께 2차 선교여행을 마치고 에베소에까지 동행하나 그 이후의 행적에 대해서 누가는 더 이상 언급하지 않는다. 아마도 그는 바울과 헤어져 다른 지역으로 간 것으로 보인다. 베드로전서 5장 12절에 그의 이름이 나오는 것으로 보아 아마도 그는 "본도, 갈라디아, 갑바도기아, 아시아와 비두니아"(벧전 1:1) 등지에서 베드로, 마가와 더불어(벧전 5:13) 선교를 계속한 것으로 보인다. 그도 역시 나중에 로마로 갔으며(벧전 5:13) 그곳에서 베드로전서 저작에 깊이 관여한 것으로 보인다(벧전 5:12).[23]

바울은 자신이 "하나님의 아들 예수 그리스도"를 전파했다고 말한다. 그리스도는 하나님에게("그에게는") '예'라고 말하고 나중에 '아니요'라고 말하는 그런 분이 아니셨다. 그리스도는 하나님의 뜻에 순종하되 심지어 십자가에 죽기까지 순종하셨다(빌 2:8). 그는 끝까지 하나님의 뜻에 '예'라고 대답하셨다. 그 분의 삶은 '예'와 '아니요'가 섞여 있는 삶도 아니었다. 그러므로 바울의 복음은 그 예수 그리스도에 관한 복음이므로 마찬가지로 '예'라고 했으면 끝까지 '예'라고 말하는, 일관성 있고, 순수성이 있는 복음이었다. 바울이 전한 복음은 '예'와 '아니요'가 혼잡하게 섞여있지 않은(고후 2:17) 순수한 복음이다.

"하나님의 아들"은 구약성경에서 유래하는 메시아 호칭이며, 구약성경의 메시아 텍스트들 중에서 가장 중요한 본문인 사무엘하 7장 12-16절에서 유래한다고 말할 수 있다. 통상 나단의 신탁(oracle)이라고 부르는 이 본문에서 하나님은 다윗의 아들을 향해 "나는

---

23) 실라에 관한 자세한 내용은 김철홍, "바울의 동역자, 실루아노: 초대교회의 선교에서 그의 공헌," 『선교와 신학』 19(2007), 221-62를 보라.

그에게 아버지가 되고 그는 내게 아들이 되리니"(삼하 7:14)라고 약속하신다. 우리는 이 예언의 말씀이 솔로몬에 관한 것으로 이해한다. 그러나 여기에서 문제가 발생한다. 하나님은 "그의 나라 왕위를 영원히 견고하게 하리라"(삼하 7:13)고 약속하셨는데, 우리가 잘 알듯이 이스라엘 국가도 다윗 왕조도 "영원히 보전"되지 않았다. 그렇다면 하나님의 약속은 헛된 것이며, 하나님은 신실하지 않으신 것인가? 이스라엘 국가가 멸망한 뒤 유대의 역사가들도 이 문제를 의식한 듯하다. 열왕기상 9장 4-5절, 역대상 28장 6-7절(시 132:11-12 참고) 등 사무엘하 7장 12-16절의 병행구절에서는 하나님의 약속에 "내가 네게 명령한 대로 온갖 일에 순종하여 내 법도와 율례를 지키면"(왕상 9:4)과 같이 순종을 조건으로 추가한다. 다윗왕조가 멸망한 것은 이 조건을 충족하지 못했기 때문으로 설명한다. 그러나 이런 방식의 설명이 별로 설득력을 갖지는 못한다. 왜냐하면 사무엘하 7장 12-16절에는 그런 조건이 달려있지 않을 뿐만 아니라, 오히려 순종하지 않으면 비록 매를 몇 대 때리는 한이 있더라도(14절 "그가 만일 죄를 범하면 내가 사람의 매와 인생의 채찍으로 징계하려니와") 자신이 지금 주시는 은총을 "사울에게서 내 은총을 빼앗은 것처럼 그에게서 빼앗지는 아니하리라"(삼하 7:15)고 약속하기 때문이다. 그러므로 이 구절의 딜레마를 해결하려면 나단의 신탁을 솔로몬과 그 후대의 왕들에 관한 것으로 보지 않고 미래에 하나님이 세우실 왕인 메시아에 관한 예언으로 보는 것 밖에 다른 길이 사실상 없다. 그러므로 사무엘하 7장 14절, "나는 그에게 아버지가 되고 그는 내게 아들이 되리니"이라는 말씀에서 '하나님의 아들'이라는 메시아 호칭이 유래하게 된 것이다.

"하나님의 아들"(Son of God) 전승은 시편 2편에서 잘 나타난다. 시편 2편 7절에서는 "너는 내 아들이라 오늘 내가 너를 낳았도다(יְלִדְתִּיךָ)"라고 말한다. "낳다"라는 동사는 메시아와 하나님의 관계가 아버지와 아들의 관계처럼 매우 친근한 관계라는 것을 매우 강조한다. 시편 89편 26절, "그가 내게 부르기를 주는 나의 아버지시요"와 27절, "내가 또 그를 장자로 삼고 세상 왕들에게 지존자가 되게 하며"에서도 하나님의 아들 전승이 나타난다. 메시아를 맏아들(장자)로 부르는 것은(골 1:15, 18; 롬 8:29) 하나님과 메시아의 관계가 매우 친근한 관계라는 것을 보여준다. 이런 관점에서 예수가 하나님을 '아빠'라는 호칭으로 부른 것은 의미심장하다. 예수는 마가복음 14장 36절에서 "아빠 아버지여 아버지께는 모든 것이 가능하오니 이 잔을 내게서 옮기시옵소서"라고 기도했다. 하나님을 아람어 "아빠"(*Abba*)로 부르는 것은 예수는 자신과 하나님의 관계가 매우 친근한 관계라는 것을 보여주는 호칭이다. 초대교회가 하나님을 "아빠"(*Abba*)로 부른 것도(롬 8:15; 갈 4:6) 하나님의 아들이신 그리스도를 통해 우리가 자녀의 지위를 회복하여, 우리도 하나님과 친근한 관계에 들어갔다고 보는 것이다. "하나님의 아들"이라는 메시아 호칭은 유대교 전통에서 유래하여 초대교회에서는 십자가에서 죽은 예수 그리스도에게 적용된 호칭이다.

20절_하나님의 약속은 얼마든지 그리스도 안에서 예가 되니 그런즉 그로 말미암아 우리가 아멘 하여 하나님께 영광을 돌리게 되느니라

"하나님의 약속"은 구약성경에 나타나는 장래에 이루어질 일에 관한 하나님의 약속을 가리킨다. 로마서 9장 4절, 15장 8절에 나오는 "하나님의 약속"도 같은 뜻이다. 구약성경에서 메시아에 관해 예언자들이 예언한 것들이 예수 그리스도의 사건 속에서 다 성취되었다. 하나님께서 하신 약속은 "그리스도 안에서" 다 이루어졌다("예"가 되었다). 그러므로(διό καὶ) 그것을 보고 하나님께 영광을 돌리기 위해 "아멘"(ἀμήν)이 "그를 통하여"(δι' αὐτοῦ) 그리고 또한

"우리를 통하여"(δι' ἡμῶν) 하나님께 드려진다.

여기에서 아멘은 예배 의식(ritual)에서 사용되는 아멘이다. 요한계시록 1장 7절, 22장 20절에서도 아멘과 "예"가 함께 사용되고 있는데(계 1:7, "볼지어다 그가 구름을 타고 오시리라 각 사람의 눈이 그를 보겠고 그를 찌른 자들도 볼 것이요 땅에 있는 모든 족속이 그로 말미암아 애곡하리니 **그러하리라 아멘[ναί, ἀμήν; 예, 아멘"**]), 아멘은 하나님이 그리스도 안에서 하신 모든 '예'(yes)에 대한 성도들의 응답이다. 하나님은 '그렇다'(yes)고 말씀하시고, 교회는 '아멘'이라고 응답한다. 바울은 그것에 관한, 혹은 그리스도에 관한 복음을 전했고 교회는 아멘으로 그 복음을 받아들였다. 그러므로 이것은 사도로서 바울이 한 실천에 대한 긍정적 평가다. 그런데 어찌 바울이 여행계획을 약간 변경한 것, 그것도 고린도 성도들의 유익을 위해 변경한 것을 근거로 해서 그를 공격할 수 있단 말인가?

21절_우리를 너희와 함께 그리스도 안에서 굳건하게 하시고 우리에게 기름을 부으신 이는 하나님이시니

여기에서 "굳건하게 하다"는 동사 '베바이오'(βεβαιόω)는 상업적 용어(commercial legal term)다. 물건을 파는 사람이 자신이 파는 물건의 하자 없음을 보증하는 것(to guarantee)을 가리킨다.[24] 다음 절에 나오는 "인치다"(σφραγίζω) "보증"(ἀρραβών) 등의 단어도 상업법적 용어다. 하나님이 바울을 사도로서 너희들에게(σὺν ὑμῖν) "그리스도와 연합하기 위해"(εἰς Χριστόν) 세우셨고 그가 자격이 있음을 확실하게 보증해주신다(βεβαιῶν). 바울은 여기서 자신의 사도적 권위가 하나님이 세우시고 보증하시는(to guarantee) 것임을 주장한다.

24) Harris, *Second Epistle*, 205.

이런 주장을 그는 고린도후서 전체를 통해 계속해서 하고 있다. 고린도후서 2장 16절에서 바울이 "이 사람에게는 사망으로부터 사망에 이르는 냄새요 저 사람에게는 생명으로부터 생명에 이르는 냄새라 **누가 이 일을 감당하리요**(πρός ταῦτα τίς ἱκανός;)"라고 말할 때, 그가 묻는 질문은 "누가 이 일에 자격요건을 갖춘 사람인가?" 이며 그의 답은 "바로 나다"라는 것이다. 고린도후서 3장 5절에서도 바울은 "우리가 무슨 일이든지 우리에게서 난 것 같이 스스로 만족할 것이 아니니 **우리의 만족은 오직 하나님으로부터 나느니라**(ἡ ἱκανότης ἡμῶν ἐκ τοῦ θεοῦ)"라고 말할 때, 바울은 "사도로서 나의 자격은 오직 하나님으로부터 온다"고 말하는 것이다. 이 모든 것은 다 그가 고린도후서 1-13장 사이 전체를 통해 자신이 사도임을 주장하고 있다는 것을 보여준다.

하나님께서 바울에게 기름을 부으셨다(χρίσας)는 것은 그를 일종의 제사장으로(출 28:41) 임명하셨다는 바울의 자의식을 보여준다고 볼 수도 있다. 바울은 로마서 15장 16절에서 "이 은혜는 곧 나로 이방인을 위하여 그리스도 예수의 일꾼이 되어 하나님의 복음의 **제사장 직분**(ἱερουργοῦντα)을 하게 하사 **이방인을 제물로 드리는 것**이 성령 안에서 거룩하게 되어 받으실 만하게 하려 하심이라"라고 하여 자신이 하나님의 새성전인 교회의 제사장의 역할을 하고 있음을 보여준다.[25] 고린도전서 9장 13절의 "**성전의 일을 하는 이**

---

25) 물론 '히에루르게오'(ἱερουργέω)라는 동사가 반드시 제사장의 직분을 가리키는 것으로만 사용된 것은 아니다. 레위인의 직분을 가리키는 것으로 볼 수 있는 여지도 있다. 그러나 이 단어가 통상적으로 가리키는 것은 제사장의 직분이며, 바울 자신이 "제물"을 바친다고 말하고 있으므로 레위인의 직분이 아니라 제사장의 직분을 가리키는 것으로 보는 것이 더 설득력이 있다. 이 문제에 관해 자세한 논의는 Thomas R. Schreiner, *Romans* (Baker Exegetical Commentary 6; Grand Rapids: Baker Books, 1998), 766을 보라. 더구나 로마서 15장 16절의 배후에는 이사

들은 성전에서 나는 것을 먹으며 **제단에서 섬기는 이들**은 제단과 함께 나누는 것을 너희가 알지 못하느냐"도 바울이 자기 자신을 성전에서 섬기는 사람으로 보고 있음을 반영한다. 만약 바울이 자신을 그런 존재로 생각하지 않았다면, 자신도 교회에서 사례를 달라고 주장할 수 있는 사도로서의 권리가 있다는 그의 주장이 성립되지 않는다. 하나님이 바울을 기름을 부어 사도로 그리고 제사장으로 세운 것은 그의 사도로서의 신분이 흔들릴 수 없는 것임을 보여준다. 거짓사도들이 아무리 바울의 사도권을 부정하고 그를 비판하고 공격해도, 하나님이 이미 바울에게 기름을 부어 그를 사도로 세우셨다는 사실은 변하지 않는다. 왜냐하면 그를 사도로 세운 것은 인간이 아니라 하나님이고 그리스도이시기 때문이다(갈 1:1). 때문에 바울의 사도권은 흔들리지 않고 견고하다.

바울이 자신을 새성전의 제사장으로 보고 있었다는 것은 오늘날 시대의 목회자들에게 많은 시사를 준다. 바울이 맡고 있었던 그 제사장의 직무를 오늘 날에는 목회자들이 담당하고 있다. 하나님은 목회자들을 기름 부어 세우셨고 목회자가 해야 할 일은 하나님의 성전에서 하나님께 제물을 바치는 일이다. 그 제물은 동물이 아니라 살아있는 사람이라고 바울은 로마서 12장 1절에서 말한다("그러므로 형제들아 내가 하나님의 모든 자비하심으로 너희를 권하노니 너희 몸을 하나님이 기뻐하시는 거룩한 **산 제물로 드리라** 이는 너희가 드릴 영적 예배니라"). 로마서 15장 16절에서도 나타나지만 제사장의 직무는 궁극적으로 사람을 하나님께 살아있는 제

야 66장 20절이 있으며, 이사야 66장 21절에서는 "나는 그 가운데에서 택하여 제사장과 레위인을 삼으리라 여호와의 말이니라"는 말씀이 있다. 바울은 종말에 시온산으로 하나님을 예배하기 위해 순례를 오는 디아스포라 유대인뿐만 아니라 하나님이 백성으로 선택하신 이방인들 가운데에서도 제사장과 레위인을 삼는다는 뜻으로 이 구절을 이해했을 것이다.

물로 바치기 위해(사 66:20) 성령의 도우심 가운데 성도들을 가르쳐 거룩한 제물로 준비하는 것이다.

22절 _ 그가 또한 우리에게 인치시고 보증으로 우리 마음에 성령을 주셨느니라

하나님은 바울에게 "인을 치셨다"(σφραγισάμενος). 여기서 "인치다"는 상업적 용어이며 "인(σφραγίς)으로 표시하다"라는 뜻이다. 어떤 물건을 인(brand)으로 표시하는 것은 그 물건이 누구의 소유인지를 가시적으로 보여주기 위해서다. 여기서 바울은 1) 자신의 소유권(ownership)이 하나님께 있다고, 2) 자신의 진정성(authentication)은 하나님이 보증하신다고, 3) 자신의 안전(security)도 하나님이 지켜주신다고 주장한다.[26] 이 표현도 역시 자신의 사도적 지위는 하나님께서 인정하신 것이므로 흔들릴 수 없다는 의미다.

"보증"(ἀρραβών)은 상업용어로서 보증금(downpayment)을 가리킨다. 보증금은 어떤 물건을 구입할 때 값의 상당부분을 미리 지불하여 앞으로 그 물건의 소유권이 다른 사람에게로 넘어가게 됨을 약정하는 것이다. 바울은 하나님이 자신과 성도들에게 성령을 주신 것은 하나님이 우리를 그의 소유로 만드셨다는 것을 보증하는 보증금을 지불하신 것과 마찬가지라고 설명한다. 고린도후서 5장 5절에서 바울은 다시 한 번 "곧 이것을 우리에게 이루게 하시고 보증으로 성령을 우리에게 주신 이는 하나님이시니라"고 말하므로 자신의 주장에서 성령의 임재가 얼마나 큰 자리를 차지하는지 우리는 쉽게 추측할 수 있다. 더구나 성령을 "우리 마음속에"(ἐν ταῖς καρδίαις ἡμῶν) 주셨다는 것을 말하는 것은 앞으로 그가 3장에서 전개할 율법 대(對) 성령의 대조, 옛 언약 대(對) 새 언약의 대조의

26) Harris, *Second Epistle*, 207.

예고편이다(예, 고후 3:3, "오직 살아 계신 **하나님의 영으로** 쓴 것이며 또 돌판에 쓴 것이 아니요 오직 육의 **마음판에 쓴 것**이라").

하나님께서 인을 치시고 보증으로 성령을 주셨다는 표현은 모두 세례식을 염두에 둔 것으로 볼 수도 있다. 기독교인의 삶 가운데에서 자신의 소유권이 더 이상 세상이나 사탄에게 있지 않고 하나님께 있다고 공개적으로 고백하고 의식(ritual)을 통해 확정하는 것은 세례식이다. 세례식은 단 한 번의 의식으로 이것을 확정하므로 반복되지 않는다(σφραγισάμενος와 δούς는 모두 시제가 단순과거이므로 일회적 사건을 가리킨다). 그리고 세례식은 성령주심과 불가분의 관계로 연결되어 있다. 세례를 받고 성령을 받음은 성도는 이제 그리스도를 통해 하나님이 구입하여 그의 소유로 낙인이 찍혀 그 소유권이 완전히 하나님께로 이전되었음을 보여준다.

23절_내가 내 목숨을 걸고 하나님을 불러 증언하시게 하노니 내가 다시 고린도에 가지 아니한 것은 너희를 아끼려 함이라

"증언"(μάρτυς)은 법정용어이며, "증언하게 하다"(ἐπικαλέω) 역시 법정용어이다. 바울은 지금 마치 법정에서 자신의 사도로서의 지위를 놓고 그의 적대자들과 공방을 벌이듯이 자신의 주장을 펼치고 있다. 물론 바울이 정말로 법정에 선 것은 아니고 이것은 어디까지나 비유적인 표현이지만 사실 바울은 실제로 법정에서 피고의 입장에 서서 자신을 변호하는 경험을 많이 했음에 틀림이 없다. 그가 고린도후서 11장 24절에서 "유대인들에게 사십에서 하나 감한 매를 다섯 번 맞았으며"라고 말할 때 그는 유대인들에게 린치를 당한 것이 아니라, 정식 재판을 통해 유죄판결을 받고 그 벌로 태형을 당한 것이다. 유대교에서는 태형의 경우 사십 대 이상을 때리는 것을 금지하므로(신 25:3, "사십까지는 때리려니와 그것을

넘기지는 못할지니") 사십에서 하나를 감한 매는 태형 중에서는 최고형이다. 고린도후서 11장 24절에서 바울은 태형 중 최고형을 받은 것만 언급한다. 삼십대, 이십대, 십대 맞은 경우도 있었다고 본다면 바울은 여러 번 유대교 법정에서 고발을 당하고 재판을 받고 유죄판결을 받았을 것이다. 그래서 그는 이런 법정 용어들에 매우 익숙했을 것이다.

바울은 지금 하나님을 법정의 증인으로 세우고 자신에 대해 증언하게 한다(참고, 렘 42:5). 만약 하나님의 증언과 자신의 주장이 일치하지 않으면 자신의 목숨을 내어놓겠다(ἐπὶ τὴν ἐμὴν ψυχήν는 "내 생명을 걸고"로 볼 수 있다)고 말한다. 바울이 이렇게 하나님을 자신의 증인으로 동원하면서 말하고 싶은 내용은 '호티'(ὅτι) 이하에 나온다. 그것은 곧, "너희를 아끼기 위해서 고린도에 다시 가지 않았다"는 것이다. 이것은 2장 1절의 "내가 다시는 너희에게 근심 중에 나아가지 아니하기로 스스로 결심하였노니"와 같은 맥락의 말이다. 바울은 이미 고린도에 다녀왔고 그 때 많은 고통을 경험했다. 그래서 고린도를 다시 방문하려는 계획을 수정하여 가지 않은 것이다. 만약 다시 갔다면 어떤 일이 일어난다고 바울은 생각했을까? 서로가 다시 한 번 고통을 경험하게 될 것이라고 생각했을 것이다. 아니면 고린도전서 4장 21절에 나오는 것처럼("내가 매를 가지고 너희에게 나아가랴") 그의 성도들에게 가혹한 처벌을 하게 되었을 것이다. 그런 점에서 바울은 고린도 성도들을 아끼려고 했다. 바울이 여행계획을 수정한 것은 결단코 고린도 성도들을 위하는 마음으로 그렇게 한 것이다.

24절 _ 우리가 너희 믿음을 주관하려는 것이 아니요 오직 너희 기쁨을 돕는 자가 되려 함이니 이는 너희가 믿음에 섰음이라 바울은 23절에 이어서 자신이 고린도에 다시 가지 않은 이유를 하나 더 추가한다. '우크 호티… 알라…'(οὐχ ὅτι… ἀλλὰ…)는 '… 때문이 아니라 …때문이다'의 뜻이다. 바울은 고린도 성도들의 믿음에 대해 주인 노릇하려고(κυριεύω) 하지 않는다. 바울은 신앙의 문제에 있어서 성도들의 왕이나 주인으로 군림하지 않는다. 이런 바울의 태도는 고린도후서 11장 20절, "누가 너희를 종으로 삼거나 잡아먹거나 빼앗거나 스스로 높이거나 뺨을 칠지라도 너희가 용납하는도다"와 극적인 대조를 이룬다. 거짓사도들은 영적인 지배자로서 주인노릇하고 있으나, 바울은 그렇게 하지 않는다.

바울은 자신이 단지 성도들의 기쁨을 위해 "돕는 자/동역자"(συνεργοί)일 뿐이라고 말한다. 여기서 "기쁨"(χαρά)은 다음 절인 2장 1절의 "근심/슬픔/고통"(λύπη)과 대조를 이룬다. 바울은 고린도 성도들이 기쁨이 가득한 신앙생활을 하도록 돕는 사람이지 그들의 영적인 삶의 주인(κύριος)이 아니다. 그렇게 할 필요도 없다. 왜냐하면 이미 고린도 성도들이 믿음에 관한 한(τῇ πίστει) 서있기 때문이다.

바울의 성도들의 믿음생활에서 주인 노릇을 하지 않는다는 말은 오늘 날 목회자들에게 어떤 자세로 목회할 것인지 생각하게 한다. 이제 갓 복음을 받아들인 사람에게 목회자는 어머니의 심정으로 목회를 해야 한다(고전 3:1; 갈 4:19; 살전 2:7). 필요할 때에는 아버지의 권위를 갖고 가르쳐야 한다(고전 4:15; 고후 12:14; 몬 10). 하지만 목회자가 성도들의 영적인 생활의 주인이 되어 그들을 지배하는 것은 옳지 않다. 그들이 올바른 신앙생활을 하도록 돕는 역할을 한다는 마음가짐으로 목회해야 한다. 성도들이 복음이 주는 구원의 기쁨 속에서 계속 살아갈 수 있도록 도와주어야 한다.

2장 1절 _ 내가 다시는 너희에게 근심 중에 나아가지 아니하기로 스스로 결

심하였노니

그러므로(γάρ) 바울은 스스로(ἐμαυτῷ) 결심했다(ἔκρινα). 여기에서 헬라어 원문은 1) 바울이 근심 중에 나아가는 그런 방문은 단순히 다시 하지 않기로 결심했다는 것인지, 아니면 2) 이미 근심 중에 나아가는 방문을 한 번 했고, 그래서 그런 방문을 다시 하지 않기로 결심했다는 것인지 분명하지는 않다. 하지만 아마도 후자 쪽의 뜻으로 쓴 것으로 보인다.[27] 바울은 고린도에 교회를 세우기 위해 첫 방문을 했고, 교회에 문제가 생겼다는 소식을 듣고 또 한 번 방문을 했다. 이 때 그가 심한 반대와 비판을 당했다고 보기 때문에 이 두 번째 방문을 고통스러운 방문(painful visit)이라고 한다.

그 때 대체 어떤 일이 있었는지에 관해서는 2장 5-11절의 내용과 7장 8-12절의 내용을 통해 유추할 수밖에 없다. 2장 5절의 "근심하게 한 자," 7장 12절의 "그 불의를 행한 자"가 모두 복수가 아닌 단수로 되어 있으므로 고린도 교회의 어떤 한 성도가 바울을 크게 슬프게 혹은 힘들게 하는 일을 한 것으로 보인다. 물론 눈물의 편지를 받은 후에 그 사람이 회중에 의해 치리를 받아 벌을 받았다는 점도 분명하다(고후 2:6, "이러한 사람은 많은 사람에게서 벌 받는 것이 마땅하도다"). 그가 회중에 의해 벌을 받아다는 것 자체가 그의 언행이 매우 바울에게 공격적인 것이었고, 바울에게 준 심리적 충격도 따라서 매우 컸다는 것을 추측할 수 있다.

그래서 바울은 또 다시(πάλιν) 근심 가운데(ἐν λύπῃ) 고린도를 향해 가지 않기로 결심했다. "근심"으로 번역된 단어 '뤼페'(λύπη)는 '슬픔,' '고통'이란 뜻도 갖고 있다. 여기에서는 '슬픔'이나 '고통'이

27) C. K. Barrett, *A Commentary on the Second Epistle to the Corinthians* (Harper's New Testament Commentaries; New York: Harper & Row, 1974; reprinted. Peabody: Hendrickson, 1987), 85.

더 적절한 번역으로 보인다. 이후에 "근심"으로 번역되는 경우도 마찬가지다. 바울은 또 다시 고린도를 방문하는 것 대신 에베소에서 편지를 한 통 써서 보내기로 했고, 그 때 보낸 편지가 "눈물의 편지"다(고후 2:4).

2절_ 내가 너희를 근심하게 한다면 내가 근심하게 한 자밖에 나를 기쁘게 할 자가 누구냐

여기에서 '근심하게 하다'로 번역된 '뤼페오'(λυπέω) 동사는 능동으로 쓰이면 '화나게 하다, 모욕을 주다,' 수동으로 사용되면 '슬퍼하다,' '괴로워하다' 등의 뜻이 된다. 대체로 '마음을 아프게 하다'(to cause pain)로 보는 것이 적당하다. 만약 바울이 성도들을 괴로움/슬픔에 빠지게 한다면 누가 그를 기쁘게 해줄 것인가? 성도들 외에 그를 기쁘게 하는(εὐφραίνω) 사람은 없다. 바울은 이미 지난 고통스러운 방문 때에 자신의 기쁨의 근원이 되는 고린도 성도들로부터 슬픔을 경험했다. 바울은 더 이상 그런 경험을 하고 싶지 않다. 왜냐하면 나에 의해(ἐξ ἐμοῦ) 슬픔/고통을 당하는 사람 외에(εἰ μή, except), 즉 고린도 성도들 외에 그에게 기쁨을 줄 수 있는 사람들은 없기 때문이다. 이 말은 정말로 바울이 성도들에게 슬픔/고통을 주었다는 뜻이 아니라, 만약 바울이 그렇게 한다면 슬픔/고통을 당한 성도들이 바울을 기쁘게 할 수는 없다는 말이다.

바울은 빌립보서 4장 1절에서 "그러므로 나의 사랑하고 사모하는 형제들, 나의 기쁨이요 면류관인 사랑하는 자들아 이와 같이 주 안에 서라"고 말한다. 바울은 성도들을 사랑할 뿐만 아니라 매우 그리워한다("나의 사랑하고 사모하는 형제들"). 여기에서 바울은 성도들이 그의 기쁨의 원천이고 말한다("나의 기쁨이요"). 면류관은 경기에서 이긴 사람에게 영예로 주어지는 월계관(wreath)을

가리키는데, 바울은 자신에게 주어질 면류관이 다름 아닌 그의 성도들이라고 말한다. 그가 기대하는 상을 물질적 보상이나 지위가 아니라, 그의 성도들이다. 자신이 가르쳐서 성장시킨 성도 한 사람, 한 사람이 곧 하나님의 나라에서 그에게 주어질 "영예"요 "상"이라고 말한다. 성도들은 바울에게 이 세상에서 기쁨을 줄 뿐만 아니라, 미래의 하나님의 나라에서도 그에게 큰 기쁨을 준다. 만약 고린도 성도들과 바울의 관계가 손상된 채로 다시 회복되지 못한다면 어떤 결과가 올까? 성도들이 바울에게 기쁨이 되지도 못하고, 하나님의 나라에서도 그들이 기쁨이 되지 못한다. 더구나 거짓사도들의 잘못된 가르침에 빠져서 그들이 바울과 그가 전한 복음을 버린다면 그들이 하나님의 나라에서 바울의 면류관이 될 수도 없다. 그래서 바울은 최선을 다해 고린도 성도들이 자신과 복음으로 돌아오게 하기 위해 무엇이 최선의 선택인지를 고민하며 기도한다.

> 3절_내가 이같이 쓴 것은 내가 갈 때에 마땅히 나를 기쁘게 할 자로부터 도리어 근심을 얻을까 염려함이요 또 너희 모두에 대한 나의 기쁨이 너희 모두의 기쁨인 줄 확신함이로라

"내가 이같이 쓴(ἔγραψα) 것은"에서 동사 '에그랍사'(ἔγραψα)는 단순과거형이다. 통상 이런 형태는 서간체 과거형(epistolary aorist)라고 해서 통상 현재형으로 번역한다(예, 갈 6:11; 몬 19). 그러나 여기에서는 그런 용법이 아니라 실제로 과거에 쓴 편지, 즉 눈물의 편지를 가리키는 것으로 본다.[28] 바울이 고통스러운 방문을 마치고 그 편지를 쓴 것은 고린도 성도들("나를 기쁘게 할 자")로부터 근심/고통을 얻을까봐 염려하여 쓴 것이다. 바울이 '데이'(δεῖ)동사를 사용하는 것은 고린도 성도들이 자신을 기쁘게 만드는 것은

28) Harris, *Second Epistle*, 218.

당연한 그들의 의무라는 뉘앙스를 준다("마땅히 나를 기쁘게 할 자"). 그리고 그 때 바울은 자신의 기쁨이 곧 고린도 성도들의 기쁨이라는 것을 확신하고 있었다(πεποιθώς). 이 말은 그 편지를 받고 고린도 성도들도 기뻐하고 자신도 기뻐할 결과가 올 것을 그가 확신하고 있었다는 뜻이다.

실제로 그가 확신한 것처럼 일이 진행되었다. 바울이 보낸 그 편지의 결과로 고린도 성도들은 회개하고 바울에게로 돌아섰다. 눈물의 편지를 갖고 간 디도가 바울에게 돌아와 바울에게 위로의 메시지를 전달해주었다(고후 7:6, "하나님이 디도가 옴으로 우리를 위로하셨으니"). 고린도 성도들은 바울을 사모하게 되었고 바울을 향해 열심을 갖게 되었다. 그래서 바울을 더욱 기쁘게 하였다(고후 7:7, "나를 더욱 기쁘게 하였느니라").

성도가 목회자에게 고통과 슬픔을 주는 것은 비정상적인 일이다. 반대로 기쁨을 주는 것이 마땅하고 당연하다. 목회는 어렵고 희생을 감수해야 하지만 그것을 능가하는 기쁨이 있다. 그 기쁨의 상당부분은 성도들로부터 얻게 된다. 성도들이 변화 받고 믿음 안에서 자라가는 모습을 보는 것에 목회자는 상당한 기쁨을 보상으로 받게 된다. 만약 성도들이 목회자를 슬프게 하고, 목회자의 기쁨이 되지 못한다면 목회자들은 하나님이 주시는 위로 외에 달리 기쁨을 얻을 수 있는 일이 별로 없다. 목회자는 성도들의 "기쁨을 돕는 자"(고후 1:24)가 되고 성도들은 목회자를 "기쁘게 할 자"(고후 2:2-3)가 된다면 가장 이상적인 관계가 된다.

4절 _ 내가 마음에 큰 눌림과 걱정이 있어 많은 눈물로 너희에게 썼노니 이는 너희로 근심하게 하려 한 것이 아니요 오직 내가 너희를 향하여 넘치는 사랑이 있음을 너희로 알게 하려 함이라 바울이 눈물의 편지를 쓸 때 그 마음에는 이 편지로 인해 앞으로 좋은 결과가 있으리라는 확신을 갖고 있었다. 그러나 그 편지를 쓰던 당시의 그의 마음의 상태는 매우 무거웠다. “걱정”으로 번역한 ‘쉬노케’(συνοχή)는 ‘억누르다’(oppress)는 뜻의 ‘쉬네코’(συνέχω)의 파생어다. “눌림”(θλῖψις)도 역시 심적인 압박을 나타낸다. 이 두 명사 앞에 바울은 형용사 ‘폴뤼스’(πολύς, 많은)를 놓아 그 심적 압박감이 매우 심했음을 표현한다. 그런 압박감 속에서 바울은 “많은 눈물을 통하여/흘리며”(διὰ πολλῶν δακρύων) 편지를 썼다. 그래서 이 편지를 ‘눈물의 편지’라고 말한다. 그렇게 한 목적(ἵνα)은 고린도 성도들의 마음을 아프게 하려는 것이 아니라 바울이 성도들을 향해 사랑(ἀγάπην)을 더 많이/넘치도록(περισσοτέρως) 갖고 있음을 알려주려는 것이었다.

비록 지난 번 고린도 방문 시에 고린도 성도들이 바울에게 큰 실망과 마음의 고통을 주었지만, 바울은 자신이 받은 것을 되갚아 줄 생각이 없다. 물론 바울도 인간이므로 인간관계의 갈등을 통해 순간적으로 분노를 느꼈을 것이다. 그러나 에베소서 4장 26-27절, “분을 내어도 죄를 짓지 말며 해가 지도록 분을 품지 말고 마귀에게 틈을 주지 말라”는 말씀처럼 바울은 마음속에 그 분노를 품지 않았을 것이다. 시편 4편 4절, “너희는 떨며 범죄하지 말지어다 자리에 누워 심중에 말하고 잠잠할지어다”는 말씀처럼 잠자리에 누워서 이를 갈면서 복수를 다짐하는 범죄를 저지르지 않았을 것이다. 바울은 우리 마음속에 생긴 분노(anger)가 생겼을 때 분노의 원인을 제공한 그 사람에게 말이나 행동으로 그 분노를 표현하여 죄를 짓지 말 것을 가르친다. 마음속의 분노를 표현하는 것은 죄다(약 1:19-20, “성내는 것이 하나님의 의를 이루지 못함이라”). 그렇다면 우리는 마음속의 분노를 어떻게 처리해야 할 것인가? 가장 좋은 방법은 ‘용서’하는 것이다. ‘용서’는 분노의 원인을 제공한 사람이 사과를 하지 않더라도 스스로 '복수하지 않기로 결심하는 것'이다. 그 사람이 자신에게 준 손해나 마음의 상처를 스스로 용서하고 미래에 기회가 오더라도 복수하지 않는 것이다. 용서는 화해와 다르다. 용서는 상대방의 사과 없이도 할 수 있는 것이고, 화해는 상대방이 사과할 때 이미 용서한 사람이 그 사람과 관계를 회복하는 것이다. 만약 용서하지 않고 그 분노를 안고 살아가면 분노의 문제를 해결하지 못하게 되고 나 자신이 계속해서 피해를 당하게 된다. 왜냐하면 분노의 죄는 다른 종류의 죄와는 달리 처음부터 끝까지 우리에게 아무런 기쁨도 주지 않고, 오히려 고통만을 주기 때문이다. 바울은 2장 10절에서 그 사람을 이미 용서했다(κεχάρισμαι는 완료시제)고 말한다. 심지어 "그리스도 앞에서" 용서했다고 말한다.

바울은 성도들에게 슬픔을 주지 않고 오히려 자신의 사랑을 표현하려고 한다. 이것은 바울이 자신이 당한 봉변에 가까운 경험을 통해 생겨난 모든 부정적 감정들을 이미 다 처리하고 분노로부터 자유롭게 되어 성도들을 향해 오히려 사랑을 표현하는 모습을 볼 수 있다. 그렇다면 구체적으로 그가 여기에서 사용하는 방법은 무엇일까? 바로 '호소'(appeal)다. 바울은 사랑의 심정으로 성도들을 향해 자신과 복음으로 돌아올 것을 호소한다. 그 간절한 호소로 인해 고린도교회는 다시 바울에게로 돌아오게 된다.

본문 해설 II

새 언약의 종 바울
(2:5-3:18)

새 언약의 종 바울

2:5-3:18

III. 그 사람을 용서하라(2:5-11)

5절_근심하게 한 자가 있었을지라도 나를 근심하게 한 것이 아니요 어느 정도 너희 모두를 근심하게 한 것이니 어느 정도라 함은 내가 너무 지나치게 말하지 아니하려 함이라

여기에서 '근심하게 하다'의 뜻으로 번역된 '뤼페오'(λυπέω)동사의 뜻은 '마음을 아프게 하다'(to cause pain) 정도로 보는 것이 적당하다. 바울이 두 번째로 고린도를 방문했을 때 바울의 마음을 아프게 한 어떤 사람(τις)이 있었다. 단수 부정대명사가 사용되고 있으므로 그 사람은 한 명의 개인이다. 바울은 그 사람이 자신에게는 고통을 주지 않았다고 말한다. 그러나 그 때에 바울이 전혀 마음의 슬픔과 고통을 느끼지 않았다고 생각한다면 오산이다. 4절에서 말하듯이 그는 그 사건 때문에 "많은 눈물"을 흘리며 편지를 썼다. 역설적으로 많은 슬픔과 심적 고통이 있었다. 바울은 여기서 자신의 감정을 다 드러내지 않고 상당히 표현을 절제하고 있다.

바울은 그 사람이 "부분적으로는"(ἀπό μέρους) 모든 사람들에게 고통을 주었다고 말한다. "부분적으로는"이라는 말을 하는 이유는 "너무 많이 과장하지 않으려고"(ἵνα μὴ ἐπιβαρῶ) 그렇게 말하는 것이라고 말한다. 이 말은 그 사람이 고통을 주되, 너희 모든 사람이 아니라 너희 중 일부에게 고통을 준 것이라는 뜻이다. 혹은 "부분적으로는"(ἀπό μέρους)이 '뤼페오'(λυπέω)동사의 뜻("마음을 아프게 하다")을 경감하는 의도로 본다면 "너희들 모두에게 약간의 고통을 주었다"로 해석할 수도 있다. 이것 역시 바울이 가능한 한 그 한 개인이 전체 교회에 준 고통을 좀 줄여서 말하려는 의도로 볼 수 있다. 이제 곧 바울은 7-8절에서 교회가 그 사람을 용서하여 해벌(解罰)하고 다시 그를 받아들일 것을 호소하려고 하므로 그 사람의 잘못을 좀 줄여서 표현하고 있는 것 같다.

그렇다면 그 사람은 도대체 누구일까? 고린도후서 7장 12절에서 바울은 그 사람을 "그 불의를 행한 자"라고 부른다. 고린도후서 2장 6절에서 교회가 그를 재판해서 벌을 주었다고 하므로 그는 고린도교회 외부인이 아니고 그 교회의 성도다. 왜냐하면 거짓사도들처럼 외부에서 들어온 사람은 쫓아낼 수는 있을지언정(갈 4:30, "여종과 그 아들을 내쫓으라") 벌을 주기는 어렵기 때문이다. 그 불의를 행한 자는 모든 고린도 성도들, 바울의 마음을 아프게 하고, 그리고 처벌을 받은 뒤에는 그 자신도 슬픔에 빠졌다(고후 2:7). 그가 한 행동이 무엇이었는지 구체적으로 알 수는 없지만 나중에 교회가 그를 처벌한 것으로 보아 상당히 중한 잘못을 저지른 것에 틀림이 없다. 어떤 사람들은 고린도전서 5:1의 근친상간의 죄를 범한 사람과 이 사람을 동일인물로 보지만 그렇게 보아야 할 본문상의 이유는 없다.

6절_ 이러한 사람은 많은 사람에게서 벌 받는 것이 마땅하도다 바울은 이런 사람에게 주어진 "다수에 의한"(ὑπό τῶν πλειόνων) 그 처벌(ἡ ἐπιτιμία)이 적절하다고 본다("마땅하도다"). 당시 교회에서는 교회 안에서 재판을 하여 잘못된 행동을 한 사람에게는 벌을 내렸다. 바울의 눈물의 편지를 받고 고린도교회는 이 사람을 징계했다. 그 방식은 다수가, 즉 오늘 날의 공동의회와 같이 모든 성도들이 모여 그 문제를 직접 다루고 결정하고, 처벌할 사안이면 처벌하는 것이다. 처벌의 내용이 무엇인지에 대해서 바울은 언급하지 않고 있다. 아마도 주의 만찬에 참여하는 것을 금지한다거나(고전 5:3-5, 13; 살후 3:10) 혹은 교회의 다른 성도들과 관계를 끊는 것(고전 5:11; 살후 3:14) 등의 처벌이었을 것이다.

바울은 고린도전서 5장 1-5절에서 심각한 성적 부도덕의 죄를 지은 사람은 교회에서 치리할 것을 요구한 바가 있다. 바울은 "주 예수의 이름으로 너희가 내 영과 함께 모여서"(고전 5:4) 그 사람을 처벌하는 안건을 동의한다. 이 때 교회의 치리는 바울 한 개인에 의해, 그의 의견을 따라 이루어지는 것이 아니라, '회중'이 "주 예수의 이름으로 모여서" 한다. 그 사람을 출교(excommunication)하는 것은 그 사람을 사탄에게 넘겨주는 것(고전 5:5, "이런 자를 사탄에게 내주었으니")으로 본다. 교회에서 출교당하는 것은 그의 영적 소유권이 사탄에게로 넘어가 그의 구원이 취소될 수도 있는 매우 위험한 결과를 가져올 수 있다는 뜻이다. 이것은 마태복음 18장 18절, "진실로 너희에게 이르노니 무엇이든지 너희가 땅에서 매면 하늘에서도 매일 것이요 무엇이든지 땅에서 풀면 하늘에서도 풀리리라"는 원리와 일맥상통한다. 땅에서 교회가 내리는 결정이 곧 하늘에서 내리는 결정이고, 그 역도 마찬가지다. 교회 치리에 대해 이미 이런 바울의 가르침을 받은 경험이 있는 고린도교회이므로 "근심하게 한 자"(고후 2:5)에 관한 교회의 결정을 내리는 과정은 당연히 선례를 따라 이루어졌을 것이다.

7절_그런즉 너희는 차라리 그를 용서하고 위로할 것이니 그가 너무 많은 근심에 잠길까 두려워하노라

'투난티온'(τουναντίον)은 "차라리"(on the contrary)의 뜻이다. 바울은 고린도 성도들이 "그런/그 사람"(ὁ τοιοῦτος)이 너무 많은 슬픔/고통에 '삼켜지지 않도록'(καταποθῇ, 원형은 καταπίνω, '삼키다,' 'to swallow up') 교회가 그를 용서하고 위로하길 원한다. 왜냐하면 고린도후서 7장 9-10절에 나타나는 바와 같이 그 사람과 더불어 고린도교회 전체가 "너희가 근심함으로 회개함에" 이르렀기 때문이다(고후 7:9). 그리고 그 회개는 "하나님의 뜻대로 하는 근심"(고후 7:10)에 의한 회개였다. 그러므로 이제는 용서할 때가 되었다. 징계의 목적은 벌을 주는 것 자체에 있는 것이 아니라 그 사람이 회개하고 돌아오게 하고, 또 교회의 질서를 바로 잡는 데에 있다. 만약 본인이 진실한 회개의 모습을 보인다면, 그리고 이미 그 징계를 통해 교회의 질서가 바로 잡혔다면 적절한 때에 해벌하는 것이 필요하다.

8절_그러므로 너희를 권하노니 사랑을 그들에게 나타내라

동사 '퀴로오'(κυρόω)는 '퀴로스'(κῦρος, 권위, authority)에서 파생한 말로 '…을 실행하기 위해 행동하다'는 뜻이다. 그러므로 바울은 고린도 성도들이 단순히 그 사람을 사랑하라는 것이 아니라, 그 사람에게 사랑을 나타내기 위한 공식적, 법적 조치를 취할 것을 권유한다. 6절의 그 처벌(ἡ ἐπιτιμία)이 교회의 공식적인 결정에 따른 것이라면 사랑을 나타내는 것 역시 교회의 공식적이고 법적인 결정에 의해 표시되어야 한다.

9절 _ 너희가 범사에 순종하는지 그 증거를 알고자 하여 내가 이것을 너희에게 썼노라

'도키메'(δοκιμή)는 '도키마조'(δοκιμάζω, 시험하다, to put to the test)의 파생어다. 여기서는 "테스트를 통과한 사람(δόκιμος, 형용사로 "테스트를 통과한"의 뜻)이 갖고 있는 특성(quality)이나 가치(worth)"를 나타낸다. 바울은 그가 이 내용을 편지에 쓰는 목적은 과연 고린도 성도들이 "모든 일에 있어서"(εἰς πάντα) 순종적(ὑπήκοος)인지 아닌지(εἰ)를 알아보기 위해 썼다고 말한다. 사실 바울은 이미 그의 성도들이 그의 뜻에 순종할 것임을 잘 알고 이 글을 쓴다. 왜냐하면 고린도후서 7장 15절, "그가 너희 모든 사람들이 두려움과 떪으로 자기를 영접하여 **순종한 것**을 생각하고 너희를 향하여 그의 심정이 더욱 깊었으니"에 나타나 있듯이 눈물의 편지를 들고 간 디도에게 이미 그들이 순종하고 있기 때문이다. 바울은 그의 편지에서 성도들의 순종을 자주 언급한다(고후 7:15; 10:6; 빌 2:12; 고후 3:14; 몬 21). 이것은 아마도 그가 평소에 그의 아버지로서의 권위(고전 4:14-15; 몬 10; 살전 2:11)에 순종하도록 가르쳤기 때문일 것이다. 로마서 13장 1절의 "각 사람은 위에 있는 권세들에게 복종하라 권세는 하나님으로부터 나지 않음이 없나니 모든 권세는 다 하나님께서 정하신 바라"는 말씀은 단지 개인과 국가의 관계 사이의 원리만을 말하는 것은 아닐 것이다. 교회 안에서도 각 성도들을 하나님이 세운 권세, 즉 자신보다 위에 있는 영적인 권세에 순종하여야 한다고 가르쳤을 것이다. 9절은 성도들이 평소에 바울의 말에 순종했고 교회 안에서 그런 순종이 당연한 것으로 여겨졌었다는 것을 보여준다.

10절 _ 너희가 무슨 일에든지 누구를 용서하면 나도 그리하고 내가 만일 용

서한 일이 있으면 용서한 그것은 너희를 위하여 그리스도 앞에서 한 것이니

만약 성도들이 어떤 사람을 용서한다면 바울도 그 사람을 용서한다고 말한다. 그렇다면 반대로 바울이 어떤 사람을 용서하면 교회도 그 사람을 용서해야 할 것이다. 그런데 성도들이 용서해야 할 그 사람을 바울은 이미 용서했다(κεχάρισμαι는 완료시제). 바울이 그 사람을 용서한 건 그리스도의 면전에서(ἐν προσώπῳ Χριστοῦ) 고린도 성도들을 위해(δι' ὑμᾶς) 용서한 것이다. 그리스도께서 우리의 죄를 위해 죽으셨다면 우리도 그리스도 앞에서 서로를 용서할 수 있어야 한다. 그것이 곧 주기도문에 나오는 용서의 기도 "우리가 우리에게 죄 지은 자를 사하여 준 것 같이 우리 죄를 사하여 주시옵고"(마 6:12; 눅 11:4)의 핵심이다. 그러므로 고린도 성도들도 그 사람을 용서해야 한다. 만약 바울이 눈물의 편지에서 그 사람을 처벌할 것을 교회에 요구하였다면, 그 사람을 처벌하게 한 것 역시 고린도 성도들의 유익을 위해서다. 만약 그런 경우라는 바울이 결코 사적인 감정이나 원한 때문에 그렇게 하지 않았다는 점을 강조하기 위해 그리스도 앞에서 용서했다고 말한 것일 수도 있다.

"그리스도 앞에서"의 헬라어 원문을 직역하면 '그리스도의 얼굴 앞에서'로 번역할 수 있다. '프로소폰'(πρόσωπον)은 '얼굴'이란 말이다. 히브리어에서 얼굴은 '파네'(פָּנֶה)고 '…의 얼굴 앞에'를 나타내는 말 '리프네'(לִפְנֵי)는 일종의 전치사 역할을 한다. '리프네'는 보통 '하나님 앞에서'란 말을 할 때 자주 사용된다.[29] 바울이 "그리스도 앞에서"라는 말을 할 때에는 그리스도의 얼굴 앞에서 그가 기도하면서 그 사람을 용서했고, 그리스도께 그 사람을 용서해 달라고 기도했다는 뜻이다.

29) Harris, *Second Epistle*, 232-33.

11절 _ 이는 우리로 사탄에게 속지 않게 하려 함이라 우리는 그 계책을 알지 못하는 바가 아니로라

'속이다'는 말로 번역된 '플레오넥테오'(πλεονεκτέω)는 '속이다, 사기치다'(to defraud)의 뜻이다. 이 구절에서는 수동태로 되어 있고 (πλεονεκτηθῶμεν) 속이는 주체는 "사탄"이다. 사탄은 고린도후서에서 "이 세상의 신"(4:4), "벨리알"(6:15), "뱀"(11:3)으로도 불린다. 10절과 11절의 그리스도와 사탄의 대립적 관계는 곧 바울 자신과 거짓사도들의 관계와 상응한다. 이 동사의 명사형 '플레오넥시아'(πλεονεξία)는 고린도후서 9장 5절, "그러므로 내가 이 형제들로 먼저 너희에게 가서 너희가 전에 약속한 연보를 미리 준비하게 하도록 권면하는 것이 필요한 줄 생각하였노니 이렇게 준비하여야 참 연보답고 억지[πλεονεξία]가 아니니라"에서 사용되었다. 여기서는 "탐심"(greediness)의 뜻으로 사용된 것 같다. 데살로니가전서 2장 5절, "너희도 알거니와 우리가 아무 때에도 아첨하는 말이나 탐심[πλεονεξία]의 탈을 쓰지 아니한 것을 하나님이 증언하시느니라"에서도 '플레오넥시아'(πλεονεξία)는 탐심의 뜻으로 사용되었다. 데살로니가전서 2장 5절은 누군가가 바울에 대한 공격을 할 때 바울을 금전적인 이득을 위해 일하는 사람으로 공격했다는 것을 보여준다. 그 사람들은 아마도 데살로니가전서 2장 15절, "유대인은 주 예수와 선지자들을 죽이고 우리를 쫓아내고 하나님을 기쁘시게 하지 아니하고 모든 사람에게 대적이 되어"에서 바울이 강력하게 공격하는 데살로니가의 유대인들일 것으로 추측된다.

고린도후서에서도 동사 '플레오넥테오'(πλεονεκτέω)와 그 명사형 '플레오넥시아'(πλεονεξία)는 그의 적대자들이 그를 공격하기 위해 사용했을 가능성이 높다. 바울은 이에 대항하여 거짓말로 사람을 속이는 사람은 내가 아니라 사탄의 일꾼들(고후 11:15)이며, 자신

은 그런 일이 일어나지 않도록 경고하고 있음을 여기에서 은근히 암시한다. 고린도후서 7장 2절, "마음으로 우리를 영접하라 우리는 아무에게도 불의를 행하지 않고 아무에게도 해롭게 하지 않고 아무에게서도 속여 빼앗은 일이 없노라"에서 "속여서 빼앗다"라는 뜻으로 '플레오넥테오'(πλεονεκτέω)가 사용되었다. 바울이 이렇게 자신을 변호해야만 하는 이유는 바울이 사람들의 돈을 속여서 취하는 사람이라고 공격받았기 때문이다. 고린도후서 12장 17절, "내가 너희에게 보낸 자 중에 누구로 너희의 이득을 취하더냐"에서도 똑같은 동사가 같은 뜻으로 사용되었다. 바울은 18절에서도 같은 동사를 사용하면서 디도 역시 이득을 취하지 않았다고 말한다. 19절에서는 "자기변명"이란 말을 하여 이 부분이 분명히 자신에 대한 공격에 대항하여 자신을 변호하는 것임을 분명히 보여준다. 바울이 성도들의 주머니를 속임수로 털어냈다는 공격이 가능한 이유는 바울이 예루살렘교회의 가난한 성도들을 위한 헌금을 모금했기 때문으로 보인다(갈 2:10; 고전 16:1-4; 롬 15:25-27). 고린도후서 8-9장에서 이 헌금에 관해 바울이 길게 말하는 것도 바로 이런 공격을 받았기 때문이다.

바울은 자신을 향해 사용되는 이 단어를 이곳에서는 사탄을 향해 사용한다. 고린도후서 11장 14-15절에서는 사탄과 거짓사도들은 한 편이라고 보아 거짓사도들을 '사탄의 일꾼'(고후 11:15)이라고 부른다. 그렇다면 사탄에게 속으면 안 된다는 말은 거짓사도들에게 속으면 안 된다는 뜻이다. 바울은 거짓사도들이 성도들을 잘못된 가르침으로 유혹하고 있는 지금의 상황에서 교회의 징계를 받은 그 성도가 혹시라도 그들의 꾐에 빠져 사탄의 도구가 되지 않을까 염려하고 있는 것이다. 항상 지나친 징계는 죄인이 교회의 처벌을 받고 다시 믿음으로 돌아오는 것이 아니라 사탄의 꾐에 빠져서 사탄의 도구가 되게 할 수도 있다. 더구나 지금 거짓사도들이 그리스도의 일꾼으로 가장하고 고린도교회에 들어와 바울의 가르침을 전복하면서 성도들을 잘못된 길로 끌고 가려고 하는 상황이므로 바울은 가능한 한 거짓사도들이 교회 안에서 영향력을 행사하여 교회를 분열시키고 자신들이 원하는 방향으로 끌고 갈 구실을 주지 않으려고 한다. 그래서 지금 그런 일이 일어나지 않도록 조기에 그 사람에 대한 징계를 풀어줄 것을 호소한다.

IV. 그리스도의 향기를 전하는 종(2:12-17)

12절 _ 내가 그리스도의 복음을 위하여 드로아에 이르매 주 안에서 문이 내게 열렸으되

눈물의 편지(고후 2:4)를 써서 디도에게 주어 고린도로 가게 할 때 그는 디도와 드로아에서 만나기로 약속했었다. 56년경의 일이다. 사도행전 19장 23-41절에 기록된 디메드리오의 소동으로 인해 발생한 일련의 사태도 바울이 에베소를 떠나게 만든 중요한 이유였을 지도 모른다. 어쩌면 바울은 그 사건이 일어나기 전에 이미 에베소를 떠나 드로아로 가기로 마음먹었을 가능성도 있다. 바울이 드로아로 간 것은 고린도전서 16장 5절("내가 마게도냐를 지날 터이니 마게도냐를 지난 후에 너희에게 가서")의 여행 계획을 그가 다시 채택한 것으로 보인다. 즉 바울은 육로로 이동하여 에베소에서 드로아를 거쳐 마게도냐 쪽으로 가려고 한 것이다.

드로아는 고린도에서 북쪽으로 약 260마일 정도 떨어져 있는 항구도시다. 상업 활동이 활발하고 인구의 이동이 많은 도시였으므로 교회를 세우기에 적합한 곳이었다. '에이스 토 유앙겔리온 투 크리스투'(εἰς τὸ εὐαγγέλιον τοῦ Χριστοῦ)의 전치사 '에이스'(εἰς)는

바울이 이곳에 복음을 전하기 위한 목적으로 갔다는 것을 보여준다. 그 복음의 내용은 바로 그리스도다. 그래서 "그리스도의 복음"이다. 그가 드로아에 도착했을 때 "주 안에서 문이 열렸다." "문이 열리다"는 어떤 좋은 기회가 왔다는 뜻이다(고전 16:9; 골 4:3; 계 3:8). 복음을 전하기 위해 드로아에 갔는데 복음 전도에 좋은 기회가 온 것이다.

13절_내가 내 형제 디도를 만나지 못하므로 내 심령이 편하지 못하여 그들을 작별하고 마게도냐로 갔노라

그러나 드로아에서 바울은 그의 심령에 평안(ἄνεσις)을 갖지 못했다. 고린도후서 7장 5절에서 그는 "우리가 마게도냐에 이르렀을 때에도 우리 육체가 편하지 못하였다"고 말한다. 여기에서 "육체가 편하지 못하였다"는 그의 육체에 평안(ἄνεσις)을 갖지 못했다는 것이다. 드로아에서 그의 마음이 편하지 않았던 이유는 아무리 기다려도 디도가 오지 않았기 때문이다. 바울은 고린도 성도들이 자신과 완전히 관계가 단절되는 것이 아닌가 하는 두려움 때문에 마음에 눌림이 심했다. 고린도후서 11장 27-28절에서 "또 수고하며 애쓰고 여러 번 자지 못하고 주리며 목마르고 여러 번 굶고 춥고 헐벗었노라 **이 외의 일은 고사하고 아직도 날마다 내 속에 눌리는 일이 있으니 곧 모든 교회를 위하여 염려하는 것이라**"고 말한다. 평소에도 그가 개척해서 세운 교회들을 염려하는 마음이 있었지만 지금 고린도교회 상황은 그로 하여금 드로아에서 전도 사역조차도 계속할 수 없을 정도로 마음에 고통을 주었다. 그래서 할 수 없이 드로아의 성도들과 작별하고 그는 마게도냐로 건너갔다. 디도가 오고 있는 길을 거꾸로 거슬러 올라가 하루라도 빨리 디도를 만나려고 한 것이다.

이런 구절들은 바울이 신학자, 혹은 선교사라기보다 목회자에 더 가까운 사람이라는 것을 보여준다. 어떤 사람은 바울이 신학자라고 말하고, 어떤 사람은 선교사고 말하고, 어떤 사람은 목회자라고 말한다. 현존하는 바울의 편지와 누가의 사도행전에서 바울이 자신을 향해 목회자/목자(ποιμήν)와 같은 단어를 사용한 적은 없다.[30] 고린도교회를 향해 그가 "마음에 큰 눌림과 걱정이 있어 많은 눈물로"(고후 2:3) 편지를 쓰는 모습이라든가, 박해를 받았던 데살로니가교회가 복음을 지켰고 다시 그를 보기 원한다는 말을 듣고(살전 1:3, 6-7; 2:14, 20; 3:5-6) "그러므로 너희가 주 안에 굳게 선즉 우리가 이제는 살리라"(살전 3:8)고 말하며 크게 안도하는 모습이라든가, 또 빌립보 성도들을 "예수 그리스도의 심장으로"(빌 1:8) 사랑한다고 말하는 모습을 보면 아무래도 바울을 단순히 신학자라고 말하기는 어려울 듯하다. 지금 이 구절에서 디도가 오지 않음으로 인해 안절부절 하며 마음에 큰 눌림을 받아 "그들을 작별하고 마게도냐로 갔노라"는 언급 또한 그를 단순히 선교사로 말하기 어렵게 만든다. 왜냐하면 선교사라면 복음을 위한 전도의 문이 열린 상태에서 그것을 포기하지 않았을 것이기 때문이다. 그 기회를 포기하고 마게도냐로 가는 바울의 모습은 오히려 자신이 세운 교회의 성도들을 염려하는 목회자의 모습에 가깝다. 자신이 세운 교회를 염려하는 마음이 복음을 전하는 그의 열정보다 더 컸

---

30) 에베소서 4:11에서 '목자(ποιμήν)'는 교회 내의 직분으로 열거되고, 구약성경과 신약성경에서 '목자(ποιμήν)' 혹은 '목양하다(ποιμαίνω)'는 동사가 사람에게도 사용되고 있지만(민 27:17; 렘 3:15; 23:1-4; 겔 34; 슥 11; 행 20:28, 29; 벧전 5:2, 3; 요 21:16; 계 2:27) 바울은 이 호칭을 자신에게 사용하지 않는다. 이 점에 관해서는 Ernest Best, *Paul and His Converts* (Edinburgh: T & T Clark, 1988), 22를 보라; 이 각주는 김철홍, "바울의 소명의식과 복음 선포에 나타난 그의 전도, 개종, 교회 개척의 특징," 『신약연구』 14(2015), 206에서 재인용.

다. 정확하게 말하면 바울은 목회자 중에서도 교회를 개척하는 목회자(church-planting pastor)라고 말하는 것이 더 적절할 것이다.[31)] 그는 교회를 개척하는 목회자로서 자신의 성도들을 항상 염려하는 목회자의 심장(Pastor's Heart)을 갖고 있는 주의 종이었다.

14절 _ 항상 우리를 그리스도 안에서 이기게 하시고 우리로 말미암아 각처에서 그리스도를 아는 냄새를 나타내시는 하나님께 감사하노라

2장 14절에서 바울은 갑자기 이야기의 주제를 바꾸어 자신이 사도로서 하는 일이 어떤 것인지를 설명하다. 7장 5절에서 가서야 디도와의 만남을 다시 말한다. 고린도후서 2장 14절-7장 4절은 바울이 자신의 사도적 목회가 어떤 것인지를 길게 설명하고 논증하는 부분이며, 이 부분은 결국 10-13장에서 거짓사도들과의 논쟁을 진행하기 위한 기초 작업이 된다.

동사 '뜨리암뷰오'(θριαμβεύω)는 '개선행진에 끌고 가다'(to lead in a triumphal procession)의 뜻이며, 라틴어로 *triumphare*(to celebrate a triumph)에 해당하는 단어다. 개선행진에서는 개선장군이 탄 전차 앞에 정복된 땅의 왕과 귀족들과 같은 포로들이 밧줄에 묶여서 끌려 들어온다. 로마 도시라면 그 행진은 제우스 신전이 있는 곳으로 가고 그곳에서 그 포로들 중 상당수는 감옥에 갇히거나 처형된다. 그리스 로마 문헌에 승리의 개선행진은 약 350회 정도 언급되고 있으므로, 매우 대중적으로 친숙하고, 복음을 설명하는데 효과적 비유가 될 수 있다.[32)] 그러므로 "항상 우리를 그리스도 안에서 이기게 하시고"라는 번역은 매우 불충분한 번역이다.

바울은 여기서 로마시대에 전쟁에서 승리한 장군이 개선행진을

31) 이에 관해 더 자세한 것은 김철홍, "바울의 소명의식," 206-7을 보라.

32) Harris, *Second Epistle*, 243.

하는 것을 그림으로 하여 자신의 처지를 묘사한다. 이 구절에서 하나님은 개선장군으로, 바울은 그 개선행진 가장 뒤에 포승줄에 묶여 끌려 들어오는 포로로 묘사된다. "항상 우리를 그리스도 안에서 이기게 하시고"는 "항상 우리를 그리스도 안에 있는 포로로 삼아 승리의 개선행진에 끌고 가시고"로 번역하면 그 의미가 쉽게 이해된다. 바울은 자신의 사역을 통해 하나님은 승리하시지만, 자신의 처지는 곧 죽음을 앞에 두고 살아가는 포로의 삶과 같다고 본다. 고린도전서 4장 9절, "내가 생각하건대 하나님이 사도인 우리를 죽이기로 작정된 자 같이 끄트머리에 두셨으매 우리는 세계 곧 천사와 사람에게 구경거리가 되었노라"에서도 비슷한 표현이 나타난다. 바울은 자신이 개선행진에서 구경거리(θέατρον)라고 말한다. 골로새서 2장 15절에서 '뜨리암뷰오'(θριαμβεύω) 동사가 사용되지만 사용되는 방식은 좀 다르다. 여기에서는 그리스도가 개선장군이 되어 끌고 가는 전쟁포로가 바울이 아니라 악한 영들이다. 바울은 이렇게 자신이 그리스도에게 포로로 잡혔다고 본다. 빌립보서 3장 12절에서 "오직 내가 그리스도 예수께 잡힌 바 된 그것을"이라고 말할 때 바울은 실제로 자신이 그리스도에게 체포되었다(κατελήμφθην ὑπὸ Χριστοῦ Ἰησοῦ)고 말한다. 즉 '내가 그리스도에게 포로로 잡혔으므로'라는 뜻이다(빌 3:12에서 ἐφ' ᾧ는 "…이기 때문에"의 뜻). 다메섹 도상에서 바울은 그리스도에게 포로로 잡혔다. 그래서 그의 인생은 그리스도가 끌고 가신다. 자신의 처지는 마치 전쟁포로의 삶처럼 비참하지만 그리스도는 이미 승리하셨고 승리의 개선장군이 되셔서 앞서서 가신다. "항상"(언제나)이란 말은 그런 상태가 일상적으로 지속되었다는 뜻이다.

바울이 승리 행진에 포로로 끌려들어가 결국은 순교하여 죽을 수밖에 없는 운명이지만 하나님은 그를 통해 모든 곳에서 "그리스도를 아는 냄새"를 나타내신다. "그리스도를 아는 냄새"는 그리스도가 누구인지를 알게 해주는 지식, 즉 복음을 가리킨다. 고난으로 가득한 전도자의 사역을 통해 하나님은 복음이 널리 퍼져나가게 하신다. 바울은 하나님이 이 세상에 그리스도의 복음을 퍼트리는 데 사용하는 사람이다. 그리고 바울은 그런 하나님을 향해 불만을 갖고 있지 않다. 오히려 하나님께 감사한다. 바울은 '나 같은 사람을 하나님의 아름다운 사역에 사용해주시는 것만으로도 나는 감사한다'는 마음을 갖고 있다. 주의 일을 하는 모든 사람들이 가져야 할 마음이며 자세다.

15절 _ 우리는 구원 받는 자들에게나 망하는 자들에게나 하나님 앞에서 그리스도의 향기니

바울은 복음을 듣고 구원받는 자들에게도, 동시에 믿지 않아 멸망하는 자들에게도 그리스도의 향기다. 여기서 향기(εὐωδία)는 14절에 사용된 냄새(ὀσμή)와 다르다. 후자가 그저 냄새라면 전자는 좋은 냄새다. 여기서 주의할 것은 이 향기라는 말이 일종의 제사언어라는 점이다. 하나님께 바쳐지는 제물들은 모두 하나님께 아름다운 냄새를 바치게 된다. 출애굽기 29장 18절, "그 숫양 전부를 제단 위에 불사르라 이는 여호와께 드리는 번제요 이는 **향기로운 냄새**니 여호와께 드리는 화제니라"와 레위기 2장 8절, "그 소제물 중에서 기념할 것을 가져다가 제단 위에서 불사를지니 이는 화제라 여호와께 **향기로운 냄새**니라" 민수기 15장 3절, "여호와께 화제나 번제나 서원을 갚는 제사나 낙헌제나 정한 절기제에 **소나 양을 여호와께 향기롭게 드릴 때에**" 등에서 분명히 보이듯이 "향기로운 제물"은 구약성경에서 하나님께서 기뻐 받으시는 제물의 특징이다(겔 20:41, "내가 너희를 향기로 받고" 참고). 이런 전통은 빌립보서 4장 18절의 "에바브로디도 편에 너희가 준 것을 받으므

로 내가 풍족하니 이는 받으실 만한 **향기로운 제물이요**"에서도 발견된다.

여기에서 우리가 주목해야 하는 대목은 그리스도와 향기를 함께 사용한 것이다. "그리스도의 향기"라는 말에서 소유격(Χριστοῦ, '그리스도의')을 주격의 뜻으로 보아 '그리스도가 향기다'라는 뜻으로 해석할 수 있는 여지가 있다. 그렇다면 이것은 그리스도를 하나님께 바쳐진 제물로 보는 것이다. 그리스도를 제물로 보는 바울의 입장은 그리 충격적이지 않다. 왜냐하면 고린도전서 5장 7절, "우리의 유월절 양 곧 그리스도께서 희생이 되셨느니라"나 로마서 3장 25절, "이 예수를 하나님이 그의 피로 인하여 믿음으로 말미암는 화목 제물로 세우셨으니" 등은 그리스도를 하나님께 바쳐진 제물로 분명히 말하고 있기 때문이다. 바울과 초대교회가 예수를 제물로 보는 것은 예수 그리스도 자신이 자신의 십자가 죽음을 하나님께 바쳐지는 제사로 보았기 때문이다. 마가복음 14장 24절과 마태복음 26장 28절에서 예수가 포도주를 주시면서 그것이 "나의 피 곧 언약의 피니라"고 말씀하시는 대목은 출애굽기 24장 8절, "모세가 그 피를 취하여 백성에게 뿌려 가로되 이는 여호와께서 이 모든 말씀에 대하여 너희와 세우신 **언약의 피**니라"고 말하는 대목을 연상시킨다. 시내산 언약을 맺을 때 소를 잡아 하나님께 제사를 드리며 그 소의 피로 옛 언약을 맺었듯이 예수는 자신의 몸을 하나님께 제물로 드리고 그의 피로 하나님과 새 언약을 맺으신다고 말한다(눅 22:20; 고전 11:25, "내 피로 세우는 새 언약이니"). 그 새 언약은 바로 예레미야 31장 31절, "나 여호와가 말하노라 보라 날이 이르리니 내가 이스라엘 집과 유다 집에 새 언약을 세우리라"에서 언급된 바로 그 새 언약이다.

에베소서 5장 2절에서 바울은 "그는 우리를 위하여 자신을 버리사 향기로운 제물과 희생제물로 하나님께 드리셨느니라"고 말한다.

그리스도는 우리를 사랑하여 자신을 버리고 십자가에서 자신을 '향기로운 제물,' '희생제물'로 하나님께 바치셨다.

"구원 받는 자들에게나 망하는 자들에게나"에서 바울은 인류를 구원받는 자와 멸망하는 자, 두 종류의 부류로 구분한다. 그는 더 이상 유대인이 유대인과 비유대인으로 인류를 양분하는 식의 분류를 하지 않는다. 바울과 같은 전도자가 인류를 '구원받는 자' '망하는 자'로 양분할 때 그것은 아마도 복음을 듣고 그 복음에 어떻게 반응하느냐에 따른 구분이라고 말할 수 있다. 고린도전서 1장 18절, "십자가의 도가 멸망하는 자들에게는 미련한 것이요 구원을 받는 우리에게는 하나님의 능력이라"에서도 바울은 "멸망하는 자들"과 "구원을 받는 우리"로 구분한다. "십자가의 도"가 멸망하는 자들에게는 "미련한 것"(μωρία, foolishness, '바보같은 소리')으로 들린다고 말할 때 이것은 복음을 듣고 거부하는 헬라인들의 반응을 가리킨다.[33] 바울이 복음을 전하면 그 복음에 '네'라고 대답하는 구원받는 자들도 있고 '아니요'라고 대답하는 망하는 자들도 있다. 그들이 복음을 받아들이건 혹은 받아들이지 않건 그리스도는 하나님께 바쳐진 향기로운 제물이다. 즉 청중들의 반응이 복음이 참인지 거짓인지를 결정하는 것이 아니라는 뜻이다. 그들의 반응과 상관없이 여전히 그리스도 하나님께 바쳐진 향기로운 제물, 희생제물이시다. 바울이 "우리는 그리스도의 향기"라고 말하는 이유는 자신도 결국 복음을 전하다가 순교하려 하나님께 제물로 바쳐질 것이고(빌 2:17; 딤후 4:6), 또 자신이 그리스도의 복음을 전하여 마치 향기가 널리 퍼지듯이 복음이 이 세상에 널리 퍼져나가게 하는 역할을 하고 있기 때문이다.

33) H. Conzelmann, *1 Corinthians: A Commentary on the First Epistle to the Corinthians* (Hermaneia; Philadelphia: Fortress, 1975), 47.

16절 _ 이 사람에게는 사망으로부터 사망에 이르는 냄새요 저 사람에게는 생명으로부터 생명에 이르는 냄새라 누가 이 일을 감당하리요

바울이 그리스도의 향기를 이 세상에 퍼트리면 그 향기(εὐωδία)가 멸망하는 사람에게는("이 사람에게는") 사망으로부터(ἐκ) 사망에 이르는(εἰς) 냄새(ὀσμή)가 되고, 구원받는 사람에게는("저 사람에게는") 생명으로부터(ἐκ) 생명에 이르는(εἰς) 냄새(ὀσμή)가 된다. 이 말은 도대체 무슨 뜻일까? 일부 학자들은 개선행진에서 꽃을 뿌리는 것을 염두에 두고 포로로 잡혀 끌려가는 자들에게 이 꽃향기는 죽음의 향기라고 보았다. 그러나 이것은 그 꽃향기가 왜 "생명으로부터 생명에 이르는 냄새"인지는 설명하지 못한다. 어떤 학자들은 유대교 제사에서 제물은 하나님에게 드려지는 "향기"이므로 바울이 자신을 제물로 보아서 이렇게 말했다고 한다. 그러나 이것은 왜 바울이 "사망으로부터 사망에 이르는 냄새"인지는 설명하지 못한다. 전통적으로 유대교에서 율법(Torah)은 이스라엘에게는 생명을 주는 향기고 이방인들에게는 죽음에 이르게 하는 향기라고 보는 견해가 있었다. 어쩌면 바울이 이런 견해를 개조하여 율법이 아니라 그리스도가 "향기"라는 새로운 주장을 만들어냈을 가능성도 있다.[34]

여기서 우리가 첫째로 생각할 것은 복음에 대한 긍정적 반응과 부정적 반응이 있을 수 있다는 점과 그런 반응들의 결과가 곧 구원과 멸망이라는 점이다(눅 2:34; 요 3:36). 고린도전서 1장 23-24절에서도 바울은 "십자가에 못 박힌 그리스도"를 그가 전하면 유대인들은 그것을 "거리끼는 것"으로, 이방인들은 "미련한 것"으로

---

34) 더 자세한 다른 해석의 가능성에 관해서는 M. E. Thrall, *A Critical and Exegetical Commentary on the Second Epistle to the Corinthians*, vol 1: *Introduction and Commentary on II Corinthians I-VII* (International Critical Commentary; Edinburgh: T. & T. Clark, 1994), 205-6을 보라.

보고 거부하지만 “오직 부르심을 받은 자들”은 복음을 받아들이므로 그들에게 “그리스도는 하나님의 (구원의) 능력”이 된다고 말한다. 여기서도 두 가지 반응이 있고, 두 가지 결과가 있다. 하나는 생명이고 다른 하나는 사망이다.

둘째로 15절에서 상술한 바와 같이 “하나님 앞에서”는 그리스도가 “하나님에게 드려진 제물”이며 그의 십자가 죽음은 하나님이 기뻐하여 받으시는 “향기로운 제물”이라는 점이다. 바울은 평소에 이점을 주장했을 것이다. 에베소서 5장 2절에서 그는 “그는 우리를 위하여 자신을 버리사 향기로운 제물과 희생제물로 하나님께 드리셨느니라”고 말한다.

셋째로 이 비유적인 표현은 바울을 공격하는 믿지 않는 유대인들과의 논쟁을 반영할 수도 있다. 바울의 주장에 반대하는 유대인들은 예수가 하나님께 바쳐진 향기로운 제물이 아니며 그는 저주를 받아 십자가에서 죽었다(갈 3:13)고 주장했을 것이다. 그런 점에서 그들은 “그리스도가 하나님께 바쳐진 향기로운 제물”이라는 바울의 주장과 정반대되는 견해를 갖고 있었을 것이고, 바울의 견해를 반박했을 것이다.

넷째로 그리스도가 어디로부터 와서 인간을 어디로 인도하는지에 대해서도 바울과 믿지 않는 유대인들은 서로 다른 견해를 갖고 있었을 것이다. 믿지 않는 유대인들은 예수는 사망으로부터(ἐκ) 왔다고 주장했을 것이다. 사망은 곧 죽음의 세력인 사탄을 가리킨다. 예수의 생전에 예루살렘에서 내려온 서기관들이 “그가 바알세불이 지폈다 하며 또 귀신의 왕을 힘입어 귀신을 쫓아낸다”(막 3:22)고 고발한 것은 예수가 하나님으로부터 온 선지자가 아니라, 사탄으로부터 온 거짓선지자라는 주장으로 볼 수 있다. 그러므로 그들은 예수가 죽음의 세력으로부터(ἐκ) 왔고, 사람들을 미혹하여 사망으로(εἰς) 인도한다고 주장했을 것이다. 이에 대해 바울은 예수는 생명으로부터(ἐκ) 즉, 생명의 근원이신 하나님으로부터 오셨고 그를 믿고 따르는 사람들을 생명으로(εἰς) 인도하신다고 주장했을 것이다. 그리고 바울이 "그리스도의 향기" 즉, "그리스도는 향기다"고 말하는 것은 사람들이 복음에 어떤 반응을 하건 관계없이, 멸망할 자들이 무슨 말을 하든 상관없이, 그리스도는 하나님의 절대적인 결정으로 이미 향기로운 제물로 받아들여졌다는 뜻이다. 요약하여 말한다면 바울은 아래와 같은 내용을 고린도후서 2장 14-16절에서 말한 것으로 보인다.

1) 그리스도는 "구원 받는 자들에게나 망하는 자들에게나" "향기로운 제물"이었음,
2) 이 사실을 받아들이면 누구에게나 그가 "생명에 이르는 냄새"가 됨,
3) 이 사실을 거부하면 그는 "사망에 이르는 냄새"가 됨

바울의 질문, "누가 이 일을 감당하리요?"에서 사용된 형용사 '히카노스'(ἱκανός)는 여기에서 '자격을 갖춘'(qualified)이라는 뜻이다. 바울은 "과연 누가 이런 사역에 자격을 갖추고 있는가?" 묻는다. 고린도후서 2장 16절은 70인역 구약성경 출애굽기 4장 10절의 내용과 매우 유사하다. 바울이 여기서 자신과 모세를 비교하고 있을지도 모른다(LXX 출 4:10, εἶπεν δὲ Μωυσῆς πρὸς κύριον δέομαι **κύριε οὐχ ἱκανός εἰμι**).[35] 바울은 고린도후서 3장 5절에서 같은 단어를 사용하면서 "우리가 무슨 일이든지 우리에게서 난 것 같이 스스로 만족할 것이 아니니 우리의 만족은 오직 하나님으로부터 나느니라"고 말한다. 이 말의 의미는 '우리는 우리들의 사도로서의

35) Austin Farrer, "The Ministry in the New Testament," in *The Apostolic Ministry: Essays on the History and the Doctrine of Episcopacy*, ed. K. E. Kirk (London: Hodder & Stoughton, 1946), 115-82.

자격이 우리들 자신으로부터 오는 것이라고 생각하지 않는다. 우리의 사도로서의 자격은 오직 하나님으로부터 오는 것이다'이다. 바울은 하나님이 자신을 사도로 임명하셨기 때문에 하나님으로부터 사도의 자격이 오는 것이라고 주장한다. 그래서 "과연 누가 이런 사역에 자격을 갖추고 있는가?"라는 질문에 대한 그의 대답은 당연히 "자격을 갖춘 사람은 나와 나의 동역자들"이다. 17절에 나오는 "수많은 사람들"은 자격을 갖춘 사람들이 아니라고 주장한다.

> 17절_우리는 수많은 사람들처럼 하나님의 말씀을 혼잡하게 하지 아니하고 곧 순전함으로 하나님께 받은 것 같이 하나님 앞에서와 그리스도 안에서 말하노라

17절에서 일단의 사역자들을 비판한다. 바울이 그들을 "수많은 사람들"(οἱ πολλοὶ)이라고 부르고 있으므로 그들은 소수가 아니고 다수며 개인이 아니고 집단이다. 그들은 하나님의 말씀을 "혼잡하게 한다"(καπηλεύοντες)고 말할 때 동사 '카펠류오'(καπηλεύω)는 철학자들의 논쟁상황에서 가짜라고 여겨지는 다른 철학자들에 대하여 비판적으로 사용되었다. 형용사형 '카펠로스'(κάπηλος) 또는 '카펠리코스'(καπηλικός)는 동의어이며, 이 단어들은 '불순한/순수하지 않은'(adulterated) '속이는'(deceitful)의 의미로 해석할 수 있다. 이사야 1장 22절은 '카펠로스'(κάπηλος)와 '아도키모스'(ἀδόκιμος)가 의미론적으로 밀접한 관계가 있음을 잘 보여주고 있다: "네 은이 찌꺼기가 되었고(ἀδόκιμος), 불순케하는 자(οἱ κάπηλοι)가 너의 포도주에 물을 섞었도다." 따라서 상인들은 곧 '카펠로스/카펠리코스'(κάπηλος/καπηλικός)한 물건을 파는 사람을 의미한다. 100퍼센트의 포도주를 팔아야 하는데 물을 섞어서 100퍼센트 포도주로 속여서 판다면 그 포도주도 '카펠로스'(κάπηλος)고 그 상인도 '카펠로스'(κάπηλος)다. 고

대에는 이러한 물타기가 널리 퍼져있던 관행이어서 상인계층에 대한 좋지 않은 인식이 있었다. *Sir* 26:29는 "상인[ἔμπορος]은 불법을 행하지 않기가 힘들고, 거래상[κάπηλος]은 죄로부터 깨끗하기 힘들다"라는 구절이 있다.[36)]

포도주에서 금속으로 주제를 바꾸어도 비슷한 상황이 생겨난다. 금속에도 100퍼센트의 순금이 있고, 순금에 다른 금속을 첨가하여 만든 순도가 낮은 금도 있다. 이 때 다른 금속을 첨가하여 그 질이 낮아진 금속합금은 '아도키모스'(ἀδόκιμος)라는 단어로 표현된다. 물을 첨가한 포도주도 '아도키모스'(ἀδόκιμος)로 부를 수 있을 것이다.

'카펠류오'(καπηλεύω) 동사와 또한 이 동사와 같은 어원을 가진 단어는 필로(Philo)의 글에서 사용된다. 예를 들어 그는 그런 단어들을 *Prob*. 78, *Virt*. 112, *Legat*. 203, *Migr*. 217, *Spec*. 4.193-4 등에서 사용하고, 그 이외의 단어들을 소피스트와 거짓선지자들의 탐욕과 계교를 묘사하기 위해서 사용하였다(*Gig*. 39; *Mos*. 2.212; *Spec*. 4.51). *Spec*. 4.51에서 필로는 "그러한 사람은 율법을 준 사람으로부터 거짓선지자라는 적절한 이름을 받았다. 왜냐하면 그는 참된 예언을 더럽히고(κιβδηλεύοντα) 거짓된 의도로 진실을 가렸기 때문이다."라고 말한다. 필로의 '킵델류오'(κιβδηλεύω)와 그와 같은 어원의 단어사용은 중요하다. 왜냐하면 그것이 바울의 고린도후서 2장 17절에서 사용된 '카펠류오'(καπηλεύω)을 이해하는데 중요한 단서를 주기 때문이다. 두 단어 모두 상업적 배경에 기원을 두고 있고, 신의 메시지를 전하는 유대교 선지자들의 진정성을 비난하기 위해 은유적으로 사용되었다.

36) 이 점에 관한 더 자세한 사항은 Chulhong Kim, "Paul-A False Prophet?: False Prophet Accusations Against Paul," Ph.D. diss. Fuller Theological Seminary (2007), 251-54를 보라.

고린도후서 4장 2절에서 바울은 두 가지를 다시 언급한다. 첫째, “나는 궤휼가운데(ἐν πανουργίᾳ) 행하지 않았다” 둘째, “나는 하나님의 말씀을 혼잡케(δολόω)하지 않았다” ‘돌로오’(δολόω)와 ‘파누르기아’(πανουργία) 같은 단어들은 거짓 선지자들과의 논쟁에서 사용될 수 있었던 전형적인 용어이다. 바울은 ‘돌리오스’(δόλιος)를 “거짓 형제들”(false brothers)(고후 11:13)을 비판하기 위해 사용한다. 그들은 “속이는 일꾼”(deceitful worker)[ἐργάται δόλιοι]이지만 바울은 그렇지 않다. 고린도후서 12장 16절, “하여간 어떤 이의 말이 내가 너희에게 짐을 지우지는 아니하였을지라도 교활한 자가 되어 너희를 속임수로 취하였다 하니”에서 ‘판우르고스’(πανοῦργος, cunning)와 ‘돌로스’(δόλος)가 다시 결합된다. “속임수로”(δόλῳ) 돈을 취하는 것과 “교활한 자”(πανοῦργος)라는 말은 바울이 거짓 선지자로 공격받았다는 증거이다(딤전 6:5, 10; cf. *Did* 11:6; *Herm. Man.* 11:12). 고린도후서 12장 16절에서 바울은 거짓선지자라는 비난을 피하기 위해 “ἐγὼ οὐ κατεβάρησα ὑμᾶς”(나는 너에게 짐을 지우지 않는다)라는 사실을 강조할 수밖에 없었다.[37)]

바울은 고린도후서 2장 17절에서 “우리는 많은 행상인들(οἱ καπηλεύοντες)처럼 하나님의 말씀을 파는 사람들이 아니다.”라고 말한다. 이 짧은 문장은 확실하게 그의 복음을 검증하던 사람들의 비난이 있었음을 반증하고 있다. 그들은 “바울은 κάπηλος다” “그가 파는 포도주는 κάπηλος다”라고 비난 했을 것이다. 바울의 반대자들은 바울의 정체성과 그의 복음을 공격했고, 십자가에 달리신 그리스도

37) ‘카펠류오’(καπηλεύω)의 또 다른 동의어는 ‘돌로오’(δολόω, to falsify or adulterate)이다. ‘돌로스’(δόλος)의 파생어들도 주로 바울서신에 등장한다: ‘돌로오’(δολόω, 고후 4:2), ‘돌리오오’(δολιόω, 롬 3:13), ‘돌리오스’(δόλιος, deceitful, 고후 11:13), ‘돌로스’(δόλος, deceit, 롬 1:29; 고후 12:16; 살전 2:3; cf. 마 26:4; 막 7:22; 12:14; 14:1; 요 1:47; 행 13:10; 벧전 2:1, 22; 3:10). 앞의 책, 같은 부분을 보라.

의 정체성과 그리스도의 십자가상의 죽음 또한 공격했을 것이다. 이 공격의 핵심은 바울은 사람을 속여 이득을 취하는 장사꾼 같은 사람이고, 그가 전하는 메시지는 물을 탄 포도주처럼 진품이 아니고 가짜라는 것이다. 그것은 바울의 복음과 그의 목회에 대한 비난이었다.

바울은 그 공격에 응답하여 스스로를 방어한다. "나는 ὁ κάπηλος가 아니다," "나의 복음은 '카펠로스'(κάπηλος)하거나 '아도키모스'(ἀδόκιμος)하지 않다," 또는 "내 복음은 ἄδολος하다(pure, cf. 벧전 2:2)"고 말했을 것이다. 그 말은 "나는 거짓 선지자가 아니며 거짓 사도들이란 '카펠로스'(κάπηλος)한 복음을 전하는 바로 그 사람들이다"였을 것이다. 그가 고린도후서 2장 17절에서 그가 말하고자 하는 핵심은 이것이다: "거짓사도들은 하나님으로부터 받은 100퍼센트 순도의 복음에 복음이 아닌 다른 것을 섞었다. 그리고 그들은 그 혼합물이 복음이라고 주장한다. 반면에 나는 하나님께로부터 받은 100퍼센트 순도의 복음에 아무것도 섞지 않았다. 내가 전하는 복음을 순전한 복음이다." 이 말은 갈라디아서 1장 7절, "다른(ἄλλο) 복음은 없나니 다만 어떤 사람들이 너희를 교란하여 그리스도의 복음을 변하게 하려 함이라"의 내용과 유사한다. "그리스도의 복음을 변하게(μεταστρέψαι) 하려 함이라"에서 사용된 동사 '메타스트레포'(μεταστρέφω)는 '변하게 하다,' '변질시키다'는 뜻이다. 바울이 "다른 복음"이라고 부르는 것은 '변질된 복음'이고, 변질된 복음은 복음이 아니다. 복음에는 단 한가지의 복음만 있을 뿐이다. 그렇다면 바울이 지금 비난하고 있는 "수많은 사람들"은 복음을 변질시킨 사람들이다. 그들은 복음이 아닌 것을 복음으로 주장하고 있다. 우리의 추론이 틀리지 않았다는 것을 고린도후서 11장 4절, "만일 누가 가서 우리가 전파하지 아니한 다른 예수를 전파하거나 혹은 너희가 받지 아니한 다른 영을 받게 하거나 혹은 너희가 받지 아니한 다른 복음을 받게 할 때에는 너희가 잘 용납하는구나"가 잘 보여주고 있다. 지금 고린도 성도들은 "다른 복음"을 받아들이고 있으며 그 복음은 변질된 복음이다.

그렇다면 그들은 복음에 무엇을 첨가한 것일까? 아마도 유대교적 전통을 첨가했을 가능성이 가장 높다. 고린도후서 11장 22절, "그들이 히브리인이냐 나도 그러하며 그들이 이스라엘인이냐 나도 그러하며 그들이 아브라함의 후손이냐 나도 그러하며"는 거짓사도들이 유대교적 전통을 자랑스럽게 생각하는 사람들이라는 것을 암시한다. 그렇다면 그들이 전한 복음과 바울이 전한 복음 사이의 결정적 차이는 바로 유대교적 전통이며, 그 중에서도 율법에 대한 그들의 가르침이었을 가능성이 적지 않다. 고린도후서 2장 17절 직후부터 바울은 옛 언약 신학의 체계적인 해체작업을 시작한다. 고린도후서 3장 1-18절에서 바울은 옛 언약을 낮추고 새 언약을 높이는 방식으로 논쟁을 진행한다. 아마도 이것은 그리스도로 인해 새 언약이 시작되었다는 바울의 복음을 비판하며 그를 거짓선지자라고 매도하는 그의 적대자들과의 논쟁의 맥락에서 읽어야 할 것이다. 3장이 끝나자마자 바울은 고린도후서 4장 1-6절에서 다시 거짓선지자들의 비난에 대해 언급한다. "이에 숨은 부끄러움의 일을 버리고 속임으로 행하지 아니하며 하나님의 말씀을 혼잡하게 하지 아니하였다"(고후 4:2)고 말한다. 바울은 하나님의 말씀을 혼잡케(δολοῦντες, 고후 4:2)하지 않았고, 고린도전서 15장 3-5절, 로마서 1장 3-4절이 증명하듯이 가공되지 않는 순수한 형식으로 오직 진리의 복음을 전한다.

17절 후반부에서 "순전함"으로 번역된 '에일리크리네이아'(εἰλικρίνεια)는 '섞이지 않음 또는 순수함'을 의미하며, 이 말의 반대말은 '믹시스'(μίξις)다. 형용사형 '에일리크리네스'(εἰλικρινής)는 '섞이지 않은, 합금되지 않은' '혼합되지 않은' 또는 '성실한'의 뜻을 지니다. 고린도후서 1장 12절, “진실함으로 행하되”의 ‘하플로테스’(ἁπλότης)는 ‘단독성’과 ‘단일성’을 의미하는 동시에 바울의 순수성과 그의 메시지의 진정성을 활용하는 단어이다. 바울의 그의 순수성과 진실성에 대한 강조는 적대자들의 비난으로부터 그의 메시지를 방어하기 위한 것이다. 이와 같이 고린도후서 2장 17절의 내용은 바울과 거짓 선지자 사이의 논쟁이라는 맥락에서 읽을 때 가장 잘 이해 할 수 있다.

V. 새 언약의 일꾼들(3:1-6)

1절_우리가 다시 자천하기를 시작하겠느냐 우리가 어찌 어떤 사람처럼 추천서를 너희에게 부치거나 혹은 너희에게 받거나 할 필요가 있느냐

바울은 “우리가 다시 자신을 추천하기(συνιστάνειν) 시작하는 거냐?”고 묻는다. ‘쉬니스테미’(συνίστημι) 혹은 ‘쉬니스타노’(συνιστάνω) 동사는 ‘소개하다, 추천하다’의 뜻이 있다. “추천서”(추천의 편지)에서 형용사 ‘쉬스타티코스’(συστατικός, 추천의)도 같은 어원에서 온 단어다. 바울의 대답은 당연히 ‘아니다’이다. 바울은 고린도 성도들을 향해 자기 자신을 스스로 추천할 필요가 없다. 바울은 “어떤 사람들처럼”(ὥς τινες) 추천서를 가져와 그들에게(πρός ὑμᾶς) 주거나 혹은 그들로부터(ἐξ ὑμῶν) 추천서를 받을 필요가 없다. 추천서는 어떤 사람이 어떤 일에 자격을 갖춘 사람임(ἱκανός, 17절)을 공적으로 증명하는 편지다. 그러나 바울은 이미 자격을 갖추고 있으므로 그런 추천서를 들고 오고 갈 필요가 없다. 이제 곧 5절에서 밝히게 되지만 사도의 자격은 “오직 하나님으로부터” 오는 것이기 때문이고, 바울은 이미 하나님으로부터 사도로 임명되었기 때문이다.

그와 반대로 그의 적대자들은 추천서를 갖고 다녀야 할 필요가 있는 사람들이다. 그래서 바울은 '…을 필요로 하다'라는 뜻을 갖고 있는 '크레조'(χρήζω) 동사를 그들을 향해 사용한다. 그들은 사도라고 주장하지만 그들의 사도의 자격은 하나님으로부터 오지 않았다는 뜻이다. 기껏해야 인간이 써 준 편지에 의존하려고 하기 때문이다.

바울이 다메섹으로 교회를 핍박하러 갈 때 그는 예루살렘 공의회의 추천서를 갖고 갔다(행 9:2, 22:5). 지금은 반대로 그의 적대자들이 추천서를 받아 갖고 고린도교회에 와서 추천서를 써준 사람들의 권위로 바울을 누르려고 한다. 그들은 누구로부터 혹은 어느 교회의 추천서를 갖고 있었던 것일까? 아마도 예루살렘교회일 가능성이 높다. 갈라디아서에 따르면 "거짓 형제들"(갈 2:4)이 예루살렘교회에 있었다. 후에 안디옥교회에서 베드로(게바)가 이방인들과 함께 식사(성만찬)를 하고 있을 때에 "야고보에게서 온 어떤 이들"(갈 2:12)이 도착하자 식탁에서 물러난 사건이 있었다. 야고보가 예루살렘교회의 가장 높은 권위를 갖고 있는 지도자였으므로(갈 2:9) 야고보에게서 왔다는 말은 곧 예루살렘교회에서 왔다는 뜻이다. 사도행전 21장 20-21절에서 야고보와 예루살렘교회의 장로들은 바울을 환영하면서도 "유대인 중에 믿는 자 수만 명이 있으니 다 율법에 열성을 가진 자라"고 말하면서 바울이 "이방에 있는 모든 유대인을 가르치되 모세를 배반하고 아들들에게 할례를 행하지 말고 또 관습을 지키지 말라"고 가르쳤다는 것을 그들이 듣고 알고 있다고 말한다. 바울에게 그들을 조심해야 한다고 경고해준다. 만약 예루살렘교회의 압도적 다수의 성도들이 이와 같이 율법을 향한 열심을 갖고 있었다면 그들이 바울이 개척한 교회를 찾아가 바울이 전한 복음을 비판하고 복음에 율법과 각종 유대교의 전통을 첨가한 변질된 복음을 전했다는 것은 쉽게 상상할 수 있다. 이들은 예루살렘교회의 권위를 등에 업고 바울을 눌러 고린도교회를 자신들이 원하는 방향으로 끌고 가려고 했다.

2절_너희는 우리의 편지라 우리 마음에 썼고 뭇 사람이 알고 읽는 바라

"너희는 우리의 편지라"는 말은 고린도 성도들이야말로 바울을 천거하는 추천장이라는 것이다. 즉 고린도 성도들은 바울이 참 사도라는 것을 증명해주는 증명서다. 그런데, 그 편지는 바울의 마음에(ἐν ταῖς καρδίαις) 기록되어(ἐγγεγραμμένη) 있다. 많은 사람들이 그것을 인정하고("알고") 읽는다. 바울이 특별히 그 추천의 편지가 그의 마음에 기록되어 있다고 말하는 것은 다음 절인 3절에서 고린도 성도들은 하나님이 "영으로" "육의 마음판에" 쓴 그리스도의 편지라고 말하기 위해서다.

바울과 같은 목회자가 진짜 목회자인지 가짜 목회자인지 알 수 있는 가장 확실한 방법은 바울이 목회한 그 교회의 성도들을 보면 알 수 있다. 왜냐하면 열매를 보면 그 나무를 알 수 있듯이 성도들은 바울의 목회의 열매이기 때문이다. 목회의 열매는 건물이 아니고 사람이다. 목회자가 얼마나 목회를 잘했느냐는 그 성도들이 하나님의 나라에 도달했을 때 다 드러나게 된다. 거룩한 성도의 모습으로 하나님의 나라에 수많은 성도들이 아름답게 서있다면 그것은 그 목회자에게 큰 기쁨을 주되, 영원한 기쁨을 주게 된다. 그래서 바울은 그의 성도들이 자신의 면류관이라고 말한다(빌 4:1, "나의 사랑하고 사모하는 형제들, 나의 기쁨이요 면류관인 사랑하는 자들아").

3절_너희는 우리로 말미암아 나타난 그리스도의 편지니 이는 먹으로 쓴 것이 아니요 오직 살아 계신 하나님의 영으로 쓴 것이며 또 돌판에 쓴 것이

아니요 오직 육의 마음판에 쓴 것이라

'파네루메노이'(φανερούμενοι)는 "너희"(고린도 성도들)가 '호티'(ὅτι) 이하의 내용을 보여준다는 뜻이다. 바울은 이번에는 고린도 성도들이 그리스도의 편지라고 말한다. 이 말은 그리스도가 이 편지를 쓰신 저자라는 말이다. "우리로 말미암아 나타난"으로 번역되어 있는 '디아코네떼이사 휩헤몬'(διακονηθεῖσα ὑφ' ἡμῶν)은 '우리에 의해 섬겨지는'으로 해석할 수 있다. 고린도 성도들은 바울의 사역의 섬김을 받고 있는 편지며, 그 편지의 저자는 그리스도다. 바울과 그의 동역자들은 그리스도가 그들을 섬기시고, 그들을 편지로 쓰시기 위해 사용하는 도구이다.

먹과 영, 돌판과 마음판을 대조하는 것에서부터 바울은 새계약과 옛계약을 대조하기 시작한다. 예레미야 31장 31절, "나 여호와가 말하노라 보라 날이 이르리니 내가 이스라엘 집과 유다 집에 새 언약을 세우리라"는 새 언약의 약속이다. 구약성경 전체에서 단 한 번 "새 언약"이라는 말이 나오는 곳이다. 하나님은 새 언약은 옛 언약과 같은 언약이 아니라고 말씀하신다(렘 31:32, "같지 아니할 것은"). 하나님께서 예레미야에게 약속하신 새 언약은 옛 언약의 연장도 아니고 옛 언약의 갱신도 아니다. 새 언약은 옛 언약과는 구분되는 전혀 다른 별개의 언약이다. 하나님이 시내산에서 이스라엘 백성과 옛계약을 맺을 때 십계명으로 대표되는 율법을 돌판에 새겨서 주셨고(출 31:18), 그 율법은 먹물로 종이에 쓴 것이다. 하지만 새계약은 예레미야 31장 33절의 예언대로 하나님의 영으로 주의 백성의 마음판에 쓴 것이다. 예레미야 31장 33절, "내가 이스라엘 집과 맺을 언약은 이러하니 곧 내가 나의 법을 그들의 속에 두며 그들의 마음에 기록하여 나는 그들의 하나님이 되고 그들은 내 백성이 될 것이라"에서 새 언약의 백성의 "안에" 두

시는 하나님의 법, 그들의 "마음에 기록하는" 하나님의 법은 곧 성령을 가리킨다. 옛 언약의 때에 하나님은 율법을 돌판에 새겨서 주셨지만, 새 언약의 때에는 다시 율법을 주시는 것이 아니라 성령을 주신다는 말이다. 옛 언약은 율법을 주신 언약이라면 새 언약은 성령을 주시는 언약이다. 바울이 로마서 8장 2절에서 "이는 그리스도 예수 안에 있는 생명의 성령의 법이 죄와 사망의 법에서 너를 해방하였음이라"고 말할 때 "성령의 법" 즉 "성령의 율법"이라는 말을 하는 까닭은 예레미야 31장 33절을 반영한 것이다. 예레미야서에서 성령 주심을 율법을 하나님의 백성 안에 두는 것으로 말하기 때문에 그 내용을 염두에 두고 "성령의 법"이라고 말하는 것이다.

에스겔 11장 19절, 36장 26-27절은 예레미야 31장 31-33절의 내용을 설명해준다. 에스겔 36장 26절, "새 영을 너희 속에 두고 새 마음을 너희에게 주되"는 "영"(성령)과 "마음"이 함께 나오고 있다는 점에서 예레미야 31장 33절의 내용과 유사하다. "새 영" "새 마음"은 예레미야 31장 31절의 "새 언약"과 의미가 통한다. 에스겔 36장 26절의 "굳은 마음"은 돌처럼 단단하게 된 돌 심장이고, "부드러운 마음"은 살로 된 살 심장이다. 하나님은 새 언약을 맺으실 때 돌 심장을 제거하고, 살로 된 심장을 넣어주는 심장 이식 수술을 해주신다고 약속했다. 이것은 비유적인 표현이다. 도대체 심장 이식 수술은 구체적으로 무엇을 가리키는 것일까? 그 다음 절인 27절에 그 해답이 있다. 27절의 "내 신을 너희 속에 두어"는 바로 하나님의 성령을 백성들 안에 두신다는 뜻이다. 곧 성령을 주신다는 것이다. "너희들 속에"는 예레미야 31장 33절의 "내가 나의 법을 그들의 속에 두며"와 서로 의미가 통한다. 심장 이식 수술은 바로 하나님의 성령을 그의 백성에게 주시는 것을 가리킨다. 즉 새 언약의 때에 하나님은 그의 백성들에게 율법대신 성령을 주신다는 것을 말한다. 헬라어 70인 역으로 에스겔서를 보면 하나님의 성령 주심이 "살로 된 심장"(καρδίαν σαρκίνην)을 그의 백성에게 주시는 것으로 되어 있다. 바울이 여기서 "육의 마음 판에"(ἐν πλαξὶν καρδίαις σαρκίναις) 쓰셨다고 말하는 이유는 바로 이것 때문으로 보인다.

4절_우리가 그리스도로 말미암아 하나님을 향하여 이같은 확신이 있으니

바울은 그런 "확신"(πεποίθησις), 즉 자신은 순도 100퍼센트의 복음, 하나님으로부터 계시로 받은 복음을 아무런 불순물을 섞지 않고 그대로 전하고 있다는 확신, 그리고 자신이야 말로 이런 사역에 자격을 갖고 있는 사도라는 확신을 갖고 있다. 이런 확신은 그리스도를 통해(διὰ τοῦ Χριστοῦ) 생겨났고 바울은 그런 확신을 하나님을 향해(πρὸς τὸν θεόν) 갖고 있다. 확신(πεποίθησις)은 고린도후서 3장 12절의 "담대함"(παρρησία), 로마서 15장 17절의 "자랑"(καύχησις)과 의미가 매우 비슷하다. 확신이 있으므로 그는 담대하게 복음을 외칠 수 있고, 자신의 사역과 권위에 대해서 자랑스럽게 생각한다.

5절_우리가 무슨 일이든지 우리에게서 난 것 같이 스스로 만족할 것이 아니니 우리의 만족은 오직 하나님으로부터 나느니라

여기서 "만족"으로 번역된 '히카노스'(ἱκανός)는 '자격이 갖추어진/부여된'(qualified)의 뜻이다. 명사형 '히카노테스'(ἱκανότης)는 '자격 인정'(qualification)의 뜻이다. 바울은 이미 고린도후서 2:16에서 과연 누가 하나님의 사도로서 자격을 갖추고 있는지(ἱκανός)를 물었다. 이 형용사 '히카노스'(ἱκανός)는 바울의 능력을 가리키는 것

이 아니라 그의 합법성을 묻는 것이다. 바울과 거짓사도들 사이의 논쟁의 핵심은 누가 더 능력이 있는가가 아니라, 누가 합법적인 자격을 갖고 있느냐다. 고린도후서 2장 16절은 70인역 구약성경 출애굽기 4장 10절의 내용과 매우 유사하며 바울이 여기서 자신과 모세를 비교하고 있을지도 모른다(LXX 출 4:10, εἶπεν δὲ Μωυσῆς πρὸς κύριον δέομαι **κύριε οὐχ ἱκανός εἰμι**)는 점은 이미 언급하였다. 헬라어 구약성경에서는 모세가 하나님께 자신은 자격이 없다(οὐχ ἱκανός)라고 말한다. 바울은 모세도 원래는 자격이 없는 사람이지만 하나님이 자격을 부여한 것처럼 자신도 원래는 자격이 없지만 하나님께서 자격을 부여하셨다고 말하는 듯한 뉘앙스를 주고 있다.

그의 적대자들은 바울의 사도권의 적법성을 문제로 삼고 있고(고후 11:23) 바울은 나의 사도로서의 자격은 "우리 자신(ἐξ ἑαυτῶν)에게서 나온" 것이 아니라 "하나님으로부터(ἐκ τοῦ θεοῦ) 나온" 것이라고 항변한다. 바울이 스스로 자신을 보기에도 사도적 자격은 그 자신으로부터 나올 수 없다. 왜냐하면 그는 하나님의 교회를 파괴하고 돌아다닌 사람이기 때문이다(갈 1:13; 빌 3:6; 고전 15:19). 그러나 하나님께서 그의 사도의 자격을 인정하시고 그에게 사도의 직분을 주셨다(고전 15:8; 갈 1:1, 15; 딤전 1:12-16). 하나님은 바울에게 성령을 주셨고 성령을 주심은 그를 사도로 자격요건을 갖추게 한 것이다(고후 3:6, "우리를 **새 언약의 일꾼 되기에 만족하게 하셨으니**(ἱκάνωσεν) 율법 조문으로 하지 아니하고 **오직 영으로 함이니**"). 바로 이점 때문에 바울은 하나님으로부터 보냄을 받은 사도로서(ἐκ θεοῦ) 아무런 불순물이 섞이지 않은 순수한 상태에서(ἐξ εἰλικρινείας) 그리스도 안에서도 말할 수 있고(고후 2:17; 5:17 참고), 하나님 앞에서도 말할 수 있다(κατέναντι θεοῦ, 고후 2:17; 아래 구절 참고 4:2; 5:10; 12:19).

6절 _ 그가 또한 우리를 새 언약의 일꾼 되기에 만족하게 하셨으니 율법 조문으로 하지 아니하고 오직 영으로 함이니 율법 조문은 죽이는 것이요 영은 살리는 것이니라

6절에서는 '히카노스'(ἱκανός, qualified)의 동사형 '히카노오'(ἱκανόω, to qualify)가 사용된다. 그 동사의 주어는 하나님이시다. 즉 하나님께서 바울을 새 언약의 일꾼으로서 자격을 부여하셨다(ἱκάνωσεν). 여기서 "새 언약"이란 표현을 바울이 사용한 것에 우리는 주목해야 한다. 유대교에서는 옛 언약과 새 언약의 구분이 그 때도 없고 지금도 없다. 옛 언약이라는 말 자체가 유대인들에게는 기분 나쁜 (offensive) 말이다. 그들에게는 오직 시내산 언약만 있을 뿐이다. 그러나 바울은 "새 언약"이란 말을 사용함으로 두 개의 언약이 있으며 시내산 언약은 "옛 언약"이란 메시지를 노골적으로 나타낸다. 바울서신에서 이곳과 고린도전서 11장 25절의 성만찬 전승에서만 나타나는 이 "새 언약"이란 표현은 구약성경의 예레미야 31장 31절의 바로 그 "새 언약"을 가리키는 말이다. 마가복음 14장 24절, 마태복음 26장 28절, 누가복음 22장 20절 등의 복음서의 전승에 따르면 예수는 자신의 십자가 죽음의 의미를 예레미야 선지자를 통해서 하나님께서 약속하신 새 언약을 맺는 언약의 제사로 이해하고 있었다.

막 14:24, "이르시되 이것은 많은 사람을 위하여 흘리는 나의 피 곧 **언약의 피**니라"
마 26:28, "이것은 죄 사함을 얻게 하려고 많은 사람을 위하여 흘리는 바 **나의 피 곧 언약의 피**니라"
눅 22:20, "저녁 먹은 후에 잔도 그와 같이 하여 이르시되 이 잔은 **내 피로 세우는 새 언약**이니 곧 너희를 위하여 붓는 것이라"

예수의 최후의 만찬 때의 말씀은 복음서뿐만 아니라 고전 11:25에도 나타난다.

> 고전 11:25, "식후에 또한 그와 같이 잔을 가지시고 이르시되 이 잔은 **내 피로 세운 새 언약**이니 이것을 행하여 마실 때마다 나를 기념하라 하셨으니"

갈라디아서 4장 22-31절에서 바울은 사라와 하갈에 관한 비유적 설명을 한다. 갈라디아서 4장 24절에서 이 비유의 의미에 대해서 그는 이렇게 말한다. "이것은 비유니 이 여자들은 **두 언약**이라 하나는 시내 산으로부터 종을 낳은 자니 곧 하갈이라" 여기에서 우리는 바울이 전통적 유대교와는 달리 언약을 두 개로 보고 예수의 십자가 죽음을 통해서 맺은 언약을 새 언약으로 모세를 통해 맺은 언약을 옛 언약으로 이해하고 있음을 분명히 알 수 있다. 시내산 언약을 옛 언약으로 부르는 것은 옛 언약을 하갈에 비유하는 것만큼이나 유대인들에게는 불쾌한 것이라는 것은 쉽게 추측할 수 있다. 그러나 바울은 고린도후서 3장 6절에서 매우 대담하게 자신을 새 언약의 일꾼으로 부른다. 그렇다면 자신과 맞서는 문제의 거짓 사도들은 자동적으로 옛 언약의 일꾼들이 된다. 이렇게 자신과 적대자들을 구분하되 옛 언약과 새 언약이라는 범주로 나눔으로서 바울은 복음을 기존의 유대교의 가르침과 확연하게 구분한다.

바울이 이렇게 두 개의 언약에 관해 말할 때 바울은 결코 두 개의 언약이 공존하면서 두 개의 언약이 동일하게 유효한 언약이라는 뜻으로 말하는 것이 아니다. 만약 그렇다면 그것은 유대교가 여전히 유효한 구원의 길이며, 기독교와 마찬가지로 유효한 종교라는 뜻이 된다. 바울은 결코 그런 의미로 두 언약에 관해 말하는 것이 아니다. 바울은 옛 언약은 새 언약에 의해 대체되었다는 의미에서 두 언약에 관해 말하는 것이다. 옛 언약은 이미 그 유효기간이 끝났고 새 언약에 의해 대체(to substitute)되었다.

'우 그람마토스 알라 프뉴마토스'(οὐ γράμματος ἀλλὰ πνεύματος, 율법 조문으로 하지 아니하고 오직 영으로 함이니)는 옛 언약과 새 언약 사이의 가장 극명한 차이점이 무엇인지를 보여준다. 옛 언약의 특징은 "문자"(γράμμα)로 된 율법을 주셨다는 것이고, 새 언약의 특징은 "성령"(πνεῦμα)을 주셨다는 것이다. 예레미야 31장 33절, "그러나 그 날 후에 내가 이스라엘 집과 맺을 언약은 이러하니 곧 **내가 나의 법을 그들의 속에 두며 그들의 마음에 기록하여** 나는 그들의 하나님이 되고 그들은 내 백성이 될 것이라 여호와의 말씀이니라"의 헬라어번역 70인역 예레미야 38장 33절(개역성경으로는 31:33)을 보면 "나의 법(νόμος)을 …그들의 마음에(ἐπὶ καρδίας αὐτῶν) 기록하겠다(γράψω)"로 되어 있다. 옛 언약을 맺으실 때 하나님은 돌 판에 율법을 새겨주셨다. 하지만 새 언약을 맺으실 때 하나님은 마음에 그의 법을 기록하시겠다고 약속하셨다. 그렇다면 마음에 하나님의 법을 기록하신다는 것은 무슨 뜻일까? 3절에서 이미 설명한 바와 같이 성령을 주신다는 뜻이다. 새 언약을 맺을 하나님은 그의 백성들에게 율법 대신 성령을 주시겠다고 약속하셨고 그 약속은 사도행전 2장의 오순절 성령강림으로 이루어졌다. 그리고 하나님께서는 십자가에서 죽고 부활한 예수를 믿고 따르던 그의 제자들에게 성령을 주심으로 그들 즉 교회를 새 언약의 백성으로 선택하셨다. 그래서 옛 언약과 새 언약의 차이를 가장 극명하게 보여주는 특징은 곧 문자(율법)와 성령이다.

"율법 조문은 죽이는 것이요 영은 살리는 것이니라"는 바울의 옛 언약/율법을 향한 입장이 얼마나 단호한지를 보여준다. 옛 언약/율법은 인간에게 생명을 주지 못하고 오히려 죽음을 준다. 이 말 역시 율법을 성실하게 준수하는 유대인들에게는 매우 충격적인 말이며 모욕적인 말이다. 유대인들은 율법이 자신들에게 생명을 준다고 생각하지 죽음을 준다고 생각하지 않는다. 바울도 과거에는 그렇게 생각했으나 다메섹 사건을 경험한 뒤 율법에 대한 그의 생각은 바뀌었다. 율법이 요구하는 전적인 순종(갈 3:10)을 인간이 하지 못하므로 율법은 인간에게 생명을 줄 수 없다(갈 3:21). 오히려 죽음을 준다(롬 7:9-10)고 말한다. 그러나 새 언약/성령은 인간에게 생명을 준다(롬 8:2). 예수 그리스도를 믿는 모든 자에게 주시는 하나님의 성령은 인간의 내부에서 역사하여 인간을 안으로부터 변화시켜 주의 영광을 나타내게 한다(고후 3:18).

어떤 학자들은 바울은 다메섹 경험을 한 이후에도 여전히 유대인이었다고 말한다. 그가 경험한 것은 개종(conversion)에 해당하는 경험이 아니고 그의 경험은 단순한 소명(calling) 사건에 불과하다고 말한다. 마치 구약성경의 선지자들이 하나님으로부터 소명을 받기 전과 받은 후에 그의 종교가 바뀌는 것이 아닌 것처럼 바울의 다메섹 경험도 그런 소명 사건에 불과하다고 말한다.[38] 과연 그럴까? 바울이 옛 언약/율법은 인간에게 구원을 줄 수 없다고 단언하며, 인간을 죽음으로 인도한다고 말할 때 그는 이미 유대교의 테두리를 넘어갔다. 그의 이러한 주장은 유대인으로서는 할 수 없는 주장이며, 율법을 지키는 유대인이 들었을 때에는 도저히 용납할 수 없는 배교적 언행으로 밖에 볼 수 없었을 것이다. 이런 점에서 바울은 이미 3장에서 그의 적대자들인 거짓사도들과의 논쟁을 시작하고 있으며, 10-13장에서의 그의 어조와 비교했을 때 절대로 그것에 뒤지지 않는 강력한 어조로 이미 논쟁을 하고 있다고 보인다.

---

38) 이에 관한 보다 더 자세한 논의는 김철홍, "헬라 세계에서 바울의 선교 활동과 그의 청중들의 개종," 『복음과 선교: 이광순 박사 회갑기념 논문집』(서울: 미션아카데미, 2006), 43-110을 보라.

VI. 새 언약의 영광(3:7-18)

7절_ 돌에 써서 새긴 죽게 하는 율법 조문의 직분도 영광이 있어 이스라엘 자손들은 모세의 얼굴의 없어질 영광 때문에도 그 얼굴을 주목하지 못하였거든

고린도후서 3장 7-16절은 출애굽기 34장 29-35절의 미드라쉬(midrash-성경해설)로 볼 수 있다. 출애굽기에 보면 모세가 시내산에서 십계명을 받고 내려왔을 때 그의 얼굴에서 빛이 났다. 이 빛은 하나님의 영광을 나타냈다. 아론과 온 이스라엘 자손이 모세를 볼 때에 그의 얼굴에 나타난 하나님의 영광의 빛 때문에 그 얼굴을 주목하지 못하였다. 바울은 여기서 그 빛은 영원히 있을 광채가 아니라 "없어질 빛/영광"이라고 말한다. 옛 언약/율법에 하나님의 영광이 나타나 있었지만 그 영광은 영원한 영광이 아니었다. 언젠가는 사라져 없어지는 영광이었다. 이 말은 옛 언약/율법에는 유효기간이 정해져 있었다는 뜻이다(고후 3:11, "없어질 것도 영광으로 말미암았은즉").

율법에는 유효기간이 정해서 있다는 점에 관해서 갈라디아서 3장 24-25절이 매우 분명하게 말하고 있다. 바울은 율법을 "초등교사"에 비유한다. 로마시대의 초등교사(παιδαγωγός, '파이다고고스,' supervisory guardian)는 가장을 대신해서 남자 아이를 훈육할 권한이 위임된 노예를 가리킨다. 아이가 어렸을 때에는 파이다고고스에게 순종해야 한다. 그러나 아이가 성장하여 성인이 되고 아버지가 그를 상속자로 지명하게 되면 초등교사와 어린아이의 관계는 역전된다. 아이는 그 가정의 상속자로서 초등교사의 주인이 된다. 이제 아들은 더 이상(οὐκέτι) 초등교사의 가르침 아래 묶여 있지 않게 되며, 반대로 초등교사는 그 집 아들에게 복종해야 한다. 이

비유의 핵심은 초등교사가 영원히 유효한 직분이 아니고 유효기간이 정해져 있는 것처럼 율법도 영원히 유효한 것이 아니라 유효기간이 처음부터 정해져 있었다는 뜻이다. 그 유효기간은 믿음이 올 때까지다. 그래서 "믿음이 온 후로는 우리가 초등교사 아래에 있지 아니하도다"(갈 4:25)고 말하는 것이다. 로마서 7장 1-4절도 이런 맥락에서 읽어야 한다. 마치 남편이 있는 여인이 남편이 살아있는 동안에 그에게 매인 바 되나 남편이 죽으면 남편으로부터 풀려나는 것처럼 유대기독교인들은 더 이상 율법에 매인 바 되지 않는다. 왜냐하면 남편 즉, 율법이 죽었기/유효기간이 끝났기 때문이다.

여기에서 바울은 옛 언약의 직분을 "죽게 하는 율법 조문의 직분"이라고 말한다. 옛 언약에 따른 각종의 직분들, 예를 들면 옛성전의 제사장, 레위인, 회당의 서기관, 랍비 등의 모든 직분들은 결국 인간을 죽음으로 인도하는 직분이라고 바울은 말한다. 이것은 자신이 과거에 받은 바리새인으로서의 모든 교육을 부정하는 것이며, 현재의 유대교의 종교 제도 전체를 부정하는 말이다. 율법은 우리가 거룩하신 하나님의 뜻이 무엇인지를 알 수 있게 해준다. 하지만 그 율법에 관한 지식이 인간을 구원하지는 못한다. 율법이 우리에게 무엇이 죄고 무엇이 죄가 아닌지를 알려주지만 율법이 결코 우리에게 죄를 이길 수 있는 능력을 주지 못하기 때문이다. 우리가 율법을 다 지키지 못하므로 율법은 결국 우리를 죽음에 이르게 한다. 율법은 우리가 하나님의 뜻대로 살게 하는 능력을 주지 않는다(롬 7:7-23). 그러나 하나님의 영은 그렇지 않다. 하나님의 성령을 인간 내부에서 역사하시어 그의 백성들이 율법이 요구하는 모든 것을 다 지켜 행할 수 있는 능력이 되신다.

8절_ 하물며 영의 직분은 더욱 영광이 있지 아니하겠느냐

"죽게 하는 율법 조문의 직분"(7절)에서도 영광은 어차피 없어질 영광이다. 물론 유대교 문서에서는 아담이 잃어버린 영광이 모세의 얼굴에 나타났다고 보고, 그 영광은 영원히 지속된다고 말하는 문서들도 있다.[39] 하지만 바울은 이러한 유대교 전승을 부정한다. 반대로 새 언약의 직분인 "영의 직분"에는 더욱 더 큰 영광이 있다는 것은 말한다. 여기에서 "직분"으로 번역된 헬라어 단어 '디아코니아'(διακονία)는 '목회' 혹은 '사역'으로 번역하는 것이 더 좋다. 바울이 "이전에 유대교에 있을 때에"(갈 1:13) 열심당 신학에 심취한 바리새인으로서 한 사역과 바울이 현재 하고 그리스도의 사도로서 하고 있는 목회 사역을 그 스스로 비교하는 것으로 볼 수도 있다. 그러나 여기에서 바울이 의도하고 있는 더 중요한 포인트는 자신의 사역과 거짓사도들의 사역을 비교하고 있는 것이다. 그들이 지금 하고 있는 일들은 성도들을 죽음으로 인도하는 것이지만(고후 3:7) 자신의 사역은 성도들을 생명으로 인도한다(고후 3:6). 왜냐하면 자신의 사역은 성령의 사역이기 때문이다.

9절 _ 정죄의 직분도 영광이 있은즉 의의 직분은 영광이 더욱 넘치리라

바울은 계속해서 옛 언약과 새 언약을 대조한다. 옛 언약의 직분은 사람을 "정죄"하는 직분이라는 말은 바울의 율법이해를 단적으로 보여준다. 율법은 인간을 죄인으로 유죄 판결하는 것 이상의 역할을 할 수 없다(롬 3:20, "그러므로 율법의 행위로 그의 앞에 의롭다 하심을 얻을 육체가 없나니 율법으로는 죄를 깨달음이니라"). 최후의 심판대에서 율법은 우리를 고발하고 우리를 정죄하는

39) 이에 관한 자세한 정보는 V. P. Furnish, *II Corinthians: Translated with Introductory Notes and Commentary* (Anchor Bible 32A; Garden City: Doubleday, 1984), 227을 보라.

역할을 하게 된다(롬 2:12-16). 로마서 5장 12-21절의 내용도 역시 이 점을 확인해준다. 죄와 율법은 우리에게 정죄와 죽음을 가져온다. 하지만 "한 범죄로 많은 사람이 정죄에 이른 것 같이 한 의로운 행위로 말미암아 많은 사람이 의롭다 하심을 받아 생명에"(롬 5:18) 이르게 된다. 아담의 타락으로 인해서 아담은 다스리는 왕의 지위(창 1:28; 시 8:5-6)를 잃어버렸다. 그 결과 죄의 세력이 "왕 노릇"(롬 5:21)을 하게 되었다. 하지만 하나님의 명령에 불순종한 아담과는 달리 예수 그리스도께서 십자가에서 죽기까지 하나님의 뜻에 복종하심으로(빌 2:8) 인간의 모든 죄에 대한 형벌을 대신 받으셨고, 그 결과 이제 죄와 죽음의 지배가 끝나고 은혜와 의가 "왕 노릇" 하는(롬 5:21) 새 언약의 시대가 시작되었다. 옛 언약은 인간에게 정죄(κατάκρισις, condemnation)를 주지만 새 언약은 의(δικαιοσύνη, righteousness)를 준다. 그러므로 새 언약의 직분은 옛 언약의 직분보다 더 큰 영광/빛이 있다.

10절_ **영광되었던 것이 더 큰 영광으로 말미암아 이에 영광될 것이 없으나**

여기에서 옛 언약은 "영광되었던 것"(τὸ δεδοξασμένον)이다. 바울은 이것이 이제 영광이 되지 않는다(οὐ δεδόξασται)고 말한다. '데독사스타이'(δεδόξασται)의 시제는 완료시제고 이것은 이미 영광이 되지 않는 현재 상태를 표현한다. 영광이 끝났다는 뜻이다. 옛 언약은 "더 큰 영광으로 말미암아"(εἵνεκεν τῆς ὑπερβαλλούσης δόξης) 즉 옛 언약의 영광을 '능가하는 영광 때문에' 그 영광의 빛을 잃어버렸다. 능가하는 영광은 무엇인가? 그것은 다름 아닌 새 언약이 갖고 있는 영광이다. 마치 해가 뜨면 달의 빛을 능가하는 해의 빛 때문에 달의 빛은 더 이상 빛으로 보이지 않게 되듯이 새 언약이 맺어짐으로 옛 언약의 영광은 새 언약의 영광 속에 가려져 더 이상 영광으로 보이지 않게 되었다. 고린도후서 4장 6절, "어두운 데에 빛이 비치라 말씀하셨던 그 하나님께서 예수 그리스도의 얼굴에 있는 하나님의 영광을 아는 빛을 우리 마음에 비추셨느니라"는 말씀은 "그리스도의 얼굴에" "하나님의 영광"이 나타났고 그 영광을 인간이 타고난 자연적 능력으로 알아볼 수 없지만 하나님이 "우리 마음에" 그 영광을 알아볼 수 있도록 "빛을" "비추어" 주셨기 때문에 알아볼 수 있게 되었다고 말한다. 물론 이 구절은 바울의 다메섹 경험을 반영하는 내용이기도 하다. 중요한 것은 지금 10절에서 바울이 고린도후서 4장 6절에서 예수 그리스도의 얼굴에 나타난 하나님의 영광을 말하고 있고, 그 영광의 빛이 모세의 얼굴에 나타난 하나님의 영광의 빛을 무색하게 만들었다는 뉘앙스로 말하는 것이다.

11절_ 없어질 것도 영광으로 말미암았은즉 길이 있을 것은 더욱 영광 가운데 있느니라

바울이 여기서 옛 언약을 "없어질 것"(τὸ καταργούμενον)이라고 부르는 것은 의미심장하다. 유대인들은 율법과 시내산 언약이 영원한 것이라고 생각하지만 바울은 단호하게 옛 언약과 율법은 결코 영원하지 않다고 말한다. 그것은 없어질 것이다. 반면에 새 언약은 영광 가운데(ἐν δόξῃ) 길이 남아 있는 것(τὸ μένον)이다. 3-11절에서 바울이 옛 언약과 새 언약에 말한 것을 대조하기 위해 표로 만들면 아래와 같다.

옛 언약	새 언약
먹으로 쓴 것 (3절)	하나님의 영으로 쓴 것 (3절)
돌 판에 쓴 것 (3절)	육의 마음 판에 쓴 것 (3절)
죽이는 것이요 (6절)	살리는 것 (6절)

정죄의 직분 (9절)	의의 직분 (9절)
영광되었던 것 (10절)	더 큰 영광 (10절)
없어질 것 (11절)	길이 있을 것 (11절)

일대일 대칭으로 바울은 반복해서 옛 언약과 새 언약을 대조하고 있고, 이 대조는 곧 오늘 날 우리에게는 유대교와 기독교의 대조이기도 하고, 또 그 당시 바울에게는 자신과 거짓사도들 사이의 대조이기도 하다. 바울이 옛 언약을 없어질 것으로 말하는 것은 그가 더 이상 자신을 유대인으로 보지 않았다는 증거다. 갈라디아서 1장 13절에서 “내가 이전에 유대교에(ποτε ἐν τῷ Ἰουδαϊσμῷ) 있을 때에”라고 말하는 것은 자신이 이미 유대교 밖에 있다는 그의 자의식(self-understanding)이 반영된 것이다. 고린도전서 9장 20절, “유대인들에게 내가 유대인과 같이 된 것”은 바울이 자신을 더 이상 유대인으로 보지 않기 때문에 할 수 있는 말이다. 고린도전서 9:20의 “유대인들을 얻고자 함이요”(ἵνα Ἰουδαίους κερδήσω)는 그가 유대인들을 적극적으로 복음으로 개종하려고 노력하였음을 보여준다. 같은 절의 “내가 율법 아래에 있지 아니하나”(μὴ ὢν αὐτὸς ὑπὸ νόμον)는 유대인의 관점에서 본다면 이미 유대교를 떠난 배교자의 언명이다. 로마서 10장 4절의 “그리스도는 모든 믿는 자에게 의를 이루기 위하여 율법의 마침이 되시니라” 역시, 마침(τέλος)을 ‘성취’(fulfillment), ‘종식’(termination), ‘목적’(purpose) 중 그 어떤 것으로 해석하든 상관없이 유대인으로서 할 수 있는 말이 아니다. 로마서 14장 14절, “무엇이든지 스스로 속된 것이 없으되 다만 속되게 여기는 그 사람에게는 속되니라” 등의 주장도 바리새주의를 따르는 유대교인으로서 할 수 있는 말이 아니다. 이런 모든 정황은 바울이 다메섹 경험을 통해 오늘 날 우리가 소위 “개종”이라고 부르는 경험에 해당하는 경험을 하여 A종교에서 B종교로 이동하는 것에 해

당하는 변화를 경험하였다는 것을 가리킨다. 물론 그 당시에는 기독교가 유대교로부터 완전히 분리된 종교로 있었던 것이 아니므로 기독교로 개종했다고 말한다면 그것은 시대착오적인(anachronistic) 오류를 범하는 것이다. 하지만 우리는 최소한 바울이 유대교에서 복음으로 개종했다고 말할 수는 있다.

12절_우리가 이 같은 소망이 있으므로 담대히 말하노니

"이 같은 소망"은 새 언약의 소망이다. 바울은 새 언약의 일꾼이고 그는 새 언약이 주는 의와 성령의 소망을 갖고 있다. 그래서 그는 담대하게(παρρησίᾳ) 말한다. '파레시아'(παρρησία)는 '판'(πᾶν, 모든)+'레시스'(ῥῆσις, 말하기)가 합쳐져서 만들어진 단어다.[40] 말 그대로 '모든 것을 다 말하는 것'이란 뜻이다. 이 단어는 아무런 두려움이나 거리낌 없이 솔직하게 아무 것도 감추지 않고 다 말하는 올곧은 솔직함을 나타낸다. 지금 바울은 참으로 거침없이 옛 언약과 새 언약에 대해 말하고 있다. 참으로 대담하고 거침없는 용기 있는 자세 없이는 유대인으로서 시내산 언약에 대해 위와 같이 말하는 것은 불가능하다. 바울은 고린도후서 7장 4절에서도 "나는 너희를 향하여 담대한 것도 많고(πολλή … παρρησία) 너희를 위하여 자랑하는 것도 많으니"에서 이 담대함을 언급하고 있고, 빌레몬서 8절에서도 "이러므로 내가 그리스도 안에서 아주 담대하게(πολλὴν … παρρησίαν) 네게 마땅한 일로 명할 수도 있으나"에서도 이 담대함을 언급한다. 바울이 이렇게 담대함을 갖고 있는 것은 그가 하나님으로부터 받은 메시지가 있기 때문이다. 하나님께로부터 전할 말씀을 받은 선지자는 청중들의 반응을 두려워하지 않고 담대하게 그 말씀을 전할 수 있어야 한다. 예레미야를 향해 하나

40) Harris, *Second Epistle*, 295.

님은 "그러므로 너는 네 허리를 동이고 일어나 내가 네게 명령한 바를 다 그들에게 말하라 그들 때문에 두려워하지 말라 네가 그들 앞에서 두려움을 당하지 않게 하리라 보라 내가 오늘 너를 그 온 땅과 유다 왕들과 그 지도자들과 그 제사장들과 그 땅 백성 앞에 견고한 성읍, 쇠기둥, 놋성벽이 되게 하였은즉"(렘 1:17-18)이라고 말씀하신다. 하나님은 예레미야를 지키시듯 바울을 지켜주시고(갈 1:15) 담대하게 복음을 외칠 수 있도록 하신다. 바울이 이렇게 자신의 담대함, 솔직함에 대해 말하는 것은 13절에서 모세가 솔직하게 행동하지 못한 것과 자신의 솔직함을 비교하기 위해서다.

13절_우리는 모세가 이스라엘 자손들에게 장차 없어질 것의 결국을 주목하지 못하게 하려고 수건을 그 얼굴에 쓴 것 같이 아니하노라

출애굽기 34장 34-35절을 보면 모세가 백성들을 만날 때 얼굴에 수건("너울")을 썼다 (출 34:34-35, "그러나 모세가 여호와 앞에 들어가서 함께 말할 때에는 나오기까지 수건을 벗고 있다가 나와서는 그 명령하신 일을 이스라엘 자손에게 전하며 이스라엘 자손이 모세의 얼굴의 광채를 보므로 모세가 여호와께 말하러 들어가기까지 다시 수건으로 자기 얼굴을 가렸더라"). 출애굽기에서 모세가 얼굴을 수건으로 가린 것은 백성들이 그의 얼굴에서 나오는 광채를 보고 두려워했기 때문이다. 자신의 얼굴에서 이미 빛이 사라진 것을 백성들에게 감추기 위해서 그렇게 한 것이라는 설명은 출애굽기에 물론 나오지 않는다. 바울이 이렇게 구약성경에 없는 말을 하는 것은 일견 이상하게 보일 수 있다. 하지만 이것은 당대의 랍비들이 구약성경을 설명하는 미드라쉬(Midrash)에서 종종 나타나는 현상이며 바울이 그의 대적과 논쟁하기 위해서 충분히 동원할 수 있는 방법이다.

모세가 감춘 것은 “장차 없어질 것의”(τοῦ καταργουμένου) “결국/결말”(τὸ τέλος, the end)이다. “주목하다”(ἀτενίσαι)는 ‘한참동안 시선을 고정하여 주목하다’는 뜻이다. 모세가 수건으로 얼굴을 가린 이유는 백성들이 계속해서 모세의 얼굴을 주목하면 이제 곧 그의 얼굴에서 광채가 사라져버리는 것을 알게 되어 실망하게 될까봐 그것을 감추기 위해 가린 것이라고 바울은 설명한다. 모세는 바울처럼 “담대하지”(παρρησίᾳ) 못했다. 솔직하지 못했다. 바울은 자신은 그런 짓은 하지 않는다고 말한다. 지금 이 내용은 겉으로 보기에는 바울이 모세를 비판하는 것처럼 보인다. 하지만 바울의 비판의 칼끝이 겨누고 있는 것은 사실 모세가 아니라 거짓사도들이다. 그들이야 말로 이미 예수 그리스도의 십자가 죽음과 부활로 인해 옛 언약의 영광이 끝났다는 것을 감추려고 노력하는 사람들이다. 그들은 고린도 성도들에게 이미 사라져 버린 율법의 영광을 마치 계속 있는 것처럼 말하며 사람들을 속인다. 하지만 바울은 “담대히”(12절), 율법의 영광이 없어진 것을 공개적으로 주장한다.

14절_그러나 그들의 마음이 완고하여 오늘까지도 구약을 읽을 때에 그 수건이 벗겨지지 아니하고 있으니 그 수건은 그리스도 안에서 없어질 것이라

‘포로오’(πωρόω) 동사는 건물을 지을 때 오늘 날의 시멘트의 역할을 하는 대리석인 ‘포로스’(πῶρος)에서 유래한 말이다. 이 동사는 시멘트 반죽이 딱딱해지듯이 그렇게 단단하게 변하는 것을 묘사한다. “그들의 마음이 단단해졌다”에서 단단해지다는 수동태고 이 때 의미상의 동작의 주어는 하나님이시다. 하나님이 그들의 마음을 단단하게 하셨다(사 6:9-10; 신 29:4). ‘아나그노시스’(ἀνάγνωσις)는 회당에서 성경을 낭독하는 것을 가리킨다. 그들의 마음이 단단한 이유는 회당에서 옛 언약의(τῆς παλαιᾶς διαθήκης) 낭독을 할 때(ἐπὶ τῇ ἀναγνώσει) 그 수건이 벗겨지지 않고(μὴ ἀνακαλυπτόμενον) 그대로 남아있기(μένει) 때문이다. 모세의 얼굴에 있는 그 수건이 지금도 그대로 있어서 이미 사라진 옛 언약의 영광이 여전히 있는 것처럼 사람들을 속이고 있다. 여기에서 바울은 "구약/옛 언약"(ἡ παλαιὰ διαθήκη)이란 말을 사용하고 있다. 그가 시내산 언약을 옛 언약이라고 부른 것은 유대교의 경계선을 넘어가는 행동이었다. 바울은 14절에서 옛 언약의 때에 일어난 사건의 이야기에서 이동해서 바울 당시의 상황에 관해 말한다. 모세의 얼굴에 있던 그 수건이 여전히 지금도 제거되지 않았다. 그래서 이스라엘 백성들은 이미 하나님의 영광이 옛 언약을 떠난 것을 보지 못한다. 여기에서 바울은 당시 회당의 서기관들과 유대인 지도자들을 비판하고 있다. 그들 곧 옛 언약의 직분을 가진 자들이 모세의 때와 마찬가지로 사람들이 현실을 보지 못하게 막고 있다. 지금 고린도교회 안에서 이런 역할을 하는 사람들은 바로 거짓사도들이다. 그들은 바울처럼 솔직하고 담대하게 말하지 않는다. 그들은 사람들을 속이고 있다. 13절의 "장차 없어질 것의"(τοῦ καταργουμένου) "결국/결말/종식"(τὸ τέλος, the end)을 속이고 있다.

15절_오늘까지 모세의 글을 읽을 때에 수건이 그 마음을 덮었도다

"모세의 글을 읽을 때"는 유대인들의 회당 예배를 그 배경으로 한 말이다. 여기에서 바울은 모세의 얼굴을 덮은 수건에서 전환하여 사람들의 마음을 덮고 있는 수건에 대해 말한다. 오늘 날 회당에서 "모세의 글" 즉 율법을 듣고 배우는 사람들의 마음에는 수건이 덮여져 있다. 그래서 그들은 마음이 가려져 있기 때문에 그들의 눈으로 그리스도에게 나타난 하나님의 영광(고후 4:6)을 보지 못한다. 바울이 회당에 들어가서 복음을 선포하여도 모세처럼 옛 언약의 직분을 맡은 사람들이 옛 언약의 영광이 사라진 것을 감추려고 하기 때문에 그래서 유대인들의 마음에 수건이 덮여 있기 때문에 그들이 복음을 들어도 쉽게 깨닫지 못한다.

16절_그러나 언제든지 주께로 돌아가면 그 수건이 벗겨지리라

3장에서 바울이 말하는 모든 것은 유대교에 대한 강력한 비판이다. 바울은 유대인들이 "주께로 돌아가면(ἐπιστρέψῃ)" 그 수건이 없어진다고 말한다. '에피스트레포'(ἐπιστρέφω, 돌아서다, to turn)동사는 개종을 나타내는 동사다. 주께로 돌아선다는 것은 복음을 받아들이고 유대교에서 복음으로 개종한다는 말이다. 그러면 그 때 그들의 마음을 덮고 있는 수건이 벗겨져 예수 그리스도에게 나타난 하나님의 영광을 볼 수 있다. 모세의 얼굴에 덮인 수건, 혹은 유대인들의 마음에 덮인 수건은 모두 유대인들의 마음이 단단하고 완고함을 나타낸다.

얼굴에서 혹은 마음에서 수건이 벗겨진다는 바울의 말은 이사야 25장 6-8절을 생각나게 한다. 이사야 25장 6-8절에서 이사야는 이렇게 예언한다. "만군의 여호와께서 이 산에서 만민을 위하여 기름진 것과 오래 저장하였던 포도주로 연회를 베푸시리니 곧 골수가 가득한 기름진 것과 오래 저장하였던 맑은 포도주로 하실 것이며 **또 이 산에서 모든 민족의 얼굴을 가린 가리개와 열방 위에 덮인 덮개를 제하시며** 사망을 영원히 멸하실 것이라 주 여호와께서 모든 얼굴에서 눈물을 씻기시며 자기 백성의 수치를 온 천하에서 제하시리라 여호와께서 이같이 말씀하셨느니라." 이사야는 마지막 때에 하나님이 시온산에 모든 민족을 모으시고 잔치를 베푸시는 그림을 우리에게 보여준다. 그 때 하나님이 모든 민족의 얼굴에 덮인 수건을 다 제거하신다. 그 수건은 시체를 덮고 있는 수건이

다. 하나님이 그 수건을 제거하신다는 말은 죽음을 제거하신다는 뜻이며, 이것은 죽은 자를 다시 살리시는 부활에 대한 약속이다. 하나님은 종말의 때에 죽음 자체를 없애신다. 하나님이 죽음을 폐지하는 것을 그의 백성의 수치를 없애는 것이라고 이사야는 말한다. 왜냐하면 인간은 처음부터 죽음을 경험할 존재로 창조된 것이 아니라, 하나님과 영원히 사는 존재로 창조하신 것이 하나님의 의도이기 때문이다. 고린도전서 15장 54절, "**사망을 삼키고 이기리라**고 기록된 말씀이 이루어지리라"와 15장 57절, "우리 주 예수 그리스도로 말미암아 **우리에게 승리를 주시는 하나님**께 감사하노니" 그리고 고린도후서 5장 4절, "죽을 것이 생명에 삼킨 바 되게 하려 함이라"등은 모두 이사야 25장 8절, "**사망을 영원히 멸하실 것이라**"의 내용을 히브리어 혹은 헬라어 본문 그대로 반영하고 있다.

바울은 자신이 이방인들에게 복음을 선포하여 그들이 그리스도를 받아들일 때에 이사야 25장 6-8절의 예언이 이루어지는 것을 경험했다. 그들이 복음을 받아들이는 것은 그들이 종말의 때에 부활하게 된다는 것이다. 마음의 수건이 벗겨지는 것은 곧 시체를 덮은 수건을 하나님이 벗기고 그 죽은 자를 다시 살리신다는 것이다. 이렇게 해서 이사야 25장 6-8절의 예언이 성취된다.

17절_주는 영이시니 주의 영이 계신 곳에는 자유가 있느니라

하나님이 그리스도를 통해서 세우신 새 언약의 핵심은 성령이다. 예수 그리스도는 하늘로 승천하신 뒤에 하나님의 성령으로 다시 그의 성도들을 찾아오셨다(엡 4:9, "올라가셨다 하였은즉 땅 아래 낮은 곳으로 내리셨던 것이 아니면 무엇이냐").[41] 바울의 구도 안에서 그리스도, 새 언약, 성령은 같은 범주에 속해 있다. 이 세

41) Lincoln, *Ephesians*, 244-47.

가지가 속한 그 범주 안에는 자유가 있다. 그 자유는 율법으로부터의 자유고 죄와 죽음의 세력으로부터의 자유다. 죽음으로부터의 자유는 곧 부활이고 영생이다.

18절_우리가 다 수건을 벗은 얼굴로 거울을 보는 것 같이 주의 영광을 보매 그와 같은 형상으로 변화하여 영광에서 영광에 이르니 곧 주의 영으로 말미암음이니라

하나님께서 우리의 마음에 덮여 있는 수건을 다 벗겨주셨기 때문에 이제 우리는 수건을 벗은 얼굴로 "주의 영광" 즉 그리스도에게 나타난 하나님의 영광을 본다. '카토프트리조'(κατοπτρίζω) 동사는 '거울로 보는 것처럼 보다'(to look at as in a mirror)는 뜻이다. 유대인들은 수건이 그 마음과 얼굴을 가리고 있기 때문에 뚜렷이 볼 수 없다. 하지만 예수 안에 있는 자들은 똑똑히 보게 된다는 뜻으로 보인다. 하지만 오늘 날에는 거울과 달리 당시의 거울은 그 형상이 뚜렷하게 나타나지 않으므로 희미하게 본다는 뜻일 가능성도 있다. 어느 쪽이건 바울은 우리가 그리스도의 얼굴에 나타난 주의 영광을 본다고 말한다. 그리고 우리가 주의 영광을 보기 시작하면 단지 그것으로 끝나는 것이 아니라 점점 "그와 같은 형상으로" 변화된다. 그런데 그 변화는 주의 능력으로 말미암아 가능하게 되는 것이며, 주는 곧 성령이시다. 주의 능력으로 점점 그리스도의 영광의 형상으로 우리가 변화하면 우리는 결국 "영광에서 영광에 이르게" 되어, 하나님의 영광으로 들어가게 된다.

이 말은 우리가 이 땅에서 경험하는 '영적 부활'에 관해서 말하는 것이면서 동시에 우리가 종말의 때에 경험한 '몸의 부활'을 동시에 말하는 것이다. 우리가 이 땅에서 성령의 능력으로 변화를 받아 그리스도를 닮아가서 그리스도의 모습으로 변화된다. 그러나

우리가 완전히 그리스도의 형상을 닮은 사람이 되는 것은 부활의 때다. 빌립보서 3장 21절, "그는 만물을 자기에게 복종하게 하실 수 있는 자의 역사로 우리의 낮은 몸을 자기 영광의 몸의 형체와 같이 변하게 하시리라"는 우리가 미래에 입을 부활의 몸이 그리스도의 "영광의 몸의 형체"라고 말한다. 성도들은 로마서 8장 21절에 기록된 대로 "하나님의 자녀들의 영광의 자유에" 이르게 된다. 그 영광은 빛이다. 고린도전서 15장 43절, "욕된 것으로 심고 영광스러운 것으로 다시 살아나며" 역시 우리가 입을 부활의 몸이 영광의 몸, 즉 부활하신 그리스도가 그랬던 것처럼 하나님의 영광으로 빛나는 몸을 입게 될 것을 말한다. 영광의 몸을 가진 존재로 부활하게 될 때에 성도들은 하나님의 영광 속으로 영원히 들어가게 된다.

본문 해설 III

질그릇과 같은 바울

(4:1-5:10)

질그릇과 같은 바울

4:1-5:10

VII. 질그릇 속에 담긴 보물 4:1-15

1절_ 그러므로 우리가 이 직분을 받아 긍휼하심을 입은 대로 낙심하지 아니하고

고린도후서 4장 1-6절의 내용은 2장 14-17절의 내용과 내적으로 연결되어 있고, 3장 7-18절의 내용과도 연결되어 있다. 여기에서도 바울은 여전히 자신과 그의 적대자들의 사역을 새 언약과 옛 언약을 대조하는 관점에서 비교한다.

바울은 하나님의 자비를 받아서(ἠλεήθημεν) 이 직분("새 언약의 직분")을 자신이 갖고 있기 때문에(ἔχοντες) 결코 낙심하지 않는다(οὐκ ἐγκακοῦμεν). 바울은 자신이 사도가 된 것은 하나님의 은혜(χάρις) 때문이라고 본다(참고, 딤전 1:12-13, 16; 행 9:15). 고린도전서 15장 9-10절에서 바울은 이렇게 말한다. "나는 사도 중에 가장 작은 자라 나는 하나님의 교회를 박해하였으므로 사도라 칭함 받기를 감당하지 못할 자(οὐκ εἰμὶ ἱκανός, "사도로 불릴 자격이 없

다")니라 그러나 내가 나 된 것은 **하나님의 은혜**(χάρις)**로 된 것이니 내게 주신 그의 은혜**가 헛되지 아니하여 내가 모든 사도보다 더 많이 수고하였으나 내가 한 것이 아니요 오직 나와 함께 하신 **하나님의 은혜**(χάρις)로라" 자신의 사도권을 하나님의 은혜로 보는 것은 곧 다메섹 경험을 은혜의 경험으로 보는 것이다. 갈라디아서 1장 15절, "그러나 내 어머니의 태로부터 나를 택정하시고 **그의 은혜로 나를 부르신** 이가"와 로마서 15장 15-16절, "그러나 내가 너희로 다시 생각나게 하려고 하나님께서 **내게 주신 은혜로 말미암아** 더욱 담대히 대략 너희에게 썼노니 **이 은혜는** 곧 나로 이방인을 위하여 그리스도 예수의 일꾼이 되어"는 바로 그 점을 보여준다. 바울은 이와 같이 자신의 다메섹 체험과 사도적 소명에 대해 말할 때 "은혜"를 언급한다. 고린도후서 4장 1절에서 바울이 "자비"를 언급하는 것은 똑같은 맥락으로 보인다. 바울이 새 언약의 직분을 맡게 된 것은 하나님의 은혜/자비에 의한 것이다.

바울은 그의 소명이 하나님의 "자비로" 주어졌으므로 그가 소명을 행하는 과정에서 일어나는 각종의 어려움 때문에 낙심하지 않는다(οὐκ ἐγκακοῦμεν). '엥카케오'(ἐγκακέω) 동사는 형용사 '카코스'(κακός)에서 파생된 동사로 '지치다'(to become weary, 갈 6:9; 살후 3:13), '낙심하다'(to lose heart, 고후 4:16; 엡 3:13)의 뜻이 있다.[42] 이 새 언약의 직분은 오직 하나님의 자비하심으로 주어진 것이므로 그 일로 인해 불평하거나 괴로워하지 않는다.

목회자의 직분뿐만 아니라 모든 교회의 직분들은 다 새 언약의 직분이다. 하나님이 나에게 이 직분들을 주신 것은 하나님의 은혜와 자비다. 나의 도움이 없이도 하나님은 새 언약의 모든 약속을 성취해 나가실 수 있다. 하지만 아무런 자격도 없는 나에게 이 직

42) Harris, *Second Epistle*, 323.

분을 맡기신 것은 하나님의 위대한 구원의 역사에 내가 참여할 수 있는 기회를 주신 것이다. 그래서 새 언약의 직분은 나에게 주어진 무거운 짐이 아니라 특권이다. 그 일을 할 수 있는 특별한 권리를 나에게 주신 것이다.

2절 _ 이에 숨은 부끄러움의 일을 버리고 속임으로 행하지 아니하며 하나님의 말씀을 혼잡하게 하지 아니하고 오직 진리를 나타냄으로 하나님 앞에서 각 사람의 양심에 대하여 스스로 추천하노라

여기에서 바울은 자신을 방어하면서도 적대자들을 공격적으로 비판하고 있다. 2절의 부정적인 뉘앙스의 단어들은 모두 바울을 향한 공격에 사용되었고, 바울이 지금 그 단어들을 이용해 자신을 변호하거나 아니면 역으로 적대자들을 공격하는 것으로 볼 수 있다. 바울은 "숨은 부끄러움의 일"(τά κρυπτὰ τῆς αἰσχύνης)을 거부했다(ἀπειπάμεθα). '타 크립타'(τά κρυπτὰ)는 감추어진 비밀, 숨어서 하는 행동 등의 뜻이며, '아이스퀴네'(αἰσχύνη)는 수치, 수치스러운 행동의 뜻이다. 바울은 수치스러운 행동을 숨어서 하는 것을 거부했다. "속임으로(ἐν πανουργίᾳ) 행하지 아니하며"에서 '파누르기아'(πανουργία)는 누가복음 20장 23절, "예수께서 그 **간계**를 아시고 이르시되," 고린도전서 3장 19절, "자기 꾀에 빠지게 하시는 이," 고린도후서 11장 3절, "뱀이 그 **간계**로 하와를 미혹한 것 같이," 에베소서 4장 14절, "사람의 속임수와 간사한 유혹에 빠져" 등에서 나오며 모두 "교묘한 계략"으로 속이는 행동과 연결되어 나타난다.

바울은 "하나님의 말씀을 혼잡하게 하지(δολοῦντες)" 않는다. 동사 '돌로오'(δολόω)는 명사 '돌로스'(δόλος, 낚시의 미끼, 계략)의 파생어로 '속이다'라는 기본적이 뜻이 있고 특별히 금속이나 포도주 등을 목적어로 사용하면 '불순물을 섞어 속이다(adulterate)'는 뜻이

있다. 고린도후서 2장 17절에서 사용된 '카펠류오'(καπηλεύω)와 같은 뜻이다. 하나님이 주신 메시지에 다른 것을 섞지 않고 그대로 전했다는 것은 바울이 자신을 참선지자 혹은 참 사도로 주장하는 것이다. 거짓선지자는 하나님이 주신 메시지가 아닌 자신의 생각을 하나님이 주신 메시지라고 가르친다(사 9:15-16; 렘 14:14; 15:19; 23:21, 32; 29:32; 44:26). 그러므로 바울은 여기서 자신을 참 사도로 그의 적대자들을 거짓사도로 고발하는 것이다.

그를 대적하는 사람들은 위와 같은 일을 하였으나 바울은 "오직 진리를 나타냄으로(τῇ φανερώσει)" 행동했다. '파네로시스'(φανέρωσις)는 공개적인 선포, 분명하고 솔직하며 감추는 것 없이 완전히 다 드러내어 보여주는 것이다. "숨은 부끄러움의 일"(τὰ κρυπτὰ τῆς αἰσχύνης), "속임"(πανουργία), "하나님의 말씀을 혼잡하게 하는 것(δολοῦντες)" 등과 정반대의 행동을 말한다. 그러므로 바울은 "하나님 앞에서" 그리고 "모든 사람의 양심을 향하여" 자기 자신을 추천한다(συνιστάνοντες). '쉬니스테미'(συνίστημι) 동사는 3장 1절, "우리가 다시 자천하기(συνιστάνειν)를 시작하겠느냐"에서 이미 사용되었으며 자신을 추천한다는 말은 자신이야 말로 참된 추천서를 가진 참 사도라는 주장이다.

3절_만일 우리의 복음이 가리었으면 망하는 자들에게 가리어진 것이라

"우리의 복음이 가리었으면(κεκαλυμμένον)"에서 '칼륍토'(καλύπτω) 동사는 '덮다'(to cover), '숨기다'(to hide)의 뜻이다. 고린도후서 3장 14-15절에서 이미 말한 바와 같이 모든 사람들의 얼굴/가슴에서 수건이 벗겨진 건 아니다. 오직 그리스도에게로 돌아선 사람들만이 수건이 벗겨졌다(고후 3:16). 믿지 않는 사람들의 마음에는 여전히 수건이 덮여 있어서 복음이 가려져 있다("망하는 자들에게 가리어진 것이라"). 그러므로 결과적으로 보았을 때 바울이 복음을 전했음에도 불구하고 복음을 받아들이지 않은 사람들이 있는 것은 바울의 복음에 문제가 있어서 그런 것이 아니다. 구원받을 사람들은 다 알아듣는다. 유대인과 이방인을 다 포함하여 오직 망하는 자들에만 복음이 가려진 것이다.

4절_그 중에 이 세상의 신이 믿지 아니하는 자들의 마음을 혼미하게 하여 그리스도의 영광의 복음의 광채가 비치지 못하게 함이니 그리스도는 하나님의 형상이니라

"그 중에"는 3절의 "망하는 사람들 가운데"의 뜻이다. "이 세상의 신"은 사탄으로 본다. '호 떼오스 투 아이오노스 투투'(ὁ θεὸς τοῦ αἰῶνος τούτου)의 더 정확한 번역은 "이 세대의 신"이다. 바울은 역사의 시간을 "이 세대"와 "오는 세대"로 나누어 보았다. 바울은 갈라디아서 1장 4절에서 "그리스도께서 하나님 곧 우리 아버지의 뜻을 따라 이 악한 세대에서 우리를 건지시려고 우리 죄를 대속하기 위하여 자기 몸을 주셨으니"라고 말한다. "이 악한 세대"의 '세대'는 유대교의 묵시(apocalyptic) 전통에서 종종 사용되던 개념이다. 묵시문학에서 역사는 '지금의 세대'(present age)와 '다가오는 세대'(the age to come)로 나누어지며, '지금의 세대'는 '다가오는 세대'에 의해 급격하게 대체된다. 그 때에 하나님의 통치(하나님의 나라)가 이루어진다. 예수의 말씀 중 마가복음 10장 30절, "**현세에**(ἐν τῷ καιρῷ τούτῳ) 있어 집과 형제와 자매와 어머니와 자식과 전토를 백 배나 받되 박해를 겸하여 받고 **내세에**(ἐν τῷ αἰῶνι τῷ ἐρχομένῳ) 영생을 받지 못할 자가 없느니라," 마태복음 12장 32절, "또 누구든지 말로 인자를 거역하면 사하심을 얻되 누구든지 말로 성령을 거역하면 **이 세상과 오는 세상에서도**(ἐν τούτῳ τῷ αἰῶνι οὔτε ἐν τῷ μέλλοντι) 사하심을 얻지 못하리라" 등에도 이런 개념이 잘 나타나 있다. 하나님의 나라는 '이 세대'를 끝내는 '오는 세대'다.

이 세대의 신은 이 세대를 지배하는 사탄이다(엡 2:2; 요 12:31; 14:30; 16:11). 사탄은 "믿지 아니하는 자들의 마음을 혼미하게 한다(ἐτύφλωσεν)." '튀플로오'(τυφλόω)는 장님으로 만들어 앞을 못 보게 한다는 뜻이다. 고린도후서 3장 14절에서는 "그들의 마음이 완고하여"라고 해서 그들의 마음이 단단해졌다고 말한다. '포로오'(πωρόω) 동사는 시멘트 반죽이 딱딱해지듯이 그들의 마음이 그렇게 단단하게 변해서 복음에 자연스럽게 반응하지 못하게 된다는 것을 의미하는데, 여기에서 눈을 어둡게 해서 못 보게 한다는 말과 일맥상통한다. 사탄은 사람들의 마음을 장님으로 만들어 "그리스도의 영광의 복음의 광채가 비치지 못하게" 한다. 로마서 11장 8절, "기록된 바 하나님이 오늘까지 그들에게 **혼미한 심령**과 **보지 못할 눈과 듣지 못할 귀**를 주셨다 함과 같으니라"와 로마서 11장 10절의 "그들의 **눈은 흐려 보지 못하고** 그들의 등은 항상 굽게 하옵소서 하였느니라" 등의 내용과 비슷한 맥락의 말씀이다.

복음에는 그리스도의 영광이 나타나 있다. 복음은 십자가 위의 그리스도에게 하나님의 영광이 나타났다. 그것을 볼 수 있으면 된다. 그리스도의 영광을 보는 것은 복음의 광채(φωτισμός)를 보는 것이다. '포티스모스'(φωτισμός)는 태양의 빛과 같은 빛을 나타내며 비유적으로 '조명'(illumination), '깨달음'(enlightenment)의 뜻이 있다. "그리스도는 하나님의 형상이니라"(ὅς ἐστιν εἰκὼν τοῦ θεοῦ)는 골로새서 1장 15절, "그는 보이지 아니하는 하나님의 형상이시오"(ὅς ἐστιν εἰκὼν τοῦ θεοῦ τοῦ ἀοράτου)와 같은 내용이다. 빌립보서 2장 6절의 "그는 근본 하나님의 본체시나"(ὃς ἐν μορφῇ θεοῦ ὑπάρχων)와 같은 의미다. 하나님은 형체가 없는 영적인 존재라서 인간의 눈으로 볼 수 없다. 그리스도는 그 하나님을 인간에게 계시하여 주시는 분이다. 이렇게 말할 때 그리스도는 하나님과 본질상 같은 신성을 갖고 계신 분이라는 뜻이 담겨있다. 마치 원숭이가 인간을 계시할 수 없듯이, 인간이 하나님을 계시할 수도 없다. 신적인 존재는 오직 신적인 존재에 의해서만 계시될 수 있다. 그러므로 그리스도가 하나님의 형상이라는 것은 그가 평범한 인간이 아니며 신적인 존재라고 말하는 것에 다름이 아니다. 사탄은 사람들의 눈을 가려 그리스도의 나타난 하나님의 영광을 보고 그리스도가 바로 하나님과 본질상 같은 분임을 깨닫지 못하게 한다.

5절_우리는 우리를 전파하는 것이 아니라 오직 그리스도 예수의 주 되신 것과 또 예수를 위하여 우리가 너희의 종 된 것을 전파함이라

3절에서 바울은 "우리의 복음"이라는 표현을 사용한다. 그는 이 말이 오해받지 않도록 그 말의 뜻을 설명한다. "우리의 복음"은 우리 자신을 선포하는 것이 아니다. 바울이 전한 복음은 "예수 그리스도를 주님으로" 선포한다. '이에순 크리스톤 퀴리온'(Ἰησοῦν Χριστὸν κύριον)의 어순은 "예수 그리스도가 곧 주님"이시라는 것을 보여준다. 이것이 바로 복음의 핵심이다. 복음은 그리스도가 누구인지를 선포하는 것이다. 단순히 그리스도가 무엇을 하셨는지만을 말하는 것만으로는 불충분하다. 그리고 바울은 "예수를 위하여 우리가 너희의 종 된 것"도 선포한다. 바울은 항상 자신을 그리스도의 종이라고 말한다. 바울 서신에서 그가 자신을 그리스도가 아닌 다른 사람의 종이라고 말하는 곳은 오직 이곳뿐이다. 여기서 우리는 바울이 자신과 그리스도의 관계에서 뿐만 아니라 자신과 성도들과의 관계에서도 자신을 "종/노예"로 보고 있음을 알 수 있다. 물론 바울은 복음을 위해 성도들을 섬기는 것이다. 그들의 유

익을 위해 섬기는 것이며, 바울의 소유권이 성도들에게 있는 것은 아니다. 바울이 사도로서 궁극적으로 섬기는 것은 하나님과 주 예수 그리스도다.

6절_어두운 데에 빛이 비치라 말씀하셨던 그 하나님께서 예수 그리스도의 얼굴에 있는 하나님의 영광을 아는 빛을 우리 마음에 비추셨느니라

바울이 그리스도의 얼굴에 있는 하나님의 영광을 깨닫게 된 것은 그의 이성적 추론에 의한 것이 아니다. 하나님께서 그의 마음에 "빛"을 비추어 주셨기 때문이다. 여기서 바울은 그의 다메섹 사건을 염두에 두고 있다. 다메섹 계시는 바울의 마음에 하나님이 빛을 비추신 것이다. 우리가 예수에게 나타난 하나님의 영광을 알게 되는 것은 하나님이 우리 마음에 빛을 비추어 주셔서 가능한 것이다. 하나님은 우리들의 내면에 빛을 조명하여 주셔서 그 빛이 진리를 깨닫게 해주셨다. 우리는 그 빛을 성령의 조명이라고 부른다. 성령의 조명은 우리가 복음을 깨닫는 과정에서 하나님의 도움이 결정적이었다는 고백이다. 그러므로 내가 믿음을 갖게 된 것조차 하나님의 은혜다. 만약 그렇다면 우리가 구원의 문제에서 하나님 앞에 우리의 행위로 내세울 수 있는 것은 아무것도 없다. 구원은 전적으로 처음부터 끝까지 하나님의 은혜로 주어진 것이다.

하나님께서 "어두운 데에 빛이 비치라"고 말씀하셨다는 것은 창세기 1장 3-4절 혹은 이사야 9장 1-2절을 그 배경으로 한다(사 9:2, "**흑암에** 행하던 백성이 큰 빛을 보고 사망의 그늘진 땅에 거주하던 자에게 **빛이 비치도다**"). 새 언약의 사건은 천지창조에 비견할 만한 하나님의 새창조의 역사다. 그 하나님이 우리의 마음에 "빛"을 비추어주셨다(ἔλαμψεν). 그 빛은 곧 "복음의 광채"(4:4), 복음의 빛이다. 그래서 우리는 비로소 그리스도의 얼굴에 나타난 하나님

의 영광을 볼 수 있게 되었다. 바울의 복음 설교 속에서 하나님은 그의 청중들의 마음속에 바로 그 빛을 비추어주신다. 이것은 오늘날에도 마찬가지다. 아무리 설교자가 복음을 선포해도 하나님께서 그 청중 한 사람 한 사람의 마음에 빛을 비추어주시지 않으면 절대로 복음을 깨닫게 될 수 없다. 결국 설교자는 자신이 해야 할 복음 설교를 충실하게 하고 그 위에 하나님이 청중들의 마음에 빛을 비추어주셔야 개종이 일어난다. 목회자의 설교에 좌우되는 것이 아니다.

7절 _ 우리가 이 보배를 질그릇에 가졌으니 이는 심히 큰 능력은 하나님께 있고 우리에게 있지 아니함을 알게 하려 함이라

그러나 그런 영광된 복음을 전하는 바울이지만 그의 지금 모습은 노예와 같은 모습이다. 고린도전서 9장 19절에서 바울은 복음을 위해 "내가 모든 사람에게서 자유로우나 스스로 모든 사람에게 종이 되었다"라고 말한다. 이것은 과장이 아니다. 사실 작업장에서 매일 밤낮으로 노동하면서(살전 2:9) 바울은 그곳에서 함께 일하는 노예들보다 더 못한 삶의 조건 속에서 복음을 전했다.[43] 그의 겉모습을 보면 귀하고 아름다운 금그릇, 은그릇이 아니다. 흙그릇/질그릇이다. 비싼 그릇이 아니다. 진흙으로 된(ὀστράκινος) 그릇(σκεῦος)의 특징은 깨어지기 쉽다는 것이다. 약하고 그 가치도 별로 크지 않은 것이 질그릇이다. 그러나 그 질그릇 속에 바울은 "이 보배" 즉, 6절에서 말한 바로 그 빛, 4절에서 말한 복음의 빛을 갖고 있다. 이 복음의 가치는 돈으로 환산될 수 없다. 그런 엄청난 보물이 질그릇에 담겨져 있다는 것은 일종의 역설(paradox)이다.

---

43) 바울의 천막노동에 관하여 자세한 사항은 Ronald F. Hock, 『바울선교의 사회적 상황』 (서울: 대한기독교출판사, 1984)을 참고하라.

여기서 바울이 말하는 질그릇은 곧 그의 육체를 가리킨다. 그의 육체는 연약하고 깨어질 수밖에 없는(죽을 수밖에 없는) 육체다. 고린도후서 12장 7절에서 바울은 자신의 몸에 "육체의 가시"가 있다고 말한다. 그는 그것을 없애달라고 세 번이나 기도했다. 하지만 하나님은 "나에게 이르시기를 내 은혜가 네게 족하도다 이는 내 능력이 약한 데서 온전하여짐이라 하신지라"고 말씀하시면서 고쳐주지 않았다(고후 12:9). 그렇다면 하나님이 바울을 질그릇처럼 연약하게 만드신 것은 "이는 심히 큰 능력은 하나님께 있고 우리에게 있지 아니함을 알게 하려"고 일부러 그렇게 하신 것이다. 바울의 적대자들은 바울의 이런 질그릇과 같은 몸 상태를 공격의 기회로 삼았을 것으로 보인다. 아마도 그래서 자신을 방어하기 위해 육체의 가시를 언급한 것으로 보인다. 바울의 육체의 가시는 질병이고 하나님이 고쳐주지 않으셨고 바울 자신도 고칠 수 없었으므로 불치병이다. 그들은 아마도 신명기 28장 20-68절에 나오는 율법을 지키지 않는 자에게 내리는 저주 리스트를 사용하여 그를 공격했을 것이다. 바울이 하나님의 율법을 지키지 않고 율법에 대해 불경한 가르침을 하고 다니므로 그가 불치병에 걸리게 함으로써 하나님이 그를 저주하셨다고 공격했을 것이다.[44]

장기간에 걸친 고난 때문에 그의 육체는 많이 망가져 있었고 앞으로도 계속 망가져 간다. 고린도후서 4장 16절에서 그는 "우리의 겉사람은 낡아지나 우리의 속사람은 날로 새로워지도다"고 말한다. 모든 사람이 노쇠현상으로 인해 육체가 낡아지지만 그의 겉사람은 노쇠현상으로 낡아지는 것 외에 고난으로 인해 더 많이 낡아졌다. 이렇게 병들고 몸이 망가진 바울의 겉모습은 그의 적대자들에 비

44) 이 문제에 대해 더 자세한 사항은 김철홍, "바울은 제정신이 아니다? (고후 11:23): 바울의 영적 근원에 대한 논쟁," 『장신논단』 32(2008), 11-43을 보라.

하면 형편없는 천한 모습이었다. 그의 삶의 조건 역시 그렇다. 그들이 금그릇, 은그릇이라면 바울은 질그릇처럼 보인다. 어쩌면 그 사람들이 바울을 "질그릇과 같은 사람"으로 놀렸을지도 모른다(고후 10:7, "너희는 외모만 보는도다"; 고후 10:10, "그들의 말이 그의 편지들은 무게가 있고 힘이 있으나 **그가 몸으로 대할 때는 약하고** 그 말도 시원하지 않다 하니"). 하지만 하나님은 그의 보물을 바울과 같은 질그릇에 담으신다. 그것은 예수의 십자가 복음이다. 그래서 질그릇과 같은 바울에게서 하나님의 영광이 드러난다. 사람들은 그것을 보고 그것은 바울의 능력이 아니라 하나님의 능력임을 알게 된다.

8절_우리가 사방으로 욱여쌈을 당하여도 싸이지 아니하며 답답한 일을 당하여도 낙심하지 아니하며

8-9절에서 우리는 바울의 고난 리스트를 만나게 된다. 여기에서 등장하는 동사들은 바울이 어떤 상황 안에서 그의 사도적 소명을 수행해 왔는지, 그리고 바울이 이에 어떻게 반응했는지를 보여준다. "우리가 사방으로(ἐν παντί) 욱여쌈을 당하여도(θλιβόμενοι)"는 모든 면으로 압박/고난을 당하는 것이다. 사면초가의 상황을 말한다. 동사 '뜰리보'(θλίβω, 압박을 가하다, 고난을 주다)는 '뜰립시스'(θλῖψις, 고난)의 동사형이다. "싸이지 아니하며"(οὐ στενοχωρού-μενοι)에서 동사 '스테노코레오'(στενοχωρέω)는 "좁은 공간에 가두다"라는 뜻이다. 아무리 고난을 당하고 압박을 당해도 좁은 공간에 갇힌 것처럼 가두어지지 않는다. 그것은 단순히 그가 육체적으로 감옥에 갇히지 않는다는 것이 아니라, 비록 좁은 감옥에 갇힌다 하더라도 정신적으로 영적으로는 절대로 그 속에 갇혀서 살아가지 않는다는 뜻이다.

"답답한 일을 당하여도"(ἀπορούμενοι)의 동사 '아포레오'(ἀπορέω)는 '당황하다'(to be at a loss)의 뜻이다. 당황스러운 일을 당해서 보통 사람 같으면 어쩔 줄 몰라 하는 그런 상황을 경험해도 바울은 낙심하지 않는다. "낙심하지 아니하며"(οὐκ ἐξαπορούμενοι)의 동사 '엑사포레오'(ἐξαπορέω)는 '낙심하다'(to despair)의 뜻이다. 고린도후서 1장 8절에서 바울은 "힘에 겹도록 심한 고난을 당하여 살 소망까지 끊어지고(ἐξαπορηθῆναι)"에서 바울은 이 단어를 사용했다. 당시의 고난이 얼마나 심한 것이었는지를 알 수 있다.

9절_박해를 받아도 버린 바 되지 아니하며 거꾸러뜨림을 당하여도 망하지 아니하고

"박해를 받아도"(διωκόμενοι)에서 "박해하다"는 뜻의 동사 '디오코'(διώκω)는 "추격하다"는 뜻도 있다. 마치 사냥꾼이 사냥감을 추격하듯이 바울은 그런 추격과 박해를 당했다. 고린도후서 11장 32-33절에서 바울은 아레다 왕의 신하들이 그를 잡기 위해 다메섹 성을 지키고 있었으나 무사히 탈출한 사건에 관해 말한다. 그 구절에서 '디오코'(διώκω) 동사가 사용되지는 않았지만 다메섹 도시가 당시 나바티안 왕국의 국경 밖에 있던 도시였다는 점을 생각하면 그들이 국경 너머까지 추격해온 것이다. "버린 바 되지 아니하며"(οὐκ ἐγκαταλειπόμενοι)의 동사 '에그카탈레이포'(ἐγκαταλείπω)는 도움이 절실하게 필요한 상황에 있는 사람을 버리는 행동을 나타낸다. 바울은 비록 핍박을 당하나 버림을 받지는 않는다. 여기에서 누가 바울을 버리지 않는다는 것일까? 하나님이 버리지 않는다는 뜻이다. 하나님이 그를 버리지 않고 그를 구원하셨다는 것은 1장 8-10절에서 아시아에서 당한 환난 가운데에서 그를 구하셨다는 것과 연결되는 이슈다.

"거꾸러뜨림을 당하여도"(καταβαλλόμενοι)에서 '카타발로'(καταβάλλω)는 레슬링이나 권투에서 혹은 전쟁에서 싸우다가 땅바닥에 동댕이침을 당하는 것을 묘사하는데 사용된 동사다. 바울이 비록 루스드라에서 유대인들에게 돌로 맞아 죽게 되어 그들이 그의 몸을 끌고 성 밖에 버렸지만 그는 죽지 않았다(행 14:19-20). "망하지 아니하고"(οὐκ ἀπολλύμενοι)의 동사 '아폴뤼미'(ἀπόλλυμι)는 '파괴하다,' 수동태로는 '죽다'의 뜻이다. 상대방이 바울을 아무리 때려서 쓰러뜨려도 죽지는 않는다. 그래서 바울은 여태 살아 있다.

위의 8-9절의 묘사는 고린도후서 1장 8-10절의 내용과 일치한다. 가장 최근에 아시아에서 큰 환란을 당할 때에도 바울은 이번에는 꼼짝없이 죽었다고 생각했다. 그러나 죽지 않았다. 하나님이 그를 버리지 않으신 거다. 1장 8-10절에서 이미 상술한 바와 같이 하나님이 그를 구하셨다는 것은 그가 참 사도라는 증거가 될 수 있다. 바울은 여기에서도 자신이 거짓사도가 아니라 참 사도라는 것을 주장하고 있다. 이것은 고린도후서 11장 22-23절의 내용과도 일치한다. 그가 사역을 시작했던 초기 아라비아 선교를 마치고 다메섹으로 돌아왔을 때(갈 1:17, "또 나보다 먼저 사도 된 자들을 만나려고 예루살렘으로 가지 아니하고 아라비아로 갔다가 다시 다메섹으로 돌아갔노라"), 그를 체포하기 위해 나바티안 왕국의 아레다 왕의 신하들이 그를 추격해 와서 다메섹까지 왔다. 잡히면 죽게 되는 상황 속에서 바울은 그의 성도들의 도움으로 성벽으로 탈출하는데 성공한다(고후 11:32-33, "다메섹에서 아레다 왕의 고관이 나를 잡으려고 다메섹 성을 지켰으나 나는 광주리를 타고 들창문으로 성벽을 내려가 그 손에서 벗어났노라").[45] 그의 사역의 초기

45) 바울이 왜 아라비아에 갔는지에 관해서는 김철홍. "바울이 아라비아로 간 까닭은?: 갈 1:17에 나타난 바울의 선지자적 자의식," 『신약논단』 16/1(2009), 173-98을 보라.

부터 최근까지 바울은 이런 경험을 반복적으로 했지만 죽지 않고 여전히 살아있다. 왜인가? 하나님이 연약한 질그릇과 같은 바울에게 하나님의 보배 즉, 복음을 주셨고, 바울은 그 복음을 전해야 할 소명이 있기 때문이다.

이 모든 것은 바울이 참 사도임을 보여준다. 구약성경에서도 참 선지자들은 고난을 당한다. 반면에 거짓선지자들은 고난을 당하지 않는다. 참선지자들은 고난을 견딜 뿐만 아니라 고난 가운데에서 하나님께서 그들을 구원하신다. 왜냐하면 그들에게는 주의 말씀을 전해야 할 소명이 있기 때문이다. 마찬가지로 바울이 이런 고난을 경험한 것은 그가 참 사도임을 보여준다. 바울은 고린도후서 12장 12절에서 자신이 고난을 이긴 것이 곧 참 사도임을 보여주는 표(sign)라고 주장한다("사도의 표가 된 것은 내가 너희 가운데서 모든 참음과 표적과 기사와 능력을 행한 것이라"). 이에 더불어서 바울은 자신이 죽을 듯하지만, 죽지 않고 지금까지 살아서 활동하고 있는 것은 하나님이 자신을 살려주셨기 때문이며 이것은 그가 참 사도라는 것을 보여주는 증거라고 생각하기 때문에 여기에서 이런 말을 한다. 고린도후서에서 바울이 자신의 고난에 대해 더 자주 말하고 그 리스트가 길게 나오는 이유는 바로 이 거짓사도와의 논쟁에서 고난과 고난에서의 구원이 자신이 참 사도임을 보여주는 증거이기 때문이다. 이렇게 보면 고린도후서는 처음부터 끝까지 하나로 연결된 편지이며 매우 통일성(unity)이 있는 서신이라고 말할 수 있다.

10절 _ 우리가 항상 예수의 죽음을 몸에 짊어짐은 예수의 생명이 또한 우리 몸에 나타나게 하려 함이라

바울은 자신이 항상 예수의 죽음(νέκρωσις τοῦ Ἰησοῦ)을 몸에 짊

어진다고 말한다. 11절에서도 예수를 위해 "죽음"(θάνατος)에 넘겨진다고 말한다. 어떤 의미로 바울은 자신의 몸이 예수의 죽음을 운반한다(περιφέρω, to carry)고 말하는 것일까? '네크로시스'(νέκρωσις)는 죽이는 행동, 죽는 과정, 혹은 죽은 상태를 모두 나타낸다. 여기서는 능동적인 뜻보다는 수동적인 뜻인 죽음의 상태를 나타내는 것으로 보인다. 11절의 죽음(θάνατος)이 일회적인 동작이라면 바울은 '네크로시스'(νέκρωσις)로 죽음이 진행되어 결국 죽게 되는 과정을 말하려고 한 것 같다.[46)]

고린도전서 15장 30-31절에서도 바울은 "또 어찌하여 우리가 언제나 위험을 무릅쓰리요 형제들아 내가 그리스도 예수 우리 주 안에서 가진 바 너희에 대한 나의 자랑을 두고 단언하노니 **나는 날마다 죽노라**(Death is my daily companion)"고 말한다. 여기서 바울은 죽음의 위협이 상존하여 항상 그 위협 속에서 하루하루를 보내는 사도의 삶의 상황을 보여준다. 지금까지 바울은 살아 있지만 예수가 경험한 죽음을 자신의 몸으로 경험하고 있다. 갈라디아서 3장 1절에서 바울이 "어리석도다 갈라디아 사람들아 예수 그리스도께서 십자가에 못 박히신 것이 너희 눈 앞에 밝히 보이거늘 누가 너희를 꾀더냐"라고 말할 때 그 말은 자신이 말로 생생하게 십자가 위의 예수를 묘사해서 보여주었다는 뜻이 아니다. 바울은 고난을 당하는 자신의 모습을 통해 사람들에게 십자가에서 죽으신 그리스도의 모습을 직접 보여주었다는 뜻이다. 그런 뜻에서 바울은 매일 그의 몸에 죽음을 짊어지고 간다.

그렇게 하여 그는 "예수의 생명도(καί)" 자신의 몸으로 보여주려고 한다. 이건 무슨 뜻일까? 아마도 그리스도가 죽음을 통해서 우리에게 생명을 주신 이 역설적인 십자가 사건을 염두에 두고 바울

46) Harris, *Second Epistle*, 345-46.

은 그런 역설을 자신의 몸을 통해 보여주려고 하는 것 같다. 자신의 몸은 죽음에 가까운 고난을 당하고 이제 머지않아 죽게 될 운명이지만 그의 이런 고난의 삶을 통해 그는 사람들에게 생명을 전해준다. 그래서 그는 생명을 주는 "그리스도의 향기"(고후 2:15)가 된다.

11절_우리 살아 있는 자가 항상 예수를 위하여 죽음에 넘겨짐은 예수의 생명이 또한 우리 죽을 육체에 나타나게 하려 함이라

'아에이'(ἀεί)는 11절의 '판토테'(πάντοτε, 언제나, always)와 뜻이 비슷하게 보이지만 '아에이'(ἀεί)는 '계속해서' 혹은 '끊임없이'라는 지속의 뜻이다. "살아있는 우리"(ἡμεῖς οἱ ζῶντες)는 계속해서 항상 예수를 위해 죽음에 넘겨진다. 그러므로 우리는 살아있는 죽은 자들이고, 죽음을 향해 가는 살아있는 자들이다. '넘긴다'(to hand over)는 동사 '파라디도미'(παραδίδωμι)는 하나님께서 그의 아들을 내어준다는 것을 묘사할 때 바울이 사용한 동사다(롬 4:25; 롬 8:32). 하나님이 사도를 죽음에 내어준다는 것은 고린도전서 4장 9절, "내가 생각하건대 하나님이 사도인 우리를 죽이기로 작정된 자 같이 끄트머리에 두셨으매 우리는 세계 곧 천사와 사람에게 구경거리가 되었노라"에 비유적이지만 생생하게 표현되어 있다. "죽이기로 작정된 자"란 사형선고를 받은 사람이란 뜻이다. 왜 사도들은 사형선고를 받은 사람들처럼 죽음에 넘겨질까?

바울은 예수의 생명도(καί) 죽을 육체에 나타나 보이게 하려는 거라고 말한다. 11절의 하반부는 10절의 하반부와 내용이 유사하다. 둘 다 죽음뿐만 아니라 예수의 생명도 나타내 보이게 하려는 것이라고 말한다. 이 말은 우선 사도로서 바울의 삶은 지속적인 죽음의 위협 속에서 사는 것임을 표현한다. 그의 몸에는 이미 죽

음의 그림자가 깃들어 있다. "우리 죽을 육체"는 그런 뜻이다. 그의 육체는 죽을 운명이다(θνητός, mortal). 그러나 바울의 고난으로 인해 망가지고 노쇠하여 가는 육체를 통해 그리스도의 생명, 복음이 나타난다. 마치 하나님이 우리에게 생명을 주기위해 그의 아들 예수를 내어주셨듯이(παραδίδωμι), 그래서 예수께서 자신의 육체에 하나님의 모든 진노를 다 받으셨듯이, 그러나 그의 육체에 하나님의 생명의 복음이 나타났듯이, 바울도 사람들에게 생명의 복음을 전하기 위해 넘겨졌고(παραδίδωμι, 물론 여기서는 수동태다), 바울의 육체는 고난으로 가득차서 그의 육체는 머지않아 죽을 것이다(빌 3:10). 하지만 그의 육체에는 예수의 생명, 복음이 나타나 보인다. 그 복음은 그리스도의 희생을 통해 주시는 하나님의 생명이다.

여기에서 나타난 바와 같이 바울은 자신과 예수 그리스도 사이에 병행하는 일치점이 있다고 생각한다. 예수의 삶과 죽음과 바울의 삶과 죽음 사이에 존재하는 일치점들 때문에 바울은 "내가 그리스도를 본받는 자가 된 것 같이 너희는 나를 본받는 자가 되라"(고전 11:1)고 말할 수 있다. 바울이 그리스도를 본받은 사람이라고 주장할 수 있는 근거는 그의 성품이 그리스도를 닮았기 때문만은 아니다. 그것을 넘어서 그의 삶과 예수 그리스도의 삶 사이에 존재하는 병행 때문에 바울은 그렇게 말할 수 있게 된다. 그 병행은 고난과 죽음에서 가장 극명하게 나타난다.

12절_그런즉 사망은 우리 안에서 역사하고 생명은 너희 안에서 역사하느니라

바울이 몸에는 죽음의 힘이 작용한다(ἐνεργεῖται). 이미 그의 몸의 "육체의 가시," "사탄이 사자"(고후 12:7)가 작용하고 있다. 단순히 그의 몸이 세월이 흘러 노쇠해서 그렇게 된 것이 아니라, 사도로서의 사명을 다 하다 보니 그의 몸은 그렇게 되었다. 하지만 그

의 몸은 그렇게 되었지만 그의 사역을 통해 그의 성도들에게는 생명 즉, 그들에게 영원한 생명을 주기 위한 하나님의 능력이 작용하고 있다. 바울은 그의 성도들에게 생명의 복음을 전하기 위해 자신의 몸을 내어놓았다. 이런 바울의 모습은 그리스도의 모습과 매우 유사하다.

예수 그리스도는 원래 하나님과 같은 분이시지만(빌 2:6, "**그는 근본 하나님의 본체시나**") 스스로 낮아지시되 종의 모습으로까지 낮아지셨다(빌 2:7, "오히려 자기를 비어 **종의 형체를 가져** 사람들과 같이 되었고"). 인간으로 태어날 때 유대인으로 태어나심으로 율법 아래에 스스로 자신을 놓으셨다(갈 4:4, "**율법 아래 나게 하신 것은**"). 그 목적은 "**율법 아래 있는 자들을 속량하시고** 우리로 아들의 명분을 얻게 하려"(갈 4:5)는 것이었다. 그 목적을 위해 그리스도는 죽음에 이르기까지 하나님의 뜻에 순종하셨다(빌 2:8, "자기를 낮추시고 **죽기까지 복종하셨으니** 곧 십자가에 죽으심이라"). 예수는 자신을 주어 사망에 이르고 그 대가로 사람들을 생명을 얻었다(고후 4:12, "그런즉 **사망은 우리 안에서** 역사하고 **생명은 너희 안에서** 하느니라").

그리스도가 그러했듯이 바울도 원래부터 신분이 낮은 사람은 아니었다. 그는 원래 상류층 출신임에도 불구하고 복음을 위해 스스로 자신을 낮추어 노예와 같은 수준으로 내려갔다. 그 목적은 많은 사람을 구원하기 위한 것이었다(고전 9:19, "**스스로 모든 사람에게 종이 된 것은** 더 많은 사람을 얻고자 함이라"). 그리스도를 만난 바울은 이제 더 이상 율법 아래에 있는 사람이 아니었지만(고전 9:20 "**내가 율법 아래 있지 아니하나**") 스스로를 자발적으로 율법 아래에 놓고 율법에 의해 재판받고 율법에 의해 유죄 판결을 받고 율법에 의해 처벌을 받았다. 그것은 율법 아래에 있어서 율법의 저주를 받은 사람들을 구원하기 위함이었다(고전 9:20, "**율법**

아래 있는 자들을 얻고자 함이요"). 바울도 하나님의 뜻에 순종하되 죽기까지 순종하려하며, 순교함으로 그리스도를 닮으려고 한다(빌 3:10, "**그의 죽으심을 본받아**"). 예수 그리스도가 그러했듯이 바울도 자신의 몸을 복음을 위해 내어놓음으로 많은 사람들을 구원의 길로 인도한다(고전 9:22, "여러 사람에게 내가 여러 모양이 된 것은 **아무쪼록 몇몇 사람들을 구원코자 함이니**"; 이 말은 '한 사람이라도 더 구원코자 함이니'란 뜻이다).

이렇게 보면 바울과 그리스도 사이에 유형적 일치(typological identity)가 있다는 것이 쉽게 드러난다. 이런 뜻에서 바울은 충분히 "내가 그리스도를 닮았다"고 말할 수 있다. 이 말은 바울이 그리스도의 성품을 닮았다는 뜻을 포함하여 더 나아가 그리스도의 삶과 그의 삶 사이에 일치하는 패턴이 있다는 것을 염두에 두고 하는 말이다.

13절_ 기록된 바 내가 믿었으므로 말하였다 한 것 같이 우리가 같은 믿음의 마음을 가졌으니 우리도 믿었으므로 또한 말하노라

그러나(δέ), 다시 말해 바울의 몸은 비록 죽음에 내어주었으나, 바울은 "같은 믿음의 영/마음(τὸ αὐτὸ πνεῦμα τῆς πίστεως)을 가지고 있으므로" 그는 복음을 지금도 "말한다"(λαλοῦμεν). 여기서 '프뉴마'(πνεῦμα)를 영으로 해석해야 할지 아니면 마음으로 해석하는 것이 좋을 지 분명하지 않다. 만약 성령을 가리키는 것으로 본다면 '믿음을 불러일으키는 성령'으로 해석할 수 있을 것이다.

"나는 믿었으므로 말하였다"는 시편 116편 10절, "내가 크게 고통을 당하였다고 **말할 때에도 나는 믿었도다**"("나는 믿었다 심지어 내가 '크게 고통을 당하였다'고 말할 때에도"라고 번역할 수 있음)의 인용이다. 바울은 여기서 믿음이 곧 설교의 원천이고 근거라는

것을 말한다. 비록 죽음의 상황에 바울이 내몰리고 그의 육체가 고난으로 망가져도 바울은 믿음을 갖고 있기 때문에 복음을 선포할 수밖에 없다. 그것이 바로 구약의 선지자들의 운명이고 신약의 사도들의 운명이다. 하나님으로부터 소명을 받은 사람들은 누구나 다 그 점에서는 일치한다. 고린도전서 9장 16절의 "내가 복음을 전할지라도 자랑할 것이 없음은 내가 부득불 할 일임이라 **만일 복음을 전하지 아니하면 내게 화가 있을 것이로다**"는 바울이 어떤 종류의 사람인지를 보여준다. 그는 하나님의 메시지를 받았고 파송을 받았다. 그것을 전하는 것이 그의 사명이다. 이것은 단순히 선호의 문제도 선택의 문제도 아니다. 복음 선포를 하지 않으면 그에게 화가 임하게 된다. 더구나 바울은 하나님의 약속을 믿고 있다. 그래서 그는 여러 악조건 속에서도 복음을 선포해왔다.

14절_주 예수를 다시 살리신 이가 예수와 함께 우리도 다시 살리사 너희와 함께 그 앞에 서게 하실 줄을 아노라

설령 바울이 복음을 전하다가 죽음을 당하게 되더라도 바울은 믿음을 갖고 있다. 그 믿음은 그리스도를 살리신 하나님이 그를 다시 살려 내어 영원한 하나님의 나라로 들어가게 해주신다는 믿음이다. 부활의 믿음이 있기 때문에 바울은 죽음의 위협 속에서도 물러서지 않고 복음을 전한다. 여기서 "아노라"(εἰδότες)는 이 믿음에 대한 그의 확신을 보여준다. "예수와 함께"(σύν Ἰησοῦ)는 그리스도의 부활과 바울의 부활이 같은 시간에 일어남을 표현하는 것은 물론 아니다. 그리스도는 이미 부활하셨다. 이 표현은 그리스도와 성도 사이의 영원한 연합을 의미하기도 하고, 동시에 그리스도를 다시 살리신 하나님의 약속에 따라 하나님께서 우리도 다시 살리신다는 것을 의미한다. 바울이 자신의 부활에 대해 언급하는 것은

그 만큼 바울이 주의 재림이 임하기 전에 자신이 죽을 가능성이 있다고 생각하고 있었다는 것이다. "너희와 함께"(σύν ὑμῖν)는 모든 성도들의 운명은 같은 것으로서 그리스도의 심판대 앞에 다 서야 한다는 뜻이다(고후 5:10; 롬 14:10). 지금 살아있건 이미 죽었건 상관없이 다 그리스도의 심판대 앞에 서야 하며("그 앞에 서게 하실 줄을 아노라") 바울도 그것에 예외는 아니다. 심판대에서 하나님은 바울을, 그리고 우리들을 정죄하고 형벌을 내려 영원한 멸망과 심판으로 나아가게 하는 대신 우리를 '의롭다'고 선언하시고 구원으로 인도하신다. 이것이 바로 우리가 믿는 칭의(稱義)다.

15절_이는 모든 것이 너희를 위함이니 많은 사람의 감사로 말미암아 은혜가 더하여 넘쳐서 하나님께 영광을 돌리게 하려 함이라

"이는 모든 것"은 바울에게 일어난 모든 일, 바울이 해온 모든 일이다. 그것들은 다 성도들을 위한 것이다. "더하여 넘쳐서"(πλεονάσασα)의 동사 '플레오나조'(πλεονάζω)는 무엇이 증가하는 동작 혹은 충분히 있는 상태를 나타낸다. "많은 사람의 감사"는 더욱 더 많은 사람들이 감사하게 되는 것이다. 더 많은 사람들이 복음을 믿어 개종하고 그래서 하나님의 은혜가 더 넘치게 되고, 하나님께 더 많은 사람들이 감사를 드리게 되고 그래서 하나님께 영광을 돌리는 결과가 있기 위해 바울은 자신이 하는 모든 일을 지금까지 해오고 있다.

더 많은 사람들이 복음을 믿고 하나님께 감사하고 영광을 돌리기 위해서 먼저 나의 몸을 바치는 희생이 있어야 한다. 한 영혼의 구원은 그냥 일어나지 않는다. 누군가가 자신을 주께 드리는 희생이 있어야 한다. 주의 종 바울은 그것을 이해하고 있고 그것을 바라보면서 자신을 희생한다. 그것이 바로 주의 종이 이 세상을 살

아가는 방법이다.

VIII. 하늘의 집을 바라보며(4:16-5:10)

16절 _ 그러므로 우리가 낙심하지 아니하노니 우리의 겉사람은 낡아지나 우리의 속사람은 날로 새로워지도다

만약 바울이 왜 자신이 고난을 당하는지 그 이유와 목적을 모르고 당한다면 그는 낙심할 것이다. 그러나 그는 자신의 고난의 이유와 목적을 분명하게 알고 있기 때문에(14절, "아노라") 결코 낙심하지 않는다. "우리의 겉사람은 낡아지나"에서 동사 '디아프떼이로'(διαφθείρω)는 '파괴하다, 망가뜨리다'의 뜻이다. 인간의 육체가 세월이 흘러감에 따라 노쇠 하는 것을 나타낼 수도 있다. 그러나 바울이 8-9절에서 고난에 대해 길게 언급한 것을 볼 때 단순한 노쇠현상이라고 보기는 어렵다. 바울의 몸은 단지 나이를 먹어 낡아지는 것이 아니라 장기간의 고난으로 인해 망가져왔다. 그러나 바울 내부의 속사람은 점점 더 새로워지고 점점 더 그리스도를 닮아간다.

"우리의 속사람은 날로 새로워지도다"에서 속사람은 복음을 통해 새롭게 된 전인(全人, whole person)으로 볼 수 있다. 이 말씀은 고린도후서 5장 17절, "그런즉 누구든지 그리스도 안에 있으면 **새로운 피조물**이라 이전 것은 지나갔으니 보라 새 것이 되었도다"를 예견하게 한다. 속사람은 그리스도와 성령의 능력으로 점차 그리스도를 닮아가는 성도의 내면이다. 고린도후서 3장 18절, "**그와 같은 형상으로 변화하여** 영광에서 영광에 이르니 곧 주의 영으로 말미암음이니라"는 말씀과 연결된다. "우리의 속사람은 날로 새로워

지도다"는 동시에 미래에 있을 몸의 부활을 가리키기도 한다. 우리의 속사람이 날로 새로워져서 결국 완전히 그리스도의 형상을 닮은 사람이 되는 것은 부활을 통해서다. 부활의 때에 우리는 하나님의 성령의 능력으로 완전히 그리스도와 영광의 형상을 닮은 사람이 되는 것이며, 이것은 이미 이 땅 위에서 진행되고 있고 종말의 때에 완성된다. 이 땅 위에서 우리가 살아 있는 동안에 경험하는 영적 부활(성화)이건 종말의 때에 경험하게 될 몸의 부활이건 이 모든 것은 다 하나님의 성령의 역사로 일어나는 것이지 인간의 노력과 능력으로 일어나는 것이 아니다.

17절_우리가 잠시 받는 환난의 경한 것이 지극히 크고 영원한 영광의 중한 것을 우리에게 이루게 함이니

사도가 받는 고난은 영원하지 않고 일시적이다. 그리고 그것은 앞으로 있을 영원한(αἰώνιος) 영광의 무게(βάρος)에 비교하면 가벼운(ἐλαφρός) 것이다. '카뜨 휘페어볼렌 에이스 휘페어볼렌'(καθ' ὑπερβολὴν εἰς ὑπερβολὴν)은 '측량할 수 없을 만큼'(beyond measure)의 뜻이다. 즉 현재의 고난과 장래의 영광은 비교할 수 없을 만큼 큰 차이가 있다는 말이다. 환난은 잠시뿐이고 그 무게는 가볍다. 하지만 영광은 영원하고 그 무게가 무겁다. 땅에 뿌려진 씨앗은 작고 가벼우나, 추수는 많고 무거운 것과 같은 이치다. 그런데 지금의 환란이 장래의 영광을 "이룬다"(κατεργάζομαι). 즉 현재의 환난 없이는 절대로 장래의 영광도 없다.

고린도 성도들은 이미 우상숭배의 문제 때문에 환난을 당할 수밖에 없다. 헬라도시 안에서 우상숭배에 해당하는 각종의 제전(祭典)에 참석하지 않으면 동료 시민들로부터 박해를 받을 수밖에 없다. 그래서 바울은 이미 고린도전서 10장 13절에서 "사람이 감당

할 시험 밖에는 너희가 당한 것이 없나니 오직 하나님은 미쁘사 너희가 감당하지 못할 시험 당함을 허락하지 아니하시고 시험 당할 즈음에 또한 피할 길을 내사 너희로 능히 감당하게 하시느니라"고 격려한다. 미리부터 핍박에 겁을 먹고 우상숭배에 참여하는 잘못을 저지르지 말라는 가르침이다. 물론 고린도후서 6장 14-18절을 보면 아직도 고린도 성도들이 우상숭배의 문제로부터 자유롭지 않은 것이 사실이다. 바울은 지금 17절에서 환란이 물론 힘들지만 미래의 영광이 훨씬 더 크다는 것을 기억하고 지금의 환란을 기쁨으로 받아들일 것을 가르친다.

18절 _ 우리가 주목하는 것은 보이는 것이 아니요 보이지 않는 것이니 보이는 것은 잠깐이요 보이지 않는 것은 영원함이라

바울은 16-18절에서 두 가지를 계속해서 대조하고 있다. 16절에서 "눈에 보이는 바울의 겉사람" vs. "눈에 보이지 않는 바울의 속사람," 17절에서 "현재의 고난" vs. "장래의 영광," 18절에서 "보이는 것" vs. "보이지 않는 것"을 대조한다. 이런 대조는 다음 절인 5장 1절에서 "땅위의 우리의 장막 집"과 "하늘의 영원한 집"을 대조하기 위한 준비로 보인다. 궁극적으로 바울이 말하고 싶은 것은 삶과 죽음을 넘어 있는 영원한 현실을 바라보며 그가 사도의 직분을 다 하고 있다는 것이다. 바울은 부활의 소망을 바라보고 하나님 나라의 영광을 바라보고 있다. 인간은 원래 눈에 보이는 것에 우리의 시선을 고정시키고 그것을 바라보며 살지만 성도는 눈에 보이는 것에 시선을 고정시키는 것이 아니라, 눈에 보이지 않는 것에 시선을 고정시킨다. 보이는 것은 없어지는 것이지만 보이지 않는 것은 영원한 것이기 때문이다.

5장 1절_만일 땅에 있는 우리의 장막 집이 무너지면 하나님께서 지으신 집 곧 손으로 지은 것이 아니요 하늘에 있는 영원한 집이 우리에게 있는 줄 아느니라

'오이키아 투 스케누스'(οἰκία τοῦ σκήνους)는 "장막으로 된 집"의 뜻이다. 이 장막으로 된 집은 우리의 눈에 보이는 것이다. 이것은 영원하지 않고 일시적이다. 이 집은 인간의 몸을 나타낸다. 이 집이 무너지는 것은 곧 죽음을 말한다. 바울은 지금 자신의 죽음에 대해 말하고 있으며, 사실 이미 고린도후서 4장 10-12, 14, 16절 등에서도 자신의 죽음을 언급했다. 바울은 만약 자신이 죽게 된다면 자신에게 어떤 일이 일어나는지를 말하려고 한다. 물론 이것은 그에게만 적용되는 것이 아니며 모든 성도들에게 동일하게 적용될 수 있는 말씀이다.

"하나님께서 지으신 집"은 눈에 보이지 않는 것이다. 그 집은 일시적이지 않고 영원한 집이다. 그 집은 인간의 손으로 만든 것이 아니고(ἀχειροποίητος, 막 14:58: 골 2:11) 하나님으로부터(ἐκ θεοῦ) 생겨나며, 이 땅 위에 있지 않고 하늘에 있다. 그 집은 죽음 이후에 입을 성도의 몸을 나타낸다. 이 구절은 마가복음 14장 58절, "우리가 그의 말을 들으니 손으로 지은 이 성전을 내가 헐고 **손으로 짓지 아니한** 다른 성전을 사흘 동안에 **지으리라** 하더라 하되"와 매우 유사하다. 양쪽 구절에 모두 '파괴하다'(καταλύω)와 '손으로 하지 않은'(ἀχειροποίητος)이 나오고, '짓다'(οἰκοδομέω)와 '건물/지어진 것'(οἰκοδομή)이 나온다.[47] 하지만 바울이 여기서 성전에 대해 말하고 있는 것 같지는 않다. 그는 죽음 이후의 성도의 몸에 대해 말하고 있다. 바울이 여기서 현재형인 '에코멘'(ἔχομεν, we have)을 사용하고 있지만 그런 몸을 얻게 되는 시점은 현재가 아니고 미래

47) Harris, *Second Epistle*, 371.

라고 생각된다. 이 문제는 성도가 죽은 뒤 그의 몸은 땅 속에서 썩어 없어지고 그의 영혼이 하나님과 그리스도가 계시는 곳에 가게 되었을 때에 그 때에 이미 부활의 몸을 입는 것인지, 아니면 최후의 심판과 부활의 때까지 그곳에서 기다렸다가 부활의 때에 비로소 부활의 몸을 입는 것인지를 따져야 하는 문제다. 고린도후서 5장 1-10절에는 물론 전자의 가능성을 암시하는 부분도 있다. 하지만 통상적으로 죽은 성도가 하늘에서 부활의 때까지 대기하는 것으로 보고 이것을 '중간상태'라고 부른다. 이것을 중간상태라고 부르는 이유는 그것이 영원한 상태가 아니기 때문이다. 우리가 개인적으로 죽고 부활하는 시점 혹은 그리스도의 재림의 시점에 "하나님께서 지으신 집 곧 손으로 지은 것이 아닌" 영원한 몸을 입게 된다고 보는 것이 일반적이다.

2절_ 참으로 우리가 여기 있어 탄식하며 하늘로부터 오는 우리 처소로 덧입기를 간절히 사모하노라

"여기"는 현재의 장막, 현재의 몸이다. 바울은 고난 받으면서 그의 나날이 쇠약해져 가는 몸 안에서(고후 4:16) 탄식한다. 탄식하는 이유는 하늘로부터 오는 우리의 처소를 "간절히 사모하기" 때문이다. "처소"(οἰκητήριον)는 1절의 "집"과 같은 것 즉, 새로운 몸을 나타낸다. 여기서 바울은 '덧입다'(ἐπενδύω)라는 동사를 사용해서 마치 장막집이 옷인 것처럼 이야기한다. 바울 시대에 장막은 가죽으로 만들었기 때문에 가죽 옷을 연상하면 그것을 입는다고 말하는 게 전혀 이상한 것은 아니다. '덧입다'라는 동사는 현재의 몸 위에 새로운 몸을 입는다는 뜻으로 볼 수도 있다. 이 경우 이 땅 위에서 성령을 받은 성도는 그의 몸이 변화 받아(transformation of the living) 이미 하늘의 몸을 덧입고 살아간다는 뜻이다. 하지만 "덧입

다"(ἐπενδύω) 동사가 그냥 "입다"(ενδύω)라는 동사의 동의어일 수도 있다. 이 경우는 성도가 죽고 부활했을 때 하늘의 몸을 입게 되는 것을 말한다. 하늘의 몸이 구체적으로 어떤 종류의 몸인지에 대해서 바울이 많은 것을 말하지 않는다. 단지 고린도전서 15장 35-58절의 내용을 통해 추측할 수 있을 뿐이며 나머지는 우리가 알 수 없는 신비의 영역에 남겨져 있다.

분명한 것은 "혈과 육(blood and flesh)은 하나님 나라를 유업으로 받을 수 없다"(고전 15:50)는 것이다. "혈과 육"은 자연적 인간, 즉 어머니의 몸에서 태어난 그런 종류의 인간이다. 이런 자연적 출생을 통해 태어난 인간은 하나님의 나라를 상속받을 수 없다. 인간이 "썩는 몸"으로 "썩지 않는" 하나님의 나라에 들어갈 수 없다. 이 말은 요한복음 3장 3-8절의 내용과 유사하다. "육으로 난 것은 육이요 영으로 난 것은 영"(요 3:6)이므로 "사람이 물과 성령으로 나지 아니하면 하나님의 나라에 들어갈 수" 없다(요 3:5). 부활의 때에 인간은 "썩지 아니할 것으로 다시 살아나며"(고전 15:42), "영광스러운 것으로 다시 살아나며"(고전 15:43), "강한 것으로 다시 살아나며," "신령한 몸으로 다시 살아"(고전 15:44)난다. 그리고 그 몸은 그리스도의 "영광의 몸의 형체와 같이"(빌 3:21) 변화한 몸이다.

3절_이렇게 입음은 우리가 벗은 자들로 발견되지 않으려 함이라

'에이 게'(εἴ γε)는 가정적인 조건이 아니라 확실한 사실을 표현하는 조건이다. 3절 앞부분의 동사가 '에크뒤오'(ἐκδύω, 옷을 벗기다/벗다, to strip, take off)인지 아니면 반대말인 '엔뒤오'(ἐνδύω, 옷을 입히다/입다, to clothe, put on)인지 사본에 따라 차이가 있다.[48]

48) 자세한 것은 R. P. Martin, *2 Corinthians* (Word Biblical Commentary 40;

한국어 개역개정판 성경은 후자가 사용된 것으로 보고 번역한 것이다. 기본적으로 벌거벗은 상태는 수치를 나타내며, 여기에서 벌거벗음은 이 땅 위의 몸도 하늘의 몸도 입고 있지 않은 상태다. 즉 몸이 없는(bodiless) 상태다. 바울은 그런 상태로 성도들이 내버려두어지지 않는다고 말한다.

벗은 상태로 발견된다는 말은 창세기 3장 7절, "이에 그들의 눈이 밝아져 자기들이 벗은 줄을 알고 무화과나무 잎을 엮어 치마로 삼았더라"를 연상시킨다. 아담과 하와는 범죄한 뒤에 자신들이 벗었다는 것을 깨달았다. 범죄한 이전에도 그들은 사실 벗고 있었지만 그 때에는 수치를 느끼지 않았다. 그러므로 그들이 수치를 느끼게 된 것은 범죄 때문이라고 볼 수 있다. 그 때 하나님은 "아담과 그의 아내를 위하여 가죽옷을 지어 입히셨다"(לָבַשׁ, ἐνδύω, 창 3:21). 이것은 하나님이 그들의 수치를 가려주신 것이다. 인간이 갖게 된 궁극적인 수치가 죽음이고 그 수치를 하나님이 미래에 영원히 제거해주신다면(사 25:8) 하나님이 가죽옷을 입혀 그들의 수치를 가려주신 것은 미래의 구원을 예시해주는 것이라고 볼 수 있다.

4절_참으로 이 장막에 있는 우리가 짐진 것 같이 탄식하는 것은 벗고자 함이 아니요 오히려 덧입고자 함이니 죽을 것이 생명에 삼킨 바 되게 하려 함이라

"참으로 이 장막에 있는 우리"는 현재의 몸을 갖고 살면서 "짐진 것 같이"(βαρούμενοι) 짓눌려 있는 상태에서 살아간다. 동사 '바레오'(βαρέω)는 '짐을 지우다'(to burden), '짓누르다'(to weigh down)의 뜻이다. 그것이 육체적인 고난인지 혹은 정신적, 영적 짓눌림인지 바울은 여기서 명확하게 말하지 않지만 그런 짓눌림 속에서 인

Waco: Word, 1986), 97을 보라.

간이 살아간다고 말한다. 그런 인간은 현재의 몸 안에서 탄식하고 있다. 왜냐하면 옷이 벗겨지길(ἐκδύω) 원하기 때문이 아니라 궁극적으로 옷이 덧입혀지기(ἐπενδύω)를 원하기 때문이다. 바울에 따르면 인간은 현재의 옷이 벗겨지길 원해서 탄식하고 또한 옷이 덧입혀지길 원해서 탄식한다. '히나'(ἵνα) 절은 그렇게 되었을 때의 결과를 말한다. 그 결과는 "죽을 것이 생명에 삼켜지는 것"이다. 이 구절은 고린도전서 15장 54절의 내용과 일치한다("이 썩을 것이 썩지 아니함을 입고 이 죽을 것이 죽지 아니함을 입을 때에는 **사망을 삼키고 이기리라**고 기록된 말씀이 이루어지리라"). 고린도후서 5장 4절과 고린도전서 15장 54절 하반절은 모두 이사야 25장 8절의 인용이다. 이사야 25장 6-8절에서 이사야는 하나님이 종말의 잔치자리에서 모든 민족의 얼굴 위의 수건을 벗기실 때에 사망은 생명에게 영원히 패배한다고 말한다("모든 민족의 얼굴을 가린 가리개와 열방 위에 덮인 덮개를 제하시며 사망을 영원히 멸하실 것이라"). 바울은 지금 그 선지자적 전통에서 예수 그리스도의 십자가 죽음을 해석한다. 그리스도의 죽음은 새 언약의 사건이고, 모든 민족의 얼굴의 수건이 벗겨져 그리스도의 영광을 보게 될 때 사망은 생명에게 삼켜진다(καταποθῇ). 이제 생명을 얻은 그리스도인들은 사망이 역사하는 이 땅위의 몸을 벗고 영원한 하늘의 몸을 (덧)입게 된다.

사실 탄식하는 것은 인간 뿐만은 아니다. 로마서 8정 20절에서 바울은 피조물들은 인간의 죄로 인해 "허무한 데 굴복"했다. 구약성경과 유대교의 전승은 아담의 범죄로 말미암아 모든 피조물 위에 하나님의 심판이 임하였고 모든 피조물이 인간과 함께 고난을 당하게 되었다고 본다. 피조물이 당하는 고난은 아담 때문에 생긴 것이며 그들이 선택한 것이 아니다(창 3:17-19; 사 24:1-5; 렘 4:28). 메시아가 시작하는 새로운 시대에 "새 창조"를 경험하게 될 때에 모든 피조물들의 고난은 끝나게 된다(사 65:17, “보라 내가 새 하늘과 새 땅을 창조하나니 이전 것은 기억되거나 마음에 생각나지 아니할 것이라”). 피조물들이 “하나님의 아들들이 나타나는 것”을 고대하는 이유는 그들의 등장이 곧 하나님의 “새 창조”를 알리는 전주곡이기 때문이다. 하나님의 자녀들이 하나님의 나라의 영광에 들어가게 될 때 “피조물도 썩어짐의 종 노릇 한 데서 해방되어 하나님의 자녀들의 영광의 자유에” 이르게 된다(롬 8:21). 그 때가지는 인간뿐만 아니라 피조물도 “탄식하며 함께 고통을 겪고”(롬 8:22) 있다.

5절_곧 이것을 우리에게 이루게 하시고 보증으로 성령을 우리에게 주신 이는 하나님이시니라

이런 모든 것을 준비하시고 이루어주시는 분은 하나님이시다. 그리고 그 하나님은 우리에게 보증으로 성령을 주셨다. 성령을 보증으로 주신 것은 이미 1장 22절, “그가 또한 우리에게 인치시고 보증으로 우리 마음에 성령을 주셨느니라”고 말한 바가 있다. 우리를 위해 하늘의 집을 마련해주신 분은 하나님이시다. 성령은 우리가 하늘의 몸을 입을 것을 보증해 주는 증거다. 그것은 곧 부활을 가리킨다. 바울이 부활의 보증으로 우리에게 성령을 주셨다는 것은 무슨 뜻일까? 성령이 우리 안에 들어와 계시는 것이 곧 부활을 보증한다는 뜻이라면 이것은 무슨 뜻일까? 천지창조의 과정에서 하나님은 흙으로 인간을 빚으시고 나서 그의 코에 하나님의 생기(성령)를 불어넣으셨다. 하나님의 생기가 흙덩어리에 들어가자 흙덩어리는 생명을 가진 사람(생령)으로 살아났다(창 2:7). 에스겔 37장의 마른 뼈가 가득한 골짜기 환상에서도 비슷한 일이 일어났다. 그 뼈들이 맞추어지고 힘줄과 근육이 생기고 피부가 덮였지만 그

것들은 여전히 죽은 시체였다. 에스겔이 하나님의 명령을 따라 외쳤을 때 생기(성령)가 바람처럼 불어와서 그 죽은 사람들 몸에 들어갔다. 그러자 그 시체들은 살아있는 사람으로 살아났다. 이와 같이 하나님의 성령이 들어가시면 진흙 덩어리도 생명을 가진 사람이 되고, 죽은 시체도 다시 부활한다. 그런데 하나님은 성도들에게 이미 그의 성령을 주셔서 성령이 우리들의 몸 안에 들어와 계신다. 성령이 이미 그들 안에 들어와 계신다는 것 자체가 종말의 때에 하나님이 성도들을 반드시 다시 살리신다는 부활의 명확한 약속이고 보증이다. 그래서 우리는 우리의 부활과 영원히 죽지 않는 몸을 입게 될 것(영생)을 의심할 필요가 없다. 죽음은 생명에 패배하고(고후 4:4, "오히려 덧입고자 함이니 죽을 것이 생명에 삼킨 바 되게 하려 함이라"), 하나님은 인간의 궁극적 수치인 '죽음'을 영원히 제거하심으로(사 25:8, "사망을 영원히 멸하실 것이라") 인간을 타락 이전의 모습으로, 죽음의 지배를 받지 않는 모습으로 다시 회복시켜주신다.

6절_ 그러므로 우리가 항상 담대하여 몸으로 있을 때에는 주와 따로 있는 줄을 아노니

"담대하다"(θαρρέω)는 용기 있고 확신에 찬 태도를 나타낸다. '낙심하다'(고후 4:16)의 반대말이다. 여기에서 사용된 두 개의 반의어 동사 중 '엔데메오'(ἐνδημέω)는 '집에 있다'(to be at home)는 뜻이며, '에크데메오'(ἐκδημέω)는 '집을 떠나다'(to leave one's home or country) 혹은 '멀리 떠나 있다'(to be away)는 뜻이다. 떠나 있다는 것은 마치 바빌론에 포로로 잡혀 있듯이 그렇게 고향이 아닌 타향에 멀리 가 있다는 말이다. "몸으로 있을 때에는 주와 따로 있는 줄을 아노니"는 약간 해석이 애매하다. 우리는 "몸 안에," 즉 마치 집 안에

있듯이 있으면서도, 주님으로부터(ἀπό τοῦ κυρίου) 떠나 있다. 그러나 하늘의 몸을 입을 때에 우리는 다시 고향 집에 돌아가 주와 함께 있게 된다. 즉 이 땅 위에서 사는 동안에는 주님과 함께 있지 못하고 주와 떨어져 살아가야 한다는 것을 알지만 절대로 낙심하지 않고 담대하게 살아간다는 뜻이다. 바울은 우리가 죽어 하늘에 있는 몸을 입게 되는 것을 다시 고향으로 돌아가는 것으로 본 것 같다. 우리는 하늘에 속하였으며 그런 점에서 "우리의 시민권은 하늘에 있는지라"(빌 3:20)는 말씀이 이해될 수 있다. 빌립보서 1장 23절, "내가 그 둘 사이에 끼었으니 차라리 세상을 떠나서 그리스도와 함께 있는 것이 훨씬 더 좋은 일이라"는 삶과 죽음 사이에 자신이 있는데, 바울은 자신은 죽어서 "그리스도와 함께 있게 되는 것"을 훨씬 더 선호한다는 말이다. 바울은 여기에서 우리가 죽으면 그의 존재가 사라지는 것도 아니고 여전히 존재하며, 의식이 없는 상태에서 땅 속에 묻혀 잠자는 것도 아니고 의식이 있는 상태로(awake) 그리스도와 함께 있게 된다고 말한다. 주와 따로 있지 않고 함께 있게 된다.

7절_ 이는 우리가 믿음으로 행하고 보는 것으로 행하지 아니함이로라

성도는 이 땅 위에서 눈으로 보이는 것(εἶδος, outward appearance), 경험하는 것을 따라 살아가는 것이 아니라 믿음으로 보이지 않는 세상의 현실을 바라보며 살아간다(요 20:29; 벧전 1:8). 로마서 8장 25절에서 바울은 "만일 우리가 보지 못하는 것을 바라면 참음으로 기다릴지니라"고 말한다. 믿음은 아직 이루어지지 않은 것을 바라보고, 그것이 반드시 이루어지리라고 믿고 기다림의 소망 안에서 살아가는 것이다. 눈에 보이는 것을 위해서 살아가는 삶이 헛된 삶이 되는 이유는 그런 것들은 다 지나가는 것들이기 때문이다.

고린도후서 4장 18절에서 바울은 그것들을 "잠깐 있는"(고후 4:18) 것이라고 부른다. 고린도전서 7장 29-31절에서 바울은 "그 때가 단축하여진 고로 이 후부터 아내 있는 자들은 없는 자 같이 하며 우는 자들은 울지 않는 자 같이 하며 기쁜 자들은 기쁘지 않은 자 같이 하며 매매하는 자들은 없는 자 같이 하며 세상 물건을 쓰는 자들은 다 쓰지 못하는 자 같이 하라 이 세상의 외형은 지나감이니라"고 말한다. 이 세상의 외형은 눈에 보이는 것이고, 우리가 이 땅위에서 경험하는 것들이다. 그러나 그런 것들은 영원한(everlasting) 것들이 아니다. 그런 것들은 다 일시적인(transient) 것들이다. 믿음은 보이지 않는 것, 아직 우리가 경험하지 않은 것을 믿는 것이다. 부활, 영생, 하나님의 나라 등은 우리가 아직 경험하지 못한 것들이고 미래의 것이며, 그것들은 지금 우리의 눈에 보이는 것들이 아니다. 하지만 신앙은 바로 그런 것들을 믿는 것이며 확신하고 살아가는 것이다.

8절_우리가 담대하여 원하는 바는 차라리 몸을 떠나 주와 함께 있는 그것이라

6절에서 사용된 동사들인 '엔데메오'(ἐνδημέω, 집에 있다)와 '에크데메오'(ἐκδημέω, 집을 떠나다)가 다시 한 번 사용되고 있다. 바울은 지금 그의 몸으로부터 떠나서 그리스도에게로 가 그곳에 머물기를 원한다. 빌립보서 1장 23절, "내가 그 둘 사이에 끼었으니 차라리 세상을 떠나서 그리스도와 함께 있는 것이 훨씬 더 좋은 일이라 그렇게 하고 싶으나"를 연상시킨다. 빌립보서에서 바울은 현실적으로 그가 사형에 처해질 수도 있는 상황에서 이 말을 했다. 상대방을 위로하고 격려하려고 한 말이다. 그가 그런 마음가짐을 가질 수 있었던 것은 지금 이 구절에서 나타나듯이 그가 평소에

이런 생각을 갖고 있었기 때문이다. 그의 생각은 '사는 것도 나쁘지 않지만 차라리 죽는 것도 내가 원하는 바다'라는 것이다. 이 땅 위에서의 삶에 연연해하지 않고 언제든지 죽어야 할 때가 오면 두 팔 벌려 죽음을 환영하는 것이 바로 바울 사도가 갖고 있는 담대함이다. 죽음에 대한 이런 열려있는 자세가 있기 때문에 바울은 낙심하지도 않고 담대하게 복음을 전할 수 있다. 바울은 이 땅에 미련을 두지 않고 하늘에 소망을 두고 살기 때문이다.

9절 _ 그런즉 우리는 몸으로 있든지 떠나든지 주를 기쁘시게 하는 자가 되기를 힘쓰노라

"힘쓰다"로 번역된 동사 '필로티메오마이'(φιλοτιμέομαι)는 '무엇하기를 열망하다'(to have as one's ambition)의 뜻이다. '필로스'(φίλος, 사랑)+'티메'(τιμή, 명예)='필로티모스'(φιλότιμος, 명예 사랑)에서 유래한 동사다.[49] 즉 바울은 집 안에 있든지, 집 밖에 있든지(살아있든지 아니면 죽든지), 주님을 기쁘게 하는(εὐάρεστος) 사람이 되길 원한다. 성도는 살아서건, 죽어서건 예수 그리스도를 기쁘게 하는 일을 해야 한다. 나의 삶도 예수를 기쁘게 하고, 나의 죽음도 예수를 기쁘게 하는 "향기"(εὐωδία)가 되는 죽음이 되어야 한다(고후 2:15). 바울이 지금 이곳에서 그가 평소에 갖고 있던 삶의 철학을 말한다. 그것은 인생의 목적이 무엇인지에 관한 것이다. 웨스트민스터 성경 소요리문답 제1문은 "사람의 제일 되는 목적이 무엇인가?"를 묻는 것이고, 이 질문에 대한 정답은 "사람의 제일 되는 목적은 하나님을 영화롭게 하는 것과 영원토록 그를 즐거워하는 것이다"(고전 10:31, 롬 11:36 시 73:24-26, 요 17:22-24). 이 문답은 사실 성도로서 인생을 살아갈 때 삶의 목적이 무엇인지를 묻고 대

---

49) Harris, *Second Epistle*, 404.

답하는 것이다. 바울이 "살든 죽든 주를 기쁘게 하는 사람이 되라"는 말은 바로 "하나님을 영화롭게 하고 평생토록 주를 즐거워하는 것이다"라는 대답과 일맥상통한다. 사람이 죽음 앞에 홀로 서게 되었을 때 후회 없는 삶을 살았노라고 자신 있게 말할 수 있으려면 주를 기쁘시게 하는 삶을 사는 것 외에 다른 길이 없다.

10절_이는 우리가 다 반드시 그리스도의 심판대 앞에 나타나게 되어 각각 선악 간에 그 몸으로 행한 것을 따라 받으려 함이라

모든 인간은 다 최후의 심판대 앞에 서야 한다. 성도도 예외가 아니다. 최후의 심판대 앞에 서야 한다(δεῖ). 그리스도가 재림하실 때에 모든 인간은 다 개별적으로(ἕκαστος) 심판대 앞에 서게 된다. 심판은 집단 심판이 아니며 개인 심판이다. 각각 개인이 따로 따로 받아야 한다. 바울이 회당에서 재판받을 때에는 모세의 율법에 따라 모세의 심판대(βῆμα) 앞에서 심판을 받고 처벌받았다(고후 11:24). 하지만 그것은 "그리스도의 심판대 앞에서"(ἔμπροσθεν τοῦ βήματος τοῦ Χριστοῦ) 모든 인간이 받을 심판에 비하면 아무것도 아니다. 그 때에는 살아서 몸으로 행한 모든 일(τὰ διὰ τοῦ σώματος)에 대해 심판을 받는다. 선한 행동이건 악한 행동이건(εἴτε ἀγαθὸν εἴτε φαῦλον) 모두 다 심판의 대상이 된다. 성도가 범한 모든 죄는 용서받게 되겠지만 심판대 앞에 서는 것 자체가 면제되지는 않는다.

이 구절에서 "선악 간에 그 몸으로 행한 것을 따라 받으려 함이라"는 현대 바울신학의 심판론 논쟁에서 행위심판론을 주장하는 학자들에게는 매우 중요한 구절이다. 이 구절은 매우 분명하게 심판은 행위에 따른 심판이라고 말하고 있기 때문이다.

그렇다면 악행의 경우는 어떨까? 성도가 악행을 저질렀을 경우

그 악행에 대한 하나님의 벌이 있을 것인가? 그리고 그 악행의 정도가 매우 심하다면 그가 받은 구원/칭의도 취소될 수 있는 것인가? 칭의의 취소 가능성을 주장하는 사람들이 바울서신에서 가장 즐겨 인용하는 구절은 고린도후서 5장 10절, "이는 우리가 다 반드시 그리스도의 심판대 앞에 나타나게 되어 각각 선악 간에 그 몸으로 행한 것을 따라 받으려 함이라"이다. 이 구절에서 사용된 '받는다'(κομίζω)는 동사는 골로새서 3장 25절, "불의를 행하는 자는 불의의 보응을 받으리니"에서 "보응을 받으리니"로 번역된 바로 그 동사며, 에베소서 6장 8절, "이는 각 사람이 무슨 선을 행하든지 종이나 자유인이나 주께로부터 그대로 받을 줄을 앎이라"에서도 "그대로 받다"는 문자적으로는 "이것을 받는다"는 뜻이며 같은 동사가 사용되었다. 골로새서에서는 악행에 대한 심판이 강조되었다면 에베소서에서는 악행 대신 선행에 대한 보상에 관해 말한다. 성도가 선행이건 악행이건 그 결과로 무언가를 심판 때에 받게 된다는 말이다. 행위에 따른 하나님의 심판은 원래 유대교와 구약성경에 나타나는 일관된 심판론이다. 아래와 같은 구약성경의 구절들은 전형적으로 행위에 따른 심판을 말하고 있다. 바울서신에는 이 외에도 행위심판을 지지하는 구절로 로마서 8장 13절, 고린도전서 3장 17절, 5장 5절, 6장 9-10절, 10장 12절, 11장 32절, 갈라디아서 5장 21절, 6장 7-8절 등이 언급되고 있다. 이런 바울서신의 구절들은 구약성경의 행위심판을 지지하는 구절들, 예를 들면 욥기 34장 11절, 시편 62편 12절, 이사야 59장 18, 20절, 65장 12절, 예레미야 17장 10절, 말라기 4장 1-2절 등의 전승을 잇고 있다고 보인다.

현대 바울신학에서 이 심판론 논쟁은 바울신학의 새관점 논쟁의 연장선상에 있다. 결국 논쟁의 핵심은 '성도의 악행이 그가 이미 받은 칭의 혹은 구원을 취소하는가?'의 문제에 달려있다. 그렇다고 생각하는 쪽은 성도라 할지라도 행위에 따른 심판을 받게 되며 그럴 경우 경우에 따라서는 칭의가 취소될 수 있다고 보는 견해다. 아니라고 생각하는 쪽은 성도가 받은 칭의는 법정적인 것이며, 그 법정은 최후의 법정이고 성도의 모든 죄는 이미 그리스도가 십자가에서 대신 그 형벌을 받아 하나님의 진노가 해소되었으므로 하나님은 성도에게 내일 진노나 형벌이 더 이상 없다고 본다. 그래서 하나님은 최후의 심판대에서 성도에게 '의롭다'는 판결을 주시는 것으로 본다. 칭의가 취소되지 않는다고 보는 것이다. 이 두 가지 견해 사이에 약간의 다양한 의견의 스펙트럼이 있다.

전통적으로 종교개혁 전통, 특히 개혁주의 전통에서는 하나님이 우리를 의롭다고 선언해주시는 것은 '하나님 앞에서 의로운 존재로 선언되는'(to be declared to be righteous) 것이지 실제로 '변화되어 의로운 존재가 되었다'(to be transformed as a righteous one)는 뜻이 아니라고 본다. 이런 견해에서는 칭의와 성화를 날카롭게 구분하며 칭의를 성화의 결과로 보지 않는다. 칭의가 선언이라는 말은 칭의가 전적인 은혜로 주어지는 것이지, 변화와 갱생을 조건으로 해서 주어지는 것이 아니라는 뜻이다. 그러므로 고린도후서 5장 10절은 믿지 않는 자에게 적용되는 원칙이며, 성도들에게도 원칙적으로 적용될 수 있으나 성도들은 이미 그 행한 바에 대한 형벌을 예수가 그들을 대신하여 받았으므로 실제로는 적용되지 않는다고 말할 수 있다. 그러므로 개혁주의 전통에서는 설교 시에 이 구절은 성도들을 향한 엄중한 경고로 말하는 것이 옳다. 만약 그 이상으로 확대하여 행위심판을 가리키는 것으로 보고 칭의의 취소 가능성을 공공연하게 말한다면 이신칭의와 은혜를 통한 구원의 의미는 심각하게 훼손 받게 된다. 십자가에 달린 예수를 바라볼 때 우리는 하나님은 인간의 죄에 대해 진노하고 계시며, 우리의 죄 때문에 죄 없으신 예수가 하나님으로부터 무서운 형벌을 받았다는 것을 볼 수 있어야 한다. 왜냐하면 하나님은 의로우신 재판장이시기 때문이다. 의로우신 재판장이신 하나님은 우리의 죄에 대한 형벌을 생략하지 않으시고 우리 대신 예수에게 그 형벌을 내리셨다(롬 3:21-26).[50]

---

50) 이 문제에 관한 보다 더 자세한 설명은 김철홍, "바울신학의 새 관점 비판: 바울복음의 기원, 칭의론과 최후의 심판론을 중심으로," 『신약연구』 12(2013), 838-74을 보라.

본문 해설 IV

화해의 사역자 바울

(5:11-7:1)

화해의 사역자 바울

5:11-7:1

IX. 화해의 사역(5:11-6:2)

11절 _ 우리는 주의 두려우심을 알므로 사람들을 권면하거니와 우리가 하나님 앞에 알리어졌으니 또 너희의 양심에도 알리어지기를 바라노라

"주의 두려우심"(τὸν φόβον τοῦ κυρίου)은 주님을 향해 성도들이 당연히 갖고 있는 경외감이다. 10절에서 그리스도의 심판대에 관해 말하고 있으므로 여기서 주는 당연히 그리스도다. 심판장으로서 그리스도는 두려운 분이시다. 그에게는 자비만 있는 것이 아니라 공의도 있으시다. 인간이 범한 모든 악에 대해서 그는 공의로 심판하신다.

"사람들을 권면하거니와"(πείθομεν)에서 동사 '페이또'(πείθω)는 '설득하다'라는 기본적인 뜻이 있다. 현재형으로 되어 있으므로 바울이 일상적으로 반복하여 하는 활동을 묘사한다. 즉, 그는 설교할 때 사람들을 설득한다. 그렇다면 그가 설득하려고 하는 내용은 무엇일까? 우선 복음의 진리일 것이다. 예수가 그리스도시며 주님이

시라는 점(고전 12:3; 고후 4:5)일 것이다. 둘째로 자신이 참 사도라는 점일 것이다. 자신이 사도로서 자격이 있으며(고후 3:1-6; 4:1-6), 자신의 행동은 깨끗하여 숨길 것이 없음을(고후 1:17) 설득하려고 한다.

"우리가 하나님 앞에 알리어졌으니(πεφανερώμεθα)"에서 동사는 완료형이므로, 자신의 사도로서 어떤 사람인지 하나님에게는 이미 알려진 상태라는 것을 강조한다. 하나님 앞에서 아무도 자신에 대해 감출 수 없다. 악한 자이든 선한 자이든 하나님 앞에서 우리는 반드시 자신이 어떤 사람인지 다 드러나고야 만다. 바울은 지금까지 자신의 삶을 통해 하나님 앞에 자신이 어떤 사람인지 다 드러내보였다. 이제는 고린도 성도들의 "양심에도" 그가 어떤 사도인지 "알려지기를 바란다."

12절_우리가 다시 너희에게 자천하는 것이 아니요 오직 우리로 말미암아 자랑할 기회를 너희에게 주어 마음으로 하지 않고 외모로 자랑하는 자들에게 대답하게 하려 하는 것이라

바울은 처음부터 추천서도 없이 고린도에 왔고(고후 3:1, "우리가 다시 자천하기를 시작하겠느냐 우리가 어찌 어떤 사람처럼 추천서를 너희에게 부치거나 혹은 너희에게 받거나 할 필요가 있느냐"), 어떤 사람들처럼 자신을 스스로 칭찬하기 위해 이런 말을 하는 것은 아니다. 그는 고린도 성도들에게 "오직 우리로 말미암아 자랑할 기회(ἀφορμή)"를 주기 원한다. 여기서 '아포르메'(ἀφορμή)는 "사람의 행동을 변호하거나 혹은 비난하는데 유용한 모든 종류의 근거자료 혹은 주장"(any sort of data or arguments useful in impugning or defending someone's actions)이란 뜻이다. 고린도후서 11장 12절, "내가 하는 것을 또 하리니 기회(ἀφορμή)를 찾는 자들의

그 기회(ἀφορμή)를 끊어 저희로 하여금 그 자랑하는 일에 대하여 우리와 같이 되게 하려 함이로라"에서도 다시 한 번 나타난다. 이 두 구절 모두에서 이 단어는 논쟁적인 맥락에서 사용되고 있다.[51] 이 단어의 등장은 지금 바울이 평화로운 분위기에서 이런 말을 하고 있는 것이 아니라 논쟁적인 상황에서 말하고 있다는 것을 암시한다. 그러므로 다음절인 5장 13절의 "우리가 만일 미쳤어도"는 누군가가 바울을 향해 '바울은 미쳤다'고 공격했기 때문에 하는 말로 읽을 수 있다.

바울은 거짓사도들의 비판을 듣고도 고린도 성도들이 바울을 부끄럽게 생각하지 않고 자랑스럽게 생각할 수 있는 근거를 주기 원한다. 이 말은 고린도 성도들이 지금 바울에 대해서 자랑스럽게 생각하지 않는다는 것을 암시한다. 이것은 그들이 바울이 전한 복음에 대해서 부끄럽게 생각한다는 의미도 포함한다. 바울에 대한 부끄러움은 바울이 전한 복음에 대한 부끄러움으로 이어지므로 바울은 자신에 대해 부끄럽게 생각하지 말라고 설득한다.

바울은 그의 적대자들("마음으로 하지 않고 외모로 자랑하는 자들")이 바울에 대해 공격할 때 고린도 성도들이 그 공격에 대해 대답할 말을 제공하려고 한다("대답하게 하려 하는 것이라"). "외모로 자랑하는 사람들"(τοὺς ἐν προσώπῳ καυχωμένους)이 스스로를 자랑스럽게 생각할 때 그 자랑의 근거는 외모(헬라어로는 얼굴, πρόσωπον)다. 이들은 실제로 바울의 외모를 낮추어 보는 말을 한 것 같다. 고린도후서 10장 10절, "**그가 몸으로 대할 때는 약하고** 그 말도 시원하지 않다 하니"는 그들의 말을 바울이 인용한 것으로 보인다. 그들은 바깥으로 보이는 것(what is outward)을 자랑스럽게 생각한다는 바울의 지적은 고린도후서 11장 22절, "그들이 히브리인이냐

51) Furnish, *II Corinthians*, 307.

나도 그러하며 그들이 이스라엘인이냐 나도 그러하며 그들이 아브라함의 후손이냐 나도 그러하며"에서도 그 내용이 구체적으로 드러나고 있다. 그들은 이방 기독교인인 고린도 성도들 앞에서 자신들이 유대인임을 자랑스럽게 생각하고 있다. 그러나 바울은 그런 것은 자랑거리가 될 수 없다고 말한다. 그런 것은 "낡아지는 겉사람"이고(고후 4:16), "눈에 보이는 것"(고후 4:18)이고, "잠깐 있는"(고후 4:18) 것이다. "마음으로"는 "외모로"와 반대되는 것이며, "마음 속에 있는 것"(ἐν καρδίᾳ)을 자랑해야 한다는 말이다. 즉, "눈에 보이지 않는 것"(고후 4:18)을 자랑스럽게 생각해야 한다고 말한다.

13절_우리가 만일 미쳤어도 하나님을 위한 것이요 정신이 온전하여도 너희를 위한 것이니

"우리가 만일 미쳤어도"라는 말을 바울이 왜 하는지에 대해서 이 말을 단순한 수사적 표현(rhetoric)으로 보는 견해도 있으나, 이 구절은 바울과 그의 동역자들이 누군가에 의해 미쳤다는 고발/비난을 당했음을 반영하는 것 같다. 왜냐하면 논쟁을 하는 과정에서 바울이 스스로 자신이 미쳤다는 말을 하는 것은 전혀 논쟁에서 유리한 내용도 아니고 스스로를 불리하게 하는 말이기 때문이다. 바울이 아무런 이유 없이 이런 말을 지어서 할 이유는 없다. 바울이 거짓사도들과 격렬한 논쟁을 벌이는 11장 23절에서 "정신없는 말을 하거니와"(παραφρονῶν λαλῶ)라는 말을 중간에 삽입하며, 이 말도 역시 논쟁 속에서 오간 말로 보인다. 고린도후서 10-13장이 사도적 진정성(apostolic authenticity)을 둘러싼 그와 그의 적대자들 사이의 매우 강력한 논쟁이라는 점을 놓고 볼 때 단순한 수사적 표현으로 보기는 역시 어렵다. 누군가가 바울의 정신적 상태를 '파라프로니아'(παραφρονία, 정신이상)로 고발한 것 같다. 이곳에서 바울

이 "우리가 만일 미쳤어도"(εἴτε γὰρ ἐξέστημεν)라고 말할 때 바울은 '엑시스테미'(ἐξίστημι)동사를 사용한다. 이 단어는 '평소의 자신에서 벗어난 상태'(a state of being beside oneself)를 나타내는 동사다. 고린도후서 12장 2-4절절의 "내가 몸 안에 있었는지 몸 밖에 있었는지" 자신도 잘 모르는 그런 상태를 묘사하는 동사다. 그 명사형 '에크스타시스'(ἔκστασις)는 사도행전 22장 17절, "후에 내가 예루살렘으로 돌아와서 성전에서 기도할 때에 황홀한 중에(ἐν ἐκστάσει) 보매"에서 사용되었다. 비록 누가의 기록이긴 하지만 바울이 본 환상을 언급할 때 이 단어를 사용한 점은 이 단어들이 신비한 영적 체험을 가리키고 있음을 보여준다. 바울이 황홀경에 빠져 환상을 보는 경험(ecstatic experience)과 바울이 미쳤다는 고발 사이에는 매우 밀접한 관련이 있다고 보인다. 바울이 고린도후서 12장 2-4절에서 언급하는 그런 경험에는 바울의 다메섹 경험도 포함될 수 있으므로 "우리가 미쳤어도"라는 것은 바울과 그의 적대자들 사이에 바울의 영적 체험을 둘러싼 논쟁이 있었다는 것을 시사한다. 즉, 바울이 천상에 다녀오는 것과 같은 신비한 체험을 한 결과로 그가 미쳤다고 혹은 그가 미쳤기 때문에 그런 환상을 본 것이라고 누군가가 바울을 공격한 것 같다.[52)]

마가복음 3장 21절에 보면 "예수의 친족들이" 예수를 붙잡으려고 그를 찾아오는데, 그 이유는 사람들이 "그가 미쳤다"(ἐξέστη)고 말하기 때문이다. 여기에서 예수의 적대자들이 예수를 공격할 때 '엑시스테미'(ἐξίστημι) 동사를 사용하는 점도 바울과 그의 적대자들 사이의 논쟁의 성격을 보여준다. 마가는 그 다음 절에서 "예루살렘에서 내려온 서기관들"이 예수를 고발하는 내용을 직접 인용함으로써 "그가 미쳤다"는 고발의 내용을 더 구체적으로 설명해준다.

52) 자세한 것은 김철홍, "바울은 제정신이 아니다?(고후 11:23)," 11-43을 보라.

그들은 "그가 바알세불이 지폈다"(Βεελζεβοὺλ ἔχει, 막 3:22) 혹은 "귀신의 왕을 힘입어 귀신을 쫓아낸다"고 예수를 공격했다. 유대교 안에서 일어나는 논쟁에서 어느 한 쪽이 미쳤다고 공격할 때 이는 그 사람의 영적인 정체성(spiritual identity)을 악하다(demonic)고 공격하는 의미가 있다.

그러므로 바울이 미쳤다는 그의 적대자들의 공격은 단순히 그가 정신이 이상하다는 정도를 넘어서 바울이 사탄에 사로잡혔다는 매우 강력한 공격이 된다. 스가랴 13장 2절, "거짓 선지자와 더러운 귀신을 이 땅에서 떠나게 할 것이라"는 거짓선지자와 악한 영 사이의 관계를 명확히 보여준다. 바울이 고린도후서 11장 15절에서 거짓사도들을 "사탄의 일꾼"이라고 말하는 것과 연결해 볼 때 바울과 거짓사도들 사이에서는 서로를 사탄의 일꾼으로 공격하고 자신이야 말로 성령의 능력을 가진 자라는 주장을 하는 논쟁이 있었을 것으로 추측된다. 고린도후서 11장 4절, "너희가 받지 아니한 다른 영을 받게 하거나 …너희가 잘 용납하는구나"는 바울이 분명히 거짓사도들이 갖고 있는 영과 자신이 갖고 있는 영은 다르다고 생각했다는 것을 보여준다. 바울도 이 논쟁에서는 예수의 경우처럼(마 9:32-34; 12:22-32; 눅 11:14-23) 그가 이적을 행했기 때문에 그런 공격을 당했을 수도 있다. 바울도 이적을 행하였으며(고후, 12:12, "사도의 표가 된 것은 내가 너희 가운데서 모든 참음과 표적과 기사와 능력을 행한 것이라") 그 이적의 성격을 둘러 싼 논쟁도 있었을 가능성이 높다. "우리가 만일 미쳤어도 하나님을 위한 것이요"는 바울이 미쳤다는 이 고발이 참인지 거짓인지 그 판단이 하나님께 있다는 뜻이다. 따지고 보면 바울이 환상을 보고 황홀경에 빠진 것도 사실은 하나님을 위한 것이고 복음을 위한 것이다.

14절 _ 그리스도의 사랑이 우리를 강권하시는도다 우리가 생각하건대 한 사

람이 모든 사람을 대신하여 죽었은즉 모든 사람이 죽은 것이라

"우리를 강권하시는도다"에서 사용된 '쉰에코'(συνέχω)동사는 '무엇을 꽉 잡다'라는 기본적인 뜻에서 발전하여 '제한하다'(to constrain), '강요하다'(to compel), '주인노릇 하다'(to overmaster), '완전히 지배하다'(to completely dominate)등의 뜻이 있다.[53] 13절의 "우리가 미쳤어도"가 바울이 악한 영에 사로잡혔다는 고발이라면 바울이 그 다음 절에서 "내가 악한 영에게 사로잡혀 악한 영이 나를 지배하는 것이 아니라 그리스도의 사랑에 사로잡혔다"고 주장하는 것은 당연한 논리적 흐름이다. "그리스도의 사랑"(ἡ ἀγάπη τοῦ Χριστοῦ)은 '바울이 그리스도를 향해 갖고 있는 사랑'으로 볼 수도 있지만 '그리스도가 갖고 있는 사랑'으로 보는 견해가 다수 주석가들의 의견이다.

바울은 이어서 그리스도의 사랑이 무엇인지를 설명한다. 그 사랑은 "한 사람이 모든 사람을 대신하여" 죽은 것이다. 그리스도의 죽음을 설명할 때 '때문에'(διά), '위하여'(περί), '대신하여'(ὑπέρ) 등의 전치사를 사용하는 것은 그의 죽음이 우리를 대신하는(to substitute) 죽음이라는 것을 나타내기 위한 것이다. 형벌 대체(penal substitution)의 개념은 바울의 속죄론의 중요한 핵심이며, 예수가 죄인들 때문에(διά) 죽으셨다(고전 8:11; 고후 8:9), 혹은 죄인을 위하여(περί) 죽으셨다(롬 8:3), 혹은 죄인을 대신하여(ὑπέρ) 죽으셨다(롬 5:6, 8; 8:32; 14:15; 고전 11:24; 15:3; 고후 5:15, 21; 갈 1:4; 2:20; 3:13; 살전 5:10; 딤전 2:6; 딛 2:14; 엡 5:2) 등 바울서신에서 상당히 자주 등장한다.[54]

---

53) Harris, *Second Epistle*, 419.

54) 신구약 성경의 속죄론에 관해 더 자세한 것은 김철홍, "성서적 신학의 주제로서 속죄," 『성서적 신학의 관점에서 바라본 신약신학의 주요주

바울은 이것을 확신한다(κρίναντας τοῦτο). 여기에서 "한 사람"은 물론 그리스도 예수다. '그러므로'(ἄρα) 그의 죽음으로 인해 "모든 사람이 죽은 것이라"는 논리는 소위 바울의 아담기독론(Adam Christology)에 근거한 것이다. 아담기독론은 로마서 5장 12-21절과 고린도전서 15장 21-22, 45-47절 등에 등장하는 바울의 독특한 기독론이다. 고린도전서 15장 47절에서 바울은 "첫 사람 아담"과 "마지막 아담"을 대조한다. 첫 아담은 "육의 사람"이지만 마지막 아담은 "신령한 사람"이다. 첫 사람은 "땅에서" 났고, 둘째 사람은 "하늘에서" 나셨다. 하늘에서 오는 아담은 곧 다니엘 7장 13-14절에 등장하는 하늘에서 구름을 타고 내려오는 사람의 형체를 한 어떤 존재(인자)이신 그리스도를 가리킨다. 그리스도가 바로 두 번째 아담이라고 말한다.

원래 하나님은 아담을 창조하시고 아담에게 모든 피조물을 다스릴 것을 명령하셨다. 창세기 1장 28절, "바다의 물고기와 하늘의 새와 땅에 움직이는 모든 생물을 다스리라"는 하나님의 명령은 아담을 하나님 아래, 만물의 위에 두신 것이다. 시편 8편 6절, "주의 손으로 만드신 것을 다스리게 하시고 만물을 그의 발 아래 두셨으니"는 원래 아담에 관한 말씀이다. 아담은 그런 뜻에서 온 세상 만물을 다스리는 왕으로 의도되었다. 그러나 아담은 자신의 지위에 만족하지 않았다. 뱀의 유혹에 빠져 하나님처럼 되려고 하였다. 결국 아담은 하나님의 명령에 순종하지 않고 실패한다. 아담의 실패로 인해 아담은 왕의 지위를 잃어버리고 죄와 죽음의 세력의 노예로 전락한다. 그리고 아담 대신 사망이 왕 노릇 하게 된다. 로마서 5장 14절, "아담으로부터 모세까지 아담의 범죄와 같은 죄를 짓지 아니한 자들까지도 사망이 왕 노릇 하였나니"(롬 5:17, 21)는 하나

제』, 장흥길 편 (서울: 한국성서학연구소, 2012), 205-240을 보라.

님의 창조의 의도가 망가져버린 현실을 묘사한다. 바울은 하나님이 실패한 아담 대신 새로운 아담을 세우셨다고 본다. 그래서 바울은 시편 8편이 아담에 관한 말씀임에도 불구하고 그 말씀을 예수 그리스도에게 적용하여 고린도전서 15장 25절에서 "그가 모든 원수를 그 발 아래에 둘 때까지 반드시 왕 노릇 하시리니"라고 말한다. 여기서 "그"는 옛 아담이 아니라 새 아담이신 예수 그리스도시다. 히브리서 2장 8절, "만물을 그 발 아래에 복종하게 하셨느니라 하였으니"는 이런 인식이 단순히 바울 개인뿐만 아니라 초대교회 안에 이미 공통적으로 존재하는 이해였을 가능성을 보여준다. 옛 아담은 죄와 사망의 세력 아래에서 노예와 포로 상태에서 살아가는 옛 인류의 조상이라면, 새 아담은 은혜와 생명의 능력 아래에서 자유로운 새 인류의 조상이다. 옛 창조와 새 창조, 옛 시대와 새 시대, 옛 언약과 새언약, 옛 인류와 새 인류는 모두 지금 예수 그리스도의 죽음과 부활로 인해 시작된 은혜의 통치를 대조법으로 보여준다.

예수가 십자가에서 죽으실 때 그는 인류를 대표하는 "아담"으로서 십자가에서 죽었다. 예수를 그리스도로 인정하고 믿는 사람은 예수가 죽을 때 그와 함께 죽은 셈이다. 그가 땅에 묻힐 때 그와 함께 묻혔고, 그가 다시 살아났을 때 그와 함께 부활한 셈이다(롬 6:3-5, "그의 죽으심과 **합하여** 세례를 받은 줄을 알지 못하느냐 그러므로 우리가 그의 죽으심과 **합하여** 세례를 받음으로 그와 함께 장사되었나니 …그의 부활과 같은 모양으로 **연합한** 자도 되리라"). 바울은 예수 안에서 모든 사람이 다 죽었다고 말한다. 이것은 마치 창세기의 한 사람, 옛 "아담"이 타락함으로 모든 인류에게 죽음이 임한 것과 같은 이치다. 예수는 새 "아담"으로서 십자가에서 죽고 부활하여 새 아담이 되심으로 그를 통해 새 아담의 후손들이 태어나게 했다. 그래서 기독교인은 예수를 "아담"으로 하여 새로

이 세상에 출현한 '새로운 종류의 인류'(a new race)다. 누가복음 3장 23-38절에 나오는 예수의 족보가 아브라함에서 끝나지 않고 아담과 하나님에게까지 거슬러 올라가, 예수를 "아담의 아들, 하나님의 아들"(τοῦ 'Αδάμ, τοῦ θεοῦ)로 보는 것 역시 예수가 새로운 아담임을 주장하는 것도 일종의 아담기독론으로 볼 수 있다.[55] 또한 마가복음 1장 13절, "광야에서 사십 일을 계시면서 사탄에게 시험을 받으시며 들짐승과 함께 계시니 천사들이 수종들더라"에서 예수가 광야에서 들짐승과 함께 계셨다는 것은 아담의 타락 이전에 모든 동물들이 평화 속에 아담과 함께 있던 그 시절을 가리키는 것으로 볼 수도 있다.[56] 만약 그렇다면 이것 역시 아담기독론과 유사한 그리스도 이해다.

15절_그가 모든 사람을 대신하여 죽으심은 살아 있는 자들로 하여금 다시는 그들 자신을 위하여 살지 않고 오직 그들을 대신하여 죽었다가 다시 살아나신 이를 위하여 살게 하려 함이라

그리스도가 모든 사람을 위해(ὑπέρ) 죽으신 목적(ἵνα)은 새로운 인류인 기독교인들은 "더 이상 그들 자신을 위해 살지 않고"(μηκέτι ἑαυτοῖς ζῶσιν) "그들을 위해 죽었고 다시 일으키심을 받은 분"(τῷ ὑπὲρ αὐτῶν ἀποθανόντι καὶ ἐγερθέντι) 즉, 예수를 위해 살게 하려는 것이다. 바울이 성도들을 "살아있는 자들"(οἱ ζῶντες)이라는 호칭으로 부르는 것은 의미심장하다. 이 말 속에는 그리스도를 모르고 믿지 않는 자들은 "죽은 자들"이란 뜻이 담겨져 있다. 데살로니가전서 5장 4-8절에 나오는 신자와 비신자 사이를 매우 강력한

---

55) J. Nolland, *Luke 1-9:20* (Word Biblical Commentary 35A; Dallas: Word, 1989), 174.

56) R. T. France, *The Gospel of Mark* (New International Greek Testament Commentary; Grand Rapids: Eerdmans, 2002), 86.

대조법으로 묘사한 것과 매우 유사한 표현이다.

> 16절 _ 그러므로 우리가 이제부터는 어떤 사람도 육신을 따라 알지 아니하노라 비록 우리가 그리스도도 육신을 따라 알았으나 이제부터는 그같이 알지 아니하노라

바울이 과거 한 때 그리스도를 "육신을 따라"(κατὰ σάρκα) 알았다는 말은 그리스도에 대한 그의 이해가 바뀌었음을 보여준다. 갈라디아서 3장 13절에서 바울은 "그리스도께서 우리를 위하여 저주를 받은 바 되사 율법의 저주에서 우리를 속량하셨으니 기록된 바 나무에 달린 자마다 저주 아래에 있는 자라 하였음이라"고 말한다. 갈라디아서 3장 13절 하반절은 신명기 21장 22-23절의 인용이다. 신명기 법은 사람이 죽을 죄를 지었으면 그를 처형해서 그 시체를 나무에 달라는 것이다.("사람이 만일 죽을 죄를 범하므로 네가 그를 죽여 나무 위에 달거든"). 산 사람을 나무에 달아 처형하는 것이 아니라 처형한 뒤 시체를 나무에 달라는 것이다.

그러나 일세기 이전에 이미 유대교 안에서 이 신명기 법은 사람을 죽여 시체를 나무에 다는 것이 아니라 산 사람을 나무에 달아 처형하는 것으로 이해하고 있었음을 보여주는 쿰란 문서들이 발견되었다. 4QTemple 64은 신명기 21장 22-23절의 미드라쉬를 포함하고 있다. 그 중 4QTemple 64.6-13은 사람을 산채로 나무에 달아 죽이는 처형을 언급한다. 구약성경의 나훔서를 주해한 4QNahper 7-8은 "Lion of Wrath"(분노의 사자)로 불리는 어떤 사람이 사람들을 산채로 나무에 달아 처형한 사건에 대해 말하고 있다. 요세프스는 하스모니안 왕조의 알렉산더 얀네우스(Alexander Janneus)가 시리아의 왕 데메트리우스 3세(Demetrius III)에게 군사적 도움을 청한 정치적 적(敵)인 800명의 유대인들을 나무에 달아 죽였다고

말한다(Josephus, *War*. 1.92-97; *Ant*. 13.376-81). 그래서 나훔 페셔(4QNahper)에 나오는 "Lion of Wrath"(분노의 사자)는 바로 알렉산더 얀네우스(Alexander Janneus)로 본다. 요세프스는 이 처형을 폭력적인 것으로 비난하지만 쿰란에서는 신명기 법에 따른 정당한 처형으로 본다.[57)]

이런 고대의 기록들이 중요한 이유는 팔레스타인이 로마의 지배하에 들어가기 전에 이미 유대인들은 "나무에 달아 죽이는" 처형을 하고 있었다는 것을 보여주기 때문이다. 십자가 처형이 비록 로마인들의 처형방식이지만 유대인들은 십자가 처형을 신명기 21장 22-23절의 관점에서 이해하고 있었을 가능성이 매우 크다. 바울이 갈라디아서 3장 13절에서 예수의 죽음을 신명기 21장 23절의 율법의 관점에서 보고 예수는 "하나님께 저주를" 받은 사람으로 보는 견해를 소개하는 것도 바로 유대인들이 십자가 처형을 신명기 법의 관점에서 보았기 때문이다. 예수를 바알세불에 사로잡힌 자로 보고(막 3:22) 그를 거짓선지자로 판단한 유대인 지도자들은 그를 산헤드린에서 재판하고 신성모독 죄로 처형하기로 결정한다. 그리고 그를 처형하기 위해 빌라도의 손을 빌려 십자가에 못 박아 죽이려 하는데, 왜냐하면 예수를 나무에 달아 죽여야 많은 백성들의 눈앞에 예수는 하나님의 저주를 받아 죽는 것으로 보이기 때문이다. 바울도 물론 과거에는 예수는 하나님의 저주를 받아 나무에 달려 죽은 것으로 이해했다.

그러나 다메섹 경험을 통해 바울은 그런 견해, 즉 "육신을 따라"(κατὰ σάρκα) 그리스도를 이해하는 것이 잘못되었다는 것을 깨

57) 1세기 유대교의 십자가 처형에 대한 이해에 관해서는 Otto Betz, "Jesus and the Temple Scroll, in *Jesus and the Dead Sea Scrolls*, edited by James H. Charlesworth (New York, London, Toronto, Sydney, Auckland: Doubleday, 1992), 21-103을 보라.

닫게 되었다. "육신을 따라"(κατὰ σάρκα) 그리스도를 이해하는 것은 곧 '율법의 관점에서' 그리스도의 죽음을 이해하는 것이다. 바울은 그런 관점을 버리고 이제 반대의 입장에서 그리스도의 죽음을 바라본다. "이제부터는"(ἀπὸ τοῦ νῦν), "그러나 이제는 더 이상 …아니다"(ἀλλὰ νῦν οὐκέτι)는 바울이 개종에 해당하는 경험을 했음을 보여준다. 다메섹에서 부활하신 그리스도를 만남으로 그는 그리스도가 우리의 죄를 위해 우리를 대신하여 하나님의 저주/율법의 저주를 받고 죽은 하나님의 아들임을 깨닫게 되었다.

바울이 십자가의 예수를 메시아로 전할 때마다 유대인들은 신명기 21장 23절의 말씀을 인용하면서 복음을 거부했을 것이다. 그때 바울은 이렇게 말했을 것이다. "그렇다 당신들의 말대로 예수가 하나님의 저주를 받아 죽은 것은 사실이다. 그런데, 예수가 하나님의 저주를 받은 것은 '율법의 저주에서 우리를 속량'하기 위해 '우리를 위하여 저주를 받은 바' 되셨다(갈 3:13). 예수가 나무에 달려 죽으신 것은 '그리스도 예수 안에서 아브라함의 복이 이방인에게 미치게 하고 또 우리로 하여금 믿음으로 말미암아 성령의 약속을'(갈 3:14)받게 하시기 위해 죽으신 것이다. 예수는 저주를 받고 온 세상이 아브라함의 축복을 받게 되었다."

17절_그런즉 누구든지 그리스도 안에 있으면 새로운 피조물이라 이전 것은 지나갔으니 보라 새 것이 되었도다

"새로운 피조물"(καινὴ κτίσις)에서 형용사 '카이노스'(καινός, 새로운)와 "이전 것"의 형용사 '아르카이오스'(ἀρχαῖος, 오래된)는 반대말이며 고린도후서 3장 6절의 "새 언약," 3장 14절의 "구약(옛 언약)"을 연상시킨다. 예전의 "나"는 없어졌고 하나님의 새창조를 입은 새로운 인간으로 다시 태어났다는 뜻이다. 피조물(κτίσις)은 그리스

도를 믿음으로 하나님의 새로운 피조물로 다시 태어남(rebirth) 혹은 개종을 표현하는 단어다. 회개하고 예수를 믿으면 예전의 나는 죽고 새로운 "내"가 태어난다. 그러나 이 구절이 "과거의 나"는 완전히 사라지고, 전혀 새로운 "하나님의 사람"으로 태어난다는 것만을 의미하는 것은 아니다. 새창조는 삶의 변화를 수반하는 영적 부활을 가리키는 동시에 종말에 하나님이 새 하늘과 새 땅을 창조하는 때에 일어난 몸의 부활을 가리킨다. "이전 것은 지나갔으니 보라 새 것이 되었도다"는 이사야 65장 17절, "보라 내가 새 하늘과 새 땅을 창조하나니 이전 것은 기억되거나 마음에 생각나지 아니할 것이라"를 연상시키며 이 구절은 미래의 새 창조를 동시에 가리킨다.

바울서신에서 약 160회 등장하는 "그리스도 안에"(ἐν Χριστῷ)는 '그리스도와의 연합'(union with Christ) 혹은 '교회 공동체 소속'(affiliation with the church)을 나타내는 것으로 볼 수 있다. 하나님의 새 창조를 경험하려면 그리스도 안에 있어야 한다. 골로새서 1장 16절에 따르면 "만물이 그에게서 창조되었다." 즉 만물은 "그리스도 안에서"(ἐν αὐτῷ) 창조되었다. 옛 창조의 때에도 만물이 그리스도 안에서 창조되었듯이 새 창조의 때에도 만물은 그리스도 안에서 창조된다. 그 말은 곧 "만물이 다 그로 말미암고 그를 위하여"(골 1:16) 창조된다는 말이다. 그러므로 가장 중요한 것은 '그리스도 안에 남아있는 것'이다. 인간이 끝까지 그리스도 안에 남아있기만 하면 새 창조를 경험할 수 있다.

18절 _ 모든 것이 하나님께로서 났으며 그가 그리스도로 말미암아 우리를 자기와 화목하게 하시고 또 우리에게 화목하게 하는 직분을 주셨으니

"모든 것이 하나님으로부터(ἐκ τοῦ θεοῦ) 났으며"는 인간이 새로

운 삶을 살 수 있는 가능성은 인간의 내부에 있는 것이 아니라 외부로부터 온다는 것을 보여준다. 가능성은 하나님에게로부터 온다. 옛날에 세상이 창조될 때에도 모든 것은 하나님이 창조하셨다. 하나님은 예수 안에서 우리를 창조하시되 새로운 창조물로 만드신다. 그리스도인은 세상에 그 유래가 없었던 완전히 새로운 종류의 창조물이다.

그런데 그 하나님이 "그리스도를 통해"(διὰ Χριστου) 우리를 자신에게(ἑαυτῷ) 화목하게 하신다(καταλλάξαντος). '화해하다'(to reconcile)라는 동사 '카탈라쏘'(καταλλάσσω)는 헬라문화에서 주로 정치, 외교, 군사적 맥락에서 평화협정을 맺을 때 사용되던 말이다. 바울서신에서 '카탈라쏘'(καταλλάσσω)는 로마서 5장 10절에서 두 번, 고린도전서 7장 11절, 고린도후서 5장 18-20절에서 세 번, 모두 여섯 번 나온다. 동의어 '아포카탈라쏘'(ἀποκαταλλάσσω)는 골로새서 1장 20, 22절, 에베소서 2장 16절에 세 번 나오며 접두어 '아포'(ἀπο)는 변화의 방향이 back(ἀπο)으로 일어난다는 뉘앙스를 추가한다. 명사형 '카탈라게'(καταλλαγή)는 로마서 5장 11절, 11장 15절, 고린도후서 5장 18-19절에서 두 번 나온다.[58] 이와 같이 "화해"를 나타내는 단어군은 신약성서에서 오직 바울서신에서만 나타나고 있으므로 바울의 "화해"의 개념을 사용하여 독자적으로 십자가 사건을 해석한 것으로 볼 수 있다.

십자가 사건을 하나님이 인간과 화해한 사건으로 보는 바울의 견해 뒤에는 십자가 사건 이전의 인간은 하나님과 적대적인 관계 속에 있다는 전제가 있다. 바울은 로마서 5장 10절, "곧 **우리가 원수 되었을 때에** 그의 아들의 죽으심으로 말미암아 하나님과 화목하게 되었은즉"은 인간이 하나님과 "원수"의 관계에 있다고 말한

58) Harris, *Second Epistle*, 435.

다. 인간은 "경건하지 않은 자"(롬 5:6), "죄인"(롬 5:8)이기 때문이다. 하나님은 죄 때문에 인간을 향해 진노하시고, 인간은 하나님을 미워한다(1:30, "하나님께서 미워하시는 자요"는 '하나님을 미워하는 자요'로 번역할 수도 있다). 그런데 인간을 향해 진노하시는 하나님이 인간과 화해하셨다.

바울이 "화해"의 언어를 사용할 때 언제나 하나님이 화해 행동의 주체로 나타난다. 바울은 하나님이 인간의 회개나 기도 없이 단독으로 먼저 인간과 자신을 화해하셨다고 말한다. 하나님은 우리가 회개하기 전에 먼저 우리를 용서하시고 화해의 손길을 펴신다. 수많은 당시 헬라 종교들은 인간이 신의 기분을 좋게 하여 화를 피하고 복을 받을 수 있다는 가르침 위에서 신에게 제물을 바치는 제사종교들이 대부분이었다. 여기에서 신의 진노를 푸는 행동의 주도권은 인간에게 있다. 그러나 복음은 이와 정반대의 것을 말한다. 하나님이 먼저 인간과 좋은 관계를 맺기 위해 주도권을 갖고 하나님이 스스로 먼저 화해의 길을 여셨다. 이것이 복음이 인간의 종교와 결정적으로 다른 점이다.

하나님이 인간과 화해할 때 그 화해는 그리스도를 통해서(διὰ Χριστοῦ) 이루어졌다. 그리스도는 화해의 사명을 띠고 하나님이 이 땅에 보낸 화해의 사역자(agent)다. 그리고 그가 십자가에서 죽으신 것은 곧 화해를 위한 제물로 죽으신 것이다(롬 5:10, "그의 아들의 죽으심으로 말미암아 하나님과 화목하게 되었은즉"). 그리스도의 죽음이 화해의 결과를 가져온 이유는 그의 죽음으로 인해 하나님의 진노가 해소되었기 때문이다. 로마서 3장 25절에서 "화목제물"로 번역된 헬라어 '힐라스테리온'(ἱλαστήριον)은 70인역 구약성서에서 대속죄일의 속죄의 장소인 '속죄소/시은소'(mercy seat)를 가리키는 단어로 사용된 바가 있으나(레 16:2, 13-15), 여기에서는 하나님의 진노를 잠재우는 속죄의 제물이란 뜻으로 본다. 세속 헬라어에서 이 단어와 파생어들이 신의 분노를 잠재운다는 뜻으로 사용되고 있고, 바울이 이 단어를 다른 뜻으로 사용하고 있다고 보기는 어렵다. 헬라어로 된 70인역 구약성서 민수기 25장 13절에서 이 단어는 "하나님의 진노를 잠재운다"는 뜻으로 사용되고 있다.[59] 예수 그리스도의 십자가 죽음으로 하나님의 진노가 해소되어 사라졌기 때문에 인간은 비로소 하나님과 화해의 관계 속으로 들어갈 수 있게 되었다. 또한 하나님의 진노가 사라졌기 때문에 인간은 최후의 심판대에서 의롭다는 선언을 받게 되었다. 칭의와 화해는 모두 예수의 십자가 죽음으로 인해 주어진 구원을 바울이 설명하는 방법이다.

하나님과 인간은 그리스도를 통해 화해의 관계로 들어가게 되었다. 하나님은 "화해의 말씀/메시지"(19절, τὸν λόγον τῆς καταλλαγῆς)를 바울에게 주고, 그에게 "화해의 직분"(ἢν διακονίαν τῆς καταλλαγῆς)도 주셨다. 화해의 메시지는 바로 십자가 복음이고 화해의 직분은 그리스도의 사도의 직분이다. 바울이 세상에 선포하는 것은 하나님이 인간을 향해 화해의 손길을 먼저 내밀었다는 것이고 그가 하는 일은 화해의 메시지를 인간이 받아들이게 하는 것이다.

19절 _ 곧 하나님께서 그리스도 안에 계시사 세상을 자기와 화목하게 하시며 그들의 죄를 그들에게 돌리지 아니하시고 화목하게 하는 말씀을 우리에게 부탁하셨느니라

'호스 호티'(ὡς ὅτι)는 '때문에'로 번역하는 것이 가장 나을 것 같

---

59) 이에 관해서는 Leon Morris, "The Use of Ἱλάσκεσθαι etc. in Biblical Greek," *The Expository Times* 62(1951), 227-33; "The Meaning of HILASTERION in Rom III.25," *New Testament Studies* 2(1955-56), 33-34; Roger R. Nicole, "C. H. Dodd and the Doctrine of Propitiation," *Westminster Theological Journal* 17(1954-1955), 117-57 등을 보라.

다. 하나님은 그리스도 안에서 세상과 화해하시기 때문에 '그들의 죄를 그들에게 돌리지 아니하신다'(μὴ λογιζόμενος). 동사 '로기조마이'(λογίζομαι)는 "무엇을(대격) 어떤 사람의(여격) 책임으로 하다"의 뜻이다. 하나님은 인간의 죄를 그들에게 책임 있는 것으로 보고 그 책임을 묻지 아니하신다. 왜냐하면 그리스도의 죽음을 통해 그리스도 육체에 인간의 모든 죄에 대한 하나님의 진노를 다 쏟아 부으셨기 때문이다. 이 동사는 로마서 4장에서 집중적으로 등장한다. 로마서 4장 7-8절, "불법이 사함을 받고 죄가 가리어짐을 받는 사람들은 복이 있고 주께서 그 죄를 인정하지 아니하실(μὴ λογίσηται) 사람은 복이 있도다 함과 같으니라"는 그 한 예다. '로기조마이'(λογίζομαι)는 우리말로 옮길 때 'A를 B로 여기다/간주하다'(reckon, consider)의 뜻으로 번역할 수 있다. 로마서 4장 5절의 "경건하지 아니한 자를 의롭다 하시는 이"는 '경건하지 않은 자를 의로운 자로 여겨주시는 이'로 번역할 수 있다. 이렇게 번역하면 실제 인간이 의롭지 않음에도 불구하고 최후의 심판에서 인간을 의로운 존재로 간주해주신다는 뜻이 보다 더 잘 전달된다. 이 동사에서 전가(imputation)의 개념이 생겨났다. 영어 동사 impute는 'to impute 죄(罪) to 사람[人]'의 형태로 사용되어 어떤 죄를 어떤 사람의 탓/책임으로 여긴다는 뜻을 표현한다. 원래는 우리의 죄를 우리의 책임으로 돌려야 함에도 불구하고, 하나님은 우리의 죄를 그리스도의 책임으로 어기시고, 그 죄에 대한 책임을 그리스도에게 옮겨(전가, imputation) 마치 그리스도를 죄인으로 여겼다(reckon). 그리고 거꾸로 그리스도가 갖고 있던 의를 우리에게 옮겨(전가), 우리를 의인으로 여기셨다(reckon).

하나님은 "화해의 말씀"을 바울에게 두셨다(θέμενος). 화해의 말씀을 우리에게(ἐν ἡμῖν) 두셨다는 바울의 말은 고린도후서 4장 7절, "우리가 이 보배를 질그릇에 가졌으니(ἔχομεν)"와 내용상 같은 말이다. 하나님께서 복음 즉, 화해의 말씀을 바울에게 두셨기 때문에 질그릇과 같은 바울이 그 복음을 갖고 있다. 그래서 바울은 복음을 소유하고 있는 복음의 담지자다.

20절_그러므로 우리가 그리스도를 대신하여 사신이 되어 하나님이 우리를 통하여 너희를 권면하시는 것 같이 그리스도를 대신하여 간청하노니 너희는 하나님과 화목하라

"그러므로 우리가 그리스도를 대신하여 사신이 되어"는 "그러므로 우리가 그리스도 위한(ὑπέρ) 대사(ambassador)가 되어"의 뜻이다. 여기에서 동사 '프레스뷰오'(πρεσβεύω)는 '대사의 역할을 하다'(to be/work as an ambassador)의 뜻이다. 바울은 하나님에 의해 파견 받은 존재(사도)로 자신을 보고 있음을 보여준다. 마치(ὡς) 하나님이 "우리를 통하여"(δι' ἡμῶν) 호소/권면하시듯이(παρακαλοῦντος) 바울은 그리스도를 위해 간청한다(δεόμεθα). 하나님이 인간을 향해 호소한다는 말은 의미심장하다. 하나님은 우리가 하나님과 화해의 관계 속으로 들어오라고 호소하신다. 바울은 하나님의 대사가 되어 하나님의 호소를 사람들에게 전달한다. 바울이 그리스도를 위하여, 혹은 대신하여 사람들을 향해 간청의 내용은 "하나님과 화해하라"(καταλλάγητε τῷ θεῷ)다. 지금까지 하나님과 적대적인 관계였지만 이제는 평화의 관계로 들어가라. 이것은 바울이 선포한 설교(케뤼그마)의 내용이다. 인간은 하나님과 화해의 관계에 들어가야 한다. 이것은 인간과 인간 사이의 화해와는 전혀 다른 차원의 것이다. 인간과의 화해가 하나님과의 화해가 되는 것은 아니다. 인간 사이의 화해가 하나님과의 화해를 대체할 수도 없다. 인간과 인간이 화해할 수 있는 가능성은 인간과 하나님이 먼저 화해할 때 가능하다. 왜냐하면 하나님과 화해의 관계로 들어간 인간만이 자신

이 죄인이라는 것을 인정하기 때문이다. 인간과 인간이 서로 자신이 죄인임을 인정하게 될 때 인간은 서로를 향해 관용하고 서로 용서할 수 있게 된다. 그래서 진정한 사회 속의 화해의 출발은 자신이 죄인이라는 것, 그리고 상대방도 죄인이라는 것은 깨닫고 서로 정죄하지 않는 것이다.

21절_ 하나님이 죄를 알지도 못하신 이를 우리를 대신하여 죄로 삼으신 것은 우리로 하여금 그 안에서 하나님의 의가 되게 하려 하심이라

"죄를 알지도 못하신 이"는 그리스도의 무죄성(無罪性)을 말한다. 그리스도는 비록 인간으로 육신을 입은 존재로 태어나셨지만 그 분은 죄가 없으신 분이다(히 4:15, "우리에게 있는 대제사장은 우리의 연약함을 동정하지 못하실 이가 아니요 모든 일에 우리와 똑같이 시험을 받으신 이로되 **죄는 없으시니라**"). 그러나 하나님은 무죄한 예수를 "우리를 대신하여"(ὑπέρ ἡμῶν) "죄로 삼으셨다/만드셨다." 하나님은 언제 그리스도를 죄로 만드셨을까? 이 질문에 1) 성육신 때, 2) 십자가에서 죽으실 때, 두 가지 대답이 다 가능하다. 먼저 성육신은 하나님께서 그의 아들을 육체가 있는 인간으로 이 땅에 보내신 것이다(롬 8:3, "율법이 육신으로 말미암아 연약하여 할 수 없는 그것을 하나님은 하시나니 곧 죄로 말미암아 **자기 아들을 죄 있는 육신의 모양으로 보내어 육신에**(ἐν τῇ σαρκί) **죄를 정하사**(κατέκρινεν, 정죄하사, condemned)"). 하나님은 예수의 육체에서 인간의 죄를 정죄하셨다. 갈라디아서 4장 4절에서 "때가 차매 하나님이 그 아들을 보내사 여자에게서 나게 하시고 율법 아래에 나게 하신 것은"도 같은 맥락이다. 하나님은 죄 없으신 그의 아들을 육체가 있는 인간으로 보내시고 율법 아래에 태어나게 하셔서 율법에 의해 정죄 받아 십자가에서 죽게 하셨다. 이것은 우리

를 위해 그가 율법의 저주를 대신 받게 하신 것이다(갈 3:13). 그렇게 하여 갈라디아서 4장 5절, "율법 아래에 있는 자들을 속량하시고 우리로 아들의 명분을 얻게 하려" 하셨다.

여기서 "죄로 삼다"는 예수를 속죄 제물(sin offering)으로 삼으셨다는 뜻도 담겨있다. 출애굽기 29장 12절, 레위기 4장 24절, 민수기 18장 19절에서도 '하마르티아'(ἁμαρτία)는 속죄의 제물을 나타낸다. 십자가에서 예수가 죽을 때 하나님은 예수를 속죄 제사의 제물로 삼으셨다. 그렇게 하신 목적은 "우리(ἡμεῖς)가 그 안에서 하나님의 의(δικαιοσύνη θεοῦ)가" 되는 것이다. 여기에서 사용된 동사 '기노마이'(γίνομαι, 기본적인 뜻은 "되다")는 "변화"를 나타낸다. 그리스도 안에서 우리는 하나님의 눈에 의로운 존재가 된다. 혹은 하나님과 의로운 관계 속에 있는 존재가 된다. 고린도후서 5장 31절의 내용과 이사야 53장 9-11절의 내용은 서로 일치한다.

이사야 53장 9절, "**그는 강포를 행하지 아니하였고 그의 입에 거짓이 없었으나**"는 그리스도의 무죄성을 표시하는 이 구절의 "죄를 알지도 못하신 이"와 의미가 통한다. 이사야 53장 10절, "**그의 영혼을 속건제물로 드리기에 이르면**"은 그리스도가 속죄의 제물이 되셨다는 것이며, 이 구절의 "우리를 대신하여 죄로 삼으신 것"과 대응한다. 이사야 53장 11절, "나의 의로운 종이 자기 지식으로 **많은 사람을 의롭게 하며**"는 그리스도가 하나님 앞에서 죄인을 의롭게 하신다는 내용인 이 구절의 "그 안에서 하나님의 의가 되게 하려 하심이라"와 내용이 유사하다.[60] 이것은 바울이 그리스도의 죽음을 이사야 53장의 고난 받는 주의 종의 죽음으로 보았음을 보여준다.

6장 1절_우리가 하나님과 함께 일하는 자로서 너희를 권하노니 하나님의 은혜를 헛되이 받지 말라

60) Harris, *Second Epistle*, 456.

바울은 자신을 "(하나님과) 함께 일하는 자"(συνεργοῦντες)로 보고 있는 것 같다. 물론 바울이 그의 동역자들과 함께 하나님을 위해 일하는 것으로 해석할 수도 있지만 그 경우에는 전후관계와 맥이 잘 연결되지 않는다. 바울은 하나님의 대사(ambassador)로서 그리스도를 대신하여 마치 하나님이 호소하듯이 복음을 선포한다(고후 5:20). 그런 의미에서 바울은 하나님과 함께 일하는 사람이다.

바울은 사람들에게 호소한다(παρακαλοῦμεν). 그 호소의 내용은 "하나님의 은혜를 헛되이 받지 말라"는 것이다. 여기에서 바울은 "너희들"이 헛되이 받지 말 것을 호소한다. 여기서 너희는 누구일까? 고린도 성도들일까? 아니면 일반적인 바울의 청중일까? 물론 일반적인 청중으로 볼 수 있다. 왜냐하면 바울이 이 구절에서는 고린도교회의 특정한 문제를 언급하지 않으면서 일반적인 복음의 진리를 언급을 하고 있기 때문이다. 그러나 현재 고린도교회 안에 거짓 사도들이 이미 침투해 있고 그들로 인해 바울과 고린도 성도들의 관계가 상당히 어긋나 있다는 상황을 염두에 두면 아무래도 고린도 성도들을 향해 이 말을 하는 것 같다. 사실 바울이 원하는 것은 고린도 성도들과 그의 관계가 회복(화해)되는 것이다. 고린도 성도들과 바울의 관계가 다시 화해의 관계로 들어가는 것은 곧 그가 전한 십자가 복음을 그들이 수용하는 결과를 가져온다. 지금 거짓 사도들이 가르치는 "다른 복음"(고후 11:4)을 고린도교회 성도들은 수용하고 있다(고후 11:19-20, "너희는 지혜로운 자로서 어리석은 자들을 기쁘게 **용납하는구나** 누가 너희를 종으로 삼거나 잡아먹거나 빼앗거나 스스로 높이거나 뺨을 칠지라도 **너희가 용납하는도다**"). 그들의 다른 복음을 수용하는 것은 곧 고린도 성도들이 십자가 복음을 거부하고 궁극적으로 "하나님의 은혜를 헛되이 받는" 결과를 가져온다. 그래서 하나님의 은혜를 헛되이 받지 말라는 바울의 호소는 거짓사도들의 가르침에 속지 말고 자신이 전한 복음 안에 머물라는 호소다.

2절 _ 이르시되 내가 은혜 베풀 때에 너에게 듣고 구원의 날에 너를 도왔다 하셨으니 보라 지금은 은혜 받을 만한 때요 보라 지금은 구원의 날이로다

"이르시되 내가 은혜 베풀 때에 너에게 듣고 구원의 날에 너를 도왔다 하셨으니"는 LXX 이사야 49장 8절을 바울이 인용한 것이다. 이사야 49장 1-13절은 "여호와의 종의 노래" 중 두 번째 노래다. 바울은 이사야 49장 1-6절을 특별히 자신의 사역과 연결시킨다. 이사야 49장 1절, "여호와께서 태에서부터 나를 부르셨고 내 어머니의 복중에서부터 내 이름을 기억하셨으며"는 갈라디아서 1장 15절, "그러나 내 어머니의 태로부터 나를 택정하시고 그의 은혜로 나를 부르신 이가"와 내용이 연결된다. 이사야 49장 3절, "너는 나의 종이요 내 영광을 네 속에 나타낼 이스라엘이라 하셨느니라"는 갈라디아서 1장 24절, "나로 말미암아 하나님께 영광을 돌리니라"와 관련이 있다. 이사야 49장 4절, "그러나 나는 말하기를 내가 헛되이 수고하였으며 무익하게 공연히 내 힘을 다하였다 하였도다"는 갈라디아서 2장 2절, "내가 달음질하는 것이나 달음질한 것이 헛되지 않게 하려 함이라"를 연상하게 한다. 이사야 49장 6절, "내가 또 너를 이방의 빛으로 삼아 나의 구원을 베풀어서 땅끝까지 이르게 하리라"는 갈라디아서 1장 16절, "그의 아들을 이방에 전하기 위하여 그를 내 속에 나타내시기를 기뻐하셨을 때에"와 유사하다(행 13:47 참조).[61]

바울이 여기서 이사야 49장 8절을 인용하는 것은 하나님이 바울의 기도 소리를 "듣고" 바울을 "도와" 줄 것을 그가 확신하고 있음을 보여준다. 예전의 이사야서의 그 예언자가 그랬듯이 지금 바울

61) Harris, *Second Epistle*, 460.

도 어려운 싸움을 하고 있지만 하나님이 결국 바울이 옳음을 나타내 보이실 것(divine vindication)을 믿고 있다. "보라 지금은 은혜 받을 만한(εὐπρόσδεκτος) 때요 보라 지금은 구원의 날이로다"에서 "받은 만한"이란 형용사는 로마서 15장 16절에서 하나님께 받아들여질 만한 제물을 표현하는 형용사로 사용되었다(롬 15:16, "이방인을 제물로 드리는 것이 성령 안에서 거룩하게 되어 받으실 만하게(εὐπρόσδεκτος) 하려 하심이라"). "지금"이란 시점은 하나님이 죄인을 받아들여 그들에게 구원을 베푸시는 시점이다. 그러므로 고린도 성도들은 바울이 전한 복음을 거부하면 안 된다.

X. 바울의 겉모습과 참모습(6:3-13)

3절 _ 우리가 이 직분이 비방을 받지 않게 하려고 무엇에든지 아무에게도 거리끼지 않게 하고

"우리가 이 직분이 비방을 받지 않게 하려고"에서 '비방하다'는 '모마오마이'(μωμάομαι, to blame) 동사다.[62] 헬라문학에 다른 사람을 비방하고 웃음거리로 만드는 Μῶμος(모모스)라는 이름의 인물이 있는데, 그 인물의 이름에서 유래한 동사다. 바울은 자신이 맡고 있는 화해의 "그" 직분(ἡ διακονία)이 비방 받지 않게 하기 위하여(ἵνα) 어떤 일에서도/어떤 사람에게도(ἐν μηδενι) 아무런(μηδεμίαν) 비난의 구실(προσκοπή)을 주지 않는다. 바울이 두 개의 부정어, '엔 메데니'(ἐν μηδενι)와 '메데미안'(μηδεμίαν)을 동시에 사용하는 것은 강조하기 위해서다.

바울은 누군가 자신이 하는 사역을 비난할 수 있는 구실을 주지

62) Harris, *Second Epistle*, 469.

않으려고 매우 조심한다. 예를 들어 그가 예루살렘의 가난한 성도들을 위한 모금을 할 때 그 모금이 비난의 구실을 주지 않기 위해 주의한다. 바울이 직접 그 돈을 모으고 운반하지 않고 그는 그 일을 위해 선택된 이방 교회의 대표자들이 그 돈을 모으게끔 한다(고후 8:20-21, "**이것을 조심함은** 우리가 맡은 이 거액의 연보에 대하여 **아무도 우리를 비방하지 못하게 하려 함이니** 이는 우리가 주 앞에서뿐 아니라 사람 앞에서도 선한 일에 **조심하려 함이라**"). 심지어 그는 고린도 성도들로부터 생계유지비조차도 받은 바가 없고 도리어 그들을 위해 다른 교회에서 받은 지원금을 사용하였다(고후 11:9, "내가 모든 일에 너희에게 폐를 끼치지 않기 위하여 **스스로 조심하였고 또 조심하리라**"; 고후 12:13-14 참고). 그럼에도 불구하고 바울이 고린도 교인들의 돈을 탈취한다는 공격을 받았다(고후 12:16-17, "하여간 **어떤 이의 말이** 내가 너희에게 짐을 지우지는 아니하였을지라도 **교활한 자가 되어 너희를 속임수로 취하였다** 하니 내가 너희에게 보낸 자 중에 누구로 **너희의 이득을 취하더냐**"). 이렇게 바울은 어떤 형태로건 자신의 부주의함 때문에 복음의 사역이 비난의 대상이 될까봐 조심 또 조심을 한다.

4절_오직 모든 일에 하나님의 일꾼으로 자천하여 많이 견디는 것과 환난과 궁핍과 고난과

바울은 '오히려'(ἀλλ') "모든 일에 하나님의 일꾼으로 스스로를 추천하며"(συνιστάντες ἑαυτοὺς) 어떤 상황에서도 하나님의 일꾼다운 모습을 잃지 않는다. 여기서 '쉬니스테미'(συνίστημι) 동사는 '보여주다'(to show, give proof of)의 뜻으로 볼 수 있다. 고린도후서 3장 1절, 4장 2절, 5장 12절에서 등장한 추천(recommendation)의 문제가 여기 다시 나왔다. 바울은 자신을 칭찬하고 추천하는 것은 소용없

는 짓이나(고후 3:1) 사도로서 정정당당하게 부끄럽지 않게 행하는 것은 좋은 것으로 본다(고후 4:2). 즉 추천에는 정당한 추천과 부당한 추천이 있다. 바울은 지금 이곳에서 자기 자신에 대해 정당한 추천을 하고 있다. 이어서 나오는 그 내용을 보면 자기 추천의 근거는 바울의 고난이라는 것을 알 수 있다. 여기에서부터 바울은 스스로를 사도의 모범으로 천거하기 시작한다. 바울은 추천서를 중요하다고 생각하지도 않고, 자신을 스스로 자랑하기를 원하지 않지만 자신이 진정한 사도라는 증거를 다른 각도에서 보여준다.

"많이 인내 속에서"(ἐν ὑπομονῇ πολλῇ,) 그는 자신이 참 사도임을 나타내 보였다. 고린도후서 12장 12절에서도 바울은 인내(ὑπομονή)가 참 사도임을 보여주는 표지(σημεῖον)라고 말한다("사도의 표가 된 것은 내가 너희 가운데서 모든 참음과 표적과 기사와 능력을 행한 것이라"). 인내는 성도의 덕목이고, 사역자의 자격요건이다. 그가 "환난과 궁핍과 고난" 속에서도 사도의 역할을 다했다는 것도 그가 참 사도라는 것을 보여준다. "궁핍"으로 번역된 '아낭케'(ἀνάγκη)는 '재난'을 나타낸다. 여기서 "고난"으로 번역된 단어 '스테노코리아'(στενοχωρία)는 빠져나갈 구멍이 없이 몸이 꽉 끼는 장소에 갇힌 형국을 묘사하는 단어로서 4장 8절, "우리가 사방으로 욱여쌈을 당하여도 **싸이지 아니하며**"에서는 그 동사형 '스테노코레오'(στενοχωρέω)가 사용되었다.

5절_매 맞음과 갇힘과 난동과 수고로움과 자지 못함과 먹지 못함 가운데서도

"매 맞음"은 고린도후서 11장 23-25절, "매도 수없이 맞고, 여러 번 죽을 뻔하였으니, 유대인들에게 사십에서 하나 감한 매를 다섯 번 맞았으며, 세 번 태장으로 맞고, 한 번 돌로 맞고…"에서 구체적인 경우를 열거하고 있다. 바울은 유대인들에게 그리고 헬라/로

마 관헌들에게 매를 맞았다(행 16:23-40). "갇힘"은 감옥에 수감된 것이다. "난동"은 비시디아 안디옥(행 15:30), 이고니온(행 14:5), 루스드라(행 14:19), 빌립보(행 16:22), 데살로니가(행 17:5-7), 베뢰아(행 17:13), 고린도(행 18:12-17), 에베소(행 19:23-20:1) 등에서 소동이 일어나서 고초를 겪은 것 등을 가리킨다. "수고로움"은 복음을 전하기 위한 수고로서 그 중에서 바울이 수공업자로 노동한 것이다(행 18:3; 고전 4:12; 9:15; 고후 11:7, 9-10, 12; 살전 2:9; 살후 3:8). "자지 못함"은 철야기도를 가리키는 것이 아니라 그가 천막을 만드는 노동을 하기 위해서 밤을 새워 가면서 일한 것이다(살전 2:9, "형제들아 우리의 수고와 애쓴 것을 너희가 기억하리니 너희 아무에게도 폐를 끼치지 아니하려고 **밤낮으로 일하면서** 너희에게 하나님의 복음을 전하였노라"). "먹지 못함"은 금식 기도 한 것이 아니라 먹을 것이 없어서 끼니를 거른 것이다(고전 4:11, "바로 이 시각까지 우리가 **주리고 목마르며** 헐벗고 매맞으며 정처가 없고").

6절 _ 깨끗함과 지식과 오래 참음과 자비함과 성령의 감화와 거짓이 없는 사랑과

6-7절은 위에 열거된 것들에도 불구하고 바울이 어떻게 참 사도답게 일했는지를 보여준다. "깨끗함"은 도덕적 순결함이다. 고린도후서 11장 3절에서는 "진실함과 깨끗함"이 함께 나온다. 바울은 도덕적으로도 거짓사도들에게 비난받을 만한 일을 한 적이 없다. "지식"은 그리스도를 아는 지식이다. "오래 참음"은 바울이 고난을 당할 때에 보여준 태도다. "자비함"은 친절함이다. 친절함은 성도들을 대할 때의 그의 태도다. "성령의 감화"는 "성령 안에서"(ἐν πνεύματι ἁγίῳ)를 번역한 것이다. 그가 성령 안에서 혹은 성령으로 일했다는 것은 그가 참 사도임을 보여준다. 거짓사도에게는 성령이

아닌 다른 영이 있다(고후 11:4, “다른 영을 받게 하거나”). “거짓이 없는(ἀνυπόκριτος) 사랑”은 위선(hypocrisy)이 없는 사랑이다. 다른 목적을 갖고, 다른 동기로 사랑하는 것이 아니다.

7절 _ 진리의 말씀과 하나님의 능력으로 의의 무기를 좌우에 가지고

“진리의 말씀”은 복음의 말씀이며, 바울이 선포한 말씀은 하나님께로부터 오는 진리이므로 그는 참 사도다. “하나님의 능력”은 바울에게서 하나님의 능력/이적이 나타났으므로 그가 참 사도라는 것을 보여준다(고후 12:12; 롬 15:18-19; 갈 3:5; 고전 1:18; 살전 1:4-5; 고전 2:4-5; 고전 4:19-20). “의의 무기를 좌우에 가지고”는 군사 메타포로서 그가 무기를 가진 군사로 자신을 비유한 것이다. 그는 고린도후서 10장 3-5절에서 자신을 성벽을 포위하고 공격하여 무너뜨리는 공격부대의 병사 혹은 지휘관으로 본다. 고린도후서 10장 4절에서 그의 무기는 “하나님의 능력”이라고 말한다(“**우리의 싸우는 무기는** 육신에 속한 것이 아니요 오직 어떤 견고한 진도 무너뜨리는 **하나님의 능력이라** 모든 이론을 무너뜨리며”). 에베소서 6장 11-17절에서는 무장 리스트가 나온다. “의의 무기를 좌우에 가지고”는 보통 병사들이 왼손에는 방패 오른손에는 검을 들고 있었으므로, “믿음의 방패”와 “성령의 검 곧 하나님의 말씀”을 나타내는 것으로 볼 수 있다.

8절 _ 영광과 욕됨으로 그러했으며 악한 이름과 아름다운 이름으로 그러했느니라 우리는 속이는 자 같으나 참되고

7절 하반절에서부터 바울은 전치사 ‘엔’(ἐν) 대신 ‘디아’(διά)를 사용한다. “영광과 욕됨을 통하여”는 영광과 그 정반대인 욕됨을 모

두 다 바울이 경험했고 그것들을 통해 자신의 사역을 했다는 뜻이다. 빌립보서 4장 12절에서 바울은 "나는 비천에 처할 줄도 알고 풍부에 처할 줄도 알아 모든 일 곧 배부름과 배고픔과 풍부와 궁핍에도 처할 줄 아는 일체의 비결을 배웠노라"고 말한다. 그는 사람들의 존경과 환대도 경험했고 반대로 불명예스럽고 수치스러운 일도 경험했다. "악한 이름과 아름다운 이름을 통하여"는 "영광과 욕됨을 통하여"를 다시 한 번 설명한 것이다. 바울은 사람들에게서 두 가지의 평가를 받았다. 어떤 사람은 바울을 칭찬하고, 어떤 사람은 바울을 비난하였다.

바울과 그의 복음에 반대하던 사람들은 바울을 "속이는 자"(πλάνος)라고 공격했다. '플라노스'(πλάνος)는 형용사로서 '간사한/거짓의'란 뜻이다. 그 명사형 '플라네'(πλάνη)는 '거짓,' 동사형 '플라나오'(πλανάω)는 '거짓말 하다/사람들을 잘못된 길로 인도하다'(to lead astray)의 뜻이다. 70인역 헬라어 구약성경에서 '플라네'(πλάνη)와 그 파생어들은 일반적으로 "transgression of the revealed will of God and more specifically for instigation of idolatry"(하나님의 계시된 뜻을 어김, 특히 우상숭배를 부추기는 것)의 뜻으로 사용되었고, 거짓선지자(신 13:6; 렘 23:13, 32; cf. 사 31:20, 21; 41:29) 혹은 신실하지 못한 통치자들(왕하 21:9//대하 33:9)에 대해 사용되었다. 특히 동사 '플라나오'(πλανάω)는 유혹하다는 뜻으로 하나님의 백성들을 잘못된 길로 인도하는 거짓선지자들을 묘사할 때 사용되었다(미 3:4; 렘 23:13, 32; 겔 14:11). 예수는 마태복음 27장 63절에서 "속이는 자"(πλάνος)로 불리며(마 27:63, "주여 저 속이던 자가 살아 있을 때에 말하되 내가 사흘 후에 다시 살아나리라 한 것을 우리가 기억하노니"), 이것은 그의 적대자들이 예수를 거짓선지자로 보았다는 것을 보여준다(요 7:12; 마 10:25). 바울은 데살로니가전서 2장 3절에서 "우리의 권면은 간사함이나 부정에서 난 것이 아니요 속임수로 하는 것도 아니라"고 말한다. 여기에서 바울이 부정하는 세 가지는 "간사"(πλάνη) "부정," "속임수"는 바울에게 가해졌던 세 가지의 고발(accusation)로 보아야 한다. 고린도후서 7장 2절에서 바울은 "우리는 아무에게도 불의를 행하지(ἀδικέω) 않고 아무에게도 해롭게 하지(φθείρω) 않고 아무에게서도 속여 빼앗은(πλεονεκτέω) 일이 없다"고 말하는데 여기서 사용된 동사 '아디케오, 프떼이로, 플레오네크테오'(ἀδικέω, φθείρω, πλεονεκτέω)는 모두 거짓선지자에 대해 사용되던 동사들이다.

이곳 고린도후서 6장 8절에서 "우리는 속이는 자(πλάνοι) 같으나 참되고(ἀληθεῖς)"라고 말할 때 바울이 말하고 자 하는 바는 '우리는 사람들을 현혹하여 잘못된 길로 인도하는 거짓사도로 공격을 받지만 사실은 참된 사도다'라는 것이다.

9절 _ 무명한 자 같으나 유명한 자요 죽은 자 같으나 보라 우리가 살아 있고 징계를 받는 자 같으나 죽임을 당하지 아니하고

"무명한 자 같으나 유명한 자요"는 "알려져 있지 않은 자 같으나 완전히 잘 알려진 자요"란 뜻이다. 바울은 여기서 자신이 하나님께 알려져 있지 않은 사람(거짓사도)처럼 보이지만 완전히 하나님의 인정을 받은 사람(참 사도)이라는 것이다. "죽은 자(사형선고 받은 사람)"처럼 보이지만 바울은 죽지 않고 살아 있다. 왜냐하면 하나님께서 그를 구원해주시기 때문이다. 이것은 고린도후서 1장 8-10절과 4장 8-9절에서 말하는 것과 일치하는 내용이다. "징벌을 받는 자"는 태형을 당하는 사람이다. 바울은 많은 매를 맞았다. 회당에서 매를 맞을 때 마치 그가 율법을 어겨 하나님의 징벌을 받는 것처럼 보이지만 그는 결코 죽지 않는다. 아시아에서도 사형선고를 받아 죽음의 문턱까지 갔지만 그는 결코 죽지 않았다. 하나

님이 그를 구원하셨기 때문이다(고후 1:8-10).

10절_ 근심하는 자 같으나 항상 기뻐하고 가난한 자 같으나 많은 사람을 부요하게 하고 아무 것도 없는 자 같으나 모든 것을 가진 자로다

그의 겉모습은 "근심하는 자" 즉, 슬픔(λύπη)에 빠져 사는 사람처럼 보인다. 하지만 그는 감옥에 갇혀서도 기뻐한다(빌 4:4). 그의 겉모습은 "가난한 자," "아무것도 없는 자"로 보인다(고전 4:11; 롬 8:35; 고후 11:9, 27; 빌 4:11-12). 하지만, 그는 하나님의 복음으로 선포하여 그들이 하나님의 부요한 하나님 나라의 기업/유산을 물려받게 한다(고전 1:5, "이는 너희가 그 안에서 모든 일 곧 모든 언변과 모든 지식에 풍족하므로"). 그러므로 바울은 "많은 사람을 부요하게" 하는 사람이다(고후 8:9, "우리 주 예수 그리스도의 은혜를 너희가 알거니와 **부요하신 이로서** 너희를 위하여 가난하게 되심은 그의 가난함으로 말미암아 **너희를 부요하게 하려 하심이**라"). 바울은 심지어 자신이 "모든 것을 가진 자"라고 말한다.

8-10절에서 바울이 자신 자신에 대해 서로 상반된 묘사를 하는 것을 정리하면 아래와 같다.

	바울/복음에 대한 긍정적 반응	바울/복음에 대한 부정적 반응
8절	"영광," "아름다운 이름"	"욕됨," "악한 이름"
	"참되고"	"속이는 자 같으나"
9절	"유명한 자"	"무명한 자 같으나"
	"살아 있고"	"죽은 자 같으나"
	"죽임을 당하지 아니하고"	"징벌을 받는 자 같으나"
10절	"항상 기뻐하고"	"근심하는 자 같으나"
	"많은 사람을 부요하게 하고"	"가난한 자 같으나"
	"모든 것을 가진 자로다"	"아무것도 없는 자 같으나"

11절_고린도인들이여 너희를 향하여 우리의 입이 열리고 우리의 마음이 넓어졌으니

"고린도인들이여"라고 바울이 편지의 수취인들을 부르는 것은 그들을 향한 바울의 애정을 나타낸 것이다. "우리의 입이 열렸다"는 것은 바울이 그들을 향해 말을 한다는 것이다. 사람을 향해 말을 하는 것은 그들을 향해 솔직하게 대화한다는 것이다. "우리의 마음이 넓어졌다"는 것도 바울이 이제 과거의 아픈 경험을 잊고(고후 2장 4절, "눈물의 편지"를 써야 했던 아픈 경험을 잊고) 고린도 성도들을 다시 받아들이고 그들과 화해할 마음이 있다는 뜻이다. 고린도후서 5장 20절에서 바울은 고린도 성도들을 향해 "너희는 하나님과 화목하라"고 말한 바가 있다. 지금 바울은 여기에서 "우리와 화목하라"고 호소한다. 바울은 완전히 고린도 성도들을 자신의 편으로 만들려고 노력한다. 왜냐하면 지금 거짓사도들이 성도들을 그들 편으로 상당부분 끌고 가버렸기 때문이다.

12절_너희가 우리 안에서 좁아진 것이 아니라 오직 너희 심정에서 좁아진 것이니라

고린도 성도들을 향한 바울의 애정은 결코 좁아지거나 제한을 받지 않는다. 오히려 바울을 향한 고린도 성도들의 애정(σπλάγχνον, 내장이라는 뜻으로 감정의 장소를 말한다)이 좁아진 것이다. 바울과 그의 동역자들은 이미 마음을 활짝 열고 고린도 성도들을 환영할 준비가 되어 있다. 만약 성도들과 바울 사이에 관계가 다시 정상화되지 않는다면 그것은 바울 쪽에 문제가 있어서가 아니라 성도들 쪽에 문제가 있어서다. 그들의 마음이 "좁아진 것"이다.

13절_내가 자녀에게 말하듯 하노니 보답하는 것으로 너희도 마음을 넓히라

"보답하는 것"(ἀντιμισθία)은 보상, 보답의 뜻이다. 고린도 성도들이 바울을 향한 애정이 좁아졌으니, 그것을 보상해야 한다. 그 보상은 그들이 마음을 넓게 갖는 것이다. 바울은 마치 부모가 자녀에게 말하듯이 말한다. "나도 나의 마음을 넓혔으니 너희도 마음을 넓히라." 바울이 고린도 성도들을 다시 받아들이듯이 그들도 바울과 그의 복음을 다시 받아들이라는 부탁이다.

XI. 믿지 않는 자와 멍에를 메지 말라(6:14-7:1)

14절 _ 너희는 믿지 않는 자와 멍에를 함께 메지 말라 의와 불법이 어찌 함께 하며 빛과 어둠이 어찌 사귀며

14절부터 바울은 우상숭배 문제로 주제를 바꾼다. 두 마리의 짐승이 멍에를 같이 메면 좋든 싫든 같은 곳을 향해 함께 가야 한다. "멍에를 함께 메지 말라"는 것은 "짝을 짓지 말라"는 뜻이다(레 19:19). 믿지 않는 자들과의 관계에서 지나치게 마음을 넓게 열지 말 것을 부탁하는 셈이다. 성도가 믿지 않는 사람들과 완전히 관계를 끊고 살아갈 수는 없지만(고전 5:10, "**도무지 사귀지 말라 하는 것이 아니니 만일 그리하려면 너희가 세상 밖으로 나가야 할 것이라**"), 최소한 그들과 짝을 지어 죄를 짓는 일은 피해야 한다. 특별히 이 구절은 고린도전서 8장, 10장에서 우상숭배를 금한 것과 관련이 있다. 고린도전서에서 이미 바울이 경고했음에도 불구하고 고린도후서를 쓸 때까지도 우상숭배를 중단하지 않은 사람들이 교회 안에 있었다. 고린도교회에서 이 문제는 쉽게 해결되지 않고 있다. 이런 맥락에서 그는 다섯 가지의 질문을 14-16절에서 던진다.

1) "의와 불법이 어찌 함께 하는가?"
2) "빛과 어둠이 어찌 사귀는가?"
3) "그리스도와 벨리알이 어찌 조화되는가?"
4) "믿는 자와 믿지 않는 자가 어찌 상관하는가?"
5) "하나님의 성전과 우상이 어찌 일치가 되는가?"

이 다섯 가지 질문에서 대조되는 것을 표로 만들면 미리 살펴보면 아래와 같다.

성도의 특징	불신자의 특징
의	불법
빛	어둠
그리스도	벨리알
믿는 자	믿지 않는 자
하나님의 성전	우상(의 신전)

바울이 고린도 성도들을 향해 마음을 넓히라고 말하고 화해의 뜻을 표했지만, 그들이 정말 바울과 완전히 화해하려면 먼저 이런 우상숭배의 문제에서 완전히 손을 떼어야 한다. "의와 불법," "빛과 어둠"은 성도와 불신자들을 강력하게 대조하는 일종의 분리언어(separation language)다. 바울이 이렇게 반복적으로 분리언어를 사용하는 것은 이것들이 성도들의 마음속에서 자신들이 누구인지 그 정체감(identity)을 형성해주기 때문이다. 바울은 성도들과 불신자들 사이에 존재하는 분명한 차이점들을 강조하기 위해 이런 분리언어를 즐겨 사용한다(살전 5:5-8).

15절_그리스도와 벨리알이 어찌 조화되며 믿는 자와 믿지 않는 자가 어찌

상관하며

벨리알은 사탄의 별명이다. 쿰란문서에서 벨리알(Belial)은 빛의 자녀들에 맞서서 싸우는 악한 천사다(1QM 1.1; 13.2, 4-5, 11-12; 17.5-6; 1QS 2.2, 5). 바울이 "벨리알," "믿지 않는 자"를 언급하는 것과 16절에서 "우상"을 언급하는 것은 모두 6장 14절-7장 1절 구절들이 우상숭배와 관련된 가르침임을 보여준다. 그리스도와 벨리알, 믿는 자와 불신자 사이에는 어떤 공통점도 없다.

16절 _ 하나님의 성전과 우상이 어찌 일치가 되리요 우리는 살아 계신 하나님의 성전이라 이와 같이 하나님께서 이르시되 내가 그들 가운데 거하며 두루 행하여 나는 그들의 하나님이 되고 그들은 나의 백성이 되리라

여기서 '나오스'(ναός)는 성전의 성소를 가리키는 말이다. 성소는 성전 중에서도 하나님이 계시는 곳으로 여겨지던 별도의 건물이었다. 예루살렘 성전에서 성소는 건물이며 하늘이 보이지 않는 공간이다. 성전의 나머지 부분은 하늘이 보이는 열려 있는 공간이다. 바울은 교회가 곧 성소라고 믿었다(고전 4:16-17; 6:19). 초대교회의 성도들은 사람의 손으로 지은 예루살렘 성전에 하나님이 계시는 것이 아니라, 교회에 하나님이 계신다고 믿었다(행 7:48, "그러나 지극히 높으신 이는 손으로 지은 곳에 계시지 아니하시나니"). "나는 그들의 하나님이 되고 그들은 나의 백성이 되리라"는 레위기 26장 11-12절의 인용으로 하나님과 이스라엘 사이에 이루어진 언약관계를 표현하는 언약문이다. 구약성경에서 언약을 언급할 때 자주 나오는 말씀이다(예, 렘 31:33; 겔 37:27).

17절 _ 그러므로 너희는 그들 중에서 나와서 따로 있고 부정한 것을 만지지 말라 내가 너희를 영접하여

이 말씀은 이사야 52장 11절의 인용으로 이것은 바빌론에 포로로 잡혀갔던 사람들에게 한 말이다. 이사야는 "나오라," "따로 떨어져 있어라," "만지지 말라"를 명령한다. 이 말은 믿는 사람들끼리만 살라는 말이 아니고, 불신자들이 범하는 죄에서 너희들은 나오고, 분리하고, 접촉을 피하라는 말이다. 성도는 불신자와 섞여 살면서도 피해야 할 것은 멀리하고, 분리하고, 접촉을 피해야 한다.

18절_너희에게 아버지가 되고 너희는 내게 자녀가 되리라 전능하신 주의 말씀이니라 하셨느니라

이 구절은 사무엘하 7장 14절을 근거로 한 말씀이다. 사무엘하 7장 11-16절에 나오는 나단의 신탁에서 하나님은 다윗의 씨에게 아버지가 되어줄 것을 약속하신다. 물론 이 구절은 후대에 메시아에 관한 예언으로 읽게 되고 여기에서 메시아를 '하나님의 아들'로 부르는 전승이 생겨났다. 바울은 '하나님의 아들'인 예수 그리스도를 통해 우리가 하나님의 자녀가 되었다는 것을 말하기 위해 사무엘하 7장 14절을 인용한다. 그리고 6장 16절, "나는 그들의 하나님이 되고 그들은 나의 백성이 되리라"와 "너희에게 아버지가 되고 너희는 내게 자녀가 되리라"를 연결하여 인용함으로 고린도 성도들이 새 언약의 백성으로서 반드시 지켜야 하고 넘지 말아야 할 선이 무엇인지를 분명하게 말해준다. 그것은 우상숭배를 중단하는 것이며, 불신자들의 죄악에서 스스로를 멀리하는 것이다. 바울은 복음을 전하고 교회를 세울 때 복음만을 가르친 것이 아니다. 바울은 복음과 더불어 기독교인들이 어떻게 살아야 하는지를 구체적으로 가르쳤다. 즉 기독교윤리를 복음과 함께 가르쳤다. 복음을 가르친 뒤 나중에 윤리를 가르치는 것이 아니다. 복음을 가르치는

동시에 복음을 받아들이는 사람들에게 기독교인의 윤리를 가르쳤다.

> 7장 1절_그런즉 사랑하는 자들아 이 약속을 가진 우리는 하나님을 두려워하는 가운데서 거룩함을 온전히 이루어 육과 영의 온갖 더러운 것에서 자신을 깨끗하게 하자

"더러운 것"은 도덕적인 면에서, 특히 우상숭배를 염두에 둔 것이다. 당시 우상숭배는 도덕적인 타락의 지름길이었고, 우상숭배는 믿지 않는 사람들의 삶의 원리였다. 바울은 데살로니가전서 4장 3절에서 "하나님의 뜻은 이것이니 너희의 거룩함이라 곧 음란을 버리고"라고 말한다. 우리를 향한 하나님의 뜻은 거룩이다. 거룩은 "온갖 더러운 것"들 즉 죄악으로부터 자신을 분리하는 것이다. 육과 영은 전인(全人)을 가리킨다. "거룩함을 온전히 이루어"야 하나님 앞에서 온전한 인간이 될 수 있다.

본문 해설 V

바울을 기쁘게 하는 것

(7:2-8:15)

바울을 기쁘게 하는 것

7:2-8:15

XII. 바울의 기쁨(7:2-16)

2절 _ 마음으로 우리를 영접하라 우리는 아무에게도 불의를 행하지 않고 아무에게도 해롭게 하지 않고 아무에게서도 속여 빼앗은 일이 없노라

"마음으로 우리를 영접하라"(χωρήσατε ἡμᾶς)는 6장 13절의 "너희도 마음을 넓히라"를 다시 한 번 반복하는 것이다. 고린도후서 6장 12절에서 "너희들의 마음이 좁아졌다"는 말과 연결해보면 서로 의미가 연결된다. 이렇게 고린도 성도들의 마음이 좁아져서 그들이 이제 바울을 받아들일 수 있도록 마음을 넓혀야 하는 이런 정황은 모두 당시 바울이 그의 적들에 의해 부당한 고발을 당해 고린도 성도들의 마음이 바울에게서 멀어진 것을 시사한다. 이 말에 이어서 바울이 자신을 변호하는 것은 바로 이런 정황 때문이다.

여기서 사용된 동사 "불의를 행하다"(ἀδικέω), "해롭게 하다"(φθείρω), "속여 빼앗다"(πλεονεκτέω)는 모두 바울의 적대자들이 바울을 공격할 때 사용했던 동사들로 보인다. 불의를 행하는 것은 유대교적 배경에서는 율법을 어기는 것이다. 해롭게 하다는 동사 '프떼이로'(φθείρω)는 '부패하게 하다'(to corrupt)의 뜻으로 바울이 잘못된 가르침을 주어 도덕적으로 타락하게 만들었다는 고발인 것

같다. '플레오네크테오'(πλεονεκτέω) 동사는 '속여서 금전적인 이득을 취하다'의 뜻으로 고린도후서 12장 17-18절의 내용과 연결해서 볼 때("내가 너희에게 보낸 자 중에 누구로 너희의 이득을 취하더냐 내가 디도를 권하고 함께 한 형제를 보내었으니 디도가 너희의 이득을 취하더냐…"), 그리고 고린도후서 8-9장의 모금활동에 관한 내용을 두고 볼 때 예루살렘의 가난한 성도들을 위한 그의 모금활동을 그의 적대자들이 바울이 사적인 이익을 위한 것으로 보고 공격한 것으로 보인다. 바울은 비록 사례비를 받지 않고 목회했다(고전 9:12; 살전 2:9). 그래서 바울이 금전적 문제로 공격을 당한 것은 일견 이상하게 보일 수도 있다. 하지만 바울이 예루살렘교회의 가난한 성도들을 위한 모금을 하고 있었기 때문에 여전히 금전적 문제로 공격을 당할 수 있는 가능성이 있었다.

3절_내가 이 말을 하는 것은 너희를 정죄하려고 하는 것이 아니라 내가 이전에 말하였거니와 너희가 우리 마음에 있어 함께 죽고 함께 살게 하고자 함이라

바울이 자신을 변호하는 것은 고린도 성도들이 잘못한 것을 지적하고 그 책임을 물으려고 하는 것이 아니다. 바울은 그들과 함께 죽고 함께 살려고 할 정도로 그들을 사랑한다고 말한다. 이런 태도는 바울이 비록 거짓사도들과 강도 높은 논쟁을 하고 있지만 결코 그의 성도들을 적대시하지 않는다는 것을 보여준다. 그의 성도들이 논쟁의 상대방이 아니며, 그들이 현재 거짓사도들의 주장에 동조하고 있다 할지라도 그들을 다시 바울 자신의 편으로 데려오는 것이 바울의 의도이기 때문에 바울은 그의 청중들인 고린도 성도들을 향해 자신의 사랑의 감정까지 공개적으로 언급하면서 그들을 설득하려고 애쓴다. '쒼아포뜨네스코'(συναποθνῄσκω) 동사는

'함께(σύν) 죽다,' '쒸자오'(συζάω) 동사는 '함께(σύν) 살다'의 뜻이다. 데살로니가전서 2장 3-5절은 바울을 공격하는 사람들이 바울을 "탐심의 탈을" 쓴 거짓사도로 공격했다는 것을 보여준다. 자신이 거짓사도가 아니라는 것을 주장하면서 데살로니가전서 2장 8절에서 바울은 "우리가 이같이 너희를 사모하여 하나님의 복음뿐 아니라 우리의 목숨까지도 너희에게 주기를 기뻐함은 너희가 우리의 사랑하는 자 됨이라"고 말한다. 성도들을 다시 자신의 가르침으로 되찾아오기 위해서 바울은 이렇게 성도들을 사랑하는 마음을 표현한다. "너희가 우리 마음에 있어 함께 죽고 함께 살게 하고자 함이라"도 바울이 갖고 있는 사랑을 표현한 것이다.

4절 _ 나는 너희를 향하여 담대한 것도 많고 너희를 위하여 자랑하는 것도 많으니 내가 우리의 모든 환난 가운데서도 위로가 가득하고 기쁨이 넘치는도다

"담대한 것"으로 번역된 '파레시아'(παρρησία)는 '솔직함'(outspokenness, frankness)의 뜻도 있다. 여기서는 '나는 너희들을 향하여 매우 솔직하다'는 뜻으로 읽을 수 있다. "너희를 위하여 자랑하는 것도 많으니"는 '나는 너희를 매우 자랑스럽게 생각한다'는 뜻이다. 즉, 바울은 다른 사람들에게 고린도 성도들을 자랑한다. "바울이 경험하는 모든 환난 속에서 위로가 가득하고 기쁨도 넘친다"고 말할 때 무엇이 바울에게 위로와 기쁨을 주는 것일까? 그것은 분명 그의 성도들이다. 고린도후서 2장 3절에서 그는 이미 "내가 이같이 쓴 것은 내가 갈 때에 **마땅히 나를 기쁘게 할 자**로부터 도리어 근심을 얻을까 염려함이요 또 **너희 모두에 대한 나의 기쁨**이 너희 모두의 기쁨인 줄 확신함이로라"고 말한 바가 있다. 바울은 이제 5절 이하에서 고린도 성도들의 바울을 향한 태도가 바뀐 것 때문에 얼마나 자신이 큰 기쁨을 얻었는지 설명한다.

5절 _ 우리가 마게도냐에 이르렀을 때에도 우리 육체가 편하지 못하였고 사방으로 환난을 당하여 밖으로는 다툼이요 안으로는 두려움이었노라

여기에서 바울은 고린도후서 2장 12-13절에서 언급한 주제로 되돌아간다. 바울은 에베소에서 디도를 보내고 드로아에서 그를 기다리고 있었다. 그러나 디도가 오지 않아 마음이 편치 못해서 마게도냐로 건너갔다(2:12-13). 그런데 마게도냐에 도착한 뒤에도 역시(καί) 바울은 '아무런'(οὐδεμίαν) "쉼"(ἄνεσις)을 얻지 못했다. "모든 면에서/사방으로"(ἐν παντὶ) 그와 동역자들의 육체는 환난을 당하였다. "밖으로는 다툼이요 안으로는 두려움이었다." 마게도냐에서 마게도냐 교회들이 고난을 당한 것이 아니라 아니도 바울이 고난을 경험한 것으로 보인다. 그의 밖에는 '싸움'(μάχη)이 있었고 그의 마음속에는 두려움이 있었다. 그 싸움은 논쟁일 수도 있고 논쟁 이상의 심한 갈등일 수도 있다. 만약 그의 마음에 두려움이 생겨날 정도라면 위협적인 상황 속에서 그가 해야 했던 싸움일 것이다. 데살로니가, 빌립보 등지에는 이미 과거에 그를 핍박하던 사람들(주로 유대인들)이 있었고 어쩌면 그들이 계속해서 바울을 공격하여 바울로 하여금 인간적으로 두려움을 느끼지 않을 수 없게 했던 것 같다.

6절 _ 그러나 낙심한 자들을 위로하시는 하나님이 디도가 옴으로 우리를 위로하셨으니

"낙심한" 이란 형용사 '타페이노스'(ταπεινός)는 '신분이 낮다'(low)는 기본적인 뜻이 있고 여기에서 '(마음이) 낮은,' '겸손한' 혹은 '낙심한'이란 뜻이 파생했다. 여기서는 "겸손한"보다는 "낙심한"의 뜻으로 쓰인 것 같다. 바울은 하나님이 "낙심한 자들을 위로하시는"

하나님이라고 말한다. 고린도후서 1장 3-4절의 내용을 상기시키는 표현이다. 하나님이 바울을 위로한 방법은 디도의 '파루시아'(παρουσία, 도착/강림)다. 디도가 와서 좋은 소식을 전해줌으로 바울은 하나님의 위로를 경험한다.

7절_그가 온 것뿐 아니요 오직 그가 너희에게서 받은 그 위로로 위로하고 너희의 사모함과 애통함과 나를 위하여 열심 있는 것을 우리에게 보고함으로 나를 더욱 기쁘게 하였느니라

디도를 만난 것 자체가 바울에게는 위로였다. 뿐만 아니라 디도가 전달한 눈물의 편지(고후 2:4, "내가 마음에 큰 눌림과 걱정이 있어 많은 눈물로 너희에게 썼노니")를 읽고 다행스럽게도 고린도 성도들이 바울에게로 돌아왔다는 소식이 바울에게 위로를 주었다. 디도는 고린도 성도들로부터 위로를 받았으며, 이제 디도는 그가 받은 위로로 바울을 위로했다. 바울의 편지를 전달하며 바울의 대변인의 역할을 한 디도를 그들이 위로한 것은 곧 바울을 위로한 것과 마찬가지였다. 그들은 이제 바울을 보고 싶어 그리워하고(ἐπιπόθησις), 마음으로 애통해하고(ὀδυρμός) 있다. 고린도 성도들이 바울을 위해 열심(ζῆλος)을 갖고 있다는 것을 디도가 바울에게 알렸고(ἀναγγέλλων) 그래서(ὥστε) 바울은 매우 기뻤다.

8절_그러므로 내가 편지로 너희를 근심하게 한 것을 후회하였으나 지금은 후회하지 아니함은 그 편지가 너희로 잠시만 근심하게 한 줄을 앎이라

이 문장에서 '에이 카이,' εἰ καί)가 세 번 나오는데, '비록 …이지만'의 뜻으로 해석할 수 있다. "눈물의 편지"를 보내고 비록 바울이 그 편지로 성도들을 슬픔에 빠지게 했지만, 바울은 지금 후회하는 마음이 없다(οὐ μεταμέλομαι). 비록 한 때 후회했지만 지금

은 후회하지 않는다. 비록 그 편지가 고린도 성도들을 슬픔에 빠지게 했지만 단지 "잠시만" 그렇게 했다는 것을 바울은 깨달아 있고 있다. 이 문장은 그가 눈물의 편지를 써서 보내놓고 마음 졸이면서 '과연 내가 이 편지를 쓴 것이 잘한 일인가' 반복적으로 생각하면서 고민했던 바울의 모습을 우리에게 보여준다. 이런 모습은 바울이 단순한 신학자나 선교사가 아니라, 오늘 날 지역교회의 목회자에 해당하는 사람이었다는 것을 분명하게 보여준다.

9절_내가 지금 기뻐함은 너희로 근심하게 한 까닭이 아니요 도리어 너희가 근심함으로 회개함에 이른 까닭이라 너희가 하나님의 뜻대로 근심하게 된 것은 우리에게서 아무 해도 받지 않게 하려 함이라

지금(νῦν) 바울은 기뻐한다. 성도들이 슬퍼하게 되었기 때문이 아니라 그들이 그 경험을 통해 회개(μετάνοια)에 도달했기 때문이다. '메타노이아'(μετάνοια, 회개)는 '누스'(νοῦς, 생각/관점)가 변화(μετά)한 상태를 가리킨다. 반면에 8절에 나오는 '메타멜로마이'(μεταμέλομαι, 후회하다)의 명사형 '메타멜레이아'(μεταμέλεια, 후회)는 기분(mood)나 관심(interest)이 변화(meta,)한 상태를 가리킨다.[63] 고린도 성도들은 눈물의 편지를 받고 먼저 자신들이 과거에 바울이 고린도를 급하게 찾아왔을 때 보여준 태도에 대해 후회하였다. 슬픔(λυπή)과 애통(ὀδυρμός)은 그들이 후회하되 깊이 후회하였음을 보여준다. 그들은 이제 그들의 잘못된 관점을 버리고 새로운 관점으로 입장을 바꾸었다. 이것이 곧 회개(μετάνοια)다.

하나님은 그들로 하여금 슬퍼하게 하셨는데 그것은 하나님의 뜻을 따른(κατά θεόν) 것이었다. "우리에게서 아무 해도 받지 않게 하려 함이라"는 하나님은 그들이 어떤 일에 있어서도 바울로부터 해,

63) Harris, *Second Epistle*, 536.

즉 처벌을 당하지 않게 하려는 의도로 그렇게 하셨다는 뜻이다.

> 10절_하나님의 뜻대로 하는 근심은 후회할 것이 없는 구원에 이르게 하는 회개를 이루는 것이요 세상 근심은 사망을 이루는 것이니라

하나님은 때로는 우리를 슬퍼하게 만드신다. 하나님의 뜻을 따라 갖게 되는 슬픔은 "후회함이 없는"(ἀμεταμέλητος) 구원에 도달하게 하는 회개를 가져온다. 그러나 세상의 슬픔은 죽음을 가져온다. 여기에서 우리는 하나님의 뜻에 따라 슬픔의 감정을 갖는 것은 선하고 좋은 결과를 가져온다는 것을 알 수 있다. 하나님의 뜻은 우리가 항상 기뻐하며 사는 것이다. 하지만 그렇게 되려면 우리가 먼저 진심으로 깊은 슬픔을 느끼며 후회하고 애통해야 한다. 그런 회개라야 인간을 흔들리지 않는 구원에 이르게 한다. 자신의 잘못, 죄악을 깊이 후회하며 슬퍼하는 회개를 하는 사람에게 하나님은 구원을 주신다. 그러나 세상의 슬픔은 이와 다르다. 세상의 슬픔은 세상이 가져다주는 슬픔이다. 요한계시록 18장 11-13절에 묘사된 슬픔과 같이 물질과 이 세상의 보이는 것에 집착하여 그런 것을 잃게 되었을 때 갖게 되는 슬픔이다. 그런 슬픔은 하나님이 의도하시는 슬픔과 달리 오직 우울증과 죽음을 가져온다.

> 11절_보라 하나님의 뜻대로 하게 된 이 근심이 너희로 얼마나 간절하게 하며 얼마나 변증하게 하며 얼마나 분하게 하며 얼마나 두렵게 하며 얼마나 사모하게 하며 얼마나 열심 있게 하며 얼마나 벌하게 하였는가 너희가 그 일에 대하여 일체 너희 자신의 깨끗함을 나타내었느니라

"보라 하나님의 뜻대로 하게 된 이 근심이" 너희 안에 얼마나(πόσος) 많은 변화를 가져 왔는지. "간절"로 번역된 '스푸데'(σπουδή)는 '서두름'(haste), '속도'(speed)라는 기본뜻에서 '간절함'(earnestness),

'열정'(zeal)이란 뜻으로 발전되었다.[64] 고린도 성도들은 눈물의 편지를 읽고 자신들의 문제를 심각하게 받아들였다. 이 단어는 12절에도 나오며 바울에게 문제를 일으킨 사람을 고린도 성도들이 신속하게 제대로 처리하려고 하는 태도를 가리킨다. 그들은 더 이상 이 문제를 방관하고 지나가지 않았다. "변증"으로 번역된 '아폴로기아'(ἀπολογία)는 원래는 법정용어며 '변호'(apology)라는 뜻이다. 아마도 바울은 지난 번 방문 때 자신이 경험한 문제들에 대해 고린도 성도들을 고발하는 내용을 눈물의 편지에서 썼을 것이다. 그 편지를 받고 다수의 고린도 성도들은 바울의 입장에서 서서 그를 위해 변호하였고 문제의 인물에게 처벌을 하게 되었다. "분하게"로 번역된 '아가낙테시스'(ἀγανάκτησις)는 '분노'의 뜻으로 여기서는 잘못된 것에 대한 정의로운 분노를 가리킨다. "두렵게"로 번역된 '포보스'(φόβος)는 두려움이다. 두려움은 바울에 대해 두려운 마음을 갖게 되었다는 뜻으로 해석하는 것이 적절하다. 고린도전서 4장 21절에서 바울은 아버지의 권위로 성도들을 벌하겠다는 강한 의지를 보여준 바가 있다("너희가 무엇을 원하느냐 내가 매를 가지고 너희에게 나아가랴 사랑과 온유한 마음으로 나아가랴"). 성도들은 바울의 이런 아버지로서의 태도를 생각하며 두려움을 갖게 되었다. "사모하게"(ἐπιπόθησις)는 고린도 성도들이 바울을 다시 만나기를 간절히 바란다는 점을 보여준다(고후 7:7; 살전 3:6). "열심 있게"(ζῆλος)는 바울을 향한 열정, 혹은 복음을 위한 열정이 다시 일어났다는 뜻이다. "분하게 하며"로 번역된 '에크디케시스'(ἐκδίκησις)는 '복수'(vengeance) 혹은 '처벌'(punishment)이란 뜻이다. 고린도 성도들은 바울을 공격했던 그 사람을 처벌했다.

고린도 성도들은 "그 일에 대하여"(τῷ πράγματι) "모든 면에서"

64) Harris, *Second Epistle*, 541-42.

(ἐν παντί) 자신들의 결백함을 보여주었다. 고린도 성도들이 문제의 그 사람을 처벌하였다는 것은(고후 2:6, "이러한 사람은 많은 사람에게서 벌 받는 것이 마땅하도다") 성도들 대다수는 그 사람과 같은 견해를 갖고 있지 않았다는 것과 그 사람이 전체의 의견을 무시하고 무분별하게 행동했다는 것을 보여준다. 만약 고린도 성도 대다수가 바울을 향해 그 사람과 같은 태도를 갖고 있었다는 이렇게 그 사람을 처벌할 수 없었을 것이다. 그러나 그들이 애통해하고(7절, ὀδυρμός) 있다는 것을 볼 때 성도들 대다수는 그 사람이 바울에게 잘못된 행동을 한 직후에 그것을 알고도 그 사람을 처벌하지 않고 이 문제를 방치했었다는 것은 알 수 있다. 그들은 이제 바울의 눈물의 편지를 받고 자신들이 즉시 신속하게 이 문제를 해결하지 않은 것(11절의 '스푸데'[σπουδή]는 서두름[haste], 속도[speed]의 뜻이 있음)을 후회하였다(9절, μεταμέλεια[후회]).

> 12절_그런즉 내가 너희에게 쓴 것은 그 불의를 행한 자를 위한 것도 아니요 그 불의를 당한 자를 위한 것도 아니요 오직 우리를 위한 너희의 간절함이 하나님 앞에서 너희에게 나타나게 하려 함이로라

"내가 너희에게 쓴 것은" 눈물의 편지(고후 2:4)를 가리킨다. '에이 카이'(εἰ καί)는 '비록 …일지라도'의 뜻이므로 '비록 내가 눈물의 편지를 보냈지만 그것은 그 불의를 행한 사람 때문(ἕνεκεν)도 아니고'로 번역할 수 있다. "그 불의를 행한 자"는 지난 번 방문 때 바울에게 대적했던 사람이다. 그 사람 때문에 편지를 쓴 것이 아니라는 말은 그 개인을 공격하기 위해 쓴 것이 아니라는 뜻이다. 또 그 편지는 "그 불의를 당한 자," 즉 바울 자신을 위한 것도 아니다. 다시 말해 눈물의 편지는 바울 자신을 변호하기 위해 쓴 것도 아니다. 바울이 그 눈물의 편지를 쓴 것은 바울을 향한 고린도

성도들의 간절함(σπουδή)을 하나님 앞에 나타내기 위해 썼다.

13절_이로 말미암아 우리가 위로를 받았고 우리가 받은 위로 위에 디도의 기쁨으로 우리가 더욱 많이 기뻐함은 그의 마음이 너희 무리로 말미암아 안심함을 얻었음이라

바울이 눈물의 편지를 쓴 목적은 달성되었다. 그 편지에 대한 고린도 성도들의 긍정적 반응으로 인해 바울은 위로를 받았다. 더욱 기쁜 일은 "우리가 받은 위로 위에"(ἐπὶ δὲ τῇ παρακλήσει ἡμῶν) 디도가 느낀 그 기쁨 때문이다. 그것 때문에 다들 더 많이 기뻐했다. 디도가 고린도를 방문했을 때 "그의 마음"(τὸ πνεῦμα αὐτοῦ)은 "너희 모두로부터"(ἀπὸ πάντων ὑμῶν) "안심함을 얻었기"(ἀναπέπαυται) 때문이다(ὅτι). 디도가 눈물의 편지를 고린도교회에 전달하기 위해 갈 때 과연 고린도교회가 어떤 태도로 그를 맞이할 것인지 디도 자신도 바울도 매우 염려하면서 출발했을 것이다. 지난번 바울이 당한 일을 생각할 때 디도가 봉변을 당할지도 모를 일이었다. 다행스럽게도 디도가 고린도교회를 방문했을 때 부정적인 경험이 아닌 긍정적인 경험을 하게 되었다. 뿐만 아니라 그가 고린도에 머무는 동안 그의 마음/영이 새로워지는 경험을 했다. 동사 '아나파우오'(ἀναπαύω)는 '쉬게 하다'(to set at rest)의 뜻뿐만 아니라 '새롭게 하다'(to refresh)의 뜻도 있다. 여기에서는 두 번째 뜻으로 보아 무리가 없다. 디도가 새로운 힘을 얻은 것은 모든 성도들 덕분(ἀπὸ πάντων ὑμῶν)이었다.

여기에서 우리는 이 내용과 고린도후서 10장 2절, 13장 2, 10절의 내용을 연결해서 생각해보아야 한다.

고린도후서 13:2, "내가 이미 말하였거니와 지금 떠나 있으나 두 번째

대면하였을 때와 같이 전에 죄 지은 자들과 그 남은 모든 사람에게 미리 말하노니 **내가 다시 가면 용서하지 아니하리라**"
고린도후서 13:10, "그러므로 내가 떠나 있을 때에 이렇게 쓰는 것은 **대면할 때에** 주께서 너희를 넘어뜨리려 하지 않고 세우려 하여 내게 주신 **그 권한을 따라 엄하지 않게 하려 함이라**"
고린도후서 10:2, "또한 **우리를 육신에 따라 행하는 자로 여기는 자들**에 대하여 내가 담대히 대하는 것 같이 너희와 함께 있을 때에 나로 하여금 이 담대한 태도로 대하지 않게 하기를 구하노라"

위의 구절에서 바울은 매우 단호한 태도로 일부 성도들을 대면할 것이고 그들을 처벌할 것이라고 말한다. 그러므로 "모든 성도들이" 디도에게 선하게 대했다는 말이 반드시 고린도교회 안에 아무런 문제도 없는 상태라는 것을 나타내지 않는다. 여전히 교회 안에 우상숭배를 중단하지 않은 사람들도 있었고(6:14-7:1), 고린도후서 2장 6절의 "많은 사람"("이러한 사람은 많은 사람에게서 벌 받는 것이 마땅하도다")의 의견에 반대하는 사람들도 있었을 것이다. 아마도 그 소수의 사람들은 그 사람에게 준 벌이 너무 약해서 반대하는 것이 아니라 벌주는 것 자체를 반대한 사람들일 가능성이 더 많다.

위의 세 구절에서 나타나듯이 바울의 고린도교회의 현재 상태에 대한 평가가 엇갈리는 진술은 10-13장에서 나타나고 있다. 그래서 어떤 이들은 바울이 1-9장을 쓸 때에는 고린도교회에 큰 문제가 없었는데 1-9장을 쓰고 난 뒤에 교회에 거짓사도들의 문제가 발생했기 때문에 그 때부터 다시 펜을 집어 들고 10-13장을 썼다고 보는 견해가 생겨난다. 그러나 우리가 이미 살펴보았고 또한 앞으로 살펴보게 되듯이 고린도후서 1-9장과 10-13장의 내용은 내적으로 서로 긴밀하게 연결되어 있고, 바울이 이미 1-9장에서 거짓사도들과의 논쟁을 상당히 강력하게 진행하고 있으므로 1-9장과 10-13장 사이에 상당한 시간적 간격이 있었을 거라고 보는 가설이 반드시 필요한 것은 아니다.

> 14절_내가 그에게 너희를 위하여 자랑한 것이 있더라도 부끄럽지 아니하니 우리가 너희에게 이른 말이 다 참된 것 같이 디도 앞에서 우리가 자랑한 것도 참되게 되었도다

동사 '카타이스퀴노'(καταισχύνω)가 수동태로 사용되면 '수치를 당한다'(to be put shame)의 뜻이 된다. 바울은 고린도 성도들을 격려하기 위해 14절에서 "자랑"(καύχησις)과 그 동사형 '카우카오마이'(καυχάομαι)를 집중적으로 사용한다. 바울은 평소에 디도에게 고린도교회에 대해 자랑을 했었다. 디도가 그곳에 갔을 때 바울의 자랑이 다 참으로 드러나게 되었다(ἀλήθεια ἐγενήθη). 이와 비슷한 말이 고린도후서 8장 24절, "그러므로 너희는 여러 교회 앞에서 **너희의 사랑과 너희에 대한 우리 자랑**의 증거를 그들에게 보이라" 에도 나온다. 바울은 디도와 다른 두 동역자들이 고린도에 도착했을 때 자신이 자랑한 것이 헛된 것이 되지 않도록 예루살렘의 가난한 성도들을 위한 모금을 미리 마치라고 한다.

흥미로운 점은 고린도 성도들에 대한 자랑이 참으로 드러난 것을 자신의 복음 선포에 연결하는 것이다. 바울은 자신이 "너희에게 이른 말" 즉, 복음도 참이었다는 것을 첨가한다(ὡς πάντα ἐν ἀληθείᾳ ἐλαλήσαμεν ὑμῖν). 이것은 이 편지 전체를 통해서 자신과 자신의 복음에 대한 거짓 사도들의 공격을 염두에 두고 끊임없이 자신은 진리를 가르치는 참된 사도임을 변호하고 있다는 것을 보여준다.

15절 _ 그가 너희 모든 사람들이 두려움과 떪으로 자기를 영접하여 순종한 것을 생각하고 너희를 향하여 그의 심정이 더욱 깊었으니

디도가 갔을 때에 고린도 성도들과 대결하고 싸워서 그들을 강제로 순종시킨 것이 아니라 그들이 디도를 순종하는 마음으로 받아들였다. 그래서 그의 마음(τὰ σπλάγχνα αὐτοῦ, 원래의 의미는 내장이지만 인간의 감정이 있는 곳이란 의미이므로 마음으로 번역함)이 더욱 "너희들에게로 향해 있다"(εἰς ὑμᾶς ἐστιν). '아나밈네스코메누'(ἀναμιμνῃσκομένου)는 속격 수동분사로서 앞에 나오는 '아우투'(αὐτοῦ)와 의미상으로 연결된다. '아나밈네스코'(ἀναμιμνῄσκω)는 수동태에서 '기억하다'는 뜻으로 해석할 수 있으므로, '디도가 너희들 모두의 순종을 기억할 때마다 너희를 향한 그의 마음이 더욱 깊어진다'로 번역할 수 있다.

바울은 순종(ὑπακοή)을 '호스 메타 포부 카이 트로무 에덱사스떼 아우톤'(ὡς μετὰ φόβου καὶ τρόμου ἐδέξασθε αὐτόν)으로 설명한다. 성도들은 디도를 두려움(φόβος)과 떨림(τρόμος)으로 받아들였다. 왜 고린도 성도들은 디도를 두려움과 떨림으로 받아들였을까? 70인역 헬라어 구약성경에서 "두려움(φόβος)과 떨림(τρόμος)"은 인간을 향한 태도가 아니라 하나님을 향한 태도로 나타난다. 인간이 하나님을 대할 때 나타나는 태도다(출 15:16; 신 2:25; 11:25; 사 19:16). 고린도 성도들은 바울을 대신하여 고린도에 온 디도를 대할 때에 그를 단순한 바울의 심부름꾼으로 보지 않았고, 하나님의 뜻을 전하기 위해 온 바울의 파견자(emissary)로 보았다는 뜻이다. 데살로니가전서 2장 13절, "이러므로 우리가 하나님께 끊임없이 감사함은 너희가 우리에게 들은 바 하나님의 말씀을 받을 때에 **사람의 말로 받지 아니하고 하나님의 말씀으로 받음이니** 진실로 그러하도다…"의 말씀과 일맥상통한다.

16절 _ 내가 범사에 너희를 신뢰하게 된 것을 기뻐하노라

바울은 이제 모든 면에서(ἐν παντί) 성도들을 신뢰할 수 있게 된 것을 기뻐한다. '따레오'(θαρρέω)는 전치사 '엔'(ἐν)과 함께 사용되어 '…을 신뢰하다'는 뜻이 된다.

XIII. 분에 넘치는 구제(8:1-15)

고린도후서 8-9장에서 바울은 예루살렘교회로 보내는 구제헌금에 대해 말한다. 이 구제헌금은 갈라디아서 2장 10절에서 말하듯이 그의 사역의 초기부터 시작해서 계속적으로 해 오던 일이다(갈 2:10, "다만 우리에게 가난한 자들을 기억하도록 부탁하였으니 이것은 나도 **본래부터 힘써 행하여 왔노라**"). 바울은 예루살렘교회의 요청 때문에 이 일을 시작하지 않았고 그의 사역의 초기부터 이 일을 해왔을 가능성이 많다. 바울은 고린도전서 16장 1-4절에서도 이 헌금에 대해서 말한 적이 있다(고전 16:1-4, "성도를 위하는 연보에 관하여는 내가 **갈라디아 교회들에게 명한 것 같이 너희도 그렇게 하라 매주 첫날에** 너희 각 사람이 수입에 따라 모아 두어서 내가 갈 때에 연보를 하지 않게 하라 내가 이를 때에 **너희가 인정한 사람에게** 편지를 주어 너희의 은혜를 예루살렘으로 가지고 가게 하리니 만일 **나도 가는 것이 합당하면** 그들이 나와 함께 가리라"). 바울은 그가 세운 모든 교회에 동일한 지침을 주어 이 헌금을 모금하게 하였다. 그는 매우 첫째 날(아마도 주일을 가리키는 것으로 보임) 성도들이 이 돈을 모으게 한다.

로마서 15장 25-27절에서도 바울은 이 헌금에 관해 언급한다. 바울은 이 헌금모금을 "성도를 섬기는 일"(διακονῶν τοῖς ἁγίοις)이

라고 부른다(롬 15:25). 그리고 그 헌금에 가장 적극적으로 참여한 사람들은 마게도냐와 아가야 지방의 성도들이다(롬 15:26). 바울은 구원의 복음을 유대 기독교인들로부터 받았으므로 이방 기독교인들은 빚을 졌고 그 빚을 갚기 위해 물질로 그들을 도와야 한다고 말한다(롬 15:27). 헌금 모금활동 뒤에 있는 기본적인 목적은 유대인으로 구성된 예루살렘교회의 성도들을 주로 이방인으로 구성된 이방인 교회의 성도들이 도움으로써 그들이 그리스도 안에서 한 교회를 이루고 있음을 확인하는 것이다. 예루살렘교회가 그가 세운 이방인 교회를 인정하지 않으면 그가 지금까지 해온 모든 사역이 물거품이 될 위험이 있다(갈 2:2, "**내가 달음질하는 것이나 달음질한 것이 헛되지 않게 하려 함이라**"). 왜냐하면 복음은 이방인이건 유대인이건 그리스도를 믿음으로 구원을 얻는 단 하나의 복음뿐이므로 두 가지 종류의 교회가 존재할 수 없었다(롬 3:22, "곧 예수 그리스도를 믿음으로 말미암아 모든 믿는 자에게 미치는 하나님의 의니 **차별이 없느니라**").

바울은 예루살렘으로 갈 때에 이방인 교회의 대표자들을 데리고 그들이 헌금을 들고 가게 한다(행 20:4, "아시아까지 함께 가는 자는 베뢰아 사람 부로의 아들 소바더와 데살로니가 사람 아리스다고와 세군도와 더베 사람 가이오와 및 디모데와 아시아 사람 두기고와 드로비모라"). 이것은 아마도 바울이 이사야 66장 20절을 염두에 두었기 때문인 것으로 보인다(사 66:20, "나 여호와가 말하노라 이스라엘 자손이 예물을 깨끗한 그릇에 담아 여호와의 집에 드림 같이 그들이 **너희 모든 형제를 뭇 나라에서 나의 성산 예루살렘으로** 말과 수레와 교자와 노새와 낙타에 태워다가 **여호와께 예물로 드릴 것이요**"). 왜냐하면 바울이 로마서 15장 16절에서 이사야 66장 20절을 근거로 해서 자신을 제사장으로 그리고 자신이 바치는 제물을 이방인 기독교인으로 이해하고 있기 때문이다(롬 15:

16, "이 은혜는 곧 나로 이방인을 위하여 그리스도 예수의 일꾼이 되어 하나님의 복음의 **제사장 직분**을 하게 하사 **이방인을 제물로 드리는 것**이 성령 안에서 거룩하게 되어 받으실 만하게 하려 하심이라"). 바울은 자신의 사역을 통해 이사야서의 예언이 성취되는 것으로 보았을 것이다. 또한 바울이 오순절에 맞추어 예루살렘으로 가려고 한 것은(행 20:16, "될 수 있는 대로 **오순절 안에 예루살렘에 이르려고 급히 감이러라**") 아마도 오순절이 추수한 첫 곡식을 바치는 절기이기 때문이다. 그가 대동하고 있는 이방인 성도들은 그가 심는 자로서 심고 하나님이 자라게 하신(고전 3:6-8) 자신의 농사의 첫 곡식인 셈이므로 그들을 예루살렘교회에 데리고 감으로 자신이 이사야서의 예언을 성취한다고 생각을 했을 가능성이 높다.

그러나 예루살렘의 가난한 성도들을 돕는 이 헌금을 전달하는 일은 쉽지 않았다. 로마서 15장 31절에서 바울은 자신의 생명과 헌금을 위해 기도해 달라고 로마교회에 부탁한다(롬 15:31, "나로 유대에서 **순종하지 아니하는 자들**로부터 건짐을 받게 하고 또 예루살렘에 대하여 **내가 섬기는 일을 성도들이 받을 만하게 하고** [εὐπρόσδεκτος τοῖς ἁγίοις γένηται]"). 예루살렘 성도들이 그 돈을 받지 않을지도 모른다고 바울이 염려하고 있었다는 것을 알 수 있다. 누가의 기록에 따르면 예루살렘교회의 다수는 바울에 대해 매우 적대적인 태도를 갖고 있었다(행 21:20-21). 바울은 예루살렘교회가 이방인들의 헌금을 받아들이면 그것은 예루살렘교회의 유대인 성도들이 이방 기독교인들을 형제자매로 인정하는 셈이 되고, 그렇게 되면 예루살렘교회가 바울이 전한 복음을 인정하는 셈이 되고, 그것은 곧 예루살렘교회와 이방인 교회들이 하나의 교회가 되는 것을 확인하는 셈이 된다. 그래서 그는 이 사역을 매우 중요하게 생각했다. 바울이 고린도후서에서 예외적으로 8-9장에 걸쳐 길게 이 헌금에 대해 설명하는 이유 중의 하나는 이 헌금이 본래적으로 갖고 있는 중요성 때문이다. 또 다른 이유는 이 문제를 둘러싼 거짓사도들의 공격에 대해 변호하기 위해서다(이 점에 대해서는 앞으로 8-9장 각절 주석에서 설명한다). 고린도후서 8-9장을 별도의 편지라고 주장하는 견해는 이 헌금문제가 거짓사도와의 논쟁에서 어떤 의미가 있는지 그 연결점을 보지 못하기 때문에 생겨난 것이다. 8-9장은 사실 고린도후서에서 바울의 주장의 매우 중요한 내용이다.

예루살렘교회로 보내는 이 헌금은 유대인들의 성전세를 대체하는 의미가 있었을 것으로 보인다. 유대인들은 율법에 따라 유대인 성인 남자 한 명당 반 세겔의 성전세를 매년 냈다. 디아스포라 유대인들도 예외 없이 성전세를 모아 예루살렘으로 보냈다. 이방인 성도들이 헌금을 모아 예루살렘교회로 보낸 것은 유대인들이 성전세를 예루살렘으로 보내는 것과 상당히 유사한 모양을 갖고 있다. 바울은 교회가 곧 성전이라고 생각하고 있었으므로 그 돈은 예루살렘에 있는 새성전으로 가져가는 셈이 된다. 또한 바울은 그의 편지 어느 곳에서도 성전세를 내라고 말하지 않으며 그와 관련된 언급이 없다. 만약 디아스포라 유대인이 복음을 믿게 되었을 때에 과연 그 사람은 성전세를 계속해서 내야 한다고 바울이 가르쳤을까? 아마도 아닐 것으로 보인다. 그 유대인이 돈을 내고 그 돈이 예루살렘 성전이 아니라 예루살렘교회로 간다면 믿지 않는 유대인들의 눈에는 이것이 매우 위험한 행동으로 보였을 것이다. 이것이 바로 거짓사도와 바울 사이에 오간 예루살렘교회를 위한 헌금을 둘러싼 논쟁의 배경이다. 고린도후서 8-9장은 바울과 거짓사도들 사이의 논쟁의 중요한 사안이었고 때문에 8-9장은 고린도후서의 없어서는 안 되는 중요한 부분이다. 그 동안 바울과 고린도교회 사이에 문제가 생겨서 이 헌금문제를 다룰 형편이 못되었으나 이제 관계가 다시 정상화되었으므로 바울은 이 문제를 이곳에서 거론한다.

1절_ 형제들아 하나님께서 마게도냐 교회들에게 주신 은혜를 우리가 너희에게 알리노니

바울이 8-9장에서 예루살렘의 가난한 성도들을 위한 헌금에 대해 말하는 목적은 그 헌금을 마무리 하되(8:6, 11) 바울이 도착하기 전까지 마무리하는 것뿐만 아니라(9:4-5), 고린도 성도들이 풍족하게/많이(generously) 헌금하도록 하는 것이다. 이 후한 마음씨(generosity)를 강조하기 위해 그는 먼저 마게도냐 성도들을 먼저 언급한다.

'데 …아델포이'(δέ[그런데] …ἀδελφοί[형제들아])는 이제 다른 주제로 이동한다는 것을 나타낸다. 동사 '그노리조'(γνωρίζω, 알게 하다)는 고린도 성도들이 알아두어야 할 중요한 정보에 대해 바울이 말한다는 것을 나타낸다. '카리스'(χάρις, 은혜)는 8-9장의 중요한 단어며 8-9장에서 열 번 등장한다. 그 중 8장 1절에서 처음으로 9장의 마지막 절인 9장 14-15절에서 마지막으로 각각 한 번씩 나온다. '데도메넨'(δεδομένην)은 동사 '디도미'(δίδωμι, 주다)의 완료 수동형 분사로서 이 때 수동형은 신적 수동형(divine passive)이다. 뜻은 '(하나님에 의해) 주어진'이다. "마게도냐의 교회"로서 우리가 알고 있는 교회들은 빌립보교회, 데살로니가교회, 베뢰아교회 등이다.

2절_ 환난의 많은 시련 가운데서 그들의 넘치는 기쁨과 극심한 가난이 그들의 풍성한 연보를 넘치도록 하게 하였느니라

"하나님께서 마게도냐 교회들에게 주신 은혜"(8:1)는 다름이 아

니라 "환난의 많은 시험 가운데서"(ἐν πολλῇ δοκιμῇ θλίψεως) "그들의 넘치는 기쁨과 극심한 가난이" "그들의 후한 마음씨(ἁπλότης)의 풍성함이" 넘치게 한 것이다. '도키메'(δοκιμή)는 '시험'(test)의 뜻이다. 그 동사형 '도키마조'(δοκιμάζω)는 '시험하다'(to put to the test)의 뜻이며, 형용사형 '도키모스'(δόκιμος)는 '테스트를 통과한'이란 뜻을 갖고 있다. '도키메'(δοκιμή)는 보통 '테스트를 통과한 사람이 갖고 있는 특성(quality)이나 가치(worth)'를 나타내지만 여기에서는 시험(test) 그 자체를 나타낸다.[65] 여기서 마게도냐 교회가 당한 고난(θλῖψις)은 하나님이 주신 시험(test)이라는 바울의 이해가 나타난다. '엔 폴레 도키메 뜰립세오스'(ἐν πολλῇ δοκιμῇ θλίψεως)를 의역한다면 '하나님이 주신 환란의 많은 시험 가운데에서도'로 할 수 있다.

"극심한 가난"(ἡ κατὰ βάθους πτωχεία)에서 '프토케이아'(πτωχεία)는 원래 '심한 가난'(great poverty)이란 뜻이고 '카타 바뚜스'(κατὰ βάθους)는 '바닥에 닿는'(reaching down into the depth)이란 뜻이므로 '밑바닥을 치는 심한 가난' 정도의 뜻이다. 가난의 정도가 극심함을 나타낸다. 극심한 가난과 넘치는 기쁨은 마게도냐 성도들이 많은 헌금을 하게 한 동기며, 이것은 매우 역설적인 현실을 보여준다. 오히려 가난한 사람들이 가난한 사람들을 위한 헌금에 더 열심히 참여했다는 것이다. 더구나 마게도냐 교회에는 환란의 시험까지 많았었는데 그럼에도 불구하고 가난한 성도들이 이 헌금에 더 열정을 가졌다.

'하플로테스'(ἁπλότης, 후한 마음씨)는 신약성경에서 바울 서신에서만 사용되며 모두 7번 나온다. 그 중 고린도후서 11장 3절에서는 마음의 진실성(sincerity), 에베소서 6장 5절, 골로새서 3장 22절

---

65) Harris, *Second Epistle*, 561, 576.

에서는 그냥 마음을 나타낸다. 하지만 이곳을 포함해서 로마서 12장 8절, 고린도후서 9장 11, 13절에서는 "후한 마음씨"(generosity)란 뜻으로 사용되었다.[66] 바울은 '토 플루토스 테스 하플로테토스 아우톤'(τὸ πλοῦτος τῆς ἁπλότητος αὐτῶν)란 표현을 쓰며 여기서 '플루토스'(πλοῦτος)는 '부유함'(riches, wealth)이란 뜻이다. '후한 마음씨의 부유함'은 마게도냐 성도들이 실제로는 가난한 사람들이지만 그들의 마음으로는 부유한 사람들이라는 역설적 뉘앙스가 담겨져 있다. 그러므로 '토 플루토스 테스 하플로테토스 아우톤'(τὸ πλοῦτος τῆς ἁπλότητος αὐτῶν)에서 우리는 그들이 실제로 헌금한 액수가 많다는 뜻보다는 그들이 풍성한 마음으로 헌금했다는 뜻으로 해석하는 것이 옳을 것이다.

마게도냐 교회들 중에서도 빌립보 성도들은 예루살렘교회의 가난한 성도들을 돕는 것뿐만 아니라 바울을 돕기 위해서도 수차례 헌금을 했다는 것을 우리는 빌립보서를 통해 알 수 있다. 빌립보 성도들은 바울의 복음을 받아들인 이례로 바울과 복음의 교제 안으로 들어왔으며(빌 1:5, "첫날부터 이제까지 복음을 위한 일에 참여하고 있기 때문이라"; 4:15, "빌립보 사람들아 너희도 알거니와 복음의 시초에 내가 마게도냐를 떠날 때에 주고 받는 내 일에 참여한 교회가 너희 외에 아무도 없었느니라"), 바울이 데살로니가에서 사역할 때에도 그를 돕기 위해 선교지원금을 최소한 한 번 이상(more than once), 그러니까 적어도 두 번 보내주었다(빌 4:16, "데살로니가에 있을 때에도 너희가 한 번뿐 아니라 두 번이나 나의 쓸 것을 보내었도다"). 뿐만 아니라 바울이 고린도에 있을 때에도 마게도냐 교회(아마도 빌립보교회로 추측됨)가 바울에게 선교지원금을 보내주었다(고후 11:9, "또 내가 너희와 함께 있을 때 비용

66) Harris, *Second Epistle*, 562-63.

이 부족하였으되 아무에게도 누를 끼치지 아니하였음은 **마게도냐에서 온 형제들이 나의 부족한 것을 보충하였음이라**"; 행 18:5 참고). 또한 바울이 감옥에 있을 때에도 빌립보교회는 에바브로디도를 보냈고 그를 통해 선교지원금을 보내주었다(빌 2:25; 4:18, "내게는 모든 것이 있고 또 풍부한지라 **에바브로디도 편에 너희가 준 것을 받으므로 내가 풍족하니** 이는 받으실 만한 향기로운 제물이요 하나님을 기쁘시게 한 것이라"). 바울은 이러한 빌립보 성도들을 특별히 사랑했다(빌 1:8, "내가 예수 그리스도의 심장으로 너희 무리를 얼마나 사모하는지 하나님이 내 증인이시니라"). 하나님은 어려운 중에서도 다른 사람들을/다른 교회를 돕는 교회를 기뻐하신다.

3절 _ 내가 증언하노니 그들이 힘대로 할 뿐 아니라 힘에 지나도록 자원하여

마게도냐 성도들은 그들의 능력을 따라(κατὰ δύναμιν) 헌금했을 뿐만 아니라 그들의 능력에 넘치도록(παρὰ δύναμιν) 했는데, 그것은 강압에 의한 것이 아니고 스스로 원해서(αὐθαίρετος) 그렇게 하였다고 바울은 증언한다(μαρτυρῶ). '아우따이레토스'(αὐθαίρετος, 스스로 원하는)는 '아우토스'(αὐτός, 그 사람이)와 '하이레오마이'(αἱρέομαι, 선택하다)의 합성어로서 자발적인 의사를 나타내는 형용사다. 로마서 15장 26-27절에서 바울은 "이는 마게도냐와 아가야 사람들이 예루살렘 성도 중 가난한 자들을 위하여 **기쁘게** 얼마를 연보하였음이라 **저희가 기뻐서 하였거니와**…"라고 말하여 그들이 자발적 의사에 따라 헌금에 참여하였다고 말하는 것과 일치한다. 바울이 헌금에 대해 갖고 있던 태도는 기본적으로는 자신의 힘대로 하는 것이다. 그러나 자원하는 마음으로 힘에 지나도록 하는 것을 금하지는 않는다. 헌금을 할 때 가장 중요한 것은 자원하는 마음으로

하는 것이다.

4절_이 은혜와 성도 섬기는 일에 참여함에 대하여 우리에게 간절히 구하니

마게도냐의 성도들은 바울이 헌금을 하라고 지시해서 그렇게 한 것이 아니었다. 바울로서는 어려운 마게도냐 성도들의 경제적 상황을 보고 그들을 도와주지는 못 할망정 그들에게 헌금에 참여하라고 독려하기가 오히려 더 어려웠을 것이다. 그런데 가난한 성도들이 스스로 남을 돕는 일에 참여하게 해달라고 "많은 호소를 하면서"(μετὰ πολλῆς παρακλήσεως) 간청하기까지(δεόμενοι) 했다. '코이노니아'(κοινωνία, 함께 나눔)는 여기서 헌금에 참여함(participation)을 나타낸다. 참여하게 해달라고 간청한 것이다. 마게도냐 성도들은 바울에게 '카리스'(χάρις, 은혜)를 간청했다. 여기서 은혜는 헌금에 참여해도 좋다는 바울의 허락이다. 이것 역시 바울의 매우 역설적인 표현이다. 도움을 받는 것이 아니고 오히려 도움을 주는 것을 위한 허락을 "은혜를 구했다"고 말한 것이다. '헤 디아코니아 헤 에이스 투스 하기우스'(ἡ διακονία ἡ εἰς τοὺς ἁγίους)는 성도들을 위한 사역으로서 예루살렘교회의 가난한 성도들을 위한 헌금모금 사역을 가리킨다.

바울이 고린도전서 16장 1절에서 예루살렘교회의 가난한 성도들을 위한 헌금에 대해 언급하면서 "내가 갈라디아 교회들에게 명한 것 같이 너희도 그렇게 하라"고 말하고 마게도냐 교회들은 언급하지 않는 것으로 보아 마게도냐 교회들이 헌금에 참여하기 시작한 시점은 바울이 고린도전서를 쓴 그 전후 시기인 것 같다. 사도행전 19장 22절에 보면 바울이 디모데와 에라스도를 마게도냐로 보내는데("자기를 돕는 사람 중에서 디모데와 에라스도 두 사람을 마게도냐로 보내고 자기는 아시아에 얼마 동안 더 있으니라") 그 때

마게도냐 교회들이 바울에게 헌금에 참여하게 해달라고 간청하고 그것을 바울이 허락해서 두 사람이 마게도냐로 그 모금된 헌금을 가지러 간 것 같다. 10절에서 "너희가 일 년 전에 행하기를 먼저 시작했다"는 말을 하는 것을 고려해도 역시 고린도전서를 보내는 시점을 전후로 해서 시작한 것으로 보는 것이 무난하다.

5절_우리가 바라던 것뿐 아니라 그들이 먼저 자신을 주께 드리고 또 하나님의 뜻을 따라 우리에게 주었도다

'우 카포스 엘피사멘'(οὐ καθὼς ἠλπίσαμεν)는 '우리가 기대했던 것과는 달리'라는 뜻이다. 즉 바울은 마게도냐 성도들이 그렇게 하리라고 기대하지 않았었다는 것을 보여준다. 그러나(ἀλλά) 그런 예상을 깨고 마게도냐의 성도들은 "먼저 자신을 주께 드렸다." 먼저 자신을 주께 드렸다는 것은 단순히 헌금을 좀 바치는 정도를 넘어서는 엄청난 정도의 헌신을 나타낸다. 그들이 모은 헌금의 액수가 얼마인지 모르나 바울의 관점에서 볼 때 그들의 모금액은 "그들이 자신을 하나님께 바쳤다"고 밖에 말할 수 없는 놀라운 헌신이었다. 이것은 바울의 예상/기대를 훨씬 상회하는 액수를 그들이 바친 것을 말한다. 마게도냐 성도들은 환란을 당하고 있었고 극심한 가난에 시달리는 사람들이었는데 그들의 주머니 사정을 알고 있는 바울이 보기에는 이것은 자신을 주께 바치는(self-surrendering) 행동이었다. 그들은 "하나님의 뜻에 따라"(διὰ θελήματος θεοῦ) "우리에게도"(καὶ ἡμῖν) "자신들을"(ἑαυτούς) 주었다. 물론 자신들을 주었다는 말은 궁극적으로 헌금을 주었다는 뜻이다. 이 구절에서 우리는 헌금의 중요한 의미를 발견한다. 헌금은 먼저 우리가 자신을(자신의 삶과 생명을) 하나님께 드리는 것이고 그 의미로 물질을 바치는 것이다.

고린도전서 13장 3절, "내가 **내게 있는 모든 것으로 구제하고** 또 내 몸을 불사르게 내줄지라도 사랑이 없으면 내게 아무 유익이 없느니라"는 구제를 하되 자신이 갖고 있는 모든 전 재산을 다 구제를 위해 바치고 자신은 무일푼으로 되는 것을 화형을 당해 순교하는 것과 동급의 행동으로 보고 있다. 당시 사회에서 전 재산을 다 구제 헌금하고 무소유를 선택하는 것은 죽음을 선택하는 것과 마찬가지의 행동이었다. 이 두 가지는 초대교회 안의 최고의 경건(piety)의 모델이었다(약 1:27, "하나님 아버지 앞에서 정결하고 더러움이 없는 **경건은 곧 고아와 과부를 그 환난 중에 돌보고** 또 자기를 지켜 세속에 물들지 아니하는 그것이니라"). 마게도냐 성도들이 가난한 성도들을 돕기 위해 헌금한 것을 바울이 "자신을 하나님께 드렸다"는 말로 표현할 때 그들은 고린도전서 13장 3절에 있는 "내게 있는 모든 것으로 구제"하는 것에 근접한 모습을 보여준 것으로 볼 수 있다.

6절_그러므로 우리가 디도를 권하여 그가 이미 너희 가운데서 시작하였은즉 이 은혜를 그대로 성취하게 하라 하였노라

고린도후서 8장 1-5절에서 바울이 마게도냐 성도들의 모범을 먼저 언급한 그 목적이 이제 6절에서부터 나온다. 바울은 고린도 성도들이 마게도냐 성도들이 보여준 모범을 따라 그와 같이 헌금에 참여하기를 원한다. 바울과 그의 동역자들은 디도가 고린도 성도들에게 호소하기를(εἰς τὸ παρακαλέσαι ἡμᾶς Τίτον) 원한다. 그렇게 호소하여 "디도가 그 전에 시작한 것처럼(καθὼς προενήρξατο)" "이 은혜도"(καὶ τὴν χάριν ταύτην) 또한(οὕτως) 디도가 마무리하는(ἐπιτελέσῃ) 결과가(ἵνα) 있기를 바란다. 여기에서 "은혜"는 구제헌금 모금활동이다. 여기서 바울은 구제를 받는 것이 아니라 구제를 하

는 것이 "은혜"라고 말한다. 동사 '에피텔레오'(ἐπιτελέω)는 '완료하다'(to complete)의 뜻이다. 바울은 고린도 성도들이 이미 시작한 일을 완료하라고 말한다. 6절과 10-11절은 내용이 비슷하지만 차이점이 있다면 6절은 디도가 '이미 시작하다'와 '완료하다'라는 동사의 주어이지만 10-11절에서는 고린도 성도들이 동사의 주어다.

그렇다면 고린도 성도들이 이 헌금을 시작한 시점은 언제일까? 고린도후서가 전달되기 전에 이미 이 일을 시작되었다는 것은 분명하다. 고린도전서 16장 1절에서 이 헌금을 바울이 언급하므로 최소한 고린도전서를 받은 직후부터는 이 헌금이 시작되었을 가능성이 많다. 이 헌금과 관련되어 디도가 언급되는 것으로 보아, 또한 갈라디아서 2:1에서도 디도의 이름이 언급되며(갈 2:1, "십사 년 후에 내가 바나바와 함께 디도를 데리고 다시 예루살렘에 올라갔나니") 이 방문이 사도행전 11장 27-30절에 나오는 기근방문과 같은 방문으로 볼 수 있으므로 디도는 특별히 예루살렘의 가난한 성도들을 위한 이방인 교회의 헌금에 관련된 일을 담당하던 바울의 동역자였던 것 같다.

7절_오직 너희는 믿음과 말과 지식과 모든 간절함과 우리를 사랑하는 이 모든 일에 풍성한 것 같이 이 은혜에도 풍성하게 할지니라

앞에 있는 '알라'(ἀλλά, 그러나)는 가난과 환란 가운데 있는 마게도냐 성도들과는 달리 너희들은 풍족하다는 뜻일 수도 있으나, 주제를 이어가는 '그런데 이제'(now then) 정도의 뜻으로 볼 수도 있다. 바울은 먼저 고린도 성도들이 "모든 면에서 풍족하다"(ἐν παντὶ περισσεύετε)"고 말해 그들을 칭찬하고 격려한다. 그 모든 면이 무엇인지 그 뒤에 다섯 가지로 열거되어 있다. 곧 그들은 믿음, 말, 지식, 모든 열정(πάσῃ σπουδῇ), 너희 안에 있는 우리로부터의 사랑

(ἡ ἐξ ἡμῶν ἐν ὑμῖν ἀγάπῃ), 즉 우리에 의해 일깨워져 너희 안에 지금 있는 사랑에 있어서 풍족하다. 그러므로 바울은 이런 고린도 성도들이 "이 은혜에 있어서도"(καὶ ἐν ταύτῃ τῇ χάριτι) 풍족하게 되는 결과가 있기를 바란다. 이 은혜란 헌금 모금이다. '히나'(ἵνα) 앞에 특정한 동사가 없지만 대체로 이 '히나'(ἵνα) 절은 바울의 소망을 나타낸다고 보아 그에 해당하는 동사 '원하다,' '부탁한다' 등이 있는 것으로 본다. 모든 면에서 풍족한 고린도 성도들은 당연히 이 헌금에 있어서도 풍족한 결과가 있어야 한다고 바울은 기대한다.

8절_내가 명령으로 하는 말이 아니요 오직 다른 이들의 간절함을 가지고 너희의 사랑의 진실함을 증명하고자 함이로라

바울은 지금 고린도 성도들에게 헌금을 "명령"(ἐπιταγή)으로 요구하지 않는다. 예루살렘교회의 가난한 성도들을 돕는 것은 그것이 하나님 혹은 그리스도의 명령이기 때문에 하는 것이 아니다. 바울은 여기서 이점을 인정한다. 이 사업은 순전히 바울의 권면과 성도들의 자발적인 뜻에 따라 하는 것이다. '디아 테스 헤테론 스푸데스'(διὰ τῆς ἑτέρων σπουδῆς)는 '다른 사람들의 열정(간절함)을 통하여'로 직역할 수 있다. 여기서 다른 사람들은 마게도냐 성도들이다. 바울은 마게도냐 성도들이 얼마나 간절히 이 헌금에 참여하기 원하여 자신에게 간청했는지를 이미 8장 4절에서 언급했다. 그런 점에서 마게도냐 성도들은 이미 "자신들의 사랑의 진실함"을 증명하였다.

이제는 고린도 성도들이 자신들의 사랑의 진실함(τὸ τῆς ὑμετέρας ἀγάπης γνήσιον)을 증명해야 할 차례다. 여기서 '그네시온'(gnh,sion)은 원래 '결혼을 통해 태어난'(born in wedlock)이란 뜻의 형용사다.

이 형용사는 불법적 관계에서 태어난 자녀로부터 합법적인 결혼관계에서 태어난 자녀를 구분하는 데에 사용되었고, 그런 점에서 '제대로 된'(regular), '진짜의'(genuine)라는 뜻이 파생되었다.[67] 바울은 고린도 성도들의 사랑이 제대로 된 진짜 사랑인지 테스트한다(δοκιμάζων)고 말한다. '도키마조'(δοκιμάζω) 동사는 금속이 100% 순금, 순은인지 아니면 불순물이 섞인 저질의 금속인지를 테스트해서 분별한다는 뜻을 갖고 있다. 바울이 마게도냐 성도들의 열성적인 모범을 미리 말하고 고린도 성도들의 사랑의 진실성을 테스트한다고 말하는 이유는 고린도 성도들이 이 말에 자극을 받아 가난한 이웃을 위한 사랑의 표현에 최선을 다하게 하려는 것이다.

> 9절_우리 주 예수 그리스도의 은혜를 너희가 알거니와 부요하신 이로서 너희를 위하여 가난하게 되심은 그의 가난함으로 말미암아 너희를 부요하게 하려 하심이라

예수 그리스도는 하나님의 아들로 이 세상 모든 것을 다 소유한 분이시므로 "그는 부유하시지만"(πλούσιος ὤν), "너희들 때문에"(δι' ὑμᾶς) 가난하게 되셨다. 여기서 바울이 강조하는 것은 그리스도가 우리를 위해 자발적으로 스스로 가난하게 되셨다는 것이다. 여기서 가난하게 됨은 곧 육신을 입고 이 땅에 오심(incarnation)을 나타낸다(빌 2:6-8). 그리고 그 목적은 그 가난으로 말미암아 "너희가 부유하게 되는 것"이다. 이것이 바로 "주 예수 그리스도의 은혜"다. 물론 바울이 여기서 말하는 "부유함"은 영적인 부유함이다. 그 부유함은 갈라디아서 4장 7절, "그러므로 네가 이 후로는 종이 아니요 아들이니 아들이면 하나님으로 말미암아 유업을 받을 자니라"에 나타나듯이 하나님의 모든 부유함을 상속받은 상속자가 되는

---

67) Harris, *Second Epistle*, 576.

것이다. 그리스도가 이 세상에 오심으로 우리는 하나님의 부유함을 상속받을 수 있는 그의 자녀가 되었다.

10절_이 일에 관하여 나의 뜻을 알리노니 이 일은 너희에게 유익함이라 너희가 일 년 전에 행하기를 먼저 시작할 뿐 아니라 원하기도 하였은즉

"이 일에 관하여 나의 뜻(γνώμη)을 알리노니"는 이 문제에 대해서는 내가 강요하지 않고 그저 나의 의도만을 설명하니 실행 여부는 본인들이 스스로 알아서 결정하라는 뜻이다. "이 일은 너희에게 유익하다"에서 동사 '쉼페로'(συμφέρω)는 '이득이 되다'(to be profitable)의 뜻도 있으나 동시에 '적절하다'(to be fitting)의 뜻도 있다. 여기서는 후자로 보는 것이 더 적절하다.[68] 고린도 성도들이 헌금에 참여하는 것은 그들에게 적절하고 알맞은 일이다. '호이티네스'(οἵτινες)는 "너희"를 받는 관계대명사로 볼 수 있다. 그러므로 '너희가 일 년 전에 행하기를 먼저 시작했을 뿐 아니라(οὐ μόνον) 원하기도 하였다'로 번역할 수 있다. '토 포이에사이'(τὸ ποιῆσαι)가 부정과거 시제인 것은 그 헌금이 한 번 시작했으나 그 이후 진행되지 않았음을 나타낸다. 반면에 '토 뗄레인'(τὸ θέλειν)이 현재 시제인 것은 이 헌금을 하고자 하는 그들의 의지가 변하지 않고 계속되고 있음을 표현한다.

11절_이제는 하던 일을 성취할지니 마음에 원하던 것과 같이 완성하되 있는 대로 하라

"하던 일을" 성취하라(ἐπιτελέσατε)에서 '에피텔레사테'(ἐπιτελέσατε)는 명령형이다. 물론 동사의 법(mood)가 명령법이라고 해서 이것을

68) Harris, *Second Epistle*, 581.

반드시 그가 명령한 것으로 해석할 필요는 없다. 8절에서 바울은 이미 이 헌금은 명령이 아니라고 말한 바가 있다. '호포스'(ὅπως)는 목적을 나타내는 접속사다. '카따페르 …후토스'(καθάπερ … οὕτως)는 "…한 것처럼 …도 …하다"의 뜻으로 앞과 뒤가 서로 상관되어 있음을 표현한다. "마음으로 원하는 그 뜻"(ἡ προθυμία τοῦ θέλειν)이 "너희들이 갖고 있는 것으로"(ἐκ τοῦ ἔχειν) "완성하는 것처럼 되기 위해서"(οὕτως καὶ τὸ ἐπιτελέσαι)로 번역할 수 있다. 바울은 고린도 성도들이 마게도냐 성도들처럼 그들의 능력에 넘치도록(παρὰ δύναμιν) 하기를 기대하거나 원하지 않는다. 그저 그들의 "능력에 따라"(κατὰ δύναμιν) 헌금하기를 바라는 마음으로 "너희들이 갖고 있는 것으로"(ἐκ τοῦ ἔχειν) 완성하도록 하라고 말한다.

12절_할 마음만 있으면 있는 대로 받으실 터이요 없는 것은 받지 아니하시리라

'헤 프로뛰미아'(ἡ προθυμία)는 자원하는 마음(willingness)의 뜻이다. 자원하는 마음이 앞에 놓여있으면(πρόκειται), 즉 자원하는 마음이 나타나 있으면 '그가 소유하지 않은 것을 따라서가 아니라'(οὐ καθὸ οὐκ ἔχει) '그가 소유한 것을 따라서'(καθὸ ἐὰν ἔχῃ) 드리는 것이 '유프로스데크토스'(εὐπρόσδεκτος) 즉, '받으심직한'(acceptable) 것이다. 즉 중요한 것은 자원하는 마음이 있느냐 없느냐다. 하나님은 그 마음을 우선적으로 보신다. 헌금의 액수는 그 사람의 능력에 따라 다르고 그것은 하나님이 헌금을 받으시는 기준이 아니다. 구제 헌금 혹은 헌금을 할 때 자원하는 마음으로 자신의 형편에 맞게 바치면 하나님은 기쁘게 받으신다. 하나님은 농부의 종자 씨까지 바칠 것을 요구하시지 않는다. 구제는 다른 사람을 돕는 것이지만 바울은 이것을 하나님께 드리는 예물로 보고 있다.

13절_이는 다른 사람들은 평안하게 하고 너희는 곤고하게 하려는 것이 아니요 균등하게 하려 함이니

"다른 사람들은 평안하게 하고 너희는 곤고하게 하려는 것"은 당시 고린도 성도의 일부가 불평하는 말을 바울이 인용하는 것일 가능성이 많다. 여기서 "다른 사람들"은 예루살렘교회의 가난한 자들이다. 바울은 평등(equality)의 관점으로부터(ἐξ ἰσότητος) 헌금을 바라보고 있음을 보여준다. '이소테스'(ἰσότης)는 수학, 법률, 철학, 정치 등에서 사용되던 개념으로서 '평등,' '균등'의 뜻이다. 바울은 고린도 성도와 예루살렘 성도들 사이에 평등/균등이 이루어지기를 바란다.

14절_이제 너희의 넉넉한 것으로 그들의 부족한 것을 보충함은 후에 그들의 넉넉한 것으로 너희의 부족한 것을 보충하여 균등하게 하려 함이라

"지금 이 시점에서"(ἐν τῷ νῦν καιρῷ) 고린도 성도들의 "넉넉함/여유"(περίσσευμα)로 "그들의 부족함"(τὸ ἐκείνων ὑστέρημα)을 채워주어 나중에 그들의 넉넉함으로 "너희의 부족함"(τὸ ὑμῶν ὑστέρημα)을 채워 '이소테스'(ἰσότης, 평등, 균등)이 되도록(γένηται) 해야 한다. 여기서 여유와 부족함이 경제적 금전적인 것으로 볼 수도 있다. 어느 교회가 여유가 있을 때 부족함이 없는 교회를 돕는 것은 개교회가 그리스도의 몸을 이루는 것으로 볼 때 당연한 일이다. 그러나 여유와 부족함을 반드시 금전적인 것으로 볼 필요는 없다. 왜냐하면 로마서 15장 27절에서 바울이 말하듯이("저희가 기뻐서 하였거니와 또한 저희는 그들에게 빚진 자니 **만일 이방인들이 그들의 영적인 것을 나눠 가졌으면 육적인 것으로 그들을 섬기는 것이 마땅하니라**") 영적인 부족함이 있던 이방인 교회에게 영적인 여

유가 있는 예루살렘교회가 복음을 전해줌으로 이방인 교회는 영적인 빚을 졌고 그래서 이제 육적인 도움을 예루살렘교회에 줌으로 빚을 갚는 것으로 바울이 보고 있기 때문이다. 그러므로 여기서 바울이 추구하는 것은 공제조합과 같은 금전유통의 시스템이 아니다. 바울이 추구하는 균등(ἰσότης)은 서로 부족한 것을 주고받아 이방인 교회와 유대인 교회가 하나의 교회가 되는 것이다.

15절 _ 기록된 것 같이 많이 거둔 자도 남지 아니하였고 적게 거둔 자도 모자라지 아니하였느니라

이 구절은 출애굽기 16장 18절의 인용이다. 광야에서 만나를 거둘 때에 많이 거둔 자나 적게 거둔 자나 다 남지도 모자라지도 않았다. 왜냐하면 하루가 지나면 다 썩어서 없어졌기 때문이다. 바울은 오늘날 내가 갖고 있는 물질도 마찬가지고 시간이 지나면 다 사라지는 것임을 말한다. 마치 하나님께서 그의 백성에게 만나를 내려주실 때 모든 사람에게 균등하게(equality) 내려주셨듯이 바울은 고린도 성도들이 자신의 것을 내어놓아 부족함이 있는 성도들을 돕게 되길 원한다.

본문 해설 VI

가난한 성도들을 위한 바울의 노력

(8:16-9:15)

가난한 성도들을 위한 바울의 노력

8:16-9:15

XIV. 디도와 그의 동료들(8:16-24)

고린도후서 8장 16-24절에서 바울은 헌금 모금을 담당하는 세 명의 동역자들에 대해 소개한다. 그런 점에서 이 부분은 추천서(recommendation letter, 고후 3:1-3)의 역할을 한다. 바울은 이 세 명에 대해 한 사람씩 언급하며 그들이 누구인지, 어느 교회의 출신인지, 모금을 하는 역할에 왜 적합한지를 설명한다. 또한 바울은 여기서 이 헌금 모금을 둘러싼 공격에 대해서도 방어한다. 헌금의 동기와 자신이 얼마나 투명하게 이 문제를 진행하고 있는지를 설명한다.

16절 _ 너희를 위하여 같은 간절함을 디도의 마음에도 주시는 하나님께 감사하노니

먼저 16-17절에서 바울은 디도에 대해 말한다. 여기서 "간절함"으로 번역된 '스푸데'(σπουδή)란 단어는 '열정'(eagerness, enthusiasm, zeal)의 뜻도 갖고 있다. 디도는 "같은 열정"(τήν αὐτὴν σπουδὴν)을 갖고 있다. 즉 디도는 고린도 성도들을 향해 바울이 갖고 있는 열정과 같은 열정을 갖고 있다. 그 열정은 고린도 성도들을 위한(ὑπέρ ὑμῶν) 열정이다. 바울은 그 열정이 하나님이 그의 마음에(ἐν τῇ καρδίᾳ Τίτου) 주신 것이라고 말한다. 하나님은 단순히 인간의 마음을 알고 계실 뿐만 아니라(고전 14:25) 인간의 마음에 직접 작용하셔서 열정을 불어넣으실 수도 있다. 하나님은 바울에게도 고린도 성도들을 향한 열정을 주셨고 디도에게도 주셨다. 그러므로 이 점에서 디도는 바울을 대신할 수 있는 사람이며, 동시에 이 헌금 모금을 위한 적격자(a qualified man)다.

디도는 돈을 향해 열정을 갖고 있지 않으며 고린도 성도들의 영적 유익에 열정을 갖고 있다(고후 12:18, "내가 디도를 권하고 함께 한 형제를 보내었으니 **디도가 너희의 이득을 취하더냐** 우리가 동일한 성령으로 행하지 아니하더냐 동일한 보조로 하지 아니하더냐"). 바울 역시 그들의 돈을 목적으로 하지 않으며 그들의 영적 유익에 열정을 갖고 있다(고후 12:14, "보라 내가 이제 세 번째 너희에게 가기를 준비하였으나 너희에게 폐를 끼치지 아니하리라 **내가 구하는 것은 너희의 재물이 아니요 오직 너희니라**").

17절_그가 권함을 받고 더욱 간절함으로 자원하여 너희에게 나아갔고

디도는 바울의 권면(παράκλησις)을 받고 고린도로 갔다. 디도가 고린도에 간 것은 헌금 모금을 마쳐달라는 바울의 부탁을 받아들여서 고린도에 간 것이다. 바울이 디도를 내세워서 헌금 모금을 하는 것은 아마도 가능한 한 자신이 그 일에 직접적으로 관여하지 않는 것이 불필요한 오해와 공격을 피할 수 있기 때문일 것이다(고후 8:20, "이것을 조심함은 우리가 맡은 이 거액의 연보에 대하

여 **아무도 우리를 비방하지 못하게 하려 함이니**"). '스푸다이오테로스'(σπουδαιότερος)는 형용사 '스푸다이오스'(σπουδαῖος, 열정을 갖고 있는)의 비교급이다. 디도는 그 전보다 더 열정을 갖고(σπουδαιότερος) 고린도로 갔다. 이것은 디도가 이 헌금 모금에 상당한 관심을 갖고 있다는 것을 보여준다. 디도는 그 자신도 이 일에 대해 스스로 원하고(αὐθαίρετος) 있다(ὑπάρχων). 고린도후서 8장 3절에서 마게도냐 성도들이 "힘대로 할 뿐 아니라 힘에 지나도록 자원하여"(αὐθαίρετοι)에서 이 '아우따이레토스'(αὐθαίρετος) 형용사가 사용되었으므로 디도가 원래 이 마게도냐 지역 출신이 아닌가 하는 추측을 하지만 확실하지 않다.

18절_또 그와 함께 그 형제를 보내었으니 이 사람은 복음으로써 모든 교회에서 칭찬을 받는 자요

바울은 디도와 함께 우리가 이름을 알 수 없는 어떤 "형제를" 보냈다. 이 형제는 바울이 디도와 함께 보내는 두 명의 동역자 중 첫 번째 사람이다. 여기서 이 "형제"라는 호칭은 그 사람이 그저 평범한 신자가 아니라 바울과 함께 일하는 그의 동역자라는 것을 나타낸다. 그 앞에 붙어 있는 정관사 '톤'(τόν, 그)은 그 형제가 고린도 성도들에게 잘 알려져 있어서 굳이 이름을 밝힐 필요가 없다는 뜻으로 보인다. 그 형제는 '모든 교회를 통해서'(διὰ πασῶν τῶν ἐκκλησιῶν) 칭찬을 받는(ἔπαινος) 사람이다. '에파이노스'(ἔπαινος)는 '칭찬'(praise)뿐 아니라 '인정'(approval, recognition)의 뜻도 갖고 있다. '엔 토 유앙겔리오'(ἐν τῷ εὐαγγελίῳ)는 '복음의 영역에서'(in the sphere of the gospel) 혹은 '복음이란 일에 있어서'(in the matter of the gospel)로 번역할 수 있다. 즉 그 형제는 복음을 선포하고 가르치는 일에 있어서 인정과 칭찬을 받는 사람이다. 그렇다면 '모든

교회를 통해서'(διὰ πασῶν τῶν ἐκκλησιῶν)는 그가 모든 교회들에서 복음을 전한 사람이란 뜻으로 보아야 한다. 그렇다면 이 형제는 고린도교회에서 뿐만 아니라 다른 교회들에서도 복음을 선포한 꽤 유명한 형제라는 것을 추측할 수 있다.

그렇다면 왜 바울은 여기서 이 형제와 22절에서 소개하는 또 다른 형제의 이름을 직접 거명하지 않는 것일까? 아마도 디도가 헌금 모금의 총책임자고 이 두 형제는 디도를 보좌하는 역할을 하기 때문일 가능성이 많다. 그렇다면 이 형제는 누구일까? 누가, 바나바, 아리스다고, 아볼로, 실라, 디도의 친형제 등과 같은 후보자가 제안되었으나 그 형제가 누구인지 명확히 알 수는 없다.

19절_ 이뿐 아니라 그는 동일한 주의 영광과 우리의 원을 나타내기 위하여 여러 교회의 택함을 받아 우리가 맡은 은혜의 일로 우리와 동행하는 자라

그리고 그는 "여러 교회의 택함을 받아"(χειροτονηθεὶς)에서 동사 '케이로토네오'(χειροτονέω)는 '손'(χείρ)과 '뻗다'(τείνω, to stretch out)가 합쳐져 '손으로 선출하다'(to choose or appoint by raising hands)는 뜻의 동사가 되었다. 이것은 헬라도시의 직접 민주주의를 위한 공직자 선출시 손을 들어 사람을 선출하던 것에서 유래한 것으로 교회에서는 '임명하다'의 뜻으로 사용된 것 같다(행 14:23, "각 교회에서 장로들을 **택하여** 금식 기도 하며 그들이 믿는 주께 그들을 위탁하고"). 후에 이 동사는 초대교회에서 사람을 선출하여 그에게 손을 얹어 안수기도 함으로 임명하는 관례와 일치하게 되었다 (*Didache* 15:1).[69] 이 형제가 한 교회가 아니고 "여러 교회의 선택을 받았다"면 그 교회들은 어떤 교회들일까? 그 교회들이 어떤 교회인지 확실치 않다. 그 형제가 사도행전 20장 4절에 나오는 바울이

69) Harris, *Second Epistle*, 602-3.

예루살렘에 갈 때 동행한 사람들 중 하나일 가능성이 많고, 그 중에 유대에 있는 교회의 대표자들은 없으므로 유대에 있는 교회들일 가능성은 별로 없다. 지금 바울이 마게도냐의 어느 교회에서 이 편지를 쓰고 있기 때문에 마게도냐 교회들일 가능성이 가장 많다(고후 9:4, "혹 **마게도냐인들이 나와 함께 가서** 너희가 준비하지 아니한 것을 보면 너희는 고사하고 우리가 이 믿던 것에 부끄러움을 당할까 두려워하노라").

'쒼에크데모스'(συνέκδημος, 동행하는 자)는 여행의 '동반자'를 나타낸다. "우리가 맡은 은혜의 일" 즉 구제헌금 모금활동을 위해 "동행하는 자"다. 디도와 동행한 이 형제는 어느 특정 교회 출신이지만 여러 교회에 의해 공동으로 인정을 받고 이 모금활동을 전적으로 책임지는 사람이다. 이런 사람의 존재는 모금할 때부터 바울이 아닌, 교회의 인정받는 대표자들이 그 돈을 모금했다는 것을 보여준다. 또 관리도 바울이 하지 않고 책임을 맡은 사람이 했다는 것을 보여준다.

"동일한 주의 영광과 우리의 원을 나타내기 위하여"에는 헌금 모금 활동의 두 가지 목적이 나타나 있다. 그것은 "주의 영광"(δόξα)을 위한 것이고, 바울과 그의 동역자들의 "선의"(προθυμία, good will)를 나타내기 위한 것이다. 여기에서 바울은 자신의 모금활동에 대한 비난에 대답한다. 그들은 바울이 개인적인 사욕을 위해 돈을 모은다고 비난했을 것이다. 이에 대해 바울은 이 일이 하나님의 영광을 위한 것이며 선한 의도를 갖고 하는 것이라고 말한다. 사도행전 11장 27-30절에 나와 있는 것처럼 안디옥 교회가 예루살렘교회를 기근 때에 도운 일은 바로 그 좋은 예다. 바울은 선한 의도를 갖고 하나님의 영광을 위해 모금하고 그것을 교회에 전달하려고 한다.

20절 _ 이것을 조심함은 우리가 맡은 이 거액의 연보에 대하여 아무도 우리를 비방하지 못하게 하려 함이니

바울은 이것을(τοῦτο) 제자리에 놓는다(στελλόμενοι). '스텔로'(στέλλω) 동사는 중간태로 '…을 제자리에 놓다'(to put something in place)의 뜻이다. 여기에서 "이것"은 그 다음에 나오는 그에 대한 비방을 피하기 위한 조심(precaution)일 것이다. '스텔로메노이 투토'(στελλόμενοι τοῦτο)은 결국 "이것을 조심함은"으로 번역될 수 있다. 21절의 '프로누우멘'(προνοοῦμεν)도 '…을 미리 고려하다'의 뜻으로 이와 유사하다.

'하드로테스'(ἁδρότης)는 '풍부함'(abundance, lavishness)을 나타낸다. "우리에 의해 섬겨지는 이 많은 것"은 곧 모금될 헌금이다. 앞으로 모금될 헌금은 적지 않은 액수가 될 것이라고 바울은 보았다. 바울은 이 구제헌금으로 인해 자신이 비난받을 일을 하지 않으려고 조심한다. 그래서 자신이 직접 그 모금활동을 직접 하지 않고 교회들의 대표자로 선택된 다른 동역자들이 하도록 한다. 주의 일은 이렇게 비난 받을 일을 피하며 조심스럽게 추진해야 한다.

21절 _ 이는 우리가 주 앞에서뿐 아니라 사람 앞에서도 선한 일에 조심하려 함이라

고린도후서 8장 21절은 잠언 3장 4절, "그리하면 네가 하나님과 사람 앞에서 은총과 귀중히 여김을 받으리라"와 그 내용이 매우 유사하다. 동사 '프로노에오'(προνοέω)는 '…을 미리 고려하다'(to give forethought to)의 뜻이다. '칼라'(καλά)는 '선한 것들' 혹은 '영예로운 것들'의 뜻이다. 로마서 12장 17절에서 바울은 "모든 사람 앞에서 선한 일을 도모하라"(προνοούμενοι καλὰ ἐνώπιον πάντων ἀνθρώπων)고 말하는데, 고린도후서 8장 21절에서 사용된 용어와 같은 단어들이 사용되고 있다. 로마서 12장 17절은 일반적인 가르침이지만 고린도후서 8장 21절은 교회의 재정적인 문제를 염두에 둔 가르침이다.

바울은 단지 하나님 앞에서 뿐만 아니라 사람들 앞에서도 선하다는 평가를 받게 되기를 원한다. 만약 바울이 하나님 앞에서만 바르게 하려고 한다면 굳이 다른 사람에게 책임을 지워서 그 돈을 걷고 관리하게 하지 않았을 것이다. 그러나 바울은 사람들 앞에서도 바르게 일을 하기 위해 자신은 돈에 손을 대지 않고 다른 사람들이 하도록 위임한다. 교회에서 돈을 관리하고 돈을 다루지 않을 수 없는데, 이 때 투명하게 잘 다루어야 문제가 없다. 바울도 혹시라도 불필요한 오해를 사지 않으려고 애썼고, 문제가 일어나지 않도록 일을 처리했다. 모든 사역자들은 이런 일로 인해 문제가 생기지 않도록 주의해야 한다.

> 22절 _ 또 그들과 함께 우리의 한 형제를 보내었노니 우리는 그가 여러 가지 일에 간절한 것을 여러 번 확인하였거니와 이제 그가 너희를 크게 믿으므로 더욱 간절하니라

디도와 이름이 밝혀져 있지 않은 형제 외에 바울은 또 한 사람의 형제를 함께 보낸다. 바울은 이미 그 사람에 대해서 수차례(πολλάκις) 여러 가지 일로(ἐν πολλοῖς) 테스트를 했다(ἐδοκιμάσαμεν). '도키마조'(δοκιμάζω)는 '조사하다,' '테스트 하다,' '테스트 하여 그 가치를 증명하다'의 뜻이다. 그는 이 일에 열정을 갖고 있다(σπουδαῖον ὄντα). 그는 이제 고린도 성도들을 더 많이 신뢰함으로 인해(πεποιθήσει πολλῇ τῇ εἰς ὑμᾶς) 더욱 더 열정을 갖고 있다(πολὺ σπουδαιότερον). '스푸다이오테로스'(σπουδαιότερος)는 형용사 '스푸다

이오스'(σπουδαῖος, 열정을 갖고 있는)의 비교급이며 17절에서 이미 디도에 대해 사용된 적이 있다. 즉 이 사람도 디도만큼이나 이 헌금 모금에 큰 열정을 가진 사람이다. 바울이 여기서 이 사람도 교회에서 선택받아 이 일을 책임진다고 말하지는 않지만 23절에서 이 사람을 포함해 세 사람 모두를 '아포스톨로이 에클레시온'(ἀπόστολοι ἐκκλησιῶν, 교회가 파송한 사람들)이라고 부르는 것으로 볼 때 이 사람도 교회에서 이 일을 위해 임명된 사람으로 볼 수 있다. 아마 바울은 고린도교회에서 적지 않은 헌금이 걷힐 것을 예상하고, 믿을 수 있는 사람을 한 사람 더 보내어 안전하게 헌금을 가져오도록 한 것 같다.

여기에서 우리가 생각해보아야 할 것은 바울이 이 헌금 모금을 위해 파송하는 대표자들이 이 모금에 모두 열정을 가진 사람들이라는 점이다. 주의 사역은 각자가 갖고 있는 은사를 따라 일을 나누어 맡아 하기도 하지만 은사 못지않게 중요한 것은 열정이다. 열정을 갖고 있는 사람은 열정이 없는 사람보다 더 창의적으로, 누가 시키지 않아도 스스로 동기부여가 되어 헌신적으로 그 사역을 하게 된다.

23절_디도로 말하면 나의 동료요 너희를 위한 나의 동역자요 우리 형제들로 말하면 여러 교회의 사자들이요 그리스도의 영광이니라

바울은 여기서 세 사람의 파견자들을 추천하는 말을 한다. 바울은 디도를 그의 '코이노노스'(κοινωνός, 동료, companion, partner, sharer)며 '쉰에르고스'(συνεργός, 동역자, fellow worker)라고 부른다. 즉 디도는 단순히 헌금 모금이라는 사역을 넘어서 바울이 하는 복음의 사역 전반에 함께 참여하여 바울과 더불어 일하는 사람이다. 이 세 사람 중에서 디도는 가장 먼저 그 이름이 거명되므로 그들

가운데에서 지도자의 역할을 하는 사람이다.

바울이 이름을 거명하지 않는 두 형제들을 교회가 파견한 사람들(ἀπόστολοι ἐκκλησιῶν)이다. 여기서 '아포스톨로스'(ἀπόστολος)는 사도로 번역하지 않는다. 이들은 주님/하나님이 아니라 교회가 파송하였고, 복음 선포라는 일생에 걸친 사명이 아니라 헌금 모금이라는 한시적 사명을 위해 파송되었다는 점에서 사도와 다르다. 빌립보서 2장 25절에서 에바브라디도 역시 '아포스톨로스'(ἀπόστολος)로 불리지만 여기서 '아포스톨로스'(ἀπόστολος)는 기술적 용어로 사용된 것이 아니라 사람에 의해 보냄을 받은 심부름꾼을 나타낸다("너희 사자[ἀπόστολον]로 내가 쓸 것을 돕는 자라"). 바울은 그들이 심부름꾼일 뿐만 아니라 "그리스도의 영광"이라고 소개한다. 그들은 그리스도를 영광스럽게 하는 사람이라는 뜻이다. 교회의 일꾼이 이런 소개를 받을 수 있다면 이보다 더 큰 영광은 없을 것이다.

24절 _ 그러므로 너희는 여러 교회 앞에서 너희의 사랑과 너희에 대한 우리 자랑의 증거를 그들에게 보이라

바울은 고린도 성도들이 "여러 교회 앞에서"(εἰς πρόσωπον τῶν ἐκκλησιῶν) "너희의 사랑의 증거(ἔνδειξις)"와 "너희에 대한 우리 자랑의(ἡμῶν καυχήσεως) 증거"를 그들에게 나타내 보이라(ἐνδεικνύμενοι)고 말한다. '엔데이크뉘미'(ἐνδείκνυμι)는 동사로서 '보여주다'(to demonstrate)의 뜻이며 '엔데익시스'(ἔνδειξις)는 그 명사형이다. 바울은 고린도 성도들이 헌금 모금에 열심히 참여하여 자신들이 갖고 있는 사랑의 증거를 보여주기를 원한다. 바울은 평소에 여러 교회에서 고린도교회에 대해 자랑했다. 이제 그 여러 교회의 심부름꾼들이 고린도교회에 도착하여 고린도 성도들을 만나 바울의 자

랑이 사실임을 발견하게 해 달라고 부탁한다.

XV. 성도들을 위한 헌금 9:1-15

1절 _ 성도를 섬기는 일에 대하여는 내가 너희에게 쓸 필요가 없나니

일부 학자들은 9장이 8장과는 구분되는 별개의 편지라고 보지만 8장과 9장이 긴밀히 연결되어 있다는 것을 보여주는 중요한 요소가 있다. '가르'(γάρ, for, 왜냐하면)는 8장에서 세 명의 대표자들에 대해 말했는데, 왜냐하면 헌금 그 자체에 대해서는 자세히 쓸 필요가 없기 때문이라는 뜻이므로 8장과 9장을 연결해준다. 바울은 예루살렘의 가난한 성도들을 위한 모금 활동을 "성도를 섬기는 일"(ἡ διακονία ἡ εἰς τοὺς ἁγίους)라고 부르는데, 이것은 이미 8장 4절에서 나왔던 표현이다. 고린도후서 9장 3절에서 바울은 "이 형제들"에 관해 말하는데 만약 8장이 없다면 도대체 어떤 사람들을 가리키는 것인지 전혀 알 길이 없다. 그러므로 8-9장은 하나로 연결되어 있다고 보아야 한다.

2절 _ 이는 내가 너희의 원함을 앎이라 내가 너희를 위하여 마게도냐인들에게 아가야에서는 일 년 전부터 준비하였다는 것을 자랑하였는데 과연 너희의 열심이 퍽 많은 사람들을 분발하게 하였느니라

바울은 고린도 성도들의 원함(προθυμία)을 알고 있고, 그것이 곧 바울이 마게도냐 사람들에게 고린도 성도들을 자랑하는 이유다. 바울은 현재 마게도냐의 어느 교회(빌립보, 데살로니가, 혹은 베뢰아 교회)에서 머물고 있다. 그는 예전에 그 교회 성도들에게 헌금에 대해서 이야기하면서 아가야 지방의 성도들은(고린도 성도들을

포함하여) 1년 전부터 이 헌금 모금을 위해 준비되어 있다고 말했고, 고린도 성도들의 열정(ζῆλος)은 더 많은 사람들을(τοὺς πλείονας) 분발하게 했다(ἠρέθισεν). 동사 '에레띠조'(ἐρεθίζω)는 '자극하다'(stimulate)의 뜻이다. 여기서 준비되어 있다(παρεσκεύασται)는 것은 아마도 돈이 다 모여져서 보낼 준비가 되었다는 뜻이 아니라 모금할 뜻을 갖고 있다는 점에서 준비되었다는 것으로 이해해야 할 것이다. 왜냐하면 4절에 보면 "너희가 준비하지 아니한 것을 보면"이라고 말하기 때문이다.

3절_그런데 이 형제들을 보낸 것은 이 일에 너희를 위한 우리의 자랑이 헛되지 않고 내가 말한 것 같이 준비하게 하려 함이라

이 형제들은 디도와 이름을 모르는 두 명의 형제들이다. 바울은 그들을 미리 고린도에 보내어 고린도 성도들이 헌금을 미리 준비하게 한다. 그 이유는 먼저 이 문제에 있어서(ἐν τῷ μέρει τούτῳ,) 고린도 성도들을 향한 바울의 자랑(τὸ καύχημα ἡμῶν τὸ ὑπὲρ ὑμῶν)이 헛되게 되지 않기 위해서다. 그들이 준비된 상태(παρεσκευασμένοι)가 되도록(ἵνα) 하려는 것이다. 동사 '파라스큐아조'(παρασκευάζω)는 '준비하다'(to prepare)의 뜻이며 완료 중간태에서 '준비되어 있다'(be ready)는 뜻이 된다.

4절_혹 마게도냐인들이 나와 함께 가서 너희가 준비하지 아니한 것을 보면 너희는 고사하고 우리가 이 믿던 것에 부끄러움을 당할까 두려워하노라

만약 마게도냐 교회의 대표단들이 바울과 함께 고린도에 도착했을 때 미처 고린도 성도들이 헌금을 준비하지 못한 것이 밝혀지면 고린도 성도들은 물론(ἵνα μὴ λέγω ὑμεῖς) 바울도 수치를 당하게

될 것이므로(καταισχυνθῶμεν ἡμεῖς) 그런 일이 생기지 않도록 하기 위해 바울은 세 명의 형제를 미리 보낸다. 동사 '카타이스퀴노'(καταισχύνω)는 '수치를 당하게 하다'(to put to shame)의 뜻이다. 고대시대에 수치는 영예와 정반대의 것으로서 고대인들은 영예를 매우 중요시했다. '엔 테 휘포스타세이 타우테'(ἐν τῇ ὑποστάσει ταύτῃ)에서 '휘포스타시스'(ὑπόστασις)가 어떻게 해석되어야 하는지가 매우 어렵지만 대체로 "과제"(project, undertaking)로 해석한다. 즉 "이 과제에 있어서 부끄러움을 당할까 걱정한다"로 번역할 수 있다.

5절_그러므로 내가 이 형제들로 먼저 너희에게 가서 너희가 전에 약속한 연보를 미리 준비하게 하도록 권면하는 것이 필요한 줄 생각하였노니 이렇게 준비하여야 참 연보답고 억지가 아니니라

그래서(οὖν) 바울은 그 형제들을 권면하는 것이(παρακαλέσαι τοὺς ἀδελφούς) 필요하다고(ἀναγκαῖον) 생각했다(ἡγησάμην). 권면의 내용은 '히나'(ἵνα) 이하에 나온다. 첫째로, 그들이 고린도로 가는 것이다(προέλθωσιν εἰς ὑμᾶς). 둘째로 고린도 성도들을 미리 준비시키는 것이다(προκαταρτίσωσιν). '프로카타르티조'(προκαταρτίζω) 동사는 '미리 준비하다'(to make arrangement in advance)란 뜻이다. 이 동사의 목적어는 고린도 성도들이 이미 약속한(προεπηγγελμένην) '율로기아'(εὐλογία)다. '율로기아'(εὐλογία)는 원래 '축복'(blessing)이란 뜻이지만 70인역 헬라어 구약성경에서 사람 사이에서 "축복"의 의미로 주는 선물/물질을 가리키는데 사용된 예가 있다(예, 창 33:11; 삼상 25:27; 왕하 5:15). 바울은 이 헌금이 이방인 성도들이 유대인 성도들로부터 받은 영적인 "축복"에 감사하여 주는 물질적 "축복"으로 보았던 것 같다(참고, 롬 15:27, "저희가 기뻐서 하였거니와 또한 저희는 그들에게 빚진 자니 만일 이방인들이 **그들의 영적인**

것을 나눠 가졌으면 육적인 것으로 그들을 섬기는 것이 마땅하니 라”).

고린도 성도들은 그 전에 이 헌금을 하기로 미리 약속한 바가 있었다. ‘타우텐’(ταύτην, 이것)은 부정사 ‘에이나이’(εἶναι)의 의미상의 주어이며 ‘헤토이멘’(ἑτοίμην)은 ‘준비된’(ready)의 뜻이다. 이것은 앞에 나온 “축복”(εὐλογία, blessing)을 받는 지시대명사다. ‘후토스’(οὕτως)는 ‘이렇게 하여’란 뜻이므로 다시 번역하면, ‘이렇게 해서 이 축복의 헌금이 준비되도록 하기 위해’로 번역할 수 있다. 그 뒤의 ‘호스 율로기안 카이 메 호스 플레오넥시안’(ὡς εὐλογίαν καὶ μὴ ὡς πλεονεξίαν)에서 ‘플레오넥시아’(πλεονεξία)는 통상 ‘탐욕’(greed)의 뜻이지만 여기서는 ‘율로기아’(εὐλογία, 축복)와 반대되는 용어로 사용되었고, 6절에서 ‘엡 율로기아이스’(ἐπ’ εὐλογίαις)가 “풍성하게”란 뜻으로 사용되었으므로 여기서 ‘플레오넥시아’(πλεονεξία)는 ‘탐욕’(greed)의 뜻이 아니라 ‘마지못해 쩨쩨하게 주는 선물’의 뜻인 것으로 보인다. 즉 바울은 고린도 성도들이 물질에 대한 탐욕 때문에 가난한 사람들을 돕는 일에 적은 돈을 마지못해 내놓는 것이 아니라, 가난한 사람들을 축복하는 마음으로 후한 마음으로 헌금하기를 바란다.

헌금과 구제는 강요해서 돈을 억지로 내게 하면 안 된다. 성도들의 영적인 성장과 유익을 위해서는 그들이 얼마를 헌금할 것인지 고민하면서 스스로 원하는 마음으로 하도록 해야 그들에게 유익하다. 인간이 탐욕을 이기고 자신의 소유를 포기하는 결단을 통해 구제하도록 해야 구제받는 사람뿐 아니라 구제하는 사람도 영적 유익을 얻게 된다. 그래서 처음에는 비록 적은 액수라 할지라도 축복하는 마음으로 할 때 그 마음에 기쁨이 있고, 그런 경험이 기초가 되어 그 다음에는 좀 더 큰 액수의 구제를 할 수 있게 된다. 이런 경험의 반복은 구제하는 성도 본인에게 절대적으로 유익하다.

6절_이것이 곧 적게 심는 자는 적게 거두고 많이 심는 자는 많이 거둔다 하는 말이로다

6-11절에서 바울은 농사 메타포를 사용하여 구제의 원리를 설명한다. "적게 심는 자는 적게 거두고 많이 심는 자는 많이 거둔다"는 농사의 원리에서 대조되는 것은 '페이도메노스'(φειδομένως, 인색하게)와 '엡 율로기아이스'(ἐπ' εὐλογίαις, 풍성하게)다. 바울은 명약관화한 농사의 원리를 나타내는 격언을 말해줌으로써, 고린도 성도들이 이 헌금 문제에 대해 어떤 태도를 가져야 할지 스스로 생각하게 만든다. 바울은 갈라디아서 6장 6-7절에서도 비슷한 가르침을 한 적이 있다(갈 6:6-7, "가르침을 받는 자는 말씀을 가르치는 자와 모든 좋은 것을 함께 하라 스스로 속이지 말라 하나님은 업신여김을 받지 아니하시나니 **사람이 무엇으로 심든지 그대로 거두리라**"). 갈라디아서 6장 6-7절에서 바울은 성도들이 교사들이 전임/준전임 정도의 수준으로 가르침에 집중할 수 있도록 그들의 생계비를 교회가 부담하도록 가르친다. 이것 역시 교회 운영을 위한 성도 개개인의 재정적 부담을 가르치고 있다는 점에서 고린도후서의 상황과 유사한 측면이 있다.

7절_각각 그 마음에 정한 대로 할 것이요 인색함으로나 억지로 하지 말지니 하나님은 즐겨 내는 자를 사랑하시느니라

헌금은 각자가(ἕκαστος) 하는 것이며 마음으로(τῇ καρδίᾳ) 결정한 대로(καθὼς προῄρηται) 해야 한다. 고린도전서 16장 2절에서도("매주 첫날에 너희 **각 사람이 수입에 따라** 모아 두어서 내가 갈 때에 연보를 하지 않게 하라") 바울은 각 사람이 수입에 따라 정해진 액수를 정기적으로 모아갈 것을 가르쳤다. '에크 뤼페스'(ἐκ λύπης,

슬픔으로부터)는 헌금을 내고 그 돈이 아까워 슬퍼하는 그런 마음으로부터 하면 안 된다는 것이다. '에크 아낭케스'(ἐξ ἀνάγκης, 압력으로부터)는 강압에 의해서 헌금하면 안 된다는 뜻이다. 이런 헌금에는 기쁨/즐거움이 없다. 하나님은 '힐라론 도텐'(ἱλαρὸν δότην, 즐거운 마음으로 드리는 자, cheerful giver)을 사랑하시기 때문이다(γάρ). 헌금을 하고 아까운 생각이 든다면 아예 하지 않은 것과 다름이 없다. 억지로 하는 헌금도 마찬가지다. 하나님은 즐거운 마음으로 헌금/구제하는 사람을 사랑하신다.

8절_하나님이 능히 모든 은혜를 너희에게 넘치게 하시나니 이는 너희로 모든 일에 항상 모든 것이 넉넉하여 모든 착한 일을 넘치게 하게 하려 하심이라

하나님은 너희들에게(εἰς ὑμᾶς) 모든 종류의 축복이(πᾶσαν χάριν) 넘치게(περισσεῦσαι) 하실 수 있다(δυνατεῖ). 그렇게 하시는 목적은 너희가 모든 일에 있어서(ἐν παντί) 언제나(πάντοτε) 모든 것을 충분히 가져(πᾶσαν αὐτάρκειαν ἔχοντες) 너희가 모든 선한 일을 위하여(εἰς πᾶν ἔργον ἀγαθόν) 너희가 넘치게 하려는(περισσεύητε) 것이다. 여기서 아우타르케이다(αὐτάρκεια)는 헬라 스토아 철학과 견유학파에서 중요하게 생각하던 개념으로 self-sufficiency(자족의 상태)를 나타낸다. 그러나 여기서는 헬라철학의 개념이 아니라, 하나님께서 자신에게 주신 것에 만족하는 상태를 나타낸다. 하나님은 구제를 위해 많은 것을 심는 사람을 물질적으로 축복하셔서 그가 앞으로 항상 누구라도 도울 수 있는 물질적 여유를 주신다. 그리하여 하나님은 기쁜 마음으로 헌금/구제하는 사람을 통해서 계속해서 선한 일을 하신다.

9절_기록된 바 그가 흩어 가난한 자들에게 주었으니 그의 의가 영원토록

있느니라 함과 같으니라

이것은 시편 112편 9절의 인용이다(LXX로는 시 111:9). 마치 씨를 뿌리듯이 돈을 흩어 가난한 사람을 구제하면 그의 의는 영원하다. 여기서 (씨를) 뿌리다(to scatter)는 뜻의 동사 '스코르피조'(σκορπίζω)는 후한 마음으로 재물을 나누어주는 것을 상징한다. 가난한 자로 번역된 '페네스'(πένης)는 매일 매일 일용직을 하여 하루하루 연명하는 사람들이다. 여기서 구제를 통해 그가 갖게 되는 의(ἡ δικαιοσύνη αὐτοῦ)는 야고보서에서 말하는 믿음의 행위를 통해 얻는 의다(예, 약 2:24, "이로 보건대 사람이 행함으로 의롭다 하심을 받고 믿음으로만은 아니니라"). 마태복음 5장 20절, "내가 너희에게 이르노니 너희 의가 서기관과 바리새인보다 더 낫지 못하면 결코 천국에 들어가지 못하리라"에서 말하는 "의"도 바로 이 믿음을 기초로 해서 이루어지는 구제와 같은 행동을 통해 얻어지는 "의"다. 여기서 말하는 의는 믿음을 통해 주어지는 의(righteousness)가 아니라 행동의 올바름(uprightness)이다.

바울이 여기서 말하는 바와 같이 초대교회는 우리가 상상하는 것 이상으로 구제를 강조했다. 누가복음 16장 1-13절에 나오는 불의한 청지기의 비유에서 예수가 가르치는 재정 윤리도 그 핵심은 구제에 있다. 초대교회는 예수의 가르침에 따라 구제에 많은 노력을 기울였으며, 이런 노력은 당시 유대교 회당의 구제와 헬라문화 속에서 '후원자-피후원자'(parton-client) 관계 속에서 이루어지는 구제를 배경으로 해서 해석해 볼 필요가 있다.

당시 유대교 회당에서도 활발한 구제활동이 있었던 것으로 보인다. 랍비 문서에 의하면 회당에는 구제를 전담하는 직원들이 있었고 구제를 위한 세금도 따로 거둬들였다. 로마 황제 율리안(Julian)은 "유대인들은 구걸하는 사람이 없고, 경건하지 못한(impious) 갈

릴리 사람들(Galileans, 즉 기독교인들)은 자신들의 가난한 자들 뿐 아니라 우리들 중의 가난한 사람들도 돕고 있는데, 모든 사람들이 우리 백성들이 우리들로부터 도움을 별로 받지 못하고 있는 것을 보고 있는 것은 매우 수치스러운 일이다"고 말했다(Julian, *Epistle* 22, 430D). 유대교에서 자선은 회당을 중심으로 이루어졌고, 주로 안식일에 집행되었다. 옷과 음식을 기부했고, 기금을 모아 마치 예루살렘 성전에서 보관을 하듯 각 지역 회당에서 보관했던 것 같다.

회당에서는 주별(weekly) 자선(*kpppah*, a charity box)과, 일별(daily) 자선(*tambui*, a charity plate)이 있었는데, 일용한 음식이 부족한 사람은 일별 자선의 도움을 받았다. 이것은 일종의 음식배급소(soup kitchen)와 같은 것이었다. 한 주에 14회 이상의 음식을 먹지 못하는 사람들은 주별 자선의 도움을 받았다. 랍비문서에 의하면 주별 자선의 비용을 걷기 위해 두 사람의 직원이 있었고 나눠주는 것을 위해 세 사람의 직원이 있었다. Aphrodisias(에베소에서 동쪽으로 140 km 떨어진 고대도시)에서 발견된 회당의 입구 기둥 비문에는 당시 soup kitchen의 이사(board member)로 일한 열 명의 사람들의 이름이 새겨져 있다. 그들은 월급을 받지 않고 구제를 위해 일하는 부유한 사람들이었다. 이 비문에 이 구제활동을 위해 기부금을 낸 수많은 헬라인들의 이름과 직업이 적혀 있는데 그들의 직업을 보면 그 도시의 상류층과 중하류를 아우르는 다양한 계층의 사람들이 참여한 것으로 되어 있다. 이들 중 상당수는 "하나님을 경외하는 이방인들"(God-fearers)로 회당에 정기적으로 출석하면서 이런 구제 사업에 동참하였음을 알 수 있다. 모금을 위해서 match funds를 만든다든지, 약정(pledge)을 한다든지 등의 방법도 사용했으며 회당의 직원은 회당 안뿐만 아니라 회당 밖 시장에서도 모금을 했다는 기록이 있다.[70)]

그렇다면 헬라사회에서는 구제를 하지 않았는가? 헬라사회의 구제에서는 patron-client관계가 매우 중요한 역할을 했다. patron과 client의 관계는 일종의 거래(transaction)관계로 볼 수 있는데, patron은 물질적 도움이나 보호(protection)를 제공하고 client는 존경(respect, honor)과 지원(support, service)을 그 보답으로 주는 것이었다. 이런 관계는 고대 헬라-로마 사회의 기본적인 사회 관계였다. 영예(honor)는 매우 중요한 가치가 있는 상품과 같은 것이었으며 부유한 사람들은 영예를 얻기 위해 많은 client를 유지하려고 했다. 또한 당시 사회의 부와 재화는 일부 특권계층에게만 집중되어 있었으므로 구제는 이런 parton-client와 같은 상호의존적인 관계 속에서 이루어졌다. 그래서 당시 부유한 patron들은 이런 자선가(benefactor)의 역할을 했다. 초대교회는 이런 사회 문화적 배경 속에 자신이 갖고 있는 예수의 가르침과 복음의 정신을 따라 가난한 사람들을 구제하는 일에 진력했다.

10절 _ 심는 자에게 씨와 먹을 양식을 주시는 이가 너희 심을 것을 주사 풍성하게 하시고 너희 의의 열매를 더하게 하시리니

심는 자에게 씨를 주시고 양식으로 빵을 주시는 분은 하나님이시다. 여기서 '브로시스'(βρῶσις)는 먹는 행동(act of eating)을 가리킨다. 하나님은 먹으라고 빵을 주신다는 뜻이다. 그 하나님은 "너희들의 씨"를 풍성하게 하시고(πληθυνεῖ), "너희들의 의의 수확(γένημα, harvest)"을 증가시키신다(αὐξήσει). 여기서 말하는 의(δικαιοσύνη)는 9절에서 말했듯이 행동의 올바름(uprightness), 즉 경건의 행동(deed of piety)을 가리킨다. 하나님은 자신의 재물을 사용해 구제하는 사람들이 계속해서 구제를 통해 "의의 열매"를 맺을 수 있도록 축복

70) 이상의 내용은 Lee Levine, *The Ancient Synagogue* (New Haven: Yale University Press, 2000), 372-74 참조.

해 주신다.

11절_ 너희가 모든 일에 넉넉하여 너그럽게 연보를 함은 그들이 우리로 말미암아 하나님께 감사하게 하는 것이라

동사 '플루티조'(πλουτίζω)는 '부유하게 하다'(to make rich)의 뜻이다. 가난한 자를 구제하는 성도들은 하나님에 의해 모든 일에(ἐν παντί) 부유하게 된다(πλουτιζόμενοι). 그들이 부유하게 되는 목적은 '파산 아플로테타'(πᾶσαν ἁπλότητα, 모든 종류의 후한 선물을 주는 행동)을 위해서다. 그리고 그런 구제는 "우리들을 통해"(δι' ἡμῶν) 하나님께 감사(εὐχαριστία)를 만들어낸다(κατεργάζεται). 그 감사는 그 헌금을 받는 사람들이 하나님께 드리는 것이며, 바울과 그의 동역자들은 고린도 성도들과 예루살렘 성도들 사이에서 일하고 있으므로 그 구제헌금이 그들을 통해(δία) 전달되어 그들이 감사기도를 하게 된다.

12절_ 이 봉사의 직무가 성도들의 부족한 것을 보충할 뿐 아니라 사람들이 하나님께 드리는 많은 감사로 말미암아 넘쳤느니라

이 봉사의 직무(ἡ διακονία τῆς λειτουργίας ταύτης)는 바울이 진행하고 있는 구제 헌금 모금활동이다. '레이투르기아'(λειτουργία)는 공동체를 섬기는 공적인 봉사를 가리키는 단어이면서도 바울에게 이 단어는 종교적 혹은 제사장적 봉사를 가리키는 단어로 사용되었다(빌 2:17, "만일 너희 믿음의 제물[θυσία]과 섬김[λειτουργία] 위에 내가 나를 전제로 드릴지라도 나는 기뻐하고 너희 무리와 함께 기뻐하리니"; 롬 15:16, "이 은혜는 곧 나로 이방인을 위하여 그리스도 예수의 일꾼[λειτουργός]이 되어 하나님의 복음의 제사장

직분을 하게[ἱερουργοῦντα] 하사 이방인을 제물로 드리는 것이 성령 안에서 거룩하게 되어 받으실 만하게 하려 하심이라"). 이것은 바울이 모으고 예루살렘으로 가져가는 이 구제헌금이 하나님께 바쳐지는 예물로 생각하고 있었음을 보여준다.

이 구제헌금은 가난한 성도들의 부족함(ὑστερήμα)을 채워줄(προσαναπληροῦσα) 뿐만 아니라(οὐ μόνον … ἀλλὰ καὶ) 많은 사람들을 통해(διὰ πολλῶν) 하나님께 드리는(τῷ θεῷ) 감사의 기도(εὐχαριστία)도 넘치게 할 것이다. 많은 사람들이 구제의 혜택을 받고 하나님께 감사를 드림으로 모든 일련의 과정이 완성된다. 하나님은 고린도 성도들을 축복하여 그들이 구제하는데 필요한 물질이 풍성하게 하시고, 그들은 그것을 받아 후한 헌금을 하여 예루살렘의 가난한 성도들을 돕고, 예루살렘의 성도들은 그 도움을 받고 하나님께 넘치는 감사의 기도를 드린다. 그러면 하나님은 구제를 한 성도들을 또 축복하시고 은혜의 선순환이 지속적으로 일어난다.

그러므로 구제의 궁극적인 목적은 하나님께 영광을 돌리는 것이다. 내가 가난한 사람을 도우면 그것 자체가 목적이 되는 것이 아니라, 그 사람이 나의 도움을 받아 하나님께 영광을 드리게 된다. 교회에서 하는 구제는 그 궁극적인 목적이 하나님께 감사의 찬양을 드려 하나님께 영광을 드리는 것이다. 우리가 어떤 일을 함으로써 다른 사람들이 하나님께 감사와 영광을 돌릴 수 있다면 이것은 우리에게 대단한 영광이 된다. 우리는 득점 찬스가 왔을 때에 놓치지 않고 득점을 하는 운동선수들처럼 하나님을 기쁘게 할 수 있는 기회가 왔을 때 찬스를 놓치지 말고 선한 일을 해야 한다.

13절_이 직무로 증거를 삼아 너희가 그리스도의 복음을 진실히 믿고 복종하는 것과 그들과 모든 사람을 섬기는 너희의 후한 연보로 말미암아 하나님께 영광을 돌리고 이 섬김의 증거를 통하여(διὰ τῆς δοκιμῆς τῆς διακονίας ταύτης) 하나님을 영화롭게 한다(δοξάζοντες τὸν θεὸν). 여기서 "증거"는 곧 고린도 성도들이 갖고 있는 형제사랑(고후 8:8, 24)이다. 하나님을 영화롭게 하는 주체는 고린도 성도들이 아니라, 예루살렘교회의 성도들과 이 섬김의 소식을 들은 다른 교회의 성도들일 것이다. 또한 그리스도의 복음에 대해(εἰς τὸ εὐαγγέλιον τοῦ Χριστοῦ) 너희들이 고백하고(τῆς ὁμολογίας ὑμῶν) 복종한 것 때문에(ἐπὶ τῇ ὑποταγῇ), 그리고 그들과 모든 사람들을 위한(εἰς αὐτοὺς καὶ εἰς πάντας) 친교의 후한 선물(ἁπλότητι τῆς κοινωνίας) 때문에(ἐπί) 그들이 하나님을 영화롭게 한다.

바울은 이 구제 헌금을 하는 것이 그리스도의 복음을 고백하고, 복음에 복종하는 것이라고 말한다. 즉 복음의 내용에는 가난한 사람들을 도우라는 가르침이 포함되어 있다는 의미다. 그리고 가난한 자를 돕는 것은 그리스도의 말씀에 순종하는 것이며, 고린도 성도들은 입으로 하는 말이 아니라 그 행위로 믿음을 고백한다. 고린도 성도들은 단순히 예루살렘 성도들뿐만 아니라 "모든 (가난한) 사람들을 위해서도"(καὶ εἰς πάντας) 도움을 줄 수 있고, 또한 주어야 한다.

그리고 예루살렘교회는 이방인 교회의 이방인 성도들이 "그리스도의 복음"을 듣고 고백하고 순종하였다는 것을 인정하고 하나님께 감사를 드려야 한다. 이것은 곧 유대인 기독교인들이 이방인 기독교인들의 진정성을 인정하고 받아들이고 두 교회가 하나가 되는 것을 의미한다. 유대인들로 구성된 예루살렘교회와 이방인으로 구성된 교회들 사이에 진정한 친교(fellowship)가 생기게 되고 교회의 일치가 이루어진다.

14절 _ 또 그들이 너희를 위하여 간구하며 하나님이 너희에게 주신 지극한

은혜로 말미암아 너희를 사모하느니라

여기서 바울은 도움을 받은 예루살렘교회 성도들의 반응을 묘사한다. 그들은 고린도 성도들을 위해 기도하고, 그들을 보고 싶어 하는 마음이 생긴다. 동사 '에피포떼오'(ἐπιποθέω)는 '간절히 보고 싶어 하다(to long for)'의 뜻이다. 바울은 예루살렘 성도들이 이 헌금에 대해 매우 긍정적으로 반응할 것임을 말한다. 그렇다면 왜 바울은 불과 몇 달 후에 로마서를 쓰면서 로마서 15장 31절에서 "나로 유대에서 순종하지 아니하는 자들로부터 건짐을 받게 하고 또 예루살렘에 대하여 내가 섬기는 일을 성도들이 받을 만하게 하고" 라고 말하며 기도를 부탁하는 것일까? 바울은 아마도 유대의 믿지 않는 유대인들의 적대적인 태도로 말미암아 예루살렘교회의 성도들이 영향을 받아 바울과 그 헌금을 받아들이지 않는 일이 생길까 염려했던 것 같다. 즉 교회 외적인 요인 때문에 교회가 영향을 받아 그가 예상하는 것과 반대로 반응할까봐 염려했다.

15절_ 말할 수 없는 그의 은사로 말미암아 하나님께 감사하노라

'아네크디에게토스'(ἀνεκδιήγητος)는 '인간의 말로 다 표현할 수 없는(indescribable)'의 뜻이다. 즉 하나님이 주시는 인간의 말로 다 표현할 수 없는 선물(δωρεά) 때문에 바울은 하나님께 감사한다. 지금까지 바울은 고린도 성도들이 예루살렘 성도들을 위해 선물을 보내는 것에 대해 이야기했다. 그 이야기의 마지막에 바울은 이 모든 것이 다 하나님의 선물이라고 말한다. 즉 우리가 갖고 있는 모든 재물은 다 하나님의 선물이며 하나님이 우리에게 허락해주신 모든 영적 축복과 물질적 축복은 말로 이루 다 말할 수 없다. 그것을 우리는 기억하고 하나님께 감사해야 한다.

본문 해설 VII

견고한 성을 함락시키는 사람 바울

(10:1-18)

견고한 성을 함락시키는 사람 바울

10:1-18

XVI. 바울이 자신의 목회를 변호함(10:1-18)

1절_ 너희를 대면하면 유순하고 떠나 있으면 너희에 대하여 담대한 나 바울은 이제 그리스도의 온유와 관용으로 친히 너희를 권하고

10-13장에서 바울은 상당히 강경한 어조로 교회 안에 있는 "거짓형제"를 고발한다. 최근에는 수사비평(rhetorical criticism)의 기법을 사용하여 고린도후서의 단일성(unity)을 주장하는 학자들이 있으나, 고린도후서의 단일성은 그 내용을 살펴볼 때에도 드러난다. 이미 우리가 앞에서 살펴본 바와 같이 1-9장에서(예, 2:14-17; 3:1-18; 4:2-5; 4:7-10; 5:11-14; 6:8-10; 8:20-21) 바울은 이미 이들을 겨냥한 논쟁을 시작하고 있으며 그 강도도 10-13장의 내용과 비교할 때 결코 약하다고 볼 수 없다.

'아우토스 에고 파울로스'(αὐτὸς ἐγὼ Παῦλος)는 바울서신에서 유일하게 한 번 나타나는 표현으로 "나 바울 자신은"으로 번역할 수 있다. 여기에서부터 그는 자신의 사도권을 강력하게 방어한다. 그

는 고린도 성도들에게 그리스도의(τοῦ Χριστοῦ) 유순함(πραΰτης)과 관용(ἐπιείκεια)으로 호소한다(παρακαλῶ). 사실 '프라우테스'(πραΰτης, 유순함)와 '에피에이케이아'(ἐπιείκεια, 관용)는 둘 다 의미가 비슷하며 '부드러움'(gentleness)이란 뜻이다. '프라우테스'(πραΰτης, 유순함)의 형용사형 '프라우스'(πραΰς)는 마태복음 5장 5절에 나온다(마 5:5, "온유한[πραΰς] 자는 복이 있나니 그들이 땅을 기업으로 받을 것임이요"). 온유함은 예수 그리스도의 성품이다(마 11:29, "나는 마음이 온유하고 겸손하니 나의 멍에를 메고 내게 배우라 그리하면 너희 마음이 쉼을 얻으리니"). '에피에이케이아'(ἐπιείκεια, 관용)는 사도행전 24장 4절에 나오며("당신을 더 괴롭게 아니하려 하여 우리가 대강 여짜옵나니 관용하여 들으시기를 원하나이다") 70인역 헬라어 구약성경에서 이 단어와 파생어들은 하나님의 인내하시는 관용을 가리키는 단어다(예, 삼상 12:22; 시 85:5; 단 3:42).

"너희를 대면하면 유순하고(ταπεινός) 떠나 있으면 너희에 대하여 담대한(θαρρῶ)"은 바울을 수식하는 관계대명사 절이다. 여기서 이 관계대명사절은 바울의 적대자들이 그를 향해 비난한 말을 바울이 직접 인용한 것으로 보이며, 그들이 한 말의 또 다른 내용을 10절에서 알 수 있다(10절, "그들의 말이 그의 편지들은 무게가 있고 힘이 있으나 그가 몸으로 대할 때는 약하고 그 말도 시원하지 않다 하니"). 그들은 바울을 공격할 때 '타페이노스'(ταπεινός)라는 말을 사용해서 공격했다. 바울은 "함께 있을 때에는(παρών, 2절) 비굴한(ταπεινός, timid/feeble) 사람이고 함께 있지 않을 때에는(ἀπών) 담대하다(θαρρῶ, bold/condescending)"고 공격했다.

바울이 교회에 함께 있을 때에는 유순하고 교회를 멀리 떠나면 강경하다는 말은 아마 부분적으로 사실일 것이다. 바울은 평소에 성도들을 대할 때에 아기엄마처럼 부드럽게 대했다(살전 2:7, "우리는 그리스도의 사도로서 마땅히 권위를 주장할 수 있으나 도리어 너희 가운데서 유순한 자[ἤπιοι]가 되어 유모가 자기 자녀를 기름과 같이 하였으니"). 그러나 그가 교회를 떠난 뒤에 그 성도들이 잘못된 길로 갈 때에 바울은 매우 강경한 태도로 문제를 지적하기도 했다(고전 4:21, "너희가 무엇을 원하느냐 내가 매를 가지고 너희에게 나아가랴 사랑과 온유한 마음으로 나아가랴"). 바울은 목회자로서 평소에는 어머니의 마음으로, 또 교정할 문제가 있을 때에는 엄한 아버지의 모습으로 성도들을 대했다. 그러나 이것을 놓고 바울의 태도를 이렇게 노골적으로 비난한 것은 바울을 향한 정당한 문제 지적이 아니다. 왜냐하면 바울이 보여준 것은 어머니의 자상함이었지 나약함이 아니었기 때문이다.

2절_또한 우리를 육신에 따라 행하는 자로 여기는 자들에 대하여 내가 담대히 대하는 것 같이 너희와 함께 있을 때에 나로 하여금 이 담대한 태도로 대하지 않게 하기를 구하노라

바울은 그의 적대자들 즉, "우리를 육신에 따라 행하는 자로 여기는 자들"에게는 담대하게 대하려고 하지만, 그의 성도들에게는 그가 그들과 함께 있을 때에(παρών) 그렇게 강경한 태도로(τὸ μὴ … θαρρῆσαι τῇ πεποιθήσει) 대하지 않게 되기를 고린도 성도들을 향해 간구한다(δέομαι). 여기에서 간구의 대상은 "고린도 성도들"로 보는 것이 가장 적절하다. '페포이떼세이'(πεποιθήσει)는 '페포이떼시스'(πεποίθησις)의 여격으로 수단/도구의 의미를 갖고 있는 여격의 용법으로 쓰였다. 이 문장에서 '페포이떼시스'(πεποίθησις)는 하나님이 바울에게 주신 사도적 권위에서 나오는 "담대한 태도"다. '로기조마이 톨메사이'(λογίζομαι τολμῆσαι)에서 '로기조마이'(λογίζομαι)는 '생각하다/여기다'(to reckon)의 뜻이고 '톨메사이'(τολμῆσαι)는 '감히…하려하다'(to dare to do)의 뜻이다. 여기서 '톨메사이'(τολμῆσαι)는

바울에게 그런 담대한 태도를 보이며 하나님이 주신 사도적 권위를 사용할 수는 있지만 그것을 함부로 남용하지 않으려는 바울의 속마음이 담겨져 있다. 그러나 현재 고린도교회 안에 들어와 있는 그의 적대자들과의 싸움에서는 이것을 사용하지 않을 수 없다.

"우리를 육신에 따라 행하는 자로(ὡς κατὰ σάρκα περιπατοῦντας) 여기는 어떤 사람들(τινας τοὺς λογιζομένους)"에서 '로기조마이'(λογίζομαι, 생각하다/여기다, to reckon)가 사용되었기 때문에 바울이 "나도 이번에는 담대한 태도로 그들을 대하려고 생각한다(λογίζομαι)"고 말할 때 바울이 언어유희(wordplay)를 하고 있는 것으로 보인다. 여기서 "육신에 따라 행하는 자"라는 비난은 바울의 적대자들이 바울을 향해 어떤 비난을 했는지를 가늠할 수 있게 해준다. 원래 유대인들은 율법을 따라 행하며 살아가게 되어 있다. 그러나 바울은 예수가 새 언약의 제물로 죽으셨고 그 새 언약의 약속(렘 31:31-33; 겔 36:26-27)의 약속대로 하나님께서 성령을 주셨기 때문에 이제 새 언약의 백성들을 향해 "너희는 성령을 따라 행하라(πνεύματι περιπατεῖτε) 그리하면 육체의 욕심을 이루지 아니하리라"(갈 5:16)고 가르친다. 바울이 이방인 성도들에게 율법을 가르치지 않고 율법을 따라 살 것을 가르치지 않을 뿐만 아니라 바울 자신이 "육체를 따라"(κατὰ σάρκα) 행하는 사람이라고 공격했던 것으로 보인다.

3절_우리가 육신으로 행하나 육신에 따라 싸우지 아니하노니

"우리가 육신으로 행하나"(ἐν σαρκὶ περιπατοῦντες)는 바울이 육체를 따라 행하는 자라는 비난에 대한 대답이다. 바울은 자신이 "육체를 따라"(κατὰ σάρκα) 행하는 사람이 아니며, 단지 나는 "육체 안에서"(ἐν σαρκί) 행할 뿐이라고 대답한다. 인간은 유대인이건 이방

인이건 상관없이 모든 다 "육체 안에서"(ἐν σαρκί) 즉, 육체를 가진 존재로 살아가고 행동한다. 그러므로 유대인도 이방인도 다 육체의 욕망의 문제, 죄의 문제를 갖고 있다.

또한 바울은 자신은 "육체를 따라 싸우지 아니한다"(οὐ κατὰ σάρκα στρατευόμεθα)고 말한다. 여기서 '싸우다'는 동사 '스트라튜오마이'(στρατεύομαι)는 '군복무를 하다'(to serve in the army)의 뜻이다. 바울은 여기서부터 군사 메타포를 사용하여 자신의 사도적 목회가 어떤 것인지를 설명함으로 그의 적대자들의 비난에 대답한다. 육체를 따라 싸운다는 것은 어떤 것일까? 아마도 복음과 성령 없이 악과 싸우는 것을 말하는 것일 거다. 유대교가 가르치는 악과의 싸움을 염두에 둔 표현일 가능성이 높다.

4절 _ 우리의 싸우는 무기는 육신에 속한 것이 아니요 오직 어떤 견고한 진도 무너뜨리는 하나님의 능력이라 모든 이론을 무너뜨리며

여기에서 바울이 사용하는 군사 메타포는 고대시대의 공성전(攻城戰)이다. "싸우는 무기"(ὅπλα τῆς στρατείας) 전쟁(στρατεία)의 도구/무기들(ὅπλα, tools/arms)은 공성전에서 사용하는 siege engines(성을 함락시키기 위한 대형 무기들)을 가리킨다. 바울은 비유적으로 자신이 성을 공격한다고 생각할 때 그가 사용하는 무기는 "육신에 속한 것이 아니다"(οὐ σαρκικα). 다시 말해 창, 칼, 투석기 등과 같은 실제 무기가 아니다. 그의 무기는 "능력"(δυνατά)이다. 그 뒤에 나오는 여격 '토 떼오'(τῷ θεῷ)는 이득의 여격(dative of advantage)으로 보아 하나님의 목적을 성취하는 능력으로 볼 수 있다. 바울은 하나님을 위한 공격부대의 지휘관으로서 하나님을 위한 "능력"을 무기로 삼아 성을 공격한다.

그렇다면 여기에서 이 "능력"은 구체적으로 무엇을 가리키는 것

인가? 아마도 "복음"을 가리키는 것일 가능성이 높다. 로마서 1:16에서 바울은 "내가 복음을 부끄러워하지 아니하노니 이 복음은 모든 믿는 자에게 구원을 주시는 하나님의 능력(δύναμις θεοῦ)이 됨이라 먼저는 유대인에게요 그리고 헬라인에게로다"라고 말하여 "복음은 곧 하나님의 능력이다"라고 말한 바가 있다. 고린도전서 1:18에서도 바울은 "십자가의 도가 멸망하는 자들에게는 미련한 것이요 구원을 받는 우리에게는 하나님의 능력(δύναμις θεοῦ)이라"고 말한다. 그 싸움에서 바울이 사용하는 무기는 보통 무기가 아니라 "하나님의 능력"인 복음이다.

그 하나님의 능력은 아무리 "견고한 진"이라 할지라도 무너뜨린다. 여기서 견고한 진(ὀχύρωμα)은 요새(fortress, fortified place)라는 뜻이다. 고대시대의 성은 단일한 면으로 설계되어 있지 않고 그 벽면 중간 중간에 요새를 만들어 그곳을 중심으로 성을 방어하게끔 되어 있었다. 바울은 하나님의 능력이 견고한 요새를 파괴하기 위한(πρὸς καθαίρεσιν ὀχυρωμάτων) 무기라고 말한다.

그렇다면 이 견고한 진은 무엇을 상징하는가? 바울은 그 뒤에 '로기스무스'(λογισμούς)라는 단어를 두어 자신이 비유적으로 표현한 이 견고한 진이 곧 이론/주장(λογισμός)이라는 것을 밝힌다. 여기서 이론 혹은 주장이라는 것은 복음에 대항하는 주장, 혹은 복음을 받아들이는데 장애가 되는 주장으로 해석할 수 있다. 바울은 그런 인간적인 주장들을 파괴한다(καθαιροῦντες).

이런 이론들은 복음을 알지 못하는 인간이 갖고 있는 모든 종류의 사고방식, 즉 세계관이다. 당시 헬라인들은 헬라 종교와 문화를 통해 헬라 세계관을 배우고 유대인들은 율법교육을 통해서 유대교 세계관을 배웠다. 그런데 그런 것들이 결국은 복음을 받아들이는 데에 걸림돌이 된다. 그 주장이 유대인들의 주장이건 헬라인들의 주장이건 하나님의 복음의 능력으로 견고한 진과 같이 견고한 인간들의 이론과 주장들을 다 무너뜨린다.

5절_하나님 아는 것을 대적하여 높아진 것을 다 무너뜨리고 모든 생각을 사로잡아 그리스도에게 복종하게 하니

그 요새에는 "높아진 것"(ὕψωμα ἐπαιρόμενον)이 있다. 여기서 동사 '에파이로'(ἐπαίρω)는 '높이다'(to lift up)의 뜻이며 '휩소마'(ὕψωμα)는 우리말로 달리 번역되지 않았는데 탑(tower)으로 번역할 수 있다. 고대시대 성벽은 같은 높이로 되어 있지 않고 높이가 높은 부분이 따로 있었다. 그곳에는 방어부대의 지휘관이 전쟁을 지휘하고 있다. 바울은 성의 높아진 부분, 즉 지휘관이 있는 탑을 공격해서(아마도 투석기와 같은 것을 사용해서) 그것을 무너뜨린다.

그렇다면 이 "높아진 것"(ὕψωμα)은 무엇을 상징하는가? 바울은 '휩소마'(ὕψωμα) 바로 뒤에 '카타 테스 그노세오스 투 떼우',κατὰ τῆς γνώσεως τοῦ θεου, 하나님을 아는 지식에 대항하는)란 구절을 넣어서 이 탑이 인간의 문화, 세계관 속에 있는 인간의 교만을 상징하는 것임을 나타낸다. 특히 각 문화권 속에는 그 문화 최고의 지성인들이 있다. 고린도전서 1장 20절, "지혜 있는 자(σοφός)가 어디 있느냐 선비(γραμματεύς)가 어디 있느냐 이 세대에 변론가(συζητητής)가 어디 있느냐"에는 당시 바울이 만났던 헬라문화와 유대교 문화의 최고의 지성인들인 철학자, 서기관, 변론가가 열거되어 있다. 바울이 복음을 전할 때 헬라철학자들과 변론가들은 바울의 복음을 "미련한 것"이라고 부르고 유대교 서기관들은 "거리끼는 것"(σκάνδαλον, 죄를 짓도록 즉, 율법을 범하도록 유혹하는 잘못된 가르침, temptation to sin)이라고 공격했다(고전 1:23, "우리는 십자가에 못 박힌 그리스도를 전하니 유대인에게는 거리끼는 것이요 이방인에게는 미련한 것이로되"). 이런 사람들은 각 문화권의 가치

관과 세계관을 방어하는 역할을 하는 사람들로서, "하나님을 아는 지식" 즉 복음에 대항하되, 자신을 높여 복음에 대항하여 사람들이 바울의 복음을 듣고 "하나님을 아는 지식"을 갖지 못하도록 방해한다. 바울은 인간의 "모든"(πᾶν) 교만한 주장들을 그대로 내버려둔 채로 전도하는 것이 아니라, 복음으로 그것들을 무너뜨리고 견고한 진도 무너뜨린다. 고린도전서 1장 19절에서 이사야 29장 14절을 인용하면서 "기록된 바 내가 지혜 있는 자들의 지혜를 멸하고 총명한 자들의 총명을 폐하리라 하였으니"라고 말할 때 그는 자신의 복음 선포를 통해 하나님이 인간의 지혜와 총명을 폐하시는 것으로 보았다.

공격부대가 성을 함락하고 나면 그 성 안으로 쳐들어가 그 성 안에 있는 사람들을 다 "사로잡아서"(αἰχμαλωτίζοντες) 포로로 잡아끌고 가서 공격부대의 왕에게 다 무릎 꿇게 한다. 그렇다면 바울이 복음의 영적인 전쟁을 끝에 그가 결국 포로로 사로잡는 것은 무엇인가? 그는 사람들의 "모든 생각"(πᾶν νόημα)이라고 말한다. 그는 "그리스도에게 복종시키기 위해"(εἰς τὴν ὑπακοὴν τοῦ Χριστοῦ) 사람들의 모든 생각을 다 포로로 잡는다. 여기서 "복종"(ὑπακοή)는 바울의 선교의 목적이다. 로마서 1장 5절, "그로 말미암아 우리가 은혜와 사도의 직분을 받아 그의 이름을 위하여 **모든 이방인 중에서 믿어 순종**(ὑπακοή)**하게** 하나니," 로마서 15장 18절, "**그리스도께서 이방인들을 순종**(ὑπακοή)**하게 하기 위하여** 나를 통하여 역사하신 것 외에는 내가 감히 말하지 아니하노라…," 로마서 16장 26절, "이제는 나타내신 바 되었으며 영원하신 하나님의 명을 따라 선지자들의 글로 말미암아 **모든 민족이 믿어 순종**(ὑπακοή)**하게 하시려고** 알게 하신 바 그 신비의 계시를 따라 된 것이니…" 등에서 바울은 복음을 듣고 그리스도에게 순종하게 하는 것이 그의 선교의 목적임을 반복적으로 밝힌다.

바울은 헬라문화와 유대교 아래에서 사는 사람들을 자신의 왕이신 "그리스도에게" "복종"시킨다. 이것이 바로 바울이 하고 있는 영적 전쟁이다. 그 전쟁에서 그가 무너뜨리는 것은 복음에 대항하는 세속문화와 세계관이다. 사람들의 세계관을 무너뜨림으로 바울은 그들을 그리스도에게로 인도할 수 있다.

이와 같이 바울이 하는 일은 기본적으로 무너뜨리는 일이다. 그렇다면 바울은 무엇을 근거로 해서 자신이 이런 일을 하는 사람이라고 생각했을까? 바울은 아마도 예레미야 1장 10절의 말씀을 근거로 해서 자신의 소명을 이해했던 것 같다. 하나님은 예레미야에게 "내가 너를 모태에 짓기 전에 너를 알았고 네가 배에서 나오기 전에 너를 성별하였고 너를 여러 나라의 선지자로 세웠노라"고 말씀하셨는데(렘 1:5) 바울은 이 말씀을 자신을 향한 말씀으로 이해하고, 하나님이 자신도 예레미야처럼 "뭇백성"(이방인)을 위한 사도로 세우셨다고 믿었다. 갈라디아서 1장 15절의 "내 어머니의 태로부터 나를 택정(擇定)하시고 그의 은혜로 나를 부르신 이"라는 말은 바로 예레미야 1장 5절(혹은 이사야 49:1, 5)을 근거로 한 말로 보이며, 여기서 바울은 예레미야를 선지자로 부른 것과 자신을 이방인의 사도로 부른 것을 같은 종류의 사건으로 보고 자신과 예레미야를 일치시킨다.

하나님은 예레미야에게 소명을 주셨으며 그 소명의 내용은 예레미야 1장 10절에 나온다("보라 내가 오늘 너를 여러 나라와 여러 왕국 위에 세워 네가 그것들을 뽑고 파괴하며 파멸하고 넘어뜨리며 건설하고 심게 하였느니라 하시니라"). 여기 나오는 여섯 개의 동사 중 앞의 세 번째와 네 번째는 두 번째 동사인 파괴하다와 동의어이므로 예레미야의 선지자적 사명은 네 가지의 동사로 요약된다. 그 중 뽑다와 파괴하다는 부정적인 의미의 동사고, 뒤의 두 가지 건설하다와 심다는 긍정적인 의미의 동사다. 그 중 뽑다와 심다는 농사와 관련된 농사 메타포고, 파괴하다와 건설하다는 건축과 관련된 건축 메타포다.

예레미야와 자신을 동일시한 바울은 하나님이 예레미야에게 주신 소명을 곧 자신에게 주어진 것으로 해석한 것으로 보인다. 그래서 바울은 자신이 사도로서 해야 할 일을 크게 두 가지로 본다. 그것은 1) 파괴하는 것(뽑는 것)과, 2) 건설하는 것(심는 것)이다. 바울이 고린도전서 3장 5-11절에서 자신의 사도적 사명에 대해 말할 때 6절에서 "**나는 심었고** 아볼로는 물을 주었으되 오직 하나님께서 자라나게 하셨나니"라고 말한다. 7-8절에서도 두 번 자신을 "심는 자" 즉 씨앗을 심는 농부라고 말한다. 9절에서 "우리는 하나님의 동역자들이요 너희는 하나님의 밭이요 하나님의 집이니라"고 말할 때 우리는 바울이 농사 메타포("너희는 하나님의 밭이요")에서 급격하게 건축 메타포("하나님의 집이니라")로 이동하는 것을 볼 수 있는데, 이것이 가능한 이유는 바울의 마음속에서 농사 메타포와 건축 메타포가 서로 긴밀하게 연결되어 있기 때문이다. 고린도전서 3장 10절에서 바울은 자신을 "하나님의 집" 즉 성전을 세우는 "지혜로운 건축자"라고 말한다. 이렇게 해서 바울은 자신의 사도적 소명이 곧 "심고" "세우는 것"이라고 말하며 이것은 예레미야 1장 10절의 예레미야에게 주어진 소명의 50%에 해당한다.

예레미야에게 주어진 나머지 50퍼센트의 소명은 곧 뽑는 것과 파괴하는 것이다. 현존하는 바울서신에서 "뽑다"는 동사나 파생어는 발견되지 않지만 파괴한다는 동사와 파생어는 고린도후서 10장 3-5절에서 집중적으로 등장하고 있으며 고린도후서 10장 8절("주께서 주신 권세는 너희를 **무너뜨리려고**[καθαίρεσις] **하신 것이 아니요 세우려고 하신 것이니** 내가 이에 대하여 지나치게 자랑하여도 부끄럽지 아니하리라"), 고린도후서 13장 10절("그러므로 내가 떠나 있을 때에 이렇게 쓰는 것은 대면할 때에 주께서 **너희를 넘어**

뜨리려[καθαίρεσις] **하지 않고 세우려 하여** 내게 주신 그 권한을 따라 엄하지 않게 하려 함이라"), 갈라디아서 2장 18절("만일 내가 헐었던 것[ἃ κατέλυσα]을 다시 세우면 내가 나를 범법한 자로 만드는 것이라")나타나고 있으며 파괴와 건설의 주제가 세 군데에서 모두 동시에 나타나는 것 역시 이 두 가지 주제가 바울의 사고 속에서 매우 긴밀하게 연결되어 있다는 것을 보여준다.

파괴의 주제는 건설의 주제와 더불어 개종에 대해 우리가 더욱 깊은 이해를 할 수 있도록 도와준다. 건설은 파괴를 전제로 한다. 파괴 없는 건설은 없다. 바울은 복음을 전하기 위해 제일 먼저 그의 청중들의 반기독교적인 가치관, 세계관을 무너뜨리는 일을 했다. 그리고 그것이 무너진 뒤에 그들의 마음 밭에 복음의 씨앗을 심고 복음으로 그들의 가치관, 세계관을 새로 세웠다. 이렇게 했을 때에 "과거의 나"가 완전히 무너져 버리고, "새로운 나"가 태어나는 개종이 일어나게 된다. 이것이 바로 뽑고 난 뒤에 심는 것이며, 무너뜨리고 난 뒤에 세우는 것의 의미다. 복음 전도는 무조건 복음을 말한다고 되는 것이 아니다. 전도는 청중들의 마음속에 있는 잘못된 건축물을 무너뜨리는 것에서 시작한다. 잘못된 인생관, 물질관, 교육관, 결혼관 등등을 모두를 포함하는 세계관을 무너뜨리는 것에서 시작된다. 이것이 곧 지금의 내가 죽고 새로운 나로 다시 태어나는(regeneration) 과정의 첫 걸음이다.[71]

6절_너희의 복종이 온전하게 될 때에 모든 복종하지 않는 것을 벌하려고 준비하는 중에 있노라

이런 맥락에서 바울은 복음과 그의 가르침에 순종하지 않는 사

71) 김철홍, "바울의 소명의식과 복음 선포에 나타난 그의 전도, 개종, 교회개척의 특징," 『신약연구』 14(2015), 206-43을 참고하라.

람들이 고린도교회 안에 있다면 마치 포로를 처벌하듯이 강력하게 처벌할 마음의 준비가 되어 있다. 그러나 그렇게 할 수 있는 때는 고린도 성도들의 "복종이 온전하게 되는 때"(ὅταν πληρωθῇ ὑμῶν ἡ ὑπακοή)다. 바울은 그 때에는 모든 불복종을(πᾶσαν παρακοήν) 처벌할(ἐκδικῆσαι) 준비를 하고 있다(ἐν ἑτοίμῳ ἔχοντες). 마치 병사가 항상 임전태세를 갖추고 있듯이 그렇게 준비를 하고 있다. 로마시대에 반란을 일으킨 지역에서 모든 불복종을 처벌하여 반란을 완전히 진압하는 것은 군대의 책임이었다. 여기서 바울이 처벌하겠다고 하는 대상은 그의 적대자들의 가르침을 따라가 완전히 그들 편에 선 사람들이다. 바울이 그의 적대자들에 대해 궁극적으로 갖고 있는 계획은 처벌이 아니라 추방일 것이므로, 자신이 전한 복음과 자신의 가르침에 복종하지 않는 그런 성도들이 있다면 그들을 처벌하겠다는 뜻이다.

7절 _ 너희는 외모만 보는도다 만일 사람이 자기가 그리스도에게 속한 줄을 믿을진대 자기가 그리스도에게 속한 것 같이 우리도 그러한 줄을 자기 속으로 다시 생각할 것이라

"너희는 외모만 보는도다"(τὰ κατὰ πρόσωπον βλέπετε)의 문자적 뜻은 "얼굴을 따른 것들을(τὰ κατὰ πρόσωπον) 너희가 보다"이다. '타 카타 프로소폰'(τὰ κατὰ πρόσωπον)은 얼굴 즉 표면에 겉으로 보이는 것을 가리키는 것으로 보인다. 고린도 성도들은 겉으로 보이는 것을 본다는 바울의 비판은 고린도후서 4장 18절, "우리가 주목하는 것은 보이는 것이 아니요 보이지 않는 것이니 보이는 것은 잠깐이요 보이지 않는 것은 영원함이라"에서 말한 바, 보이는 것과 보이지 않는 것에 대한 대조를 이 논쟁에 끌어들이는 것이다. 4장 7절에서 바울은 자신의 몸을 "질그릇"이라고 말하면서 4장 7-10절

에서 그가 당하는 고난을 언급한 바가 있다. 만약 고린도 성도들이 바울의 질그릇과 같은 몸을 보고, 혹은 12장 7절의 "육체의 가시"를 보고, 혹은 그가 당하는 수치스러운 고난을 보고, 그것들을 근거로 하여 바울은 "그리스도에게 속한 사람이 아니다"고 판단한다면 그것은 잘못된 판단이 된다.

바울은 자신이 "그리스도에게 속한 사람이다"는 것을 주장한다. 고린도 성도들이 만약 스스로 자신들이 그리스도에 속했다고 생각한다면(사실 그들은 그렇게 믿고 있다), 그렇다면 과연 그들에게 복음을 전해준 사람인 바울도 그리스도에게 속했다고 생각해야 한다. '카또스 …후토스'(καθὼς …οὕτως, just as …so) 문장구조는 그들이 그리스도에게 속함과 바울이 그리스도에 속함이 서로 긴밀히 연결되어 있다는 것을 보여준다. 그들에게 복음을 전해준 바울은 그리스도에게 속하지 않았다고 생각한다면 자신들도 그리스도에게 속하지 않았다고 생각하는 것이 옳을 것이다. 그래서 그들은 이 문제를 "다시"(πάλιν) 생각해보아야 한다.

여기서 우리는 바울과 그의 적대자들의 논쟁의 핵심에 누가 그리스도에게 속했는가(Χριστοῦ εἶναι)가 있었다는 것을 추측할 수 있다. 고린도후서 11장 23절에서 바울은 "그들이 그리스도의 일꾼이냐(διάκονοι Χριστοῦ εἰσιν;) 정신없는 말을 하거니와 나는 더욱 그러하도다"고 말한다. 이것은 그 논쟁의 핵심은 바울이 "일꾼"인가 아닌가의 문제를 포함해서 그가 그리스도에게 속한 사람인지 아닌지도 있었다는 것을 보여준다. 바울이 고린도후서 11장 23절에서 "정신없는 말을 하거니와"라고 하고 고린도후서 5장 13절에서도 "우리가 만일 미쳤어도 하나님을 위한 것이요"라고 말할 때 그의 적대자들은 바울은 미쳐서 악한 영의 지배를 받는 악한 자로 그를 공격했을 가능성이 많다는 것을 이미 5장 13절을 주해할 때 지적한 바가 있다. 그렇다면 그의 적대자들이 "바울은 그리스도에게 속한 것이 아니라 사탄에 속한 사탄의 일꾼(고후 11:15)이다"고 주장했을 가능성이 많다.

8절_주께서 주신 권세는 너희를 무너뜨리려고 하신 것이 아니요 세우려고 하신 것이니 내가 이에 대하여 지나치게 자랑하여도 부끄럽지 아니하리라

그리스도께서 바울에게 사도의 권위를 주셨기(ἔδωκεν) 때문에 바울이 그가 가진 권위에 대해(περὶ τῆς ἐξουσίας) 좀 지나칠 정도로(περισσότερόν τι) 자랑한다(καυχήσωμαι) 하더라도 그는 결코 부끄러움을 당하지 않을 것이다(οὐκ αἰσχυνθήσομαι). 그리스도께서 바울에게 주신 사도적 권위를 사용해서 복종하지 않는 성도들을 처벌한다고 해서 바울이 앞으로 주님 앞에서 부끄러움을 당할 리가 없다. 그에게는 그렇게 할 수 있는 충분한 권한이 있다.

그러나 그 권위는 성도들을 무너뜨리는 것이 아니라 세우는 것을 위해(εἰς οἰκοδομὴν καὶ οὐκ εἰς καθαίρεσιν ὑμῶν) 주신 것이다. 일단 우상숭배를 버리고 복음으로 개종하고 세례를 받은 성도들을 하나님의 성전으로 세우는 것(고전 3:9-10)이 바울의 우선적인 사명이다. 물론 그들이 복음으로 개종하기 위해 바울은 헬라/로마시대의 세계관에 근간이 되는 우상숭배의 신학을 무너뜨리는 일을 했다. 하지만 지금 바울이 그의 사도적 권위를 사용하는 목적은 그들을 하나님의 성전으로 세우는 것이다. 그러므로 바울은 자신의 권위를 사용하여 그들을 하나님의 성전으로 세우길 원한다. 그들을 처벌하는 데에 권위를 사용하길 원하지 않는다.

9절_이는 내가 편지들로 너희를 놀라게 하려는 것 같이 생각하지 않게 함이라

바울이 지금 성도들에게 겁을 주려고 편지에서 이렇게 말하는 것이 아니다. 동사 '에크포베오'(ἐκφοβέω)는 '겁을 주다'(to terrify)의 뜻이며, 여기에서 '도케오'(δοκέω)는 '…처럼 보이다'(to seem)의 뜻이다. 바울이 위와 같이 말하는 것은 편지로 겁을 주는 것처럼 보이지 않기 위해 그렇게 말하는 것이다.

10절_그들의 말이 그의 편지들은 무게가 있고 힘이 있으나 그가 몸으로 대할 때는 약하고 그 말도 시원하지 않다 하니

동사 '페신'(φησίν, he/she says)은 그의 적대자 혹은 고린도 성도들 중 바울의 사도권을 인정하지 않는 어떤 사람이 10절의 말을 하고 있음을 명확히 보여준다. 그 사람은 "바울은 편지는 무게가 있고 강하지만 실제 그의 '헤 파루시아 투 소마토스'(ἡ παρουσία τοῦ σώματος, 그의 육체의 파루시아/임재)는 약하고 그의 말은 무시당할 만하다"고 말한다. 여기서 '파루시아'(παρουσία)는 표면적 모습(appearance)을 나타내며 형용사 '아스떼네스'(ἀσθενής)는 기본적으로 '약한'(weak)이라는 뜻이지만 여기서는 '인상적이지 못한'(umimpressive)의 뜻으로 쓰였을 가능성도 있다. 하지만 고린도후서 12장 7절에서 "육체의 가시"에 대해 그가 말하고 12장 5절에서는 그가 "육체의 약함을 자랑한다"고 말하므로 실제로 육체적인 겉모습을 보았을 때 바울이 무언가 병약한 모습이었을 가능성이 많다.

바울의 말(ὁ λόγος)은 무시당할 만하다(ἐξουθενημένος)는 것은 그의 헬라어 설교가 헬라식 연설법의 기준에 따라 보았을 때는 형편없다는 뜻이다. 사실 바울은 고린도후서 11장 6절에서 "내가 비록 말에는 부족하나(ἰδιώτης τῷ λόγῳ) 지식에는 그렇지 아니하니…"라고 하여 자신이 헬라식 연설법을 전문적으로 수련한 사람이 아님을 인정하고 있다. 여기에서 '이디오테스'(ἰδιώτης)는 헬라 연설법을

완전히 익힌 사람도 아니고, 그렇다고 헬라식 연설법을 전혀 알지도 못하는 문외한도 아닌 그 중간 정도의 숙련을 갖고 있는 사람이란 뜻이다. 바울이 그의 편지에서 헬라 수사학(Greek Rhetorics)을 이해하고 부분적으로 사용하고 있는 것이 분명한 이상, 바울이 헬라 수사학을 전혀 몰랐을 리는 없다. 하지만 여기서 바울 본인이 말하듯이 바울이 헬라식 연설법을 연구하고 완전히 익히려고 시도하지 않았고, 또 그것을 적극적으로 사용하려고 노력하지도 않았다. 고린도전서 2장 1-2절에서 그가 "형제들아 내가 너희에게 나아가 하나님의 증거를 전할 때에 **말과 지혜의 아름다운 것으로 아니하였나니** 내가 너희 중에서 예수 그리스도와 그가 십자가에 못 박히신 것 외에는 아무 것도 알지 아니하기로 작정하였음이라"고 말할 때 바울은 헬라 수사학에 따른 연설법이라는 형식에서뿐 아니라, 복음의 내용의 면에서도 복음을 헬라식 철학의 지혜로 가르치는 것을 거부하고 십자가 복음만을 전한다고 말한다. 복음을 헬라식 철학의 지혜로 가르치는 것은 곧 예수를 전하되 그가 십자가에서 우리의 죄를 위해 치욕적인 죽음을 죽으셨음을 말하지 않고 예수가 가르치신 지혜의 말씀들만 가르쳐 마치 예수를 지혜의 선생으로 가르치는 것을 바울은 거부했다는 뜻이다. 바울이 고린도전서 3장 4-9절에서 아볼로를 언급하면서 자신과 아볼로를 비교하지 말라고 하는 것은 고린도교회 안에 있는 "아볼로파"(고전 1:12)를 중심으로 해서 헬라 연설법이 매우 유창한 아볼로(행 18:24, "**알렉산드리아에서 난** 아볼로라 하는 유대인이 에베소에 이르니 **이 사람은 언변이 좋고** 성경에 능통한 자라"; 행 18:28)와 바울을 비교하고 자신의 설교를 폄하하고, 더 나아가 아볼로가 전한 무언가 바울복음과는 차이가 있는 복음(행 18:25, "그가 일찍이 주의 도를 배워 열심으로 예수에 관한 것을 자세히 말하며 가르치나 **요한의 세례만 알 따름이라**")을 선호하면서 바울이 전한 십자가에서 죽은 예수보다는 “지혜를 구하고 찾는”(고전 1:22, “유대인은 표적을 구하고 **헬라인은 지혜를 찾으나**”) 헬라문화적 경향 속에 머물면서 예수의 지혜의 말씀만을 배우려고 하는 고린도 성도들의 경향을 비판한 것이다.

11절_이런 사람은 우리가 떠나 있을 때에 편지들로 말하는 것과 함께 있을 때에 행하는 일이 같은 것임을 알지라

“이런 사람”(ὁ τοιοῦτος)은 어떤 특정한 사람을 가리키는 것으로 볼 수 있다. 그 사람을 향해 바울은 “우리가 떠나있을 때 편지를 통해 말에 있어서 어떤 사람이면(οἷοί ἐσμεν τῷ λόγῳ δι’ ἐπιστολῶν ἀπόντες) 우리가 함께 있을 때 행동에 있어서도 그런 사람이다(τοιοῦτοι καὶ παρόντες τῷ ἔργῳ)”고 말한다. 즉 바울은 자신이 편지로 한 말과 직접 갔을 때 하는 행동이 일치하는 사람이라고 말한다. 그가 지금 강력하게 말하는 것들을 그가 마음먹으면 얼마든지 그렇게 할 수 있다는 경고다.

12절_우리는 자기를 칭찬하는 어떤 자와 더불어 감히 짝하며 비교할 수 없노라 그러나 그들이 자기로써 자기를 헤아리고 자기로써 자기를 비교하니 지혜가 없도다

바울은 여기서 자신을 두 가지 일을 하지 않는다고 말한다. 그 두 가지 일은 ‘엥크리나이’(ἐγκρῖναι)와 ‘쉥크리나이’(συγκρῖναι)다. ‘엥크리노’(ἐγκρίνω)는 어떤 사람들과 자신을 같은 부류로 분류하는(to classify) 행동이고, ‘쉥크리노’(συγκρίνω)는 자신과 남을 비교하는(to compare) 행동이다. 당시 헬라사회에서 어떤 철학자가 다른 철학자와 자신을 비교하는 것(σύγκρισις)은 다른 철학자의 학생을 빼앗기 위해 하는 관행이었다.[72] 아마도 바울의 적대자들은 자신들

과 바울을 비교했을 것이고, 그 비교에서 자신들은 우위에 바울은 하위에 있었을 것이다. 바울은 그의 적대자들을 "자기를 칭찬하는 사람들 중 어떤 이들"(τισιν τῶν ἑαυτοὺς συνιστανόντων)이라고 말하면서 자신은 그런 비교의 행동을 하지 않는다고 말한다.

그들이 하는 일은 1) 자신들로 자신들을(ἐν ἑαυτοῖς ἑαυτούς) 평가하고(μετρέω, to measure), 2) 자신들에게 자신들을(ἑαυτοὺς ἑαυτοῖς) 비교한다(συγκρίνω). 그렇게 할 때 그들은 이해하지 못한다(οὐ συνιᾶσιν). 즉, 그들은 자신들이 무슨 일을 하고 있는지 스스로 깨닫지 못하고 있다. 이 말은 그들의 어리석음을 놀리는 말로 '그들은 얼마나 어리석은가?'(How foolish they are!)의 뜻이다. 그러나 바울은 "감히"(τολμάω) 그런 짓을 하지 않는다(οὐ). 왜냐하면 사도의 자격을 논하는 것은 사람이 감히 논할 수 있는 문제가 아니기 때문이다. 바울은 이점을 고린도전서 4장 3-5절에서 이미 말한 바가 있다. 고린도전서 4장 4절에서 말했듯이 사도를 판단할 분은 주님뿐이기 때문이다.

고린도전서 4장 3-5절, "**너희에게나 다른 사람에게나 판단 받는 것이 내게는 매우 작은 일이라 나도 나를 판단하지 아니하노니** 내가 자책할 아무 것도 깨닫지 못하나 이로 말미암아 의롭다 함을 얻지 못하노라 **다만 나를 심판하실 이는 주시니라** 그러므로 때가 이르기 전 곧 주께서 오시기까지 아무 것도 판단하지 말라 그가 **어둠에 감추인 것들을 드러내고 마음의 뜻을 나타내시리니** 그 때에 각 사람에게 하나님으로부터 칭찬이 있으리라"

13절 _ 그러나 우리는 분수 이상의 자랑을 하지 않고 오직 하나님이 우리에게 나누어 주신 그 범위의 한계를 따라 하노니 곧 너희에게까지 이른 것이라

---

72) Harris, *Second Epistle*, 707.

거짓형제들은 자신을 자랑하나 바울은 한계를 넘어선(ἄμετρος) 그 이상의 자랑을 하지 않는다. 그는 "오직 하나님이 우리에게 나누어 주신 그 범위(κανών)의 한계를 따라서" 자랑한다. '아메트로스'(ἄμετρος)는 여기서 '한계/경계선을 넘어선'(beyond limit)의 뜻이다. 평소 자(rule) 기준(standard)의 뜻을 가진 '카논'(κανών)이 여기서 어떤 뜻으로 사용되었는지에 대해 학자들의 견해가 다양하나, '영역'(domain) 정도로 보는 것이 적절하다. 바울은 "하나님이 나누어 주신 그 영역의 한계를 따라서" 자랑한다.

이 말은 갈라디아서 2장 7-9절에서 바울과 베드로 사이에 일종의 협정이 맺어져서 바울은 이방인에게 베드로는 유대인에게 복음을 전하기로 선교지를 양분한 것을 염두에 두고 한 말로 보인다(갈 2:8, "베드로에게 역사하사 그를 할례자의 사도로 삼으신 이가 또한 내게 역사하사 나를 이방인의 사도로 삼으셨느니라"). 물론 갈라디아서 2:9의 합의는 지역을 나눈 것이 아니고, 인종적 구분으로 선교의 대상을 기준으로 나눈 것이다(갈 2:9, "우리는 이방인에게로, 그들은 할례자에게로 가게 하려 함이라"). 바울이 여기서 "하나님이 우리에게 나누어 주신"(ἐμέρισεν ἡμῖν ὁ θεὸς)이라고 말하는 것으로 보아 바울은 이런 합의가 인간 사이의 합의가 아니라 하나님의 뜻에 따른 것으로 보고 있다. 바울은 하나님의 뜻에 따라 자신에게 맡겨준 영역 안에서 일하며 그래서 고린도에까지 도착한 것이다(ἐφικέσθαι ἄχρι καὶ ὑμῶν). '에피크네오마이'(ἐφικνέομαι)는 '…에 도착하다'(to reach)의 뜻이다.

바울은 고린도는 원래 바울이 담당하는 선교지라는 것과 지금 고린도교회에 들어온 거짓사도들은 원래 그들에게 주어진 영역이 아닌 바울의 선교지에 들어와 바울 교회에 개입함으로 예루살렘의 사도들과의 약속을 그들이 위반한 것이라고 한다.

14절_우리가 너희에게 미치지 못할 자로서 스스로 지나쳐 나아간 것이 아니요 그리스도의 복음으로 너희에게까지 이른 것이라

바울이 고린도에 도착해서 교회를 세운 것은 그의 원래 활동범위를 벗어난 행동이 아니었다. 바울이 자신의 영역을 넘어서 들어간 것이 아니다(ὑπερεκτείνομεν ἑαυτούς). '휘페르에크테이노'(ὑπερεκτείνω)는 '경계선을 넘어 가다'(to stretch out beyond)의 뜻이다. 바울은 그리스도의 복음으로 그들에게까지 도달하였다(ἐφθάσαμεν). '프따노'(φθάνω)는 기본적으로 "도착하다"의 뜻이 있지만, 데살로니가전서 4장 15절, "우리가 주의 말씀으로 너희에게 이것을 말하노니 주께서 강림하실 때까지 우리 살아남아 있는 자도 자는 자보다 결코 앞서지 못하리라(μὴ φθάσωμεν)"에서 나타나듯이 '앞서다'(to precede)의 뜻도 있다. 바울이 여기서 말하고자 하는 바는 그리스도의 복음을 갖고 그리스도의 대사로서(고후 5:20) 고린도에 먼저 도착한 것은 자신이라는 것이다. 그리고 거짓사도들은 그 뒤에 도착했으며 그들이 고린도교회에 들어와 활동하는 것은 그들의 활동범위를 벗어난 행위라는 뜻이 담겨있다.

15절_우리는 남의 수고를 가지고 분수 이상의 자랑을 하는 것이 아니라 오직 너희 믿음이 자랄수록 우리의 규범을 따라 너희 가운데서 더욱 풍성하여지기를 바라노라

바울은 "다른 사람의 수고를 갖고"(ἐν ἀλλοτρίοις κόποις) 경계선을 넘어선 것을 대해(εἰς τὰ ἄμετρα) 자랑하지 않는다. 이 말은 그의 적대자들이 바울의 영역에 침입하여 바울이 수고한 것을 갖고 자랑하고 있다는 바울의 비난이다. 바울이 바라는 바(ἐλπίς)는 고린도 성도들의 믿음이 자라는 것(αὐξανομένης), 그들 가운데에서 무언가가 확장되는 것(μεγαλυνθῆναι)이다. 무엇이 확장되는 것인지가 불

분명한데, 바울은 그것이 바울의 영역을 따라(κατὰ τὸν κανόνα ἡμῶν) 더욱 풍성하게(εἰς περισσείαν) 확장되기를 원한다. 여기에서 바울이 확장되길 원하는 것은 믿음이 확장된다고 볼 수도 있지만 아마도 복음의 사역 정도가 아닌가 생각된다. 바울은 고린도 성도들의 믿음이 자라고 앞으로 고린도를 중심으로 자신에게 주어진 영역인 아가야 지방 일대에 복음의 사역이 더 넓게 확장되기를 바랐을 것이다.

16절_이는 남의 규범으로 이루어 놓은 것으로 자랑하지 아니하고 너희 지역을 넘어 복음을 전하려 함이라

바울의 적대자들은 "남이 이룬 것"(τὰ ἕτοιμα)을 자랑한다. 하지만 바울은 고린도라는 "영역을 넘어선 지역들"(τὰ ὑπερέκεινα ὑμῶν)을 복음화하길(εὐαγγελίσασθαι) 원한다. 바울은 예루살렘에서 일루리곤까지 선교를 마치고 나서(롬 15:19, "표적과 기사의 능력으로 성령의 능력으로 이루어졌으며 그리하여 **내가 예루살렘으로부터 두루 행하여 일루리곤까지 그리스도의 복음을 편만하게 전하였노라**") 궁극적으로 로마를 거쳐 스페인으로 가길 원한다(롬 15:24, 28).

17절_자랑하는 자는 주 안에서 자랑할지니라

바울은 고린도전서 1장 31절에서 그가 한 말("기록된 바 자랑하는 자는 주 안에서 자랑하라 함과 같게 하려 함이라")을 다시 반복한다. 이것은 예레미야 9장 22-23절(LXX)의 인용이다. 이 말은 자랑하려면 자신을 자랑하지 말고 "주님을 자랑하라"는 뜻이다. 여기에서 주는 십자가에서 죽으신 예수 그리스도다.

18절_옳다 인정함을 받는 자는 자기를 칭찬하는 자가 아니요 오직 주께서 칭찬하시는 자니라

"옳다 인정을 받은"이란 뜻의 형용사 '도키모스'(δόκιμος)는 테스트를 받아 진품임을 인정받았다는 뜻의 형용사다. 금이나 은과 같은 금속으로서 진품 감정을 받은 후 100%의 순금, 순은이라고 판명이 난 것이 '도키모스'(δόκιμος)다. 고린도후서 13장 5절에서 "너희는 믿음 안에 있는가 너희 자신을 시험하고(δοκιμάζετε) 너희 자신을 확증하라 예수 그리스도께서 너희 안에 계신 줄을 너희가 스스로 알지 못하느냐 그렇지 않으면 너희는 버림받은 자(ἀδόκιμοί)니라"에서 나타나듯이 그 동사형은 '도키마조'(δοκιμάζω, 테스트 하다)고 반대말은 '아도키모스'(ἀδόκιμος, 테스트를 통과하지 못한)다. 바울은 하나님께서 직접 테스트하시고 그 테스트에 통과한 사람은 누구냐 하면 자신을 칭찬하는 사람이 아니고 하나님이 칭찬하는 사람이라고 말한다.

본문 해설 VIII

누가 거짓 사도인가?
바울인가, 그들인가?

(11:1-33)

누가 거짓 사도인가? 바울인가, 그들인가?

11:1-33

XVII. 바울과 거짓 사도들(11:1-15)

1절 _ 원하건대 너희는 나의 좀 어리석은 것을 용납하라 청하건대 나를 용납하라

바울은 여기서부터 자신과 거짓 사도들을 비교하면서 자신을 높인다. 바울은 사도가 자신을 높이는 것은 어리석은 일이라는 것을 알지만 거짓사도들이 자신을 높이고 바울을 낮추어 성도들이 바울의 복음을 버리게 될까봐 복음을 방어하기 위해 자신을 자랑하는 말을 하려고 한다.

'오펠론'(ὄφελον)은 주로 이루어지기 힘든 자신의 바람(wish)을 말할 때 사용하며 일종의 불변사처럼 사용된다. '무 미크론 티 아프로쉬네'(μου μικρόν τι ἀφροσύνη)는 문자적으로는 "나의 약간의 어리석음"이다. '아프로쉬네'(ἀφροσύνη)와 '모리아'(μορία, 고전 1:18, 21, 23 2:14 3:19)는 둘 다 "어리석음"(foolishness)의 뜻을 갖고 있지만 약간 뉘앙스가 다르다. '모리아'(μορία)는 세속적인 관점에서 보

았을 때 생각이 부족하다고 보이는 것인 반면 이곳에서 '아프로쉬네'(ἀφροσύνη)는 일부러 의도를 갖고 어리석은 짓을 하는 것을 나타낸다.[73] 두 번째 나오는 동사 '아넥세스떼'(ἀνέχεσθέ)가 서술형인지 명령형인지에 대해서는 학자들의 의견이 갈라진다. 개역개정판에서는 명령형으로 보았다.

2절_내가 하나님의 열심으로 너희를 위하여 열심을 내노니 내가 너희를 정결한 처녀로 한 남편인 그리스도께 드리려고 중매함이로다 그러나 나는

'젤로오'(ζηλόω)는 여기서 '질투심으로 가득 차다'(be filled with jealousy or envy)의 뜻으로 사용되었다. '젤로 휘마스'(ζηλῶ ὑμᾶς)는 "너희들을 향해 나는 질투심으로 가득하다"로 번역할 수 있다. 이 점을 강조하기 위해 바울은 "하나님의 질투심으로"(θεοῦ ζήλῳ)를 추가한다. 여기서 "질투"(ζῆλος)는 "열심"(zeal)이라는 뜻도 있다.

두 번째의 '가르'(γάρ)는 바울이 질투심으로 가득 찬 이유를 나타낸다. 동사 '하르모조'(ἁρμόζω)는 '정혼하다'(to betroth)의 뜻으로 영어 harmony(조화)의 어원이 된다. 그 명사형은 '하르모스'(ἁρμος, 연합, 연결/joining, joint)다. 한글 성경에서는 '하르모조'(ἁρμόζω)를 중매하다고 번역했다. 고대 유대교에서 신부의 아버지는 정혼식에서 신랑에게 딸을 넘겨줌으로써 자신이 그의 딸에 대해 갖고 있던 모든 권한을 신랑에게 이양한다. 정혼한 남녀는 법적으로 부부가 되며(신 22:23-24; 마 1:18-19, 24), 약 1년 후에 신부가 아버지의 집을 떠나 신랑의 집으로 감으로 결혼식이 끝나게 된다. 바울은 고린도 성도들을 "한 남자에게"(ἑνὶ ἀνδρί) 정혼시켰고, 앞으로 신부의 아버지로서 딸을 그 신랑인 "그리스도에게"(τῷ Χριστῷ) 드려야(παρίστημι, to present) 한다. 신랑의 아버지는 그 때에 딸을 정결한

---

73) Harris, *Second Epistle*, 732-33.

처녀로 신랑에게 주어야 할 의무가 있다. 여기서 "하나"(εἷς)라는 수사는 그리스도와 성도 사이의 배타적인(exclusive) 관계를 나타낸다. 그리고 바울이 그리스도에게 신부인 성도들을 드리는 날은 곧 최후의 심판 날이며 이점은 '파리스테미'(παρίστημι) 동사가 사용되는 에베소서 5장 27절, 골로새서 1장 22절을 통해 확인할 수 있다(엡 5:27, "자기 앞에 영광스러운 교회로 세우사[παραστήσῃ] 티나 주름 잡힌 것이나 이런 것들이 없이 거룩하고 흠이 없게 하려 하심이라").

구약성경에서 하나님과 그의 백성 간의 관계는 종종 부부관계로 묘사되었다(사 54:5-6; 62:5; 렘 3:14; 호 2:19-20 등). 구약성경에서 이스라엘이 하나님을 버리고 우상을 따라가는 것을 영적인 간음으로 보았고(렘 3:1-21; 호 2:2; 4:12), 신약성경에서도 같은 비유가 나타난다(마 9:15; 25:1-10; 막 2:19-20; 눅 5:34-35; 요 3:29; 엡 5:27, 32; 계 19:7; 21:2, 9; 22:17). 바울은 성도와 그리스도의 관계는 정혼관계며, 아직 결혼식을 통해 완전히 부부가 되지 않은 것으로 본다. 이것은 곧 신약성경의 종말론에서 '이미'(already)와 '아직 아니다'(not yet) 사이의 긴장을 그대로 보여준다.

그러므로 여기에서 바울은 자신을 중매쟁이에 비유하는 것이 아니라 신부의 아버지로 보는 것이다. 아버지는 딸이 결혼식을 올리게 될 때까지 정결한 생활을 하도록 할 책임이 있었다. 그래서 바울은 지금 신부인 교회가 자신의 신랑이 아닌 엉뚱한 남자를 따라가는 것을 보고 하나님의 질투심을 느낀다. 여기서 고린도 성도들이 따라가는 엉뚱한 남자는 누구인가? 바로 거짓사도들이다(고후 11:13).

3절_뱀이 그 간계로 하와를 미혹한 것 같이 너희 마음이 그리스도를 향하는 진실함과 깨끗함에서 떠나 부패할까 두려워하노라 바울이 두려워하는 것은 거짓사도들이 그리스도를 향한(εἰς τὸν Χριστόν) 신실함(ἁπλότης, sincerity, single-mindedness)과 깨끗함(ἁγνότης, purity)로부터(ἀπό) 유혹하여 고린도 성도들의 마음이 부패되는(φθαρῇ) 것이다. 동사 '프떼이로'(φθείρω)는 '부패하게 하다'(to corrupt)의 뜻으로서 여기서는 '배교하게 하다'(to lead astray)는 뜻으로 사용되었다. "미혹하다"는 뜻으로 번역된 동사 '엑사파타오'(ἐξαπατάω)는 '속이다'(to deceive)의 뜻이며 '프떼이로'(φθείρω)와 연결되어 '속여서 배교의 길로 인도하다'는 의미를 갖게 된다.

바울은 마치 뱀이 하와를 미혹하게 한 것처럼, 거짓사도들이 고린도 성도들의 마음을 부패하게 하여 그리스도를 떠나 다른 데로 가게 한다고 말한다. 바울은 거짓 사도를 "뱀"에 비유하며 뱀은 곧 "믿지 아니하는 자들의 마음을 혼미하게"는 "이 세상의 신," 즉 사탄을 나타낸다(고후 4:4; 11:14-15). 거짓사도들은 사탄이 그렇게 했던 것처럼 "간계로"(ἐν τῇ πανουργίᾳ) 고린도 성도들을 속인다. '파누르기아'(πανουργία)는 고린도후서 4장 2절, "이에 숨은 부끄러움의 일을 버리고 속임으로(ἐν πανουργίᾳ) 행하지 아니하며 하나님의 말씀을 혼잡하게 하지 아니하고…"에서도 사용되었으며, 누가복음 20장 23절("예수께서 그 **간계**를 아시고 이르시되"), 에베소서 4장 14절(사람의 속임수와 간사한 **유혹**에 빠져) 등에서도 나온다. 모두 "교묘한 계략"으로 속이는 행동과 연결되어 있다. 바울은 자신이 전해준 복음을 버리고 거짓사도들의 가르침을 따라가는 것을 하와가 뱀의 유혹에 넘어가는 것과 동일시하며 이것은 그 자체로 거짓사도들에 대한 강력한 비판이다.

4절_만일 누가 가서 우리가 전파하지 아니한 다른 예수를 전파하거나 혹은 너희가 받지 아니한 다른 영을 받게 하거나 혹은 너희가 받지 아니한 다른 복음을 받게 할 때에는 너희가 잘 용납하는구나

‘호 에르코메노스’(ὁ ἐρχόμενος)는 ‘찾아온 어떤 사람’이다. 만일 찾아온 그 사람이 고린도교회에 와서 바울이 선포한 예수가 아닌 다른 예수를(ἄλλον Ἰησοῦν) 선포하고 고린도 성도들이 받지 않았던 다른 영을(ἢ πνεῦμα ἕτερον) 그들이 받게 하고 바울이 전하지 않은 다른 복음(ἢ εὐαγγέλιον ἕτερον)을 받게 하면, 고린도 성도들은 너무나 쉽게(καλῶς) 용납한다. 여기서 우리는 거짓사도들이 전하는 복음과 바울이 예수가 십자가에서 죽으신 것을 전하는 복음과(고전 2:2) 무언가 그 내용상 차이가 있었다는 것을 알 수 있다. 바울은 그들이 전하는 복음은 그가 전하는 예수와는 “다른 예수”다. 심지어 바울은 영도 다르다고 말한다. 바울이 받게 한 영이 성령이라면, 거짓사도들이 받게 한 다른 영은 어떤 영일까? 3절에서 “뱀”을 언급하고 14-15절에서 “사탄”을 언급하고 있는 것으로 보아 “사탄의 영” 즉 악한 영이다. 이것은 갈라디아서 1장 8-9절에서 “그러나 우리나 혹은 하늘로부터 온 천사라도 **우리가 너희에게 전한 복음 외에 다른 복음**을 전하면 저주를 받을지어다 우리가 전에 말하였거니와 내가 지금 다시 말하노니 만일 누구든지 **너희가 받은 것 외에 다른 복음**을 전하면 저주를 받을지어다”와 같은 정도의 강도를 갖고 있는 강력한 비판이다.

5절_나는 지극히 크다는 사도들보다 부족한 것이 조금도 없는 줄로 생각하노라

“지극히 크다는 사도들”은 누구일까? 그들은 1) 13절의 거짓사도와 같은 사람들일 수도 있고, 2) 예루살렘교회의 지도자인 야고보를 위시한 사도들일 수도 있다. ‘휘페르리안’(ὑπερλίαν)은 원래는 부사로서 ‘정도를 넘어서’(beyond measure)의 뜻이다. 아마도 후자가 더 가능성이 많은 듯하다. 왜냐하면 바울이 “거짓사도”로까지 부르

는 사람들을 "지극히 큰 사도들"이라고 부를 가능성이 적기 때문이고, 그들과 자신을 비교하면서 '부족하다/…보다 못하다'(to be inferior to)는 뜻의 동사 '휘스테레오'(ὑστερέω)를 사용했을 것 같지는 않기 때문이다. 고린도후서 11장 22-23절에서 바울은 거짓사도들과 자신을 비교하면서 '나는 그들보다 더 …했다'고 말하지 '내가 그들보다 못한 것은 없다'고 말하지 않는다. '메덴'(μηδέν)은 여기서 '결코 …아니다'는 부정 강조의 뜻이다.

그렇다면 바울은 왜 자신과 예루살렘의 사도들을 비교할까? 아마도 거짓 사도들이 예루살렘의 사도들의 권위를 이용하여 바울을 깎아내리고 자신들의 권위를 높이려고 했기 때문일 것이다. 거짓사도들이 예루살렘교회의 사도들의 허락 하에 고린도에 와서 바울복음과 다른 복음을 전하고 있는 것인지는 분명하지 않다. 바울은 거짓사도들과 비교했을 때 자신이 사도로서 조금도 부족함이 없다고 단언한다.

6절_내가 비록 말에는 부족하나 지식에는 그렇지 아니하니 이것을 우리가 모든 사람 가운데서 모든 일로 너희에게 나타내었노라

바울은 자신이 말에 있어서는 '이디오테스'(ἰδιώτης)라고 말한다. '이디오테스'(ἰδιώτης)는 어느 분야에 대해 전문적인 지식을 갖고 있지는 않지만 그렇다고 해서 전혀 문외한도 아닌 사람을 가리키는 말이다. 바울이 "말에 있어서"(τῷ λόγῳ) 자신이 '이디오테스'(ἰδιώτης)라고 하는 것은 헬라어로 연설하는 것에서는 헬라식 수사법을 완전히 구사하면서 연설하지 못한다는 뜻이다. 하지만 그렇다고 해서 헬라어 수사법에 대해 바울이 전혀 모르는 것도 아니다. 바울은 자신이 헬라식 연설법을 완전히 구사하는 사람이 아니라는 것에 동의한다. 하지만 지식에서는 조금도 부족하지 않다고 말한

다. 여기서 바울이 말하는 지식은 예수 그리스도를 믿음으로 얻게 되는 구원의 지식이다. 바울은 모든 사람들 가운데서(ἐν πᾶσιν) 모든 일에 대해(ἐν παντί) 고린도 성도들에게(εἰς ὑμᾶς) 이점을 나타내 보여주었다(φανερώσαντες).

7절 _ 내가 너희를 높이려고 나를 낮추어 하나님의 복음을 값없이 너희에게 전함으로 죄를 지었느냐

바울이 하나님의 복음을(τὸ τοῦ θεοῦ εὐαγγέλιον) 값없이(δωρεάν) 전함으로 자신을(ἐμαυτόν) 낮추고(ταπεινῶν) 고린도 성도들은 높여졌다(ὑψωθῆτε). 바울이 그의 적대자들과 자신을 비교하고 있는 맥락에서 사례비를 받지 않고 복음을 전한 것을 언급하는 것은 그들이 이점에서 자신들과 바울을 비교했기 때문이거나, 고린도 성도들 중 일부가 바울이 고린도교회에서 사례비를 받지 않은 것을 문제 삼았기 때문일 것이다. 바울은 고린도에서 교회를 개척하던 당시에도 고린도 성도들로부터 사례비를 받지 않았다(고전 9:3-18). 그러나 거짓 사도들은 사례비를 받은 것이 분명하다. 왜냐하면 바울이 그들은 고린도후서 2장 17절에서 "우리는 수많은 사람들처럼 하나님의 말씀을 혼잡하게 하지 아니하고"라고 말할 때 이 "수많은 사람들"을 장사꾼으로 비유하고, 고린도후서 11장 20절에서 "누가 너희를 종으로 삼거나 **잡아먹거나 빼앗거나**(εἴ τις κατεσθίει, εἴ τις λαμβάνει) 스스로 높이거나 뺨을 칠지라도 너희가 용납하는도다"에서 거짓사도들이 고린도 성도들을 "잡아먹고 빼앗는다"고 말하기 때문이다.

그렇다면 바울이 자신을 낮추었다고 말하는 것은 무엇을 가리킨 것일까? 고린도후서 6장 10절에서도 그는 비슷한 말을 한 바가 있다(고후 6:11, "가난한 자 같으나 많은 사람을 부요하게 하고 아무

것도 없는 자 같으나 모든 것을 가진 자로다"). 아마도 바울이 사례비를 받지 않고 노동을 한 것(행 20:34; 살전 2:9; 살후 3:8; 고전 4:12)을 가리키는 것으로 보인다. 당시 헬라 철학자들이 자신의 생계를 해결하는 방법은 1) 구걸(아예 길거리에서 구걸하여 먹고 살면서 철학을 가르침), 2) 노동(스스로 직업을 갖고 노동을 하면서 가르침), 3) 가정교사로 일함(부유한 가정의 자녀를 가르치면서 사례비를 받아 생활함), 4) 수업료를 받음(강의 시간에 청중에게 수업료를 받아 생활함) 등의 네 가지 방법이 있었다. 이 네 가지 중 앞의 1, 2번은 철학자들 간에 소수 의견이었고, 3, 4번은 다수의견이었다. 철학자들은 이 문제를 놓고 서로 상대방을 비난했다. 바울은 소수 의견을 따르는 것으로 보였을 것이고, 다수 의견을 갖고 있는 청중들과 사도들에게 이 문제로 인해 공격을 받았을 것이다.[74) 바울은 고린도전서 9장 12절에서 "그러나 우리가 이 권리를 쓰지 아니하고 범사에 참는 것은 그리스도의 복음에 아무 장애가 없게 하려 함이로다"라고 말한다. 바울이 사도의 권리를 포기하는 기본적인 이유는 1) 복음에 장애가 되지 않게 하려고(혹시라도 돈 문제 때문에 믿지 않는 사람들이 복음을 듣기를 부담스러워 할까봐 아예 처음부터 무료로 가르쳤다), 2) 거저 받은 복음을 거저 주기 위해(복음은 하나님이 우리에게 주시는 은혜이므로, 그것을 나타내기 위해 무료로 가르쳤다), 3) 바울이 당시의 patron-client의 문화적 관습에 따라 부유한 자들에게 돈을 받으면 그들에게 자신이 client가 되어 자신의 말과 행동에 제약을 받게 되므로 이것을 피하기 위해 사례비를 받지 않았을 가능성도 많다. 아무튼 바울은 복음을 전하기 위해 노예처럼 노동했고 사례비도 받지 않고 일했다. 이것이 바로 "값없이"(δωρεάν, free of charge) 복음을 전한 것이다.

---

74) R. F. Hock, *The Social Context of Paul's Ministry: Tentmaking and Apostleship*. 전경연 역. 『바울선교의 사회적 상황』 (서울: 대한기독교출판사, 1984).

바울이 이 말을 이곳에서 하는 이유는 무엇일까? 아마도 그가 고린도와 다른 교회들에서 진행하고 있는 예루살렘교회의 가난한 성도들을 위한 모금 활동을 빌미로 해서 그의 적대자들이 바울을 마치 돈에 대한 욕심 때문에 악한 동기를 갖고 엉터리 복음을 가르치는 사기꾼으로 비난했기 때문일 것이다. 이 점 때문에 바울은 자신이 재정적인 문제에 있어서는 결백함을 변호한다.

8절_내가 너희를 섬기기 위하여 다른 여러 교회에서 비용을 받은 것은 탈취한 것이라

바울은 고린도에서 복음을 전하기 위해 오히려 다른 교회에서 도움을 받았다. 그 교회는 아마도 빌립보 교회일 것이다(빌 4:15, "빌립보 사람들아 너희도 알거니와 복음의 시초에 내가 마게도냐를 떠날 때에 주고 받는 내 일에 참여한 교회가 너희 외에 아무도 없었느니라"). 바울은 여기서 그가 다른 교회의 도움을 받은 것을 "탈취한 것"이라고 말한다. 신약성경에서 단 한 번 사용되는 동사 '쉴라오'(συλάω)는 '탈취하다'(to rob)의 뜻으로서 전쟁에서 승리한 쪽이 패배한 쪽의 재산을 탈취하는 것을 묘사하는 동사다. 바울은 다른 교회를 털어서(ἐσύλησα) 고린도 성도들을 섬겼다고 말하는데, 이것은 아마도 그의 적대자들이 그를 향해 이 동사를 사용했기 때문에 이렇게 말하는 것일 가능성이 높다. '옵소니온'(ὀψώνιον)은 "비용"으로 번역되었으나 원래는 주로 노동의 대가로 받는 사례(wage)를 가리키는 단어다. 이 단어에 '라본'(λαβών)을 추가한 '라본 옵소니온'(λαβὼν ὀψώνιον)은 사례를 빼앗는다는 뜻으로도 읽혀질 수 있다.

9절_또 내가 너희와 함께 있을 때 비용이 부족하였으되 아무에게도 누를

> 끼치지 아니하였음은 마게도냐에서 온 형제들이 나의 부족한 것을 보충하였음이라 내가 모든 일에 너희에게 폐를 끼치지 않기 위하여 스스로 조심하였고 또 조심하리라

바울은 노동하면서 가난한 삶을 살면서도 절대로 어떤 사람에게도 숙식문제로 신세를 지지 않는다는 그의 원칙을 지켰다(고전 9:18, "그런즉 내 상이 무엇이냐 내가 복음을 전할 때에 값없이 전하고 복음으로 말미암아 내게 있는 권리를 다 쓰지 아니하는 이것이로다"). '휘스테레오'(ὑστερέω)는 여기서는 '부족하다'(to lack)의 뜻이며 '휘스테레마'(ὑστέρημα)는 그 명사형이다. 동사 '카타나르카오'(καταναρκάω)는 '나르카오'(ναρκάω)의 강조형으로 원래는 '마비가 되다'(to grow numb)의 뜻을 갖고 있다. '카타나르카오'(καταναρκάω)는 의학용서로 사용되었으며 '마취시키다'(to anaesthetize)란 뜻이다. 바울은 자신의 생활비를 어떤 사람에게 부담을 시켜 그 사람이 마취가 되도록 하지 않았다고 말하는 셈이다(개역개정판에서는 "아무에게도 누를 끼치지 아니하였음"으로 번역했다). 여기서도 바울이 이 단어를 사용하는 이유는 거짓사도들이 이 단어를 사용하여 그를 공격했기 때문일 가능성이 있다. 바울은 마치 기생충처럼 고린도 성도들에게 빌붙어 그들을 마취시켜 그들의 주머니를 털어간다고 공격당했기 때문에 바울이 같은 단어를 사용하여 자신을 방어하고 있는 것 같다.

바울은 자신이 고린도성도들에게서 금전적인 혜택을 받은 바가 없고 오히려 자신의 부족한 생활비는 "마게도냐에서 온 형제들이 나의 부족한 것을 보충하였음이라"고 말한다. 여기서 사용된 '프로스아나플레로오'(προσαναπληρόω)는 '가득 채우다'(to fill up)의 뜻이다. 그들이 바울의 부족한 부분을 부분적으로 보충한 것이 아니라, 완전히 다 채워주어 전혀 부족함이 없게 해주었다고 말한다. 빌립

보, 데살로니가, 베뢰아 교회 중에서 고린도에서 선교하는 바울을 지원했을 가능성이 가장 높은 교회는 빌립보 교회다(빌 4:16).

10절_ 그리스도의 진리가 내 속에 있으니 아가야 지방에서 나의 이 자랑이 막히지 아니하리라

"그리스도의 진리가 내 속에 있다"는 말은 바울이 엄숙하게 자신의 결백을 선언하는 말이다. 여기서 말하는 진리는 복음의 진리가 아니다. 자신이 말하는 바가 진실이며 그것이 진실임을 그리스도께서 보증한다는 뜻이다. '호티'(ὅτι) 이하는 그가 엄숙하게 선언하는 그의 주장이다. 고린도가 속해 있는 아가야 지방에서 적어도 이런 재정적인 문제에 관한 한 바울은 자랑할 말이 있다는 것이다. '프라소'(φράσσω)는 '닫다'(to close)의 뜻으로 입을 닫다는 뜻으로 사용된 것 같다. 즉 자신의 재정적 결백함을 자랑하는 바울의 입이 닫혀지지 않는다는 말이다. 이 동사의 다른 뜻인 '막다'(to block)으로 해석해도 뜻은 마찬가지다. 이 동사가 미래형으로 된 것은 앞으로도 바울이 사례비를 받지 않는 그 원칙을 지킬 것임을 나타낸다.

11절_ 어떠한 까닭이냐 내가 너희를 사랑하지 아니함이냐 하나님이 아시느니라

바울이 그렇게 한 것은 고린도 성도들을 사랑했기 때문이다. 바울이 이것을 말하는 것은 그가 고린도 성도들로부터 사례비를 받지 않은 것은 그들을 사랑하지 않았기 때문이라고 모함한 것 같다. 특별히 여행계획을 취소하고 고린도에 오지 않고 마게도냐를 방문한 것도 고린도 성도들을 사랑하지 않기 때문이라고 모함했을 가

능성도 있다. 그래서 바울이 고린도후서 2장 1절, "내가 다시는 너희에게 근심 중에 나아가지 아니하기로 스스로 결심하였노니"라고 말하며 그가 고린도 성도들을 사랑하기 때문에 충돌을 피하기 위해 일부러 가지 않은 것이라고 말한다. 바울이 "하나님이 아신다"고 까지 말하는 것은 이 문제를 둘러싼 고발이 중대하고 그에게는 하나님을 자신의 진실함을 지지해줄 증인으로 언급할 정도로 상황이 결코 낙관적이지 않음을 보여준다.

12절_나는 내가 해 온 그대로 앞으로도 하리니 기회를 찾는 자들이 그 자랑하는 일로 우리와 같이 인정 받으려는 그 기회를 끊으려 함이라

바울이 앞으로도 똑같은 원칙을 지키려고 하는 것은 거짓사도들의 자랑의 기회(ἀφορμή)를 잘라버리기(ἐκκόψω) 위해서다. 왜 그것을 잘라버리는가? 그들이 자랑하는 일에 있어서(ἐν ᾧ καυχῶνται) 바울과 똑같이 그들도 되도록(εὑρεθῶσιν καθὼς καὶ ἡμεῖς) 하기 위해서다. 이 말이 무슨 뜻인지 해석이 분분하다. 아마도 그들도 바울과 마찬가지로 고린도교회로부터 사례비를 받지 않게 하기 위해서 그렇게 한다는 뜻으로 해석할 수 있다. 그 거짓사도들이 정말로 고린도 성도들을 위한다면 그들도 자신처럼 사례비를 받지 않고 재정적으로 독립하게끔 압력을 가하기 위해서 자신은 자신의 원칙을 지키겠다는 뜻으로 볼 수 있다.

13절_그런 사람들은 거짓 사도요 속이는 일꾼이니 자기를 그리스도의 사도로 가장하는 자들이니라

바울은 그의 적대자들을 "거짓 사도들"(ψευδαπόστολοι)이라고 부른다. 이 말은 그들이 자신들을 사도로 주장한다는 것을 나타낸다.

그들은 자칭 "그리스도의 사도"로 주장하나 그들의 실체는 "속이는 일꾼"(ἐργάται δόλιοι, 거짓 일꾼들)이다. 여기에서 동사 '메타스케마티조'(μετασχηματίζω)는 중간태로 사용될 때 '사실은 아닌데 자신이 누구라고 가장하다'(to disguise oneself)는 뜻이다. 그 거짓사도들이 사실은 그리스도의 사도가 아닌데 자신들이 그리스도의 사도라고 가장하는 사람들이라고 바울은 주장한다. 그러므로 지금 고린도 성도들을 잘못된 길로 인도하는 사람들은 그들은 교회 밖에 있는 사람들이 아니라 교회 안에 있는 사람들이었다.

14절_이것은 이상한 일이 아니니라 사탄도 자기를 광명의 천사로 가장하나니

심지어 사탄(ὁ σατανᾶς) 자신도(αὐτός) 자신을 광명의 천사로 가장한다(μετασχηματίζεται)는 13절에서 거짓사도들이 그리스도의 사도로 가장한다와 대구를 이룬다. 여기서 바울은 암묵적으로 거짓 사도들을 사탄과 같은 종류로 분류될 수 있는 사람들로 본다. 사탄이 자신을 다른 존재로 가장하는 것은 구약성경에서는 그 예를 찾아볼 수 없고 구약성경 외경 중 *Testament of Job* 6장 4절(거지), 17장 2절(페르시야의 왕), 20장 5절(바람), 23장 1절(빵 파는 사람)에서 볼 수 있고, *Life of Adam and Eve* 9장 1절에서는 사찬이 이브 앞에서 잠깐 동안 천사의 빛나는 모습(the brightness of angel)으로 자신의 모습을 바꾸었다는 말이 나온다. *Apocalypse of Moses* 17장 1절에서는 사탄이 "천사의 모습으로"(in the form of an angel) 낙원의 벽 너머로 이브를 찾아와 그녀를 유혹했다는 기록도 있다.[75)]

15절_그러므로 사탄의 일꾼들도 자기를 의의 일꾼으로 가장하는 것이 또한 대단한 일이 아니니라 그들의 마지막은 그 행위대로 되리라

75) Harris, *Second Epistle*, 774.

바울은 거짓사도들을 "그(사탄)의 일꾼들"(οἱ διάκονοι αὐτοῦ)이라고 부른다. 이것은 엄청난 강도의 비난이며 사실 바울이 그들을 거짓사도로 부를 때 이것은 이미 예견된 일이다. 왜냐하면 그들이 거짓사도라는 호칭 안에는 이미 그들은 하나님/그리스도가 보낸 사도들이 아니며, 사탄이 보낸 사람들이라는 의미가 담겨져 있기 때문이다. 그들은 자신을 "의의 일꾼들"(διάκονοι δικαιοσύνης)이라고 주장하지만 그것을 그들이 가장하는 것이다. 그들이 주장한 의는 어떤 의였을까? 그들이 육신을 자랑하는 자들이었고(11:18) 자신들의 유대인 혈통을 자랑하는 사람들이었음(11:22)을 고려할 때 아마도 믿음을 통해 얻어지는 의가 아니라 율법의 행위를 통해 얻는 의였을 것이다. 그들은 "뱀"(3절)이 아담과 하와를 유혹했듯이 지금 성도들을 유혹하는 "사탄"의 역할을 하고 있다. 그리고 "그들의 마지막은 그 행위대로"된다. 즉, 그들은 하나님으로부터 상이 아니라 심판을 받게 된다.

XVIII. 사도로서 바울이 당한 고난(11:16-33)

16절_내가 다시 말하노니 누구든지 나를 어리석은 자로 여기지 말라 만일 그러하더라도 내가 조금 자랑할 수 있도록 어리석은 자로 받으라

사도가 자신을 자랑하는 것은 어리석은 짓이다. 하지만 지금 바울은 불가피하게 자신을 자랑하지 않으면 안 된다. 왜냐하면 거짓사도들의 자랑에 성도들이 속아 넘어가고 있기 때문이다. 그래서 바울은 역설적으로 자신이 "조금"(μικρόν τι) 자랑할 수 있도록 자신을 어리석은 사람으로 받아달라고 말한다.

17절 _ 내가 말하는 것은 주를 따라 하는 말이 아니요 오직 어리석은 자와 같이 기탄 없이 자랑하노라

바울이 지금 자신을 자랑하는 말을 하는 것은 주께서 그렇게 하라고 말씀하셔서 그렇게 하는 것은 아니다. 이 말은 우회적으로 그의 적대자들이 자신의 육체를 자랑하는데 그런 것들은 주님께는 절대로 자랑이 될 수 없다는 뜻을 담고 있다. 바울은 그들을 어리석은 자들로 보는데, 왜냐하면 자랑이 될 수 없는 것들을 자랑하기 때문이다. 그래서 바울은 이번에는 자기도 한 번 어리석은 자들처럼 자랑을 해보겠다고 말한다.

18절 _ 여러 사람이 육신을 따라 자랑하니 나도 자랑하겠노라

여기에서 우리는 "거짓 사도들"이 상당히 다수의 사람들(πολλοί)로 구성된 집단임을 알 수 있다. "육신을 따라"(κατὰ σάρκα) 자랑한다는 말의 "육신을 따라"(κατὰ σάρκα)는 17절의 "주를 따라"(κατὰ κύριον)와 대조를 이루고 있다. 이 사람들은 고린도후서 5장 12절에서 나오는 "마음으로 하지 않고 외모로 자랑하는 자들"과 같은 그룹의 사람들일 가능성이 많다. 그들은 할례와 같이 육체적인 것, 혹은 그들의 유대인으로서의 출신, 그들이 율법을 통해 성취한 것 등과 같은 것들을 자랑하는 사람들이다.

19절 _ 너희는 지혜로운 자로서 어리석은 자들을 기쁘게 용납하는구나

고린도 성도들은 분별력이 있는데도(φρόνιμος, thoughtful, sensible), 기쁨으로(ἡδέως) 어리석은 사람들을 용납한다. 이 말에서 바울은 고린도 성도들에게 그들을 더 이상 용납하지 말라고 말한다.

20절_누가 너희를 종으로 삼거나 잡아먹거나 빼앗거나 스스로 높이거나 뺨을 칠지라도 너희가 용납하는도다

고린도 성도들을 누가(τις) 그들을 노예로 만들고(καταδουλόω, to enslave), 잡아먹고(κατεσθίω, to devour), 장악하고(λαμβάνω, to take), 자신을 높이고(ἐπαίρω, to raise up), 그들의 얼굴을 때려도(δέρω, to strike) 그들을 용납한다. 거짓 사도들은 고린도 성도들 위에 군림하여 그들을 마음대로 부려먹고, 그들의 호주머니를 털어내고, 그들을 마치 포로처럼 장악하고, 거만하게 굴고, 심지어 모욕한다. 그런데도 고린도 성도들은 그들을 용납한다. 바울이 여기에서 말하고자 하는 바는 '내가 어리석은 것이 아니라, 너희가 어리석다'는 것이다.

21절_나는 우리가 약한 것 같이 욕되게 말하노라 그러나 누가 무슨 일에 담대하면 어리석은 말이나마 나도 담대하리라

'카타 아티미안 레고'(κατὰ ἀτιμίαν λέγω)에서 '아티미아'(ἀτιμία)는 불명예(dishonor)를 가리키는 말이다. '카타 아티미안 레고'(κατὰ ἀτιμίαν λέγω)는 '이렇게 말하는 것이 부끄럽지만'의 뜻이다. 무엇이 부끄럽다는 것일까? '호스 호티'(ὡς ὅτι)는 바울이 말하고자 하는 바를 담고 있다. 그것은 우리가 약했다(ἡμεῖς ἠσθενήκαμεν)는 것이다. 이 말에서 바울은 20절에서 묘사한 거짓사도들의 모습과 자신의 모습을 비교한다. '나는 그 거짓사도들에 비하면 너무 약한 사람이었다'는 것이다. 이것은 물론 역설적인 표현이다. 바울은 너무나 약했기 때문에 고린도 성도들 위에 군림하거나 그들의 주머니를 털어 내거나 그들의 얼굴을 때리는 짓과 같은 것은 할 수가 없었다는 것이다.

자신은 너무나 약해서 거짓사도들처럼 그렇게는 할 수 없었다는 이 말에서 바울은 거짓사도들의 행태를 비판하면서도, 동시에 자신의 육체적 약함을 공격하는 것(고후 12:5-9)에 대해 미리 방어하고 있다. 바울은 이제 "어리석음 속에서 말하는 것이긴 하지만"(ἐν ἀφροσύνῃ λέγω) 담대한 마음으로 자신을 자랑한다.

22절_그들이 히브리인이냐 나도 그러하며 그들이 이스라엘인이냐 나도 그러하며 그들이 아브라함의 후손이냐 나도 그러하며

여기에서 우리는 거짓 사도들의 정체에 관한 중요한 정보를 얻게 된다. 그들은 유대인으로서 그리스도를 믿는 사람들이었다. 그들은 '헤브라이오이'(Ἑβραῖοί) 즉, 아람어를 모국어로 말하는 유대인들이다. 이들은 '헬레니스테스'(Ἑλληνιστής) 즉, 헬라어를 모국어로 하는 유대인들과 언어적으로 구분되는 유대인들이었다(행 6:1). 바울은 아람어를 말하는 유대인 부모에게서 태어나 자신도 아람어를 모국어로 말하는 유대인이었다(빌 3:5, Ἑβραῖος ἐξ Ἑβραίων). 거짓사도들은 이스라엘 사람들이며, 아브라함의 후손들이다. 이것은 그들이 태어날 때부터 유대인으로 태어난 사람들임을 보여준다. 그리고 이점을 바울이 언급하면서 나도 그렇다고 말하는 것은 그들이 이런 것들을 자랑하였음을 보여준다.

23절_그들이 그리스도의 일꾼이냐 정신 없는 말을 하거니와 나는 더욱 그러하도다 내가 수고를 넘치도록 하고 옥에 갇히기도 더 많이 하고 매도 수 없이 맞고 여러 번 죽을 뻔하였으니

그들은 또한 자신을 "그리스도의 일꾼"으로 주장한다. "정신없는 말을 하거니와"(παραφρονῶν λαλῶ)라는 말은 5장 13절의 "우리가 만일 미쳤어도"(εἴτε ἐξέστημεν)와 연결하여 생각해야 한다. 고린도

후서 10-13장이 사도적 진정성(apostolic authenticity)을 둘러싼 그와 그의 적대자들 사이의 매우 강력한 논쟁이라는 점을 놓고 볼 때 이런 표현들을 단순한 수사적 표현으로 보기는 어렵다. 거짓사도들이 바울의 정신적 상태를 '파라프로니아'(παραφρονία, 정신이상)로 고발한 것으로 보인다. 이것은 바울의 영적인 정체성을 악한 것으로 공격한 것이다(자세한 것은 5:13의 주해를 보라). 바울은 자신을 미친 사람으로 공격하는 적대자들의 공격을 여기에서 인용하면서 나는 더욱 더 그리스도의 일꾼이라고 주장할 수 있는 근거들이 많이 있다고 말한다.

여기에서부터 바울의 가장 긴 고난 리스트가 나온다. 바울이 왜 여기에서 고난에 대해 말할까? 바울과 거짓 사도들 사이의 가장 큰 차이점인 고난을 많이 당하고 견딘 것이 곧 그가 참 사도임을 보여주는 표지이기 때문이다(고후 12:12, "사도의 표가 된 것은 내가 너희 가운데서 모든 참음과 표적과 기사와 능력을 행한 것이라"). 구약성경에서도 거짓선지자는 고난을 당하지 않지만 참선지자는 고난을 당한다. 바울이 많은 고난을 당하고 그 고난을 견디어 인내한 것은 그가 참 사도라는 것을 보여준다.

바울은 수고를 많이 했다는 것은 그가 노동(κόπος)을 했다는 것이다. 감옥에 갇힌 것(φυλακή)을 기준으로 해도 바울은 거짓사도들보다 더 많은 경험이 있다. *1 Clement* 5장 6절에 따르면 바울은 모두 일곱 차례 감옥에 갇혔다고 한다. 특히 매를 맞은 것(πληγή)에서는 그들을 능가한다(ὑπερβαλλόντως). 심지어 그는 죽음 일보 직전까지 가는 경험을 여러 차례 했다. 고린도전서 15장 31절에서 그는 "형제들아 내가 그리스도 예수 우리 주 안에서 가진 바 너희에 대한 나의 자랑을 두고 단언하노니 **나는 날마다 죽노라**"고 말한다. 로마서 8장 36절에서는 "기록된 바 우리가 종일 주를 위하여 죽임을 당하게 되며 도살당할 양 같이 여김을 받았나이다 함과 같으니라"고 말한다.

24절 _ 유대인들에게 사십에서 하나 감한 매를 다섯 번 맞았으며

사십에서 하나를 감한 매는 신명기 25장 2-3절을 근거로 채찍으로 때리는 유대교 회당의 처벌이다(신 25:3, "사십까지는 때리려니와 그것을 넘기지는 못할지니 만일 그것을 넘겨 **과다히 때리면 네가 네 형제로 천히 여김을 받게 할까 하노라**"). 원래 이 벌은 사람과 사람사이에 문제가 있을 때 잘못한 사람에게 주는 벌이었지만, 후대의 기록인 『미슈나』, *Makkoth* 1.1-3.9에 따르면 율법을 어긴 각종 죄에 대한 처벌로 이 벌을 주었다. 벌을 주되 40대 이상을 때리는 것은 형제를 무시하는 것으로 보아 절대로 40대를 넘기지 않았다. 그렇다면 왜 40에서 한 대를 감하는가? 여기에 대해서는 두 가지 학설이 있다. 첫째는 세 갈래로 갈라진 채찍을 사용하므로 3의 배수로만 때릴 수 있었기 때문이다(3×13=39)는 설명이고, 둘째는 한 가닥으로 된 채찍으로 때릴 때 숫자 세다가 혹시 실수해서 40을 넘기면 율법을 어기게 되므로 아예 처음부터 한 대를 뺀 것이라는 설명이다. 40에서 하나를 감한 매를 때릴 때는 회당에서 양 팔을 두 기둥에 묶고 웃옷을 벗긴 뒤 1/3을 가슴에, 1/3을 등에, 1/3을 다시 가슴에 때렸다. 채찍으로 때리는 동안 회당의 직원이 그 옆에서 신명기 28장 58절 이하에 나오는 율법을 지키지 않은 자가 받는 저주를 읽어 주었다.

『미슈나』, *Makkoth* 1.1-3.9 에 따르면 이 벌은 율법을 어긴 각종 죄에 대한 처벌로 주어졌다. 이 벌은 태형 중에서 가장 심한 형벌이므로 디아스포라 유대교에서는 율법을 지키지 않는 유대인을 유대교에서 완전히 제거(extirpation)하는 것을 대신하여 사용하는 매우 강도 높은 처벌이었다. 실제로 이 매를 맞다가 죽는 사람도 있

었으며 이 경우 매를 때린 사람에게는 살인죄가 적용되지 않았다. 바울은 율법 아래에 있지 않았으므로(고전 9:20, "유대인들에게 내가 유대인과 같이 된 것은 유대인들을 얻고자 함이요 율법 아래에 있는 자들에게는 **내가 율법 아래에 있지 아니하나** 율법 아래에 있는 자 같이 된 것은 율법 아래에 있는 자들을 얻고자 함이요") 당시 다른 유대교 배교자들처럼 이 벌을 피하려면 얼마든지 피할 수 있었다. 하지만 바울은 피하지 않고 자발적으로 이 매를 맞았다. 스스로 유대교 법정에 출두하여 재판을 받고 유죄판결을 받고 그 벌로 태형을 맞으라고 하면 그 매를 맞았다. 왜 그랬을까? 그 해답은 『미슈나』, *Makkoth* 3.15에 있다("And thy brother seem vile unto thee when he is scourged then he is thy brother" / "너의 형제가 채찍으로 맞는 동안에는 너에게 악인이나, 맞고 나면 그는 너의 형제이니라"). 즉, 바울이 자발적으로 회당의 처벌을 받은 것은 유대교의 멤버십(membership)을 유지하여 계속해서 회당에서 유대인들에게 설교할 수 있는 신분을 유지하기 위함이었다.

그렇다면 왜 바울은 유대인들에게 그런 매를 맞았을까? 고린도전서 1장 22-23절에서 바울은 "유대인은 표적을 구하고 헬라인은 지혜를 찾으나 우리는 **십자가에 못 박힌 그리스도**를 전하니 **유대인에게는 거리끼는 것**이요 이방인에게는 미련한 것이로되"라고 말한다. 유대인들에게도 십자가에 달려 죽은 예수는 메시아로 쉽게 받아들여지지 않았다. 왜냐하면 예수가 나무에 달려 죽었기 때문이다(갈 3:13; 신 21:23). 그래서 바울의 십자가 복음은 유대인들에게는 "거리끼는 것"(σκάνδαλον) 즉, '배교에 빠지게 하는 잘못된 가르침'(a false teaching leading to apostacy)이었다. 바울이 회당에 들어가서 복음을 선포할 때 복음을 받아들이지 않은 유대인들은 그것을 문제가 있는 가르침으로 보고, 회당에서 바울을 고발하고, 재판하고, 유죄판결을 내리고, 태형을 주었다. 바울은 십자가 복음 때문에 유대인들에게 매를 맞았다.

바울이 유대인들에게서 사십에서 하나를 감한 매를 다섯 번이나 맞았다는 사실은 유대인들이 그를 다섯 번이나 유대인 회중에서 제거해야 할 대상으로 보았음을 반영한다. 그들의 관점에서 보았을 때 바울은 배교자에 가까운 인물이었다. 이것은 그가 유대교의 테두리 안에 머문 것이 아니라 그 밖으로 나갔음을 보여준다. 다메섹 사건 이후 바울은 이미 자신을 유대교 율법 아래에 있는 사람으로 보지 않았다. 그러나 동시에 그가 이렇게 자신을 율법 아래에 놓고 율법의 처벌을 받은 것은 곧 율법 아래에 있는 사람들을 구원하기 위해서 그렇게 한 것이다(고전 9:20).

25절_세 번 태장으로 맞고 한 번 돌로 맞고 세 번 파선하고 일주야를 깊은 바다에서 지냈으며

"세 번 태장으로 맞고"는 채찍이 아니라 몽둥이로 맞은 것으로 헬라인/로마인들에게 맞은 매다. 동사 '랍디조'(ῥαβδίζω)는 "몽둥이(ῥάβδος)로 때리다"(to hit with rod)의 뜻이다. 빌립보에서 그가 맞은 매는 '랍두코이'(ῥαβδοῦχοι)에(rod-carrier)에게 몽둥이로 맞은 매다(행 16:22-23, "무리가 일제히 일어나 고발하니 상관들이 옷을 찢어 벗기고 매로 치라[ῥαβδίζειν] 하여 많이 친 후에 옥에 가두고 간수에게 명하여 든든히 지키라 하니").

돌로 맞았다는 것은 아마도 루스드라에서 일어난 일일 것이다(행 14:19, "유대인들이 안디옥과 이고니온에서 와서 무리를 충동하니 그들이 돌로 바울을 쳐서 죽은 줄로 알고 시외로 끌어 내치니라"). '나우아게오'(ναυαγέω)는 '파선을 경험하다'(to suffer shipwreck)의 뜻이며 '엔 토 뷔또'(ἐν τῷ βυθῷ)는 "깊은 바다에서"의 뜻이다. 바울은 사도행전 27장에 나오는 파선을 경험하기 전에 이미 그는

세 번이나 파선을 경험했다.

26절_여러 번 여행하면서 강의 위험과 강도의 위험과 동족의 위험과 이방인의 위험과 시내의 위험과 광야의 위험과 바다의 위험과 거짓 형제 중의 위험을 당하고

바울은 선교 여행 중에 그가 당한 위험들을 열거한다. 이 중에 바울은 그를 위협했던 3개의 그룹들을 열거한다. 그것은 1) 유대인, 2) 이방인, 3) 거짓형제들이다. 이 중 거짓형제들은 교회 안에 존재하는 사람들이었다. 거짓사도들은 이 거짓 형제들 중의 일부다. 이들은 아마 대부분이 당시 예루살렘교회에 근거를 둔 유대기독교인들이었을 것이다. 바울이 예루살렘에 마지막으로 갔을 때 야고보가 말한 사람들 즉, "형제여 그대도 보는 바에 유대인 중에 믿는 자 수만 명이 있으니 다 율법에 열성을 가진 자라"(행 21:20)고 말한 사람들의 대표자들일 것이다. 예루살렘교회 안에는 유대인 기독교인들"은 율법을 지키는 일에 열심을 갖고 있다는 야고보의 말은 많은 것을 시사한다. 이들은 예수를 믿되 그의 죽음과 부활이 율법을 폐지하고 새로운 "은혜의 시대"를 여는 역사적 사건임을 믿지 않는 사람들로서, 여전히 모세의 율법을 지켜야 하며, 모든 이방인들은 할례를 통해 유대교로 개종하고 율법을 지켜야 하나님의 백성이 될 수 있다고 믿는 자들이었을 것이다.

27절_또 수고하며 애쓰고 여러 번 자지 못하고 주리며 목마르고 여러 번 굶고 춥고 헐벗었노라

바울은 천막을 만드는 수공업자로서 고된 노동에 시달렸고, 제대로 먹고 마시고 입지 못하고, 잠을 자지 못하고 일하면서 교회를 세웠다. 그가 자지 못한 것은 밤샘 작업 때문에 자지 못한 것

을 가리킨다. 당시 수공업자들의 일당은 하루 세끼에 해당하는 돈이었기 때문에 그 돈으로 숙식을 모두 해결하고, 또한 차후의 여행 경비를 저축해야 하는 바울로서는 하루 세 끼를 다 먹을 수 없었을 것이다. 옷을 제대로 사서 입지 못한 것은 말할 필요도 없다. '엔 프쉬케이 카이 귐노테티'(ἐν ψύχει καὶ γυμνότητι)에서 '프쉬코스'(ψῦχος)는 "추위"(cold)고 '귐노테스'(γυμνότης)는 "헐벗음"(nakedness)의 뜻이다. 즉 바울은 옷을 제대로 입지 못해 추위에 떠는 고생을 했다.

28절_이 외의 일은 고사하고 아직도 날마다 내 속에 눌리는 일이 있으니 곧 모든 교회를 위하여 염려하는 것이라

그러나 이 모든 고난에도 불구하고 바울은 자신을 염려하는 것이 아니라, 자신이 세운 모든 교회들을 위해 염려하는 마음으로 항상 마음이 무거웠다. 외적인 고난이 주는 압력보다 그의 마음속에 있는 교회를 향한 염려가 주는 압력이 더 무거웠다. 이것은 바울이 단순한 신학자나 선교사가 아니라 진정한 의미에서 목회자임을 보여준다. '에피스타시스'(ἐπίστασίς)는 '압력'(pressure)의 뜻도 있지만, '감독'(supervision), '책임'(responsibility)의 뜻도 있다. '메림나'(μέριμνα)는 걱정이란 뜻이다. 이 두 단어는 서로 연결되어 있으며, 바울이 매일 같이 교회를 걱정하는 것은 그의 책임이라는 의미가 담겨있다.

29절_누가 약하면 내가 약하지 아니하며 누가 실족하게 되면 내가 애타지 아니하더냐

바울이 염려하는 대상은 단지 교회들뿐만 아니라, 한 사람 한

사람의 성도들이었다. 바울은 항상 성도들 한 사람 한 사람에 대한 염려를 했고 그 사람의 입장에 서서 생각하고 일했다. 한 사람이라고 약하면 바울도 약했다는 것은 그만큼 그가 성도의 입장에서 생각하고 행동하는 사람이었음을 강조하는 표현이다. '스칸달리조'(σκανδαλίζω)는 '넘어지게 하다/죄를 짓게 하다'(to cause to fall/to cause to sin)는 뜻이다. 어떤 성도가 거짓사도와 같은 사람에 의해 걸려 넘어져 잘못된 길로 가면 바울은 불에 탄다(πυροῦμαι). '퓌로오'(πυρόω)는 '태우다/불타다'(to set on fire/burn)의 뜻으로 바울의 분노를 나타낸다.

30절_ 내가 부득불 자랑할진대 내가 약한 것을 자랑하리라

바울은 자신의 약점, 즉 육체적으로 연약함, 직업적으로 낮음, 언변에 있어서 유창하지 못함 등의 자신의 약점을 부끄럽게 생각하지 않고 오히려 자랑스럽게 생각한다. 왜냐하면 하나님은 약한 자를 들어서 강한 자를 부끄럽게 하시기 때문이다(고전 1:27, "그러나 하나님께서 세상의 미련한 것들을 택하사 지혜 있는 자들을 부끄럽게 하려 하시고 세상의 약한 것들을 택하사 강한 것들을 부끄럽게 하려 하시며"). 거짓사도들은 바울의 약점을 공격하고 자신들을 바울에 비교하면서 스스로를 높이지만 바울은 역설적으로 자신의 그런 약점들을 부끄럽게 생각하지 않고 자랑스럽게 생각한다.

31절_ 주 예수의 아버지 영원히 찬송할 하나님이 내가 거짓말 아니하는 것을 아시느니라

바울은 여기서 하나님을 증인으로 동원하면서 자신이 절대로 거짓 증언을 하지 않음을(οὐ ψεύδομαι) 강변한다. 그가 이렇게 하나님

을 증인으로 동원하면서 증언하려고 하는 바는 무엇인가? 32-33절에서 말하는 바, 다메섹에서 그가 탈출한 이야기다. 그렇다면 다메섹에서 탈출한 것이 거짓사도와의 논쟁에서 그토록 중요한 것일까? 또 23-27절에서 열거한 고난 리스트와 다메섹에서 탈출한 이야기는 왜 연결되는 것일까? 두 개를 연결시키는 고리는 무엇일까?

32절_ 다메섹에서 아레다 왕의 고관이 나를 잡으려고 다메섹 성을 지켰으나

바울이 여기에서 갑자기 자신이 "다메섹에서" "아레다 왕의 고관"의 신하가 그를 잡으려고 했을 때 자신은 "광주리"를 타고 "들창문"을 통해 탈출했다는 이야기를 꺼낸다. 아레다 왕은 Aretas 4세로 당시 아라비아에 있던 나바티안 왕국(Kingdom of Nabataea)의 왕이었다. 바울은 다메섹 경험 직후에 아라비아로 갔으며(갈 1:17), 아마도 자신이 받은 계시가 무슨 뜻인지 잘 몰라 그곳에서 사막의 동굴에서 묵상과 기도를 하며 지낸 것 같지는 않다. 왜냐하면 그렇게 했다면 바울이 아레다 왕의 신하(ἐθνάρχης)의 주목을 받지도 않았을 것이고, 그가 바울을 체포하러 당시 아라비아 국경의 밖에 있는 도시인 다메섹까지 쫓아오지도 않았을 것이기 때문이다. 바울은 아라비아에서 선교활동을 한 것으로 보이며 그가 전한 복음의 내용이 아레다 왕의 신하가 보기에는 문제가 있는 주장이라고 보였을 것이다(참고 행 17:6-7).

33절_ 나는 광주리를 타고 들창문으로 성벽을 내려가 그 손에서 벗어났노라

그런데 바울은 성벽에 있는 창문을 통해 광주리를 타고 다메섹을 탈출하여 예루살렘으로 돌아간다(갈 1:18, "그 후 삼 년 만에 내가 게바를 방문하려고 예루살렘에 올라가서 그와 함께 십오 일

을 머무는 동안"). 사도행전 9장 23-25절에서 누가는 "여러 날이 지나매 유대인들이 사울 죽이기를 공모하더니 그 계교가 사울에게 알려지니라 그들이 그를 죽이려고 밤낮으로 성문까지 지키거늘 그의 제자들이 밤에 사울을 광주리에 담아 성벽에서 달아 내리니라"고 하여 다메섹 성 안에 있는 유대인들이 바울을 죽이려고 하였다고 말한다. 이 사건에 대한 바울의 기록과 누가의 기록을 비교하면 1) 바울이 생명의 위협을 당했고, 2) 그를 잡고자 하는 사람들이 다메섹 성문을 지켰고, 3) 바울이 광주리를 타고 성벽을 내려와, 4) 탈출에 성공했다는 점에서 일치한다. 유대인들이 동원된 이유는 아마도 다메섹의 유대인들이 이미 바울에 대해 적대적인 태도를 갖고 있었기 때문에 그들이 아레다 왕의 신하가 바울을 체포하려는 노력에 협력했을 것이다.

바울이 여기서 이렇게 자신이 다메섹에서 탈출한 이야기를 하는 이유는 아마도 구약성경의 참선지자들에 대한 묘사와 관련이 있을 것 같다. 구약성경에서 거짓선지자들을 향한 하나님의 뜻은 그들의 죽음(렘 28:15-16; 29:31-32; 겔 13:14; 14:9; 22:28)과 하나님의 저주다(신 27:26). 하지만 참선지자는 죽음의 위협을 당하나 하나님께서 그 위험에서 벗어날 수 있도록 해주신다(출 3:12; 신 31:6: 수 1:5; 사 41:10-13; 43:5; 렘 1:8, 19; 15:20-21; 38:1-6, 11-12; 단 3:19-27; 6:19-23). 고난을 당하고 그것을 인내하는 것도 바울이 참사도라는 것을 보여주는 표지이지만(고후 12:12) 동시에 바울이 죽음의 위기를 당하나 매번 하나님의 구원을 경험하는 것도 그가 참사도라는 것을 보여주는 표지다.

바울은 이미 고린도후서 1장 8-10절에서 자신이 아시아에서 죽음 일보 직전까지 가는 경험을 하였으나 하나님께서 "이같이 큰 사망에서 우리를 건지셨고 또 건지실 것이며 이 후에도 건지시기를 그에게 바라노라"(고후 1:10)라고 말한다. 또한 고린도후서 4장

8-9절에서 "우리가 사방으로 우겨쌈을 당하여도 싸이지 아니하며 답답한 일을 당하여도 낙심하지 아니하며 박해를 받아도 버린 바 되지 아니하며 거꾸러뜨림을 당하여도 망하지 아니하고"라고 말하는데 이것 역시 하나님께서 그를 버리지 않고 구원하여 주심을 말한 것이다. 고린도후서 11장 32-33절에서 그가 다메섹 성에서 탈출한 것을 말하는 것도 같은 맥락에서다. 바울은 거짓사도들을 향해 이렇게 말하는 셈이다. "만약 내가 거짓사도라면 왜 하나님은 나를 죽음으로 나를 심판하지 않으시고 계속해서 나를 살려주실까? 나의 사역의 첫 경험인 아라비아 선교 때에도 나는 죽을 뻔했지만 나는 죽지 않았다. 만약 내가 거짓사도라면 그 때 하나님이 나를 죽게 하여 내가 활동하지 못하게 했어야 하지 않는가? 그 때부터 시작해서 최근에 에베소에서 내가 죽음의 위협에서 벗어난 것까지 이 모든 죽음의 위협에서 내가 죽지 않고 살아있다는 것은 무엇을 말하는가? 내가 참 사도라는 것을 말하지 않는가?"

본문 해설 IX

참 사도의 표지를 가진 바울

(12:1-21)

참 사도의 표지를 가진 바울

12:1-21

XIX. 바울이 받은 환상과 계시(12:1-10)

1절_무익하나마 내가 부득불 자랑하노니 주의 환상과 계시를 말하리라

'카우카스따이 데이'(καυχᾶσθαι δεῖ)는 '내가 자랑해야한다'(I must boast)의 뜻으로 바울은 이 자랑함을 통해서 자신에게 유익될 것은 없다고 말한다. 왜 바울은 자신이 자랑을 해야 한다고 말할까? 바울은 "여러 사람이 육신을 따라 자랑하니 나도 자랑하겠노라"(고후 11:18; 11:12 참고)라고 말한다. 바울이 "주의 환상과 계시"를 자랑하는 것은 거짓사도들이 육신을 따라 자랑하기 때문이라고 말한다. 바울이 그가 받은 환상과 계시를 자랑하는 것은 거짓사도들이 영적인 체험을 많이 한 사람들이고 그래서 바울도 그런 경험을 자랑하려고 한다는 견해도 있으나, 고린도후서 본문 안에 거짓사도들이 영적인 체험을 많이 한 사람이라는 것을 보여주는 본문은 없다.

바울은 자신을 자랑하는 것이 어리석은 일이라고 생각한다(고후 11:1, 16; 고후 11:16, "내가 다시 말하노니 누구든지 나를 어리석

은 자로 여기지 말라 만일 그러하더라도 내가 조금 자랑할 수 있도록 어리석은 자로 받으라"). 자신이 자랑해야 하는 것은 "그리스도 안에서" 자랑해야 하며(고후 10:17), 자신이 자랑해야 한다면 자신의 육체의 연약함을 자랑해야 한다고 말한다(고후 11:30; 12:5, 9). 육체의 연약함은 비유가 아니라 그의 육체에 있는 사탄의 가시(고후 12:7)에 관한 것이고 그 가시가 영적인 체험의 한 결과(고후 11:7)이므로 지금 영적인 체험을 자랑하는 것은 그의 육체에 있는 가시에 대한 자기변호의 역할도 하는 것으로 보인다.

바울이 자랑하려고 하는 것은 "주의 환상들과 계시들"이다. 환상(ὀπτασία)과 계시(ἀποκάλυψις)는 동의어가 아니며 계시는 환상보다 더 넓은 개념이다. 환상(ὀπτασία)은 시각적인 체험을 말하며 모든 계시가 다 시각적인 체험인 것은 아니다. 청각적인 경험도 역시 계시가 될 수 있으면 시각과 청각을 동시에 포함하는 계시도 있다. 4절에서 "그가 낙원으로 이끌려 가서 말로 표현할 수 없는 말을 들었으니 사람이 가히 이르지 못할 말이로다"고 말하므로 바울이 시각뿐만 아니라 청각적인 경험을 했음이 분명하다. 또한 바울이 환상과 계시를 복수로 말하고 있으므로 "십사 년 전에 셋째 하늘에 이끌려 간" 경험은 단지 그에게 주어진 많은 신비한 체험과 계시 사건 중 하나로 보아야 할 것이다. 그렇다면 "주의"로 번역된 속격의 '퀴리우'(κυρίου)는 어떤 의미일까? 주격적 속격(subjective genitive)으로 보면 그리스도가 주신 시각적 경험과 계시를 의미하는 것으로 볼 수도 있지만, 로마서 2장 5절, 8장 19절, 고린도전서 1장 7절, 갈라디아서 1장 12절에서와 마찬가지로 '아포칼륍시스'(ἀποκάλυψις) 뒤에 있는 속격은 목적격 속격(objective genitive)으로 보므로, 아마도 계시의 내용으로 보는 것이 좋을 것이다. 즉 그리스도를 보는 시각적 경험과 계시를 경험했다는 것으로 해석할 수 있다.

바울이 '옵타시스'(ὀπτασία)를 고린도후서 12장 1절에서 오직 한 번 사용하므로 자신의 영적인 체험에 대해서 자주 말하지 않는다고 생각하면 오해다. 바울은 대신 "계시"(ἀποκάλυψις)라는 단어를 즐겨 사용하고(롬 2:5; 8:19; 16:25; 갈 1:12; 2:2; 고전 1:7; 14:6, 26; 고후 12:1, 7; 살후 1:7; 엡 1:17; 3:3), 그 동사형인 '아포칼륍토'(ἀποκαλύπτω)도 자주 사용한다(롬 1:17, 18; 8:18; 빌 3:15; 고전 2:10; 3:13; 14:30; 갈 1:16; 3:23; 살후 2:3, 6, 8; 엡 3:5). 계시(ἀποκάλυψις)는 '옵타시아'(ὀπτασία)와 서로 바꾸어 쓸 수 있는(interchangeable) 단어다.

고린도전서 9장 1절에서 바울이 그리스도를 보았다고 주장할 때 그는 '헤오라카'(ἑώρακα, 보았다)를 사용한다. 이 단어는 70인역 헬라어 구약성경 이사야 6장 1, 5절에서 이 단어가 사용되는 것을 연상케 한다. 고린도전서 15장 8절에서 바울은 그리스도가 자신에게 나타나셨다고 말할 때 '옵떼'(ὤφθη, 보여졌다)를 사용한다. 70인역 구약성경에서 '옵떼'(ὤφθη)는 하나님의 현현(theophany) 혹은 천사의 현현(angelophany)을 지칭하는 기술적 용어로 사용되었다(눅 24:34; 행 13:31 참고). 이와 같은 바울의 언급들은 모두 그가 초자연적인 계시를 적지 않게 경험했음을 보여준다.

2절_ 내가 그리스도 안에 있는 한 사람을 아노니 그는 십사 년 전에 셋째 하늘에 이끌려 간 자라 (그가 몸 안에 있었는지 몸 밖에 있었는지 나는 모르거니와 하나님은 아시느니라)

"내가 그리스도 안에 있는 한 사람을 아노니"에서 그 사람은 바울 자신이다. 바울은 자신을 "그리스도 안에 있는 사람"(a man in Christ)이라고 묘사한다. 바울은 원래 "유대교 안에 있는 사람"(a man in Judaism), 혹은 "율법 아래 있는 사람"(a man under the law)

이었지만, 이제 그는 "그리스도 안에 있는 사람"이다. 이 표현은 그의 존재의 위치뿐만 아니라 자신의 영적인 정체성을 밝히는 표현이다. 그는 사탄이나 다른 영적인 존재의 영향력 안에 있지 않고 그리스도 안에 있다. 바울이 자신을 "그리스도 안에 있는 한 사람"이라고 부르면서 삼인칭으로 이 영적인 경험에 대해 말하는 이유는 이런 자기 자랑을 해야만 하는 상황이 자신에게는 매우 불편한 상황임을 표현하기 위해서라고 보인다.

고린도후서를 쓰는 시점(서기 56년 경)에서 계산하여 "십사 년 전"으로 거슬러 올라가면 그 시기(서기 43년 경)는 바울이 아라비아 선교를 마치고 길리기아와 시리아 지방으로 와서 활동할 시기다(갈 1:21). 바울이 이 경험은 갈라디아서 2장 2절, 사도행전 11장 25-26절, 16장 9-10절, 18장 9-10절, 22장 17-21절 등에 나오는 경험과 시기적으로 일치하지 않으므로 성경의 다른 책에서 언급되지 않은 사건으로 보아야 한다. 바울은 다메섹 사건 이후에도 계속해서 영적인 체험을 하고 있었다. 만약 육체의 가시가 이 때의 영적인 체험 직후에 바로 생긴 것이라면 그가 안디옥에 와서 활동할 때부터 그가 육체적 질병에 시달린 것으로 볼 수 있다.

"이끌려 간"으로 번역된 '하르파겐타'(ἁρπαγέντα)는 신적 수동형으로서 하나님이 그를 낚아채듯이 어디론가 데리고 갔다(to be snatched away)의 뜻이다. '하르파조'(ἁρπάζω) 동사는 데살로니가전서 4장 17절("그 후에 우리 살아 남은 자들도 그들과 함께 구름 속으로 끌어 올려[ἁρπαγησόμεθα] 공중에서 주를 영접하게 하시리니 그리하여 우리가 항상 주와 함께 있으리라"), 사도행전 8장 39절("둘이 물에서 올라올새 주의 영이 빌립을 이끌어간지라[ἥρπασεν] 내시는 기쁘게 길을 가므로 그를 다시 보지 못하니라")에서 사용되었다. '하르파겐타'(ἁρπαγέντα)는 이 경험이 바울 자신의 의도로 된 일이 아니라 하나님에 의해 이루어진 일이라는 것을 표현한다. 바울은 높은 하늘을 방문하고 다시 돌아오는 경험을 하였다. 바울의 언어와 가장 근접한 기록은 *Life of Adam and Eve* 25장 3절에서 아담이 그의 아들 셋에게 "나는 의의 낙원으로 데려가져서 주께서 앉아 계신 것을 보았는데 주의 모습은 견딜 수 없는 불꽃의 불이었다. 수천의 천사들이 그 전차의 오른 쪽과 왼쪽에 있었다"(I was carried off into the Paradise of righteousness, and I saw the Lord sitting and his appearance was unbearable flaming fire. And many thousand of angels were at the right and at the left of the chariot)고 말하는 것이다.[76)]

"셋째 하늘"은 열왕기상 8장 27절에 근거한 것으로("하나님이 참으로 땅에 거하시리이까 하늘과 하늘들의 하늘이라도 주를 용납하지 못하겠거든 하물며 내가 건축한 이 성전이오리이까"), 셋째 하늘은 하늘 중에서도 가장 높은 하늘이며 그곳에는 하나님의 보좌가 있는 곳이다. 유대교 전승에서 하늘의 숫자는 둘에서 열 사이이며 보통은 일곱 개의 하늘이 있다는 칠 층천 개념이다(*Ascension of Isaiah* 6:13; 7:13-9:18; *2 Enoch* (A-text) 3-22).[77)] 바울이 칠 층천 설을 따른 것 같지는 않다. 왜냐하면 칠층 하늘의 셋째 하늘에 다녀왔다고 말하면 그의 적대자들에게 비웃음을 사기 때문이다. 바울은 삼 층천 설을 따르는 유대인으로서 그 중 가장 높은 하늘에 다녀왔다는 뜻을 삼층천을 언급한 것이다.

바울이 셋째 하늘에 갔다 왔다고 주장할 때 그 경험은 이사야 6:1-13에 기록된 이사야 선지자가 하나님의 보좌가 있는 하늘에 가서 그곳에서 여호와의 회의(בְּסוֹד יְהוָה, 렘 23:18, 22; 욥 1:6-12; 15:8; 시 82:1-8; 89:6-9; Sir 24:2)에 참여하고 온 것과 매우 유사한 경험으로 보인다. 여호와의 회의는 하나님께서 하늘의 모사들

76) Harris, *Second Epistle*, 838.

77) Harris, *Second Epistle*, 840.

(advisors)과 온 세상의 문제를 의논하는 곳이다. 자신이 "몸 안에 있었는지 몸 밖에 있었는지" 모르겠다는 것은 그 경험이 초월의 세계를 경험하는 황홀경(ecstasy)에 빠지는 경험이었다는 뜻이다.

3절 _ 내가 이런 사람을 아노니 (그가 몸 안에 있었는지 몸 밖에 있었는지 나는 모르거니와 하나님은 아시느니라)

2절에서 "몸 밖에"는 헬라어로 '엑토스 투 쏘마토스'(ἐκτὸς τοῦ σώματος)이지만 3절에서는 '코리스 투 쏘마토스'(χωρὶς τοῦ σώματος)로 되어 있고 문자적으로는 '몸 옆에' 혹은 '몸으로부터 떨어져서'의 뜻이다. 약간 다른 표현이 사용되었지만 여전히 바울은 셋째 하늘에 다녀온 동일한 사건에 대해 말하고 있다.

4절 _ 그가 낙원으로 이끌려 가서 말로 표현할 수 없는 말을 들었으니 사람이 가히 이르지 못할 말이로다

바울은 "낙원으로 이끌려 가서"(ἡρπάγη εἰς τὸν παράδεισον) 인간의 언어로 표현할 수 없는(ἄρρητος) 말들(ῥήματα)을 들었다. '레마타'(ῥήματα)는 "말들"로 번역할 수도 있지만 히브리어로 דְּבָרִים(말들)은 '것들'(things)의 뜻도 갖고 있다(마 18:16, "만일 듣지 않거든 한 두 사람을 데리고 가서 두세 증인의 입으로 말마다(πᾶν ῥῆμα) 확증하게 하라"; 눅 1:37; 2:15, 19; 행 5:32; 13:42). 여기서 '아레토스'(ἄρρητος)는 '사람의 말로 표현되어선 안 되는'(that must not be expressed)의 뜻도 갖고 있다. 즉, 말로 표현하는 것 자체가 불가능하다는 뜻과 함께 사람의 말로 표현하는 것이 금지되어 있다는 뜻도 있다. '하'(ἅ) 이후의 관계대명사 절은 "말들"(ῥήματα)을 수식하는 것으로 동사 '엑세스티'(ἔξεστι)는 '무엇이 허락되어 있다'(it is permitted)의 뜻이다. 바울이 들은 것은 무엇이었을까? 바울이 들은 말들(ῥήματα)이 누가 한 말인지 분명하게 말하지는 않지만 최소한 천사에서 최대한 하나님/그리스도 중의 누구일 것이다.

'파라데이쏘스'(παράδεισος, 낙원)는 헬라어에 들어온 외래어 단어로서 고대 페르시아 단어다. '파라데이쏘스'(παράδεισος)는 누가복음 23장 43절("예수께서 이르시되 내가 진실로 네게 이르노니 오늘 네가 나와 함께 낙원에 있으리라 하시니라"), 요한계시록 2장 7절을 포함하여 신약성경에서 단 세 번 사용되었다. 창세기 2-3에서 이 단어는 에덴동산을 가리킨다. 그렇다면 낙원은 곧 셋째 하늘을 가리키는 것인가? 아니면 이 둘은 서로 다른 곳을 가리키는 것인가? *2 Enoch*(A) 8:1, *Apocalypse of Moses* 40:1(37:5 참고)에 따르면 낙원은 셋째 하늘에 포함된다.[78] 바울이 낙원이 셋째 하늘이 아닌 다른 곳에 있다고 보았다면 2절에서 셋째 하늘을 언급하지 않았을 것이다. 그곳이 가장 높은 하늘이라면 그곳은 하나님의 보좌가 있는 곳이고 그렇다면 바울이 예수 그리스도를 그곳에서 보았다는 추측도 전혀 불가능한 것은 아니다. 실제로 바울은 로마서 8장 34절("누가 정죄하리요 죽으실 뿐 아니라 다시 살아나신 이는 그리스도 예수시니 그는 하나님 우편에 계신 자요 우리를 위하여 간구하시는 자시니라"), 골로새서 3장 1절에서 하나님의 보좌 우편에 계신 그리스도를 언급하며 그것은 단순히 시편 110편 1절에 대한 주석으로 그가 유추한 것이 아니라 그의 개인적인 영적 경험을 통해 그가 직접 "본" 것일 수도 있다(고전 9:1; 15:8).

5절_내가 이런 사람을 위하여 자랑하겠으나 나를 위하여는 약한 것들 외에 자랑하지 아니하리라

---

78) Harris, *Second Epistle*, 845.

다수의 주석가들은 바울이 자신이 받은 환상과 계시를 말하는 것은 거짓사도들이 자신들의 영적인 체험을 자랑하기 때문이라고 설명한다. 하지만 거짓사도들이 영적인 체험을 자랑했다는 것을 보여주는 본문상의 근거는 없다. 단지 고린도후서 12장 1-4절의 내용을 거울에 비추어보듯이 읽는 해석법(mirror-reading)에 따라 그렇게 추측할 뿐이다. 만약 우리가 바울과 거짓사도들 사이의 논쟁을 구약성경의 거짓선지자와 참선지자 사이의 논쟁의 맥락에서 해석해 본다면 바울이 셋째 하늘에 다녀온 경험을 언급하는 보다 더 중요한 이유를 발견할 수 있다.

예레미야는 거짓선지자들이 그를 거짓선지자라고 공격을 할 때 예레미야 23장 18, 22절에서 "누가 여호와의 회의[סוֹד]에 참여하여 그 말을 알아들었으며 누가 귀를 기울여 그 말을 들었느냐?"고 묻는다. 예레미야 23장 18절에서 일인칭 단수로 표현된 화자(話者)는 하나님이시다. 하나님은 예레미야가 여호와를 "보았고" 마치 미가야(열왕기상 22:19-23), 이사야(사 6:1-13), 에스겔(겔 1:1, 4, 15, 18, 27, 28; 2:9; 10:1, 8, 9), 아모스(암 3:7)가 그랬던 것처럼 그도 하나님의 목소리를 "들었다"는 것이다. 여호와의 회의(סוֹד)에서 논의되고 결정된 내용은 "비밀"이라고 불리며, 이 비밀을 가리키는 히브리어 단어도 'sod'(סוֹד)다. 즉, סוֹד에서 결정된 סוֹד를 하나님은 선지자에게 알려주시고, 선지자는 그가 받은 메시지(지금까지 감추어져 있던 하나님의 계획)를 받아 그 "비밀"(סוֹד)을 전하는 소명을 받는다. 그래서 참선지자는 여호와의 회의에 참석한 사람이다.

예레미야는 자신이 참선지자라는 것을 주장하기 위해 자신이 하나님의 회의에 다녀왔음을 언급한다(렘 23:22). 열왕기상 22장의 미가야도 거짓선지자들과 갈등을 겪을 때 자신이 여호와의 회의에 다녀왔음을 말한다(왕상 22:19, "미가야가 이르되 그런즉 왕은 여호와의 말씀을 들으소서 내가 보니 여호와께서 그의 보좌에 앉으셨고 하늘의 만군이 그의 좌우편에 모시고 서 있는데"). 예레미야는 그의 적대자들이 "여호와의 입에서 나온 것이 아닌"(렘 23:16) 메시지를 전한다고 말한다. 그들이 말하는 묵시는 "자기 마음으로 말미암은 것"이다(렘 23:16). 한 마디로 말해서 그들은 하나님의 회의에 다녀온 적도 없고, 따라서 하나님으로부터 직접 메시지를 받은 적도 없다. 그래서 그들은 거짓선지자다. 반면에 예레미야는 그곳에 다녀왔기 때문에 참선지자다. 선지자를 보내는 것과 그들에게 말씀을 주는 것은 하나님의 회의에 그들이 참석했을 때 일어나는 일이다(렘 23:21, "이 선지자들은 내가 보내지 아니하였어도 달음질하며 내가 그들에게 이르지 아니하였어도 예언하였은즉"). 하나님의 회의에 다녀오는 것은 참선지자와 거짓선지자를 구분하는 기준이 된다.

이런 관점에서 보면 바울이 셋째 하늘에 다녀온 것은 하나님의 보좌가 있는 가장 높은 곳에 다녀온 것이고, 그것은 곧 여호와의 회의에 참여하고 온 것을 의미할 수 있다. 바울이 그곳에서 듣고 본 것은 천상의 존재들이 한 말들과 그들의 모습이었다. 그리고 바울은 그런 경험들을 통해 하나님으로부터 직접 메시지를 받았다. 바울은 그것을 "비밀"(μυστήριον)이라고 부른다(롬 11:25; 고전 2:1; 4:1; 13:2; 14:2; 15:51; 골 1:26-27; 2:2; 4:3; 살후 2:7; 엡 1:9; 3:4; 5:32; 6:19). 바울이 로마서 16장 25-26절에서 "나의 복음과 예수 그리스도를 전파함은 **영세 전부터 감추어졌다가 이제는 나타내신** 바 되었으며 영원하신 하나님의 명을 따라 선지자들의 글로 말미암아 모든 민족이 믿어 순종하게 하시려고 알게 하신 바 **그 신비의 계시를 따라**(κατὰ ἀποκάλυψιν μυστηρίου) 된 것이니 이 복음으로…"라고 말할 때 그는 그의 복음이 하나님의 계시로 받은 것이며 그 계시는 하나님의 보좌 앞에서 이사야가 직접 메시지를 받듯이 바울도 그렇게 받은 것임을 나타낸다. 그래서 바울은 고린도전서 4장 1절에서 "사람이 마땅히 우리를 그리스도의 일꾼이요 하나님의 비밀을 맡은 자(οἰκονόμος μυστηρίων)로 여길지어다"고 말한다. 바울이 "비밀"이라는 단어를 사용하는 방식은 그가 하나님의 회의에 직접 들어가서 그곳에서 하나님의 메시지를 받는 선지자적 체험을 했다는 것을 암시한다.

그렇다면 바울이 셋째 하늘, 낙원에 다녀왔다는 주장은 곧 자신이 거짓선지자 혹은 거짓사도가 아니라 참 사도임을 주장한 것으로 볼 수 있다. 바울이 고린도후서 11장 23-30절에서 자신이 당한 고난에 대해서 길게 말한 뒤 이어서 고린도후서 11장 32-33절에서 다메섹에서 탈출한 이야기를 말하는 것, 그리고 또 곧 이어서 고린도후서 12장 1-4절에서 셋째 하늘에 다녀온 영적인 경험에 대해 말하는 것이 도대체 어떤 관련이 있는지가 설명되어야 한다. 우리들에게는 전혀 연결고리가 없는 이 세 가지 이야기가 왜 연달아 등장하는지 대부분의 주석가들은 만족할만한 설명을 하지 못한다. 하지만 이 세 가지 이야기를 모두 구약성경의 거짓선지자 논쟁의 맥락에서 검토하면 이 세 이야기들이 모두 거짓사도들과의 논쟁에서 바울이 자신이 참 사도라는 것을 주장하는 근거의 역할을 하고 있음을 알 수 있다. 바울은 자신이 참 사도임을 주장하면서 고린도후서 12장 1-4절에서 자신은 마치 예레미야 선지자처럼 여호와의 회의에 다녀왔으므로 자신은 참 사도라고 주장하는 것이다.

"내가 이런 사람을 위하여 자랑하겠으나 나를 위하여는 약한 것들 외에 자랑하지 아니하리라"고 말하는 것은 자신이 하나님의 보좌 앞에까지 다녀온 경험과 그의 육체의 약함 사이에 관련이 있기 때문이다. 바울에게 있는 육체적 질병은 그의 적대자들의 공격의 좋은 구실을 준다(7절). 그러므로 그는 여기에서 미리 자신의 육신의 질병이 부끄러운 것이 아니며 자신이 참 사도라는 것을 보여주는 하나의 표지라고 보고 그것을 자랑하겠다고 말한다.

6절_내가 만일 자랑하고자 하여도 어리석은 자가 되지 아니할 것은 내가 참말을 함이라 그러나 누가 나를 보는 바와 내게 듣는 바에 지나치게 생각할까 두려워하여 그만두노라

바울은 지금까지 자신이 한 말이 "참말"(ἀλήθεια)이라고 한다. 때문에 자신은 비록 자기 자랑을 하였지만 어리석은 사람은 아니라고 말한다. 바울은 평소에 이런 영적 경험에 대해서 자주 언급하지 않았던 것 같다. 바울은 그런 것을 삼간다(φείδομαι, to refrain from)고 말한다. 바울은 다른 사람들이 자신을 본 것(바울에 대해 관찰한 것)과 자신에게서 들은 것(바울이 전한 복음과 설교) 이상으로(ὑπέρ) 자신에 대해 지나친 생각을 하지 않게 하기 위해 그렇게 한 것으로 보인다.

7절_여러 계시를 받은 것이 지극히 크므로 너무 자만하지 않게 하시려고 내 육체에 가시 곧 사탄의 사자를 주셨으니 이는 나를 쳐서 너무 자만하지 않게 하려 하심이라

'스콜롭스'(σκόλοψ)는 70인역 헬라어 구약성경의 민수기 33장 55절, 에스겔 28장 24절, 호세아 2장 8절, Sir. 43장 19절에서 "가시"의 뜻으로 사용되었고, 이곳에서도 가시로 번역하는 것이 옳다. 우리 몸에 가시가 박히면 그것 때문에 끊임없이 고통을 받듯이 바울에게는 그런 가시가 하나 그의 몸에 박혀 있었다. 바울의 육체에 주어진 "가시"(σκόλοψ)는 일종의 육체적 질병임은 분명하다. 학자들은 귓병, 간질, 눈병, 말라리아, 우울증 등이라고 추측하지만 분명히 알 수는 없다. 8-9절에서 이 병을 고쳐달라고 바울이 기도하였으나 하나님이 치유해주시지 않았으므로 그 병은 불치병이며 만성적인 질병이었음이 분명하다.

바울은 그 가시를 "사탄의 사자"(ἄγγελος σαταναᾶ, an angel of

Satan)라고 부른다. 그러나 그 병은 하나님이 주신 것이지 사탄이 준 것은 아니다. 하나님께서 바울에게 너무나 큰 계시를 주셨기 때문에(τῇ ὑπερβολῇ τῶν ἀποκαλύψεων) 그가 교만한 마음을 갖지 않도록 하기 위해 그의 육체에 가시를 주셨다고 바울은 말한다. 그럼에도 불구하고 바울이 그 질병을 사탄이 보낸 것(an agent of Satan)이라고 부르는 것은 그 질병이 사탄이(혹은 그의 적대자들이) 바울을 공격하는 중요한 대상이 되기 때문이다. 마치 구약성경의 욥에게 질병이 생길 때 하나님의 허락 하에 사탄이 그의 몸에 병이 생기게 하듯이 바울은 하나님이 바울을 쳐서(κολαφίζῃ) 그가 교만하지 않게(μὴ ὑπεραίρωμαι) 하신 것이다. 그렇다면 그 질병은 바울로 하여금 인간적으로 매우 부끄럽게 만드는 질병이었던 것이었음에 또한 틀림이 없다. 그 질병은 다른 사람들이 보기에도, 또 자신이 보기에도 매우 그를 당황스럽게 만드는 질병이었을 것이다.

갈라디아서 4장 14절은 바울이 말하는 "가시"가 무엇이었는지에 대한 추측을 가능하게 하는 단서를 준다. 바울은 "너희를 시험하는 것이 내 육체에 있으되 이것을 너희가 업신여기지도 아니하며 버리지도 아니하고 오직 나를 하나님의 천사와 같이 또는 그리스도 예수와 같이 영접하였도다"라고 말한다. 바울이 복음을 선포할 때 그의 청중들에게 시험을 주는 무엇이 바울의 육체에 있었다고 말한다. 바울에게 그 자신의 기도로도 고칠 수 없는 불치의 병이 있었다면 그것은 그의 적대자들에게 바울을 공격할 수 있는 매우 좋은 기회를 주었을 것이다. 왜냐하면 신명기 27장 26-27절에 따르면 불치의 병이 생긴다고 되어 있기 때문이다(신 28:27-28, "여호와께서 애굽의 종기와 치질과 괴혈병과 피부병으로 너를 치시리니 **네가 치유 받지 못할 것이며** 여호와께서 또 **너를 미치는 것**과 눈 머는 것과 **정신병으로 치시리니**"). 신명기 28장 15-68절은 율법을 지키지 않는 자가 받는 저주의 리스트로 그 내용을 간단히 요약하면 율법을 지키지 않으면 1) 그가 하는 모든 일에 열매가 없고, 2) 고칠 수 없는 고질병에 걸리고, 3) 하나님께서 주신 땅에서 쫓겨난다. 바울의 적대자들은 모세 율법 중에서 율법을 지키지 않는 자가 하나님에게 받는 저주를 설명하는 신명기 28장 15-68절의 내용을 근거로 해서 바울을 공격했을 가능성이 많다. 바울이 복음을 선포할 때 바울을 반대하는 유대인들은 바울은 율법을 지키지 않고 율법을 비하하는 잘못된 가르침을 가르치다가 하나님의 저주를 받아 몸에 불치병이 생긴 가짜 선지자로 비난했을 것이다. 더구나 그들은 십자가의 예수는 자신을 하나님의 아들로 주장하다가 하나님의 저주를 받아 나무에 달려 죽은 가짜 메시아, 거짓선지자로 비난했을 것이다(갈 3:13).

바울의 청중들은 바울의 복음과 그를 공격하는 사람들의 주장과 사이에서 선택의 갈림길에 서 있었다. 바울(messenger)과 그의 복음(message)을 동시에 받아들이던지, 아니면 바울과 그의 복음을 동시에 거절해야만 했다. 바울이 전하는 복음이 정말 진리라면 그는 거짓사도가 아니라 참 사도이고, 그가 갖고 있는 불치병은 그의 설명대로 하나님으로부터 받은 계시가 너무나 커서 교만하지 말라고 하나님이 주신 것이다. 하지만 만약 그의 적대자들의 주장이 맞는다면 그가 전하는 복음은 가짜요 그는 하나님의 저주를 받은 자이다. 이것이 바로 "너희를 시험하는 것이 내 육체에 있으되"라는 구절에서 바울이 말하는 바이다. 이 모든 것이 바로 바울에게 있는 질병 때문에 생기는 일이다. 그래서 이 질병은 바울의 선교활동에서 큰 장애가 되었고 아마도 그것 때문에 바울은 하나님께 세 번 이 병을 고쳐 달라고 간구했을 것이다.

또한 유대인들의 율법해석서인 『미슈나』(*Mishuna*)에 따르면 율법을 지키지 않는 자를 회당에서 채찍으로 사십에서 하나를 감한 매를 때릴 때 신명기 28장 58절 이하를 계속해서 읽어주도록 되어 있었다. 그리고 사십에서 하나를 감한 매는 유대인 공동체에서 마땅히 쫓겨나야 할 죄를 지은 사람에게 주는 벌(extirpation)로서 주는 처벌이었다. 이것은 신명기 28장 15-68절의 저주 중 하나님이 주신 땅에서 쫓겨나는 처벌에 해당하는 것으로 볼 수 있다. 바울은 자신의 육체에 있는 이 질병으로 인해 자신의 선교 사역에 큰 방해를 받았다. 사람들은 그 질병을 보고 바울이 정말로 하나님이 보낸 참 사도인지를 의심하게 하였고 그 점은 그의 적대자들에게 좋은 공격의 구실이 되었다. 그래서 바울은 이 "가시"가 그가 저주를 받은 자라는 표지가 아니라, 하나님이 그에게 교만하지 않게 하려고 주신 것이라고 변호한다.

8절_이것이 내게서 떠나가게 하기 위하여 내가 세 번 주께 간구하였더니

바울이 세 번 기도했다는 말은 20일 금식기도를 하듯이 오랜 기간에 걸쳐 길게 세 번 기도했다는 뜻이다. 바울이 다른 사람의 질병을 고치는 것과 같은 이적을 행했지만(고후 12:12) 자신의 병을 고치는 기도는 하나님이 들어주시지 않았다.

9절_나에게 이르시기를 내 은혜가 네게 족하도다 이는 내 능력이 약한 데서 온전하여짐이라 하신지라 그러므로 도리어 크게 기뻐함으로 나의 여러 약한 것들에 대하여 자랑하리니 이는 그리스도의 능력이 내게 머물게 하려 함이라

그리스도께서는 그의 육체의 병 즉, 약함을 통해서 그리스도의 능력이 완전하게 된다고 말씀하시면서 그의 간청을 거절했다. 그리스도의 능력이 약한 데에서 온전해진다는 말은 바울의 자기변호(self-defense)다. 그가 율법을 지키지 않아 하나님의 저주로 병약하게 되었다는 그의 적대자들의 주장에 대한 반박이다. "그리스도의

능력이 약한 데에서 완전하게 된다"는 것은 무슨 뜻일까? 어떻게 그의 질병으로 인해 그리스도의 능력이 완전에 이르게 되는 것일까? 기본적으로 인간이 자신의 약함을 알게 되었을 때 그리스도의 능력을 구하고, 스스로 모든 것이 충족한 사람보다는 모자라는 사람에게서 더욱 더 그리스도의 능력이 더 완전하게 드러날 수 있다는 뜻이다. 그 이상의 어떤 깊은 뜻이 있는 지는 말하기 어렵다.

이와 같이 사도 바울조차도 그가 기도했을 때 하나님으로부터 'No'라는 대답을 들을 수 있었다. 바울은 그 대답을 들었을 때 "도리어 크게 기뻐함으로 나의 여러 약한 것들에 대하여 자랑"하기로 했다. 그 이유는 "그리스도의 능력이 내게 머물게" 하기 위해서였다. 여기서 '에피스케노오'(ἐπισκηνόω)는 '스케네'(σκηνή, tent)에서 유래한 동사로 '머물 장소를 정하다'(to take up residence in a tent or dwelling)의 뜻이다. 바울은 자신의 약함으로 인해 그리스도의 능력이 자신에게 머물게 되었다고 말한다. 바울은 마치 자신의 몸이 그리스도의 성전인 것처럼 말하고 있다. 그리스도의 능력이 역설적이게도 그의 병든 몸에 머무신다. 마치 십자가의 예수가 연약한 모습으로 힘없이 죽었지만 그 죽음을 통해 하나님의 구원의 능력이 나타났던 것처럼, 바울의 건강하지 못한 육체를 통해서 하나님의 구원의 능력이 온전히 나타난다. 그러므로 바울은 자신의 육체적 약함을 부끄러워하지 않는다.

10절_ 그러므로 내가 그리스도를 위하여 약한 것들과 능욕과 궁핍과 박해와 곤고를 기뻐하노니 이는 내가 약한 그 때에 강함이라

바울은 육체의 약함 외에도 "능욕," "궁핍," "박해," "곤고"를 기쁘게 생각한다(εὐδοκέω). 이런 것들 역시 사람들의 눈에 바울이 약한 사람으로 보이게 하는 이유들이다. 바울은 이런 것들을 "그리스

도를 위해" 잘 견딘다. 그리스도를 위해 바울은 육체적 질병뿐만 아니라, 신분상의 하락, 박해와 고난과 같은 외부적인 어려움도 기뻐한다. 왜냐하면 "내가 약할 때 내가 강하기 때문이다"(ὅταν γὰρ ἀσθενῶ, τότε δυνατός εἰμι).

XX. 자신의 정직함을 변호하는 바울(12:11-21)

11절 _ 내가 어리석은 자가 되었으나 너희가 억지로 시킨 것이니 나는 너희에게 칭찬을 받아야 마땅하도다 내가 아무 것도 아니나 지극히 크다는 사도들보다 조금도 부족하지 아니하니라

고린도 성도들은 거짓사도들의 가르침에 흔들림으로서 바울로 하여금 원치 않게 자신을 자랑하게 만들었다. 바울은 그를 비난하는 사람들이 거짓사도요 자신은 참 사도임을 논리적으로 주장했다. 그래서 바울은 이제 비난이 아니라 칭찬을 받아야 한다. 거짓 사도들은 바울을 "아무 것도" 아닌 자(οὐδέν, nothing)라고 낮추면서 "지극히 크다는 사도들"(고후 11:5)의 권위를 업고 자신들을 높인다. 하지만 바울은 자신이 예루살렘의 사도들과 굳이 비교하더라도 못할 것이 없다고 자부한다.

12절 _ 사도의 표가 된 것은 내가 너희 가운데서 모든 참음과 표적과 기사와 능력을 행한 것이라

사도의 표(σημεῖα τοῦ ἀποστόλου)는 어떤 사람이 사도라는 것을 보여주는 표지를 가리킨다. 바울은 자신이 참 사도라는 것을 보여주는 표지로 참음과 이적(표적, 기사, 능력)을 꼽는다. 표적(σημεῖον), 기사(τέρας), 능력(δύναμις)은 이적의 세 가지 종류가 아니

라 모두 이적을 나타내는 단어다. 바울은 이런 이적들이 "행해졌다"(κατειργάσθη) 하여 신적 수동형으로 표현하고 있다. 이것은 이런 이적들이 자신의 능력이 아니라 하나님의 능력으로 일어난 것임을 나타낸다.

구약성경에서 선지자로 자신을 주장하는 사람은 먼저 사람들에게 이적을 행해 보임으로 자신이 하나님이 보낸 사람이라는 것을 주장하였다(신 13:1-2, "너희 중에 선지자나 꿈 꾸는 자가 일어나서 이적과 기사를 네게 보이고 그가 네게 말한 그 이적과 기사가 이루어지고 너희가 알지 못하던 다른 신들을 우리가 따라 섬기자고 말할지라도"). 모세를 이스라엘 민족에게 보낼 때 모세는 출애굽기 4장 1절에서 "모세가 대답하여 이르되 그러나 그들이 나를 믿지 아니하며 내 말을 듣지 아니하고 이르기를 여호와께서 네게 나타나지 아니하셨다 하리이다"고 말하며 걱정한다. 하나님이 자신을 보냈다는 것을 사람들이 믿지 않으면 어떻게 하느냐는 걱정이다. 출애굽기 4장 4-9절에서 하나님이 그에게 이적을 행한 능력을 직접 체험하게 하시는 것을 우리는 읽는다. 열왕기상 13장의 이름을 알 수 없는 "하나님의 사람"은 자신이 말한 예언이 그대로 이적으로 일어났을 때 선지자로 사람들의 인정을 받는다(왕상 13:1-6). 엘리야와 엘리사에게는 기름통의 기름이 줄지 않고(왕상 17:8-16; 왕하 4:1-7, 42-44) 죽은 아이가 다시 살아나는 이적을 행한다(왕상 17:17-24; 왕하 4:18-37). 복음서에서 사람들은 예수에게 자신이 누구인지를 이적을 행함으로 증명해보이라는 요구를 한다(예, 막 8:11, "바리새인들이 나와서 예수를 힐난하며 그를 시험하여 하늘로부터 오는 표적을 구하거늘"; 마 16:1; 눅 11:16; 마 12:38; 렘 10:2 참고). 누가복음 24장 19절의 "이르시되 무슨 일이냐 이르되 나사렛 예수의 일이니 그는 하나님과 모든 백성 앞에서 **말과 일에 능하신 선지자이거늘**"은 선지자는 일반적으로 이적을 행하는 사람이라는 점을 보여준다.

바울 역시 사도로서 자신이 참 사도라는 것을 보여주는 이적을 행했다(롬 15:18-19, "그리스도께서 이방인들을 순종하게 하기 위하여 나를 통하여 역사하신 것 외에는 내가 감히 말하지 아니하노라 그 일은 **말과 행위로 표적과 기사의 능력으로 성령의 능력으로 이루어졌으며**…"; 살전 1:5, "이는 우리 복음이 너희에게 말로만 이른 것이 아니라 또한 능력과 성령과 큰 확신으로 된 것임이라…"; 고전 2:4, "내 말과 내 전도함이 설득력 있는 지혜의 말로 하지 아니하고 **다만 성령의 나타나심과 능력으로 하여**"; 갈 3:1-5). 사도행전의 기록도 역시 바울이 이적을 행했음을 보여준다(행 14:3, 8-10; 16:16-18; 19:11-12). 이런 모든 이적들은 바울이 하나님이 보낸 사도며 성령의 능력이 그에게서 역사하고 있음을 보여주는 표지다.

또한 바울은 이적뿐만 아니라 자신이 오랜 기간 고난을 당했으나 인내한 것(ὑπομονή)를 사도의 표지로 꼽고 있는 것을 여기서 볼 수 있다. 이미 우리가 11장 23-27절의 고난 리스트에서 고난의 종류를 열거하는 것에서 이 점을 살펴보았다. 로마서 15장 5절("이제 인내와 위로의 하나님이 너희로 그리스도 예수를 본받아 서로 뜻이 같게 하여 주사")에서 바울은 "인내의 하나님"을 언급하는데, 이것은 하나님께서 그로 하여금 인내하게 하였다는 뜻이 담겨져 있다. 바울은 자신이 고난을 인내한 것은 자신이 거짓선지자가 아니라 참선지자라는 것을 보여주는 증거라고 주장한다.

13절_내 자신이 너희에게 폐를 끼치지 아니한 일밖에 다른 교회보다 부족하게 한 것이 무엇이 있느냐 너희는 나의 이 공평하지 못한 것을 용서하라

바울이 고린도교회에 사례비를 요구하지도 않고 받지도 않은 일

외에 고린도교회가 다른 교회들보다 더 못한 점은 없다. '헤쏘오마이'(ἑσσόομαι)는 '…보다 더 못하다'(to be worse off; to be inferior to)의 뜻이다. "너희는 나의 이 공평하지 못한 것을 용서하라"에서 사례비를 받지 않고 일한 것이 불공평한 일이었다면 차라리 용서해 달라고 바울은 역설적으로 말한다.

14절_보라 내가 이제 세 번째 너희에게 가기를 준비하였으나 너희에게 폐를 끼치지 아니하리라 내가 구하는 것은 너희의 재물이 아니요 오직 너희니라 어린 아이가 부모를 위하여 재물을 저축하는 것이 아니요 부모가 어린 아이를 위하여 하느니라

바울은 이제 "세 번째" 고린도 방문을 하려고 한다. 이 방문은 성도들에게 "폐를 끼치는" 일을 하려고 가는 것은 아니다. 즉 그는 성도들의 "재물"을 구하기 위해 가는 것이 아니다. 바울이 원하는 것은 "오직 너희"다. 여기서 바울은 자신이 고린도에 가는 목적이 자신의 금전적 이득을 위해 가는 것이라는 공격에 대해 반박하고 있다.

바울은 자신을 아버지 혹은 어머니로 생각하고 고린도 성도들은 그가 낳은 자녀라고 생각한다. 빌레몬서 10절에서 그는 "**갇힌 중에서 낳은 아들** 오네시모를 위하여 네게 간구하노라"고 하여 자신이 복음을 전해서 예수를 믿게 된 성도와 자신 사이의 관계를 아버지와 자녀의 관계로 보고 있음을 우리에게 보여준다. 고린도전서 4장 15-16절, "내가 너희를 부끄럽게 하려고 이것을 쓰는 것이 아니라 오직 너희를 **내 사랑하는 자녀 같이** 권하려 하는 것이라 그리스도 안에서 일만 스승이 있으되 **아비는 많지 아니하니** 그리스도 예수 안에서 **복음으로써 내가 너희를 낳았음이라**"고 하여 자신이 복음으로 개종시킨 사람들을 자녀로 자신을 아버지로 보다.

헬라사회에서는 자녀를 책임 있는 성인이 될 때까지 가르칠 책임이 어머니가 아니라 아버지에게 있다고 보았기 때문에 바울이 자신을 아버지로 비유하는 것은 그가 큰 권위를 갖고 가르침을 줄 수 있는 근거를 주었다. 유대교에서는 랍비와 제자들 사이를 아버지와 자녀 관계로 비유하고, 헬라사회에서는 철학자와 같은 교사와 그 추종자들의 관계를 아버지와 자녀관계로 비유하는 경우가 있었다. 또한 바울은 남자였기 때문에 자신을 아버지에 비유하는 것은 자연스러운 것으로 볼 수 있다.

그러나 바울은 또한 고린도전서 4장 2절, 데살로니가전서 2장 7절, 갈라디아서 4장 19절에서 자신을 해산의 고통을 하여 자녀를 출산하는 어머니, 젖을 먹여 자녀를 양육하는 어머니에 비유하기도 한다. 그 중 바울이 해산의 고통을 하여 자녀를 출산하는 어머니로 자신을 비유한 것은 헬라어로 된 고대문서에 전무후무한 현상이다. 바울은 이런 여성 메타포를 어디에서 가져온 것일까? 아마도 이사야 66장 7-13절에서 유래한 것으로 보는 것이 좋은 것이다. 바울이 다메섹 사건 후에 자신에게 주어진 소명을 이사야서의 예언에 비추어 해석하면서 자신이 앞으로 할 일을 하나님을 위해 하나님의 백성을 "낳고," "젖 먹여 키우는 것"으로 이해했다.

이 구절에서는 바울이 자신을 아버지로 보고 있는 것으로 보이며 자신이 아버지이기 때문에 자녀들을 위해 오히려 자신이 돈을 쓰는 것이 옳다고 믿는다. 바울은 고린도 성도들에게 짐이 되기를 원하지 않는다. 동사 '카타나르카오'(καταναρκάω)는 고린도후서 11장 19절에서도 사용되며 '짐이 되다'(to be a burden to)의 뜻이다.

15절_ 내가 너희 영혼을 위하여 크게 기뻐하므로 재물을 사용하고 또 내 자신까지도 내어 주리니 너희를 더욱 사랑할수록 나는 사랑을 덜 받겠느냐

'다파나오'(δαπανάω)는 '돈을 쓰다'(to spend)의 뜻이고, '에크다파나오'(ἐκδαπανάω)는 그것을 더 강조하는 동사로 '돈을 완전히 다 쓰다'(to spend completely)의 뜻이다. 바울은 고린도 성도들의 영혼을 위해 그가 앞으로도 돈을 쓸 뿐만 아니라(δαπανήσω), 돈을 완전히 다 써버릴 것이라고(ἐκδαπανηθήσομαι) 말한다. 이것은 자신이 갖고 있는 모든 자원을 고린도 성도들을 위해 사용할 용의가 있다는 것이며, 동시에 자신은 결코 고린도 성도들의 돈을 노리고 일하는 것이 아니라는 강력한 자기변호다. '헤디스타'(ἥδιστα)는 '기쁘게'(gladly)의 뜻이며, 이 부사는 바울이 그의 사역을 할 때 기본적으로 기쁨으로 했다는 것을 보여준다. 그에게 목회란 기본적으로 자신이 갖고 있는 것을 주는 것이지 받는 것이 아니다.

"너희를 더욱 사랑할수록 나는 사랑을 덜 받겠느냐"는 바울이 '고린도 성도들을 다른 교회들보다 더 많이 사랑했는데, 왜 그가 거짓사도들보다 더 작은 사랑을 그들로부터 받아야 하는 거냐?'고 묻는 것으로 해석할 수 있다.

16절_하여간 어떤 이의 말이 내가 너희에게 짐을 지우지는 아니하였을지라도 교활한 자가 되어 너희를 속임수로 취하였다 하니

'에스토'(ἔστω)는 모든 사람이 공감할 수 있는 어떤 것을 가정하는 말로 영어로는 'Let it be assumed that'(…라고 치더라도)의 뜻이다. 바울이 "너희에게 짐을 지우지는 아니하였다"는 심지어 그의 적대자들조차도 부정할 수 없는 것이다. 그렇다면 그것이 사실이라 하더라도, 바울이 "교활한 자"(πανοῦργος)가 되어 속임수로(δόλῳ) 고린도 성도들에게서 금전적 이득을 취했다(ἔλαβον)고 주장하는 사람들이 있다. 거짓사도들은 바울이 겉으로는 사례비를 받지 않으면서 예루살렘교회의 가난한 성도들을 위한 구제헌금 모금(fundraising)을 하는데, 그것은 곧 바울이 그들을 속임수로 속여 성도들의 호주머니를 털어내는 간교한 사람이라는 증거라고 공격했을 것이다.

17절_ 내가 너희에게 보낸 자 중에 누구로 너희의 이득을 취하더냐

바울은 적극적으로 자신의 정직함을 주장한다. 바울은 자신이 고린도교회에 파송한 동역자들 중 누구를 통해서도(δι' αὐτοῦ) 속임수로 사적인 이익을 추구하지 않았다고 말한다. 동사 '플레오네크테오'(πλεονεκτέω)는 '속여서 금전적 이득을 취하다'(to take advantage of, outwit, defraud, cheat)의 뜻이며 고린도후서 2장 11절, 7장 2절, 데살로니가전서 4장 6절에서 사용되었다.

18절_ 내가 디도를 권하고 함께 한 형제를 보내었으니 디도가 너희의 이득을 취하더냐 우리가 동일한 성령으로 행하지 아니하더냐 동일한 보조로 하지 아니하더냐

바울은 디도에게 고린도 방문을 권했고, 그와 함께 다른 형제 한 사람을 보냈다. 디도의 청렴함은 이미 7장 13-15절에서 바울이 언급했다. 그들도 고린도 성도들을 속여 금전적 이득을 취하지 않았다. '메티'(μήτι)는 의문문에서 사용되어 질문을 받는 상대방이 '전혀 아니다'(certainly not)는 대답이 기대되고 있음을 나타낸다. 바울과 그의 동역자들은 "같은 성령으로" "같은 보조로" 일했다. 여기서 '이크노스'(ἴχνος)는 '발자국'(footprint)의 뜻이다. 바울과 그의 동역자들은 각각 다른 원칙으로 일하지 않았고 통일된 원칙에 따라서 일관된 방향으로 목회를 했다. 이것은 바울이 그의 동역자들을 매우 잘 훈련하여 자신의 분신으로서 일하게끔 한 것을 우리에

게 보여준다.

19절_너희는 이 때까지 우리가 자기 변명을 하는 줄로 생각하는구나 우리는 그리스도 안에서 하나님 앞에 말하노라 사랑하는 자들아 이 모든 것은 너희의 덕을 세우기 위함이니라

'팔라이'(πάλαι)는 원래는 '오래 전에'(long ago)의 뜻이지만 현재 시제 동사와 함께 사용되면 '지금까지'(up to now)의 뜻이 된다. 고린도 성도들은 지금까지 바울이 변명을 하는 것이라고 생각한다고 말한다. 바울은 지금까지 그가 한 말은 그리스도 안에서 그리고 하나님 앞에 말한 것이라고 엄숙히 선언한다. "하나님 앞에서"(κατέναντι θεοῦ)는 "너희들에게"(ὑμῖν)와 대조된다. 즉, 지금까지 말한 것은 고린도 성도들에게 말한 것이라기보다는 하나님 앞에서 말한 것이다. 바울은 여기서 "변명하다"(ἀπολογέομαι)는 동사와 "세움"(οἰκοδομή)을 대조한다. 즉 바울이 지금까지 한 말은 변명을 한 것이 아니라 고린도 성도들을 세우기 위해서 한 말이다. 지금까지 바울은 자신을 위해 이렇게 긴 편지를 쓴 것이 아니라 고린도 성도들을 위해서 지금 쓰고 있다. 그들이 바울에게는 "사랑하는 사람들"(ἀγαπητοί)이기 때문에 쓴 것이다.

20절_내가 갈 때에 너희를 내가 원하는 것과 같이 보지 못하고 또 내가 너희에게 너희가 원하지 않는 것과 같이 보일까 두려워하며 또 다툼과 시기와 분냄과 당 짓는 것과 비방과 수군거림과 거만함과 혼란이 있을까 두려워하고

바울은 자신이 고린도에 세 번째로 갔을 때 자신이 원하는 모습을 고린도 성도들에게서 발견하지 못할까봐 걱정한다. 또 고린도 성도들의 눈에 그들이 원하지 않는 모습의 사람으로 자신이 발견될까봐 걱정한다. 또 다툼, 시기, 분냄, 당 짓는 것, 비방, 수군거

림, 거만함, 혼란 등 두 번째 방문 때 그가 경험했던 것들을 또 경험하게 될까봐 걱정한다(고후 2:1).

21절_또 내가 다시 갈 때에 내 하나님이 나를 너희 앞에서 낮추실까 두려워하고 또 내가 전에 죄를 지은 여러 사람의 그 행한 바 더러움과 음란함과 호색함을 회개하지 아니함 때문에 슬퍼할까 두려워하노라

바울은 "나의 하나님"이 "나를" 고린도 성도들 앞에서 낮출까봐 걱정한다. 고린도후서 2장 6-8절, 7장 12절에서 언급된 사람이 바울에게 한 것과 같은 일이 또 일어날까봐 그는 걱정한다. 또한 바울은 일부 성도들이 부정, 음란, 방탕의 죄를 짓고도 회개하지 않은 것을 보고 슬피 울게 될까봐 걱정한다. 이것은 바울이 성도들의 회개하지 않음 때문에 눈물을 흘리는 목회자임을 보여준다.

본문 해설 X

주의 종의 권위를 다시 세우는 바울

(13:1-13)

주의 종의 권위를 다시 세우는 바울

13:1-13

XXI. 마지막 경고와 인사(13:1-13)

1절_ 내가 이제 세 번째 너희에게 가리니 두세 증인의 입으로 말마다 확정하리라

"두세 증인의 입으로 말마다 확정하리라"는 신명기 19장 15절의 인용으로, 신명기 19장 15-21절은 어떠한 고발이나 증언도 단독으로 말하는 것은 유효하지 않으며 두 세 사람의 증인이 있어야 유효하다는 율법을 담고 있다. "두세 증인의"(δύο μαρτύρων καὶ τριῶν) 입이란 '둘 혹은 그 이상,' '셋, 적어도 둘'의 의미다. "모든 말"(πᾶν ῥῆμα)에서 "말"(ῥῆμα)은 사법적인 의미로 고발, 사안을 뜻하는 듯하다. '스타떼세타이'(σταθήσεται)는 '히스테미'(ἵστημι)의 미래수동형으로서, "결정이 내려질 것이다"로 해석할 수 있다. 바울은 아마도 자신에 대한 고발을 염두에 두고 이런 말을 하는 것으로 보이며 자신의 무죄를 증언해 줄 수 있는 두 명 이상의 증인을 동원하려 한다.

마태복음 18장 15-17절, "네 형제가 죄를 범하거든 가서 너와

그 사람과만 상대하여 권고하라 만일 들으면 네가 네 형제를 얻은 것이요 만일 듣지 않거든 **한두 사람을 데리고 가서 두세 증인의 입으로 말마다 확증하게 하라** 만일 그들의 말도 듣지 않거든 교회에 말하고 교회의 말도 듣지 않거든 이방인과 세리와 같이 여기라"는 초대교회 안에서 신명기 19장 15절의 원칙에 따른 고발과 증언, 판결이 있었음을 보여준다(딤전 5:19, "장로에 대한 고발은 두세 증인이 없으면 받지 말 것이요").

2절_내가 이미 말하였거니와 지금 떠나 있으나 두 번째 대면하였을 때와 같이 전에 죄 지은 자들과 그 남은 모든 사람에게 미리 말하노니 내가 다시 가면 용서하지 아니하리라

"두 번째 대면하였을 때"는 고린도후서 2장 1절에 언급한 고통스러운 방문(painful visit)을 말한다. 바울은 그 때에 직접 고린도 성도들과 함께 있을 때에도 말했었고, 그리고 지금 고린도를 떠나 있는 시점에도 말한다. 그가 말을 하는 대상은 과거의 죄 속에서 여전히 있는 사람들(τοῖς προημαρτηκόσιν)과 나머지 사람들(τοῖς λοιποῖς πᾶσιν)이다. 바울의 말의 내용은 '내가 다시 가면 용서하지 않는다'는 경고다. 문제의 사람들 중 "전에 죄 지은 자들"이란 고린도후서 12장 21절에서 언급한 사람들("또 내가 **전에 죄를 지은 여러 사람**의 그 행한 바 **더러움과 음란함과 호색함을 회개하지 아니함** 때문에 슬퍼할까 두려워하노라")이다. 그렇다면 "나머지 사람들"은 누구일까? 아마도 거짓사도들의 가르침을 쫓아 상당한 정도로 경도된 사람들이거나 "전에 죄 지은 자들"을 따라간 사람들일 것이다.

"προείρηκα καὶ προλέγω"(προλέγω, "미리 경고하다"의 완료형과 현재형)는 바울이 과거에도 경고를 했고, 지금도 같은 경고를 보내고 있음을 보여준다. '페이도마이'(φείδομαι, 자비를 베풀다. to spare, be merciful towards)는 전쟁에서 진 포로들을 죽이지 않고 살려주는 행동을 나타낸다. 바울은 자신이 매우 무거운 벌을 그들에게 줄 것임을 미리 경고한다.

> 3절_이는 그리스도께서 내 안에서 말씀하시는 증거를 너희가 구함이니 그는 너희에게 대하여 약하지 않고 도리어 너희 안에서 강하시니라

'에페이'(ἐπεί, 왜냐하면)는 2절의 '페이도마이'(φείδομαι)와 연결되며 바울은 그가 자비를 베풀지 않는 이유를 밝히고 있다. 바울은 고린도 성도들이 바울에게서 그리스도가 내 안에서 말씀하시고 있다는 것을 보여주는 증거(δοκιμή)를 찾고 있다고 말한다. 이 말은 고린도 성도들 중에 바울이 그리스도에게 속한 사도라는 것을 의심하고 바울에게 그것을 증명하는 증거를 요구하고 있음을 보여준다. 그러므로 바울을 거짓사도로 보는 사람들이 곧 고린도후서 12장 21절, 13장 2절에서 그가 문제 삼고 경고하는 사람들이다. 고린도후서 12장 12절에서 바울이 사도의 표를 언급하면서 자신이 참 사도임을 주장한 것도 결국 이와 같은 의심과 반대에 대해 증거(δοκιμή)를 제시한 것이다. 바울의 경고에도 불구하고 계속해서 죄 가운데 머물러 있는 사람들은 바울에 대해서 반대하는 사람들이며 그들은 거짓사도들의 선동을 받아들여 바울이 그리스도의 사도임을 의심하는 사람들이다. 그래서 바울이 "그리스도의 사신"(고후 5:20)임을 반대하고 회개하지 않으면 바울은 그들을 더 이상 용서하지 않겠다고 말한다.

바울은 그리스도가 "너희에게 대하여 약하지 않고 도리어 너희 안에서 강하시다"고 말한다. 이것은 마찬가지로 '그리스도를 모시고 있는 나도 강한 사람이라는 것을 너희가 경험하게 될 것이다'는 경고다. 바울은 자신이 육체적으로 약함이 있음을 인정한다(고

후 10:10; 12:5-10). 그러나 자신의 육체적 약함이 절대로 사도로서 권위 없음을 의미하는 것이 아니다. 십자가에서 돌아가신 그리스도도 겉으로 보기엔 약한 모습으로 보이지만 그 분은 강한 심판의 주이신 것처럼(고전 1:25; 15:24-25), 바울 역시 이번에 고린도를 방문하면 교회 안에 있는 문제 집단에 대해 강력한 처벌을 할 것임을 경고한다.

4절 _ 그리스도께서 약하심으로 십자가에 못 박히셨으나 하나님의 능력으로 살아 계시니 우리도 그 안에서 약하나 너희에게 대하여 하나님의 능력으로 그와 함께 살리라

그리스도는 약하심 때문에(ἐξ ἀσθενείας) 십자가에 못 박혀 죽으셨으나 하나님의 능력 때문에 살아계신 것처럼 바울도 "그리스도 안에서"(ἐν αὐτῷ) 약하지만 "그리스도와 함께"(σὺν αὐτῷ) 하나님의 능력 때문에 "너희들을 향해"(εἰς ὑμᾶς) 살아날 것이다. 이 말은 고린도 성도들에게 하나님의 능력으로 바울이 얼마나 강한 존재인지를 보여주겠다는 경고다. 바울은 자신의 육체적 약함에 대한 그의 적대자들의 공격에 대항하기 위해 자신의 약함과 그리스도의 약함을 연결시킨다. 하나님의 아들도 비록 육체적으로 연약하셨으나 하나님의 능력으로 다시 살아나 하나님의 능력을 보여주시는 것처럼 바울 역시 육체적으로 연약하지만 하나님의 능력이 그와 함께 하고 있음을 그는 강조한다.

5절 _ 너희는 믿음 안에 있는가 너희 자신을 시험하고 너희 자신을 확증하라 예수 그리스도께서 너희 안에 계신 줄을 너희가 스스로 알지 못하느냐 그렇지 않으면 너희는 버림 받은 자니라

바울은 그를 향해 사도의 증거(δοκιμή, 고후 12:3)를 내놓으라고

요구하는 고린도 성도들을 향해 그들 자신이 먼저 "믿음 안에 있는가 너희 자신을 시험하고(πειράζετε) 너희 자신을 확증하라(δοκιμάζετε)"고 말한다. '페이라조'(πειράζω, 시험하다, to test)와 '도키마조'(δοκιμάζω, 시험하다, to test)는 여기에서는 사실상 동의어로 볼 수 있다. 차이가 있다면 '페이라조'(πειράζω)는 '죄를 짓도록 유혹하다'는 뜻도 갖고 있으나(to tempt, entice to sin; 마 4:1, 3; 막 1:13 눅 4:2; 갈 6:1; 살전 3:5 약 1:13 이하; 계 2:10), '도키마조'(δοκιμάζω)는 오직 시험대상의 진정한 가치를 알아보기 위해 테스트한다는 뜻만을 갖고 있다. 바울은 내 안에 그리스도가 있는가를 놓고 갑론을박하지 말고 먼저 "예수 그리스도께서 너희 안에 계신 지를" 시험해 보라고 말한다.

만약 고린도 성도들이 만약 그리스도께서 그들 안에 계시다는 것을 알지 못한다면 그들은 '아도키모스'(ἀδόκιμος, failing to stand the test, 시험에서 실패한)다. 형용사 '아도키모스'(ἀδόκιμος)는 동사 '도키마조'(δοκιμάζω, 시험하다, to test)의 결과로 내려지는 두 가지 판단인 '도키모스'(δόκιμος)와 '아도키모스'(ἀδόκιμος) 중에 부정적 결과를 나타내는 말이다. 예를 들어 금과 같은 금속이 정말 순금인지 아니면 불순물이 섞여 있는 합금인지를 테스트 한 뒤에 시험관은 시험의 결과를 합격(pass)과 불합격(fail)으로 양분하여 판결을 내릴 때 헬라어로 '도키모스'(δόκιμος)는 합격(pass), '아도키모스' (ἀδόκιμος)는 불합격(fail)에 해당한다. 거짓사도 논쟁에서 '아도키모스'(ἀδόκιμος)는 상대방이 거짓사도임을 나타내는 단어로, '도키모스'(δόκιμος)는 자신이 참 사도임을 주장하는 단어로 사용되었다.

동사 '도키마조'(δοκιμάζω)가 데살로니가전서 5장 21-22절에서 사용되는 모습은 이 동사가 거짓사도 논쟁에서 어떻게 사용되었는지를 암시한다("범사에 헤아려[δοκιμάζετε] 좋은 것을 취하고 악은 모든 모양이라도 버리라"). 바울은 초대교회 안에 예언자가 등장하여 자신이 하나님으로부터 말씀을 받았다고 주장하면 그의 예언을 멸시하지 말고(살전 5:20) 일단 들을 것을 가르친다. 교회 회중은 그의 예언이 정말로 하나님께로 온 것이 맞는지 혹시라도 사탄에게서 온 악한 것이 아닌지를 테스트하여 그 진위를 가려내야 할(δοκιμάζω) 책임이 있다(고전 14:29). 심사숙고하여 판단하여 만약 그것이 성령에 의한 예언("좋은 것")이면 받아들이고("취하고"), 즉 '도키모스'(δόκιμος)면 받아들인다. 그러나 만약 그 예언이 악한 영에 의한 것이면, 즉 '아도키모스'(ἀδόκιμος)면 절대로 받아들이면 안된다("악은 모든 모양이라도 버리라").

거짓사도들과 그들을 추종하는 세력들은 바울에 대해 '아도키모스'(ἀδόκιμος)를 사용하고, 자신들에게는 '도키모스'(δόκιμος)를 적용하면서 바울을 거짓사도로 몰아갔을 것이다. 바울은 지금 '아도키모스'(ἀδόκιμος)를 그의 가르침에 순종하지 않는 고린도 성도들에게 사용한다. 하나님의 테스트에 실패한 가짜는 바울이 아니라, 거짓사도들이며 그들을 추종하는 세력이다. 그들 안에는 그리스도가 없다. 그것을 곧 거짓사도들과 그 추종세력들은 그리스도의 사도도, 그리스도의 성도도 아닌 가짜다. 순금이 아닌 가짜 합금임이 밝혀진 금속이 버림을 받듯이 그런 사람들은 하나님의 버림을 받는다.

6절_우리가 버림받은 자 되지 아니한 것을 너희가 알기를 내가 바라고

바울은 성도들이 자신이 "버림받은 자"(ἀδόκιμος)가 아니라는 것을 고린도 성도들이 알게 되기를 바란다. 하나님이 그를 인정하셨으므로 바울은 '아도키모스'(ἀδόκιμος)가 아니다. 바울은 그리스도의 사도고(고후 1:1), 그리스도에게 속한 자이며(고후 10:7), 그리스도의 종이다(11:23). 더구나 그는 하나님이 계시는 셋째 하늘에 갔었고(고후 12:2), 사도로 임명받은 사람이다. 하나님의 최고 법정에서

그는 이미 하나님의 인정을 받았으므로 바울에 대해 고린도 성도들이 이런 저런 말을 하는 것도 사실 바울에게는 큰 의미는 없다. 왜냐하면 바울 같은 사람은 다른 사람들의 판단을 받지 않기 때문이다(고전 2:15, "신령한 자는 모든 것을 판단하나 자기는 아무에게도 판단을 받지 아니하느니라").

7절_우리가 하나님께서 너희로 악을 조금도 행하지 않게 하시기를 구하노니 이는 우리가 옳은 자임을 나타내고자 함이 아니라 오직 우리는 버림 받은 자 같을지라도 너희는 선을 행하게 하고자 함이라

바울은 하나님을 향해 기도하며 기도의 내용은 고린도 성도들이 어떤 악한 일도 하지 않는 것이다. 그렇게 하는 목적은 바울을 포함한 그의 사역자들이 '도키모스'(δόκιμος)로 보이려고 하는 것이 아니라(οὐχ ἵνα), 비록 바울과 그의 사역자들이 '아도키모스'(ἀδόκιμος)로 보일지라도 고린도 성도들은 선한 일을 하도록 하기 위해서다(ἀλλ' ἵνα). '호스 아도키모이 오멘'(ὡς ἀδόκιμοι ὦμεν)은 바울과 그의 동역자들이 "마치"(ὡς) '아도키모이'(ἀδόκιμοι)로 보인다는 뜻이므로, 바울은 '아도키모스'(ἀδόκιμος)가 아니라는 의미다. 바울은 고린도 성도들이 하나님이 보낸 사도인 바울을 공격함으로 그들이 악한 일을 더 이상 하지 않게 되기를 기도한다.

8절_우리는 진리를 거슬러 아무 것도 할 수 없고 오직 진리를 위할 뿐이니

바울은 참 사도이기 때문에 진리에 맞서지(κατὰ τῆς ἀληθείας) 않고 진리를 위한다(ὑπὲρ τῆς ἀληθείας). 참 사도냐, 아니면 거짓사도냐의 논쟁은 기본적으로 누가 진리에 대항하느냐, 아니면 누가 진리를 위하느냐의 논쟁이다. 바울은 자신이 진리의 편에 있다고 주

장한다. 여기서 진리란 복음의 진리를 가리키는 것으로 볼 수 있다(참고, 엡 1:13, "그 안에서 너희도 **진리의 말씀** 곧 너희의 **구원의 복음**을 듣고…").

9절_우리가 약할 때에 너희가 강한 것을 기뻐하고 또 이것을 위하여 구하니 곧 너희가 온전하게 되는 것이라

바울은 자신의 약함 때문에 공격을 당했지만 항상 성도들의 유익이 되는 일이라면 마다하지 않았다. 바울은 자신이 오해를 받고 있을 때에도 자신이 받고 있는 오해를 풀어달라고 기도하는 것이 아니라 상대방이 온전해 지도록 기도한다. 여기에서 바울의 진심이 드러난다. '카타르티시스'(κατάρτισις)는 '온전하게 하다'(to make complete), '회복하다'(to restore)의 뜻을 갖고 있는 '카타르티조'(καταρτίζω)의 명사형이다. 의학용어로 사용되면 부러진 뼈를 다시 제자리에 맞추어 놓아 회복하게 하는 것을 나타내며, 정치적인 용어로 사용되면 불화하는 양 쪽이 다시 관계를 회복함을 나타낸다.[79] 바울은 고린도 성도들이 다시 화해하고 공동체로서 일치를 회복하게 되기를 바란다.

10절_그러므로 내가 떠나 있을 때에 이렇게 쓰는 것은 대면할 때에 주께서 너희를 넘어뜨리려 하지 않고 세우려 하여 내게 주신 그 권한을 따라 엄하지 않게 하려 함이라

바울이 13장에서 수차례 경고하는 것은 그가 고린도 성도들을 다시 만났을 때에 주께서 자신에게 주신 권위(ἐξουσία)를 사용하여 그들을 엄하게 대하지 않기 위해서다. 바울은 주께서 자신에게 주신 권위는 파괴를 위해서가 아니라(οὐκ εἰς καθαίρεσιν) 건설을 위해

79) Harris, *Second Epistle*, 927-28.

서(εἰς οἰκοδομὴν) 주신 것이라고 말한다. 바울은 자신을 하나님의 성전을 짓는 건축자로 생각했으며(고전 3:9-10), 또한 자신을 성벽을 허물어 그 안에 있는 모든 생각을 사로잡아 그리스도에게 순종하게 하는 파괴자로 보았다(고후 10:3-5). 이런 이미지들은 예레미야 1장 10절의 예레미야에게 준 소명을 표현하는 4가지 종류의 동사에서 기원한 것들이다. 바울이 파괴하는 것은 불신자들의 마음속에 있는 성벽과 같이 견고한 그들의 비복음적인 세계관이다. 일단 바울이 그것을 무너뜨리고 그들을 그리스도에게 순종하게 하면 바울은 그들을 하나님의 성전으로 세우기 위해 노력한다. 바울은 그런 뜻에서 자신에게 준 권한이 파괴가 아니라 건설이라고 말한다.

11절_ 마지막으로 말하노니 형제들아 기뻐하라 온전하게 되며 위로를 받으며 마음을 같이하며 평안할지어다 또 사랑과 평강의 하나님이 너희와 함께 계시리라 거룩하게 입맞춤으로 서로 문안하라

바울은 마지막으로 1) 기뻐하라, 2) 온전하라, 3) 서로 위로하라, 4) 같은 마음을 품으라, 5) 평안하라고 부탁한다.

12절_ 모든 성도가 너희에게 문안하느니라

"입맞춤으로 서로 문안하라"는 헬라어 성경으로는 12절에 나온다. 초대교회에서는 입맞춤으로 서로 인사하는 풍습이 있었다. 입맞춤으로 인사하는 것은 유대교 안에서도 매우 드문 현상이었다. 당시 유대교 분파들 중 입맞춤으로 상호간에 인사했다는 기록은 없다. 헬라문화 안에서도 입맞춤으로 인사하는 것 역시 흔하지 않은 일이었다. 플루타크의 기록에 따르면 마닐리우스라는 로마의 원로원 의원은 자신의 딸이 보는 앞에서 아내에게 키스했다는 이유로 원로원에서 쫓겨나기도 했다. 헬라인들도 일반적으로 공공장

소에서 입맞춤으로 인사하지 않았다. 그렇다면 유대교 안에도 없고, 헬라문화 안에도 없는 이러한 인사법은 언제부터 교회 안에서 시작되었을까? 그것은 아마도 예수 그리스도에게서 유래된 독특한 인사법일 가능성이 높다. 마태복음 26장 48절에 보면 예수를 체포할 때 가룟 유다가 입맞춤으로 인사하는 것을 신호로 하여 예수를 체포하기로 약속한 것으로 보아 예수는 평소에 그의 제자들과 서로 입맞춤으로 인사했던 것으로 보인다. 교회는 아마도 이러한 예수의 인사법을 그대로 이어받아 교회 안에서 서로 입맞춤으로 인사했던 것으로 보인다. 바울은 데살로니가전서 5장 26절, 고린도전서 16장 20절, 로마서 16장 16절에서도 "거룩하게 입맞춤으로 서로 문안하라"고 권고한다. 이것은 당시의 사회 관습상 쉽지 않은 일이었으나, 바울은 노예와 주인이, 유대인과 이방인이 서로 이런 식으로 인사함으로 서로 간에 가족과 같은 친밀한 관계를 표현하게 하려 한 것 같다.

여기서 문안하는 모든 성도는 바울이 편지를 쓰고 있는 그 도시에 있는 교회의 성도들이다. 아마도 빌립보교회의 성도들일 가능성이 많고, 데살로니가교회 혹은 베뢰아교회의 성도들일 수도 있다.

13절_주 예수 그리스도의 은혜와 하나님의 사랑과 성령의 교통하심이 너희 무리와 함께 있을지어다

교회의 축도문으로 자주 사용되는 구절이다. 바울은 강한 어조의 경고들로 가득 찬 이 편지의 마지막을 이런 축복의 기도로 마무리한다. 여기에서 나타나듯이 바울은 성부, 성자, 성령을 함께 언급하고 있다. 물론 바울시대에 삼위일체론 교리가 존재하지는 않았지만 바울의 하나님 이해는 삼위일체론적임을 보여주고 있다.

참고문헌

Barnett, Paul. *The Second Epistle to the Corinthians*. New International Commentary on the New Testament; Grand Rapids/Cambridge: Eerdmans, 1997.

Barnett, Paul W. "Apostle." 45-51 in *Dictionary of Paul and His Letters*. Edited by Gerald F. Hawthorne, Ralph P. Martin, and Daniel G. Reid. Downers Grove, Ill.: InterVarsity Press,1993.

Barrett, C. K. A *Commentary on the Second Epistle to the Corinthians*. Harper's New Testament Commentaries; New York: Harper & Row, 1974; reprinted. Peabody: Hendrickson, 1987.

Best, Ernest. *Paul and His Converts*. Edinburgh: T & T Clark, 1988.

Betz, Otto. "Jesus and the Temple Scroll." in *Jesus and the Dead Sea Scrolls*. Edited by James H. Charlesworth. New York, London, Toronto, Sydney, Auckland: Doubleday, 1992.

Bruce, Frederick F. *Paul: Apostle of the Heart Set Free*. Grand Rapids: Eerdmans, 1977.

Conzelmann, H. *1 Corinthians: A Commentary on the First Epistle to the Corinthians*. Hermaneia. Philadelphia: Fortress, 1975.

Farrer, Austin. "The Ministry in the New Testament." in *The Apostolic Ministry: Essays on the History and the Doctrine of Episcopacy*. Edited by K. E. Kirk. London: Hodder & Stoughton, 1946.

Fee, Gordon D. *The First Epistle to the Corinthians*. New International Commentary on the New Testament. Grand Rapids: Eerdmans, 1987.

Fitzmyer, Joseph A. *The Acts of the Apostles: A New Translation with Introduction and Commentary*. AB. 31. New York: Doubleday,

1998.

France, R. T. *The Gospel of Mark*. New International Greek Testament Commentary. Grand Rapids: Eerdmans, 2002.

Furnish, V. P. *II Corinthians: Translated with Introductory Notes and Commentary*. Anchor Bible 32A. Garden City: Doubleday, 1984.

Gillman, John. "Silas." *Anchor Bible Dictionary*. Edited by David Noel Freedman. Vol. 6. New York: Doubleday, 1992.

Harris, Murray J. *The Second Epistle to the Corinthians: A Commentary on the Greek Text*. New International Greek Testament Commentary. Grand Rapids: Eerdmans; Milton Keynes, UK: Paternoster Press, 2005.

Kim, Chulhong. "Paul-A False Prophet?: False Prophet Accusations Against Paul," Ph. D. diss. Fuller Theological Seminary (2007), 251-54.

Lincoln, Andrew T. *Ephesians*. Word Biblical Commentary 42. Dallas: Word, 1990.

Martin, R. P. *2 Corinthians*. Word Biblical Commentary 40. Waco: Word, 1986.

Morris, Leon. "The Use of Ἱλάσκεσθαι etc. in Biblical Greek." *The Expository Times* 62(1951), 227-33.

__________. "The Meaning of HILASTERION in Rom III.25." *New Testament Studies* 2(1955-56), 33-34.

Nicole, Roger R. "C. H. Dodd and the Doctrine of Propitiation." *Westminster Theological Journal* 17(1954-1955): 117-57.

Nolland, J. *Luke 1-9:20*. Word Biblical Commentary 35A. Dallas: Word, 1989.

O'Brien, Peter T. *Colossians, Philemon*. Word Biblical Commentary 44.

Waco: Word, 1982.

Schreiner, Thomas R. *Romans*. Baker Exegetical Commentary 6. Grand Rapids: Baker Books, 1998.

Thiselton, Anthony C. *The First Epistle to the Corinthians: A Commentary on the Greek Text*. New International Greek Testament Commentary. Grand Rapids: Eerdmans; Carlisle: Paternoster Press, 2000.

Thrall, M. E. *A Critical and Exegetical Commentary on the Second Epistle to the Corinthians*. vol 1: *Introduction and Commentary on II Corinthians I-VIl.* International Critical Commentary; Edinburgh: T. & T. Clark, 1994.

Hock, Ronald F. *The Social Context of Paul's Ministry: Tentmaking and Apostleship*. 전경연 역. 『바울선교의 사회적 상황』. 서울: 대한기독교출판사, 1984.

Hurtado, Larry W. *Lord Jesus Christ: Devotion to Jesus in Earliest Christianity*. 박규태 역. 『주 예수 그리스도: 초기 기독교의 예수 신앙에 대한 역사적 탐구』. 서울: 새물결플러스, 2010.

김철홍. "헬라 세계에서 바울의 선교 활동과 그의 청중들의 개종." 『복음과 선교: 이광순 박사 회갑기념 논문집』. 서울: 미션아카데미, 2006.

______. "바울의 동역자, 실루아노: 초대교회의 선교에서 그의 공헌" 『선교와 신학』 19(2007), 221-62

______. "바울은 제정신이 아니다?(고후 11:23): 바울의 영적 근원에 대한 논쟁." 『장신논단』 32(2008), 11-43.

______. "바울이 아라비아로 간 까닭은?: 갈 1:17에 나타난 바울의 선지자적 자의식." 『신약논단』(2009. 봄), 173-98

______. "성서적신학의 주제로서 속죄." 장흥길 편. 『성서적 신학

의 관점에서 바라본 신약신학의 주요주제』. 서울: 한국성서학연구소, 2012.

_____. "바울신학의 새 관점 비판: 바울복음의 기원, 칭의론과 최후의 심판론을 중심으로." 『신약연구』 12(2013), 838-74.

_____. "바울의 소명의식과 복음 선포에 나타난 그의 전도, 개종, 교회 개척의 특징." 『신약연구』 14(2015), 206-43.

한국성서학연구소는
종교개혁의 신학전통을 이어받아
다양한 성서해석 때문에 갈등을 겪는 한국교회를
하나님의 말씀 위에 바로 세우기 위하여 일하고 있습니다.
한국교회가 안고 있는 현실 문제에 대한 성서적이고
올바른 신학적 해석을 제시함으로써 이 땅의 문화가
그리스도의 이름 아래 세워질 때까지
이 일을 계속해 나가겠습니다.

참 사도 참 복음－설교를 위한 고린도후서 연구

초판 1쇄 인쇄 2016년 3월 24일
초판 1쇄 발행 2016년 3월 31일
지 은 이 김 철 홍
펴 낸 이 이 연 옥
펴 낸 곳 도서출판 한국성서학
서울 종로구 율곡로 190 여전도회관 1106호
TEL. 02-766-5220, FAX. 02-744-7046
출판등록 제1-1286호(1991.12.21)
총 판 도서출판 두란노(TEL. 749-1059 / FAX. 749-3705)
ISBN 89-86015-92-8 93230

책값 14,000원